晏殊《類要》研究

Yan Shu's Leiyao: A Critical Study

唐雯　著

上海古籍出版社

圖書在版編目(CIP)數據

晏殊《類要》研究 / 唐雯著. —上海：上海古籍出版社，2024.5
ISBN 978-7-5732-1108-8

Ⅰ.①晏… Ⅱ.①唐… Ⅲ.①百科全書—研究—中國—北宋 Ⅳ.①Z222

中國國家版本館 CIP 數據核字(2024)第 076829 號

晏殊《類要》研究

唐 雯 著

上海古籍出版社出版發行

（上海市閔行區號景路 159 弄 1-5 號 A 座 5F 郵政編碼 201101）

(1) 網址：www.guji.com.cn

(2) E-mail：guji1@guji.com.cn

(3) 易文網網址：www.ewen.co

蘇州市越洋印刷有限公司印刷

開本 635×965 1/16 印張 22 插頁 5 字數 317,000

2024 年 5 月第 1 版 2024 年 5 月第 1 次印刷

ISBN 978-7-5732-1108-8

K·3578 定價：138.00 元

序

陳尚君

算起來，從唐雯接受我的建議，接觸晏殊《類要》，並以此作爲博士論文選題，通過答辯，再經過多年增訂，可以付梓，至今已經十多年。爲這部包含大量珍貴古書佚文，而傳本錯訛極其嚴重的大書，她付出了常人難以相信的艱苦工作。終於可以有一個階段性的總結，我很爲她感到高興。

説到晏殊，似乎稍通古代文史的人都知道他，當然只是知道他的詞。無論是富貴中感慨時光流逝、生命短暫的《浣溪沙》，還是被王國維列爲成就大學問三種境界第一步的《蝶戀花》，都參透了他對人生的深刻體悟，因而得以震鑠古今，傳布人口。似乎很少人知道，這位神童出身，做過宰相，一生富貴的詞人，日常生活極其節儉，讀書則極其廣博而勤奮。宋葉夢得《避暑録話》説他一生没有丢棄過一張紙，雖來信的封皮也都摺叠起來以備抄書之用。在享盡功名富貴的同時，他始終保持書生本色，一生孜孜矻矻地讀書，將所得分類會抄成類書《類要》七十四篇，將可入其法眼的歷代詩文編成《集選》二百卷。很可惜，這兩部大書都没能順利保存下來，《類要》始終没有刊刻，存亡命懸一綫；《集選》則雖中國人民大學圖書館收有傳本，可以確定是僞書。

我知道有《類要》一書，當然是《四庫全書總目》存目中的介紹，稱其所載"皆從原書采掇，不似他類書互相剽竊，輾轉傳訛"，可惜四庫館臣雖然得到范氏天一閣所藏殘缺四十三卷的文本和兩淮所進本三十七卷，但因其"門類次第尤多顛倒，且傳寫相沿，訛謬脱落，甚至不可句讀"，無力整理而放棄存目。偶讀余嘉錫《讀已見書齋隨筆》，其中從該書中摘出《柳氏家學録》佚文兩則，舉一反三，我確信該書中包含極其珍貴且數量可觀的宋前典籍的佚文。二十多年前我正從事全唐詩文的補輯，對此書之期盼尤殷。1991 年曾在北京大學圖書館匆匆翻檢，根本來不及對讀鈔録。1995 年前後，雖然關於四庫存目和續修兩部大書的是非争論不休，但因爲前者影印了陝西文管會所藏本《類要》三十七卷，終於讓我可以複製全書，並全面考查其保存典籍的情況。1998 年初受邀參加北京大學百年校慶舉辦的國際漢學研討會，當時我剛接任復旦大學中文系主任，雜事冗繁，無法安静讀書，只能抽出兩個星期時間，在將全書引文匆匆記録一番的基礎上，寫成《晏殊〈類要〉研究》一文，提交會議。全文近兩萬字，分三節，一談此書的著録和流傳，二談其編纂體例，三述其所保存文獻，分爲唐實録、地志、其他史籍、類書、唐别集、總集、碑刻七方面介紹。雖説是有關《類要》的第一篇研究論文，我近期向唐雯證實還没有大錯，差可慶慰，但畢竟用功未深，體會難切，嘗鼎一臠，浮掃精華，網漏吞舟，在所不免。

2000 年，唐雯從上海大學本科畢業後，考取復旦的碩士生，我覺得她雖然在專業訓練方面稍有欠缺，但對古文獻研究抱有真誠探究的決心，遂建議她可以較系統地研究《類要》。三年後，當她獲直陞博士生時，恰好山東大學杜澤遜教授將當年爲《四庫存目叢書》複製的北大本《類要》複印給我。有了兩個文本，具備了以此爲博士論文選題的基本條件，我遂鼓勵唐雯繼續前此的工作，完成本書的研究。

類書是中國古代特有的著作形式，雖然今人或將其比喻爲百科全書，其實兩者有很大不同，即百科全書是分科類介紹人類社會的全部知識，而類書則分門别類地編録古書中的語料或事實，爲文人寫作詩文時遴選典故辭章之參考。就今天來看，其本來的著作目的基本已經失去，今人主要據其來輯録佚書，校勘群籍。今人總結清代輯録佚書的基本依憑，有四部類書、四部古注的説法，四部類書即唐代的《北堂書鈔》、《藝文類聚》、《初學記》和宋初的《太平御覽》，因其多存第一手珍貴文獻而重要。南宋以降的類書雖然數量巨大，但所録文獻多沿襲前代，保存第一手珍貴文獻的比例較低。類書流傳千年，錯訛多有，清人强調輯佚書首先要校類書，就是看到了類書文獻紛雜、傳誤嚴重的特點。在這樣的學術背景下認識晏殊《類要》的價值和整理難度，可以得到以下的結論：一、此書成書於北宋仁宗時期，在按時序編列的宋代類書中，僅稍晚於《太平御覽》和《事類賦》，屬於宋前期僅存的未經研究和開發的大型類書；二、此書是晏殊這樣的一流文人和學者親手編纂，保存大量他讀書中摘出的珍稀文獻，内容博極群書，廣涉四部，保存文獻極其豐富，整理者没有相應的知識儲備，很難理解其獨特價值；三、此書宋以來一直靠鈔本流傳，文本書寫很不規範，傳寫中的錯誤極其嚴重，乾隆間的四庫館臣雖然充分肯定其價值，但僅校録近半，即停工存目作罷。原因可以理解，勉强整理出來，必定錯誤很大，與其因此而遭皇帝呵斥，不如老實承認力所不能及。也正因爲此，此書閑置書閣，久不爲學者所知。

當我建議唐雯做《類要》研究的時候，當然知道她的學養和能力，距離要完成此書的整理還相去很遠，但我始終認爲，一位優秀而有潛質的學生，適當給以超過實際能力的責任，常常可以焕發出超過預期的能力。唐雯的可貴之處就在於，當她認定要實現的目標，可以投入全部精力，心無旁騖地努力追求完成。在學期間的五六年，她在此書上付出了許多别人難以想象的努力。上百萬字的書，她將其逐字輸入電腦；所有的引文都曾逐條檢索，證其有無；文本的傳誤也曾據各種傳世文本加以復核。在這一過程中，她不斷告訴我工作的進展和研究中碰到的困難，我雖盡力給以解答，其實心裏始終在猶豫：對一位初涉文史的女生來説，如果整理一本有前人研究基礎的規範文獻，或許還能勝任，而對於《類要》這樣一本内容叢雜、文本錯訛的不太規範的大書來説，對她來説似乎有些過於沉重。雖然不可避免地走過許多彎路，所幸她始終没有放棄。2006 年，以本書初稿爲博士論文，獲得較好評價而獲通過。此後五年多，她又不斷增補校訂，最重要的收穫是承蔣寅、徐俊兩位學者告知中國社科院文學所圖書室還藏有《類要》的另一個鈔本，並承劉躍進先生的幫助得以通校文本，使本書得以順利定稿付梓。

本書分上下兩編。上編《〈類要〉綜論》，是對《類要》一書的成書、體例、存佚、傳本的系統研究。與我當年的急就章比較，本書有許多重要的闡發，如晏殊所采文獻的來源、晏書的編纂體例、晏書初編及南宋晏袤增補本的面貌變化、晏書已佚各卷面貌的推測和補輯佚文之可能、晏書在明清時期的流傳情況、存世各本的基本面貌和傳寫年代等，都有很妥當的介紹和深入的分析。比如《類要》的體例分析，是閱讀和利用此書的關鍵，唐雯從與此前各類書的體例中分析晏殊的承繼與變化，並從引書體式、編者自注和單一條目中的特殊體例等方面來加以揭示，並説明地理各卷的體例特殊。關於晏書已佚各門的面貌，則從宋代各書引用本書的文字中尋找綫索，在準備爲本書補佚的同時，指出本書應有時令、鳥獸、草木、釋教等部類已經亡失。有關存世三本的文本分析，在查閲大量公私藏書記録後得以明了原委，在三本互校的基礎上得以比較各本之優劣，在對陝本詳盡分析後揭示今後整理全書的基本原則。我認爲唐雯有關晏書的上述研究，遠遠超過了我當年的初步推測，得以使《類要》的研究和利用可以有較堅實的科學依憑。

本書的重心在下編，分九章介紹《類要》所存各類文獻的價值。與我當年的介紹比較，將史部諸書拆分成五個部分逐次介紹，在總集外添加了樂府文獻，其他文獻則囊括了幾大類没有包容的子史各書。我當時將碑刻列爲一類，是因爲當時在補録唐文而驚訝於《類要》提到許多石刻不見於他書稱引，其實這部分内容多數來源於地志，不必另分。唐雯的這部分工作做得很仔細，她首先將《類要》全書做出詳細的引書索引，並作仔細的分類歸一，並將所有引文與前代典籍和其他類書作仔細的比讀，然後參比前人（主要是清人）有關漢魏六朝和唐代群書輯佚的相關文本，從而揭示《類要》保存文本的價值。其中最重要的幾點，我想特別加以説明：一是唐實録，本書所引超過百則，且多數標明原書卷第，不僅保存了大量唐史研究的重要遺文，且可據以推測絶大部分已經失傳的唐實録的分卷情況和編次大概。二是傳記，尤以早經失傳的唐代三大名臣傳記《狄梁公家傳》、《郭子儀家傳》和《鄴侯家傳》所存數量可觀的僅見佚文爲重要。三是六朝地志與隋唐圖經，前者清人做過大量輯佚，後者則以今人華林甫《隋唐圖經考》爲集大成。本書這部分用力至勤，所考 93 種書，皆一一説明他書引録和本書獨存的佚文。四是詔令奏議和政書類之佚文，其中有關唐職員令的補輯最爲重要，恰好碰到《天聖令》研究的熱潮，得以撰文在《歷史研究》刊布，引起中外學人對《類要》價值的關注。五是關於類書的徵引，我先前已指出晏殊看到大量未經他人閲讀的類書，許多文本僅見本書稱引，唐雯則將有關細目逐一落實，足資參考。六是關於集部文獻的研究。我因爲早年先後作全唐詩文的補輯，對此特別關心，可惜見到《類要》時，都已經大抵完成。唐雯將所有引到的六朝隋唐集部書，逐項歸納分析，揭出了大批未經編録的名家散逸詩文。2004 年夏，當我所輯《全唐文補編》在中華書局排出二校時，承唐雯慨允將她當時鑒别的近百則唐人佚文供我編入書末，及時提供給讀者。本書則續經整理，又有可補者，其中有關六朝和唐人佚詩的部分，是首次刊布。

我以爲，因爲唐雯的研究，《類要》保存文獻的研究價值可以爲更多的學者所認識。我在這裏可以舉幾個例子來説明。王梵志詩因爲敦煌文本的大量發現而形成中外的研究熱點，但有關記録的最早時限並没有突破武后時期。本書所存盧照鄰佚詩《營新龕窟室戲學王梵志》："試宿泉臺裏，佯學死人眠。鬼火寒無焰，泥人唤不前。浪取蒲爲馬，徒勞紙作錢。"基本可以確定不會遲於武后初年，是至今有關王梵志的最早記録，也知所謂梵志體詩在唐初已經流行。本書所引常衮《詔集》多達 33 則，除 14 篇見於《文苑英華》外，其餘皆屬佚文，尤以《與吐蕃盟誓文》保存了大曆二年唐蕃興唐寺之盟的文本爲最重要。所存《郭子儀家傳》所存大曆九年郭言備戎之急的長篇表文，也是唐蕃關係的重要論述。此外，引及六朝文集如庾信集之古注（懷疑是魏澹注），唐人文集如蘇頲《蘇許公集》、樂史編李白《翰林集》、元稹《長慶小集》、李商隱《樊南集》、鄭畋《玉堂集》等，不僅得以輯補大量遺文，對這些文集的具體了解也很具意義。《類要》所引文獻雖然多較零碎，但覆蓋面廣，多不見他書引用，因而足爲所有宋前領域的研究提供有價值的文獻。

我在前引拙文的最後，曾建議整理出版《類要》，談了一些設想。唐雯工作之初，即接受我的建議，作全面整理的準備，早已有具體的進行。之所以拖延至今還無法完成，主要原因仍在於該書存世三本雖可互校，但傳誤的情況遠比想象的要嚴重得多，難以完全寫定。也正因爲此，我在本書交稿前，特别叮囑唐雯在文本校定上一定要更加仔細，不能有絲毫的疏忽。儘管如此，我仍擔心在文本引録方面恐怕不免還有失校誤點的情況，但鑒於《類要》本身的叢雜與多誤，若有疏失當然應該糾訂，但確是可以諒解的。

2006年起，唐雯畢業留校，參加我主持的漢唐文獻工作室的研究計劃，爲二十四史中我主持的三史修訂做了大量具體而認真的工作，她本人的學術研究也有很大的拓展，完成本書定稿的同時，完成《雲溪友議校箋》書稿，還在《唐研究》、《歷史研究》、《復旦學報》、《史林》、《中國典籍與文化》等刊物發表了十多篇有獨到見解的論文，其中《唐職員令復原與研究——以北宋前期文獻中新見佚文爲中心》一文，曾獲上海市社科獎論文三等獎。近年參加由余欣教授主持的中古史讀書班，她的研究趣向也有很可喜的變化，展示學術多元發展的前景。

十多年來，我看着唐雯從學生時代的蒙昧逐漸走向學術的成熟，很高興她在苦讀績學中能够悟到學術的路數，摸索着踏出自己的小徑。我經常與學生説，其實學問的一切道理，在王國維所講成就大學問的那三句話裏都包括了。首先要擺脱俗諦，帶着太多的世俗目的，讀了幾本書馬上要换來現錢，必然難以入門。其次要刻苦冥求，執意探討，衣帶漸寬，絶無悔意。近代以來足以名家的學者，才份或有區别，但勤奮都是必不可免的。近年刊布的陳寅恪、錢鍾書手稿，在在證明大師原來也和平常人一樣，是靠認真讀書積累起來的。就此點來説，任何有志於從事古代文史研究的學子，只要能耐得寂寞，努力進學，稍有悟性，必能有所成就。我在唐雯身上，正看到這一過程。當然，唐雯有全力支持她的父母和丈夫，讓她能够長期心力專一地讀書研究而不必太多地爲家務瑣事操心，這是她的幸運和幸福。現在她的成績，也是對家人最好的回饋。

是爲序。

2012年2月11日

目　録

下編 《類要》所引珍秘文獻考

緒　　論

第一節　《類要》總述

《類要》是北宋名相晏殊所編撰的一部大型類書。晏殊(991—1055),字同叔,撫州臨川人,幼以神童召試,仁宗慶曆間(1041—1048)拜相。晏殊的詞歷來爲人所稱道,實際上他的成就遠不止於此。晏殊幼年入仕,歷任集賢校理、翰林學士、資政殿學士等職,終登相位,一生勤學不倦,曾經奉詔參與撰修《真宗實録》、《天和殿御覽》等朝廷大製作,生平著作計有《臨川集》、《三州集》、《二府别集》、《紫微集》、《北海新編》、《廬山四游詩》、《平臺集》、《珠玉詞》、《類要》、《集選》等多種。① 《類要》便是晏殊平日讀書之時,摘録各種書籍,分門别類編撰而成的一部大型類書。據曾鞏《類要》序及葉夢得《避暑録話》所載,《類要》一書,采擷範圍遍及四部,涉及地志、職官、佛老、方技等,花費了晏殊大半生的心血,是其學力的最好體現。

《類要》原書的篇幅達到七十六卷,②經其四世孫晏袤補闕奏進之本更達一百卷之多。但是現國内僅存三個殘鈔本:第一種是西安文物管理委員會所藏三十七卷本(下簡稱"陝本"),影印收入《四庫全書存目叢書》;第二種是北京大學圖書館藏十六卷本(下簡稱"北大本"),内容皆見於陝本

---

① 參夏承燾:《唐宋詞人年譜》,古典文學出版社,1955 年,第 267 頁。

② 《類要》卷數諸家記録多有不同,曾鞏《類要序》稱書七十四篇,《郡齋讀書志校證》載六十五卷,《直齋書録解題》著録七十六卷,又稱《中興書目》載七十七卷,並疑一卷爲目録,今取《直齋書録解題》説。

三十七卷之中；第三種是中國社科院文學研究所圖書館藏三十七卷本（下簡稱“社科院本”），卷次與陝本同。陝本篇幅近百萬字，引書在七百種以上，其中今已散佚不存的文獻約占其半，大致而言包括唐實録、地志、類書、總集、唐人別集、碑刻等幾大類，涉及《輿地志》、《括地志》、《郡國志》、《十道志》、《方輿記》、《兩京新記》、《吴興雜録》、《圖經》、《麟角》、《百葉書抄》、《文房百衲》、《群書麗藻》、《歲時廣記》、《圖書會粹》、《古今詩苑英華》、《玉臺後集》、《續文選》、《搜玉小集》、《唐詩類選》、《麗則集》、《南熏集》、《遺風碑集》、《貽則集》、《類文》、《類表》、《李白別集》、《李商隱集》、《常袞集》、《長慶小集》、《玉堂集》、《楊炯集》、薛居正《五代史》、《大和野史》、《柳氏家學録》、《會要》、《續會要》、《唐録政要》、《狄梁公家傳》、《郭子儀家傳》、《鄴侯家傳》、《十代興亡論》等一系列久已亡佚的珍貴文獻，①實爲輯佚之淵藪，考訂之新材。本節即在此基礎上對《類要》所引録的已佚文獻作進一步闡述與分析，以期發掘其更多的價值：

首先，《類要》保存了大量迄今爲止尚未見輯本的重要文獻，如唐實録（高祖至文宗）、《唐年補録》、《唐紀》、《唐小史》、《唐録政要》、《鄴侯家傳》、《狄梁公家傳》、《郭子儀家傳》、《集賢注記》等。其所引録的文字相當一部分注有卷數，爲復原這些文獻的原貌提供了重要的材料。

其次，《類要》保存了現有輯本未收入的文獻。自清代乾嘉以來，古書輯佚取得了相當大的成果，許多重要的典籍都有了日益完備的輯本。但由於長期以來《類要》的湮没無聞，加之傳本的稀少和錯訛，使研究者往往忽略了這樣一部保存了大量已佚文獻的宋初類書。因此，無論是清代學者對於司馬彪《續漢書》、王隱《晉書》、《舊五代史》、《輿地志》等重要文獻的輯佚，還是今人在對《春秋後語》、《道學傳》、《景龍文館記》、《括地志》、《兩京新記》、《古今樂録》等各類書籍的輯佚中，都没有注意到《類要》中所保存的大量佚文。因此這些文獻的披露，可以使原有的輯佚工作更臻完善。

再次，《類要》保存了大量未被收入各種斷代總集的單篇文章。由於

① 參陳尚君：《晏殊〈類要〉研究》，原載《文化的饋贈——漢學研究國際會議論文集》，北京大學出版社，2000年；收入《陳尚君自選集》，廣西師範大學出版社，2000年。

此前的各種斷代總集尚未對《類要》進行利用，《類要》所引録的單篇文章中，有相當一部分並未被各家總集收録。今三十七卷本中，不見於逯欽立《先秦漢魏晉南北朝詩》者六首（包括佚句，下同），不見於嚴可均《全上古三代秦漢三國六朝文》者十六篇，不見於《全唐詩》及《補編》者十一首，不見於《全唐文》、《唐文拾遺》、《唐文續拾》者六十篇，另有未知時代作者詩文三篇。這些數字尚不包括其他已佚文獻中所包含的詩文。因此《類要》的這部分材料爲宋前斷代總集的補訂提供了豐富的資料。

此外，《類要》中所保存的文獻也爲多方面研究提供了重要的材料，以下筆者即分四個部分對其進行闡述。

一、《類要》中的唐職員令

"設範立制"的令是唐代律令格式體系中的綱領，①也是關於唐代制度最直接最原始的記録，對於後世及日本的律令法典有着深刻的影響。因此日本學者在 20 世紀初便致力於唐令的研究與復原，30 年代和 90 年代出版的《唐令拾遺》②和《唐令拾遺補》，③集中體現了日本學者對唐令的研究成果。其後中村裕一《唐令逸文の研究》在二書基礎上續有增補。④ 至此，日本學者復原唐令 33 篇，大致恢復了唐令的整體結構和半數以上的令文。天一閣明鈔《天聖令》殘本發現之後，⑤唐令研究又掀起了一個新的高潮。

職員令在唐令中具有舉足輕重的地位，它不僅佔據了《唐六典》所載 27 卷唐令中 6 卷的篇幅，甚至格與式亦"以尚書省諸曹爲之目"，⑥因此可以認爲職員令乃是唐代除律以外的整個法律體系的綱領。但是由於《天聖令》殘鈔本中的《職員令》部分已佚，故而職員令的復原，除了早先出土

① 《唐六典》卷六《尚書刑部》，中華書局，1992 年，第 185 頁。
② 〔日〕仁井田陞：《唐令拾遺》，栗勁等譯，長春出版社，1989 年。
③ 〔日〕仁井田陞：《唐令拾遺補》，東京大學出版會，1997 年。
④ 〔日〕中村裕一：《唐令逸文の研究》，汲古書院，2005 年，第 25—27 頁。
⑤ 《天一閣藏明鈔本〈天聖令〉校證》，中華書局，2006 年。
⑥ 《唐六典》卷六《尚書刑部》注，第 185 頁。

於敦煌的《東宫諸府職員》殘卷和傳世文獻中數條職員令佚文外，並没有更多的第一手的材料。《類要》引録唐職員令佚文多達 46 條，是此前所知傳世文獻中佚文的三倍。更重要的是這部分佚文中所載録的官稱與執掌，往往反映了唐代不同時期的制度。如卷一五《吏部尚書》引文記其執掌"判天官、司勳、考功等四司事"。① 武后光宅元年(684)九月改吏部爲"天官"，至神龍二年(706)二月復舊。② 可知此條爲武后時所修訂的《垂拱令》的遺文。類似例子並非個別。這些佚文的存在提示我們，天寶以前，令文屢經修訂，開元七年與二十五年之外的令文雖然未被整體保存，但直至北宋前期仍舊没有完全湮没。而此前日本學者在職員令的復原中往往過於强調開元令，因此將《太平御覽》、《紀纂淵海》等文獻中的職員令佚文一律認定爲開元二十五年令，並據此將《通典·職官典》所載官員執掌復原爲開元二十五年令文，③實際上這一做法是有失偏頗的。因爲《太平御覽》所引兩條職員令皆爲垂拱制度，而《紀纂淵海》載録的五條職員令，《類要》中存有更完整的文本，其中一條可確證是開元前制度。④ 因此《類要》中唐職員令佚文的發現在提供了新材料的同時，也提示了唐令復原的另一種思路，即應着眼於佚文本身所透露出的時代訊息來追溯其制度變遷的細微痕迹。

二、《類要》中的唐實録

兼有編年與紀傳兩種體式的實録是歷代國史的重要材料來源，有唐一代共修得自高祖至文宗十五朝四百餘卷實録，篇幅略等於兩《唐書》之總和，其編年紀事的體例和本於起居注等第一手材料的特質，使其較其他後出史料更爲可靠和詳密。然而除韓愈所撰之《順宗實録》保存至今外，

---

① 《類要》卷一五《吏部尚書》。按本書所引據《類要》皆會校三種傳世鈔本，擇善而從，故不一一注版本、頁碼。

② 見《舊唐書》卷四二《職官一》，中華書局，1975 年，第 1788 頁。

③ 〔日〕中村裕一：《唐令逸文の研究》，第 27 頁。

④ 參唐雯：《唐職員令復原與研究——以北宋前期文獻中新見佚文爲中心》，刊《歷史研究》2008 年第 5 期。

唐代其他各朝實録皆已亡佚,爲唐史研究留下了不少遺憾。自清代起,學者對於唐實録即已有所關注,趙翼對實録的撰修情況作了初步的考訂,並指出《舊唐書》多本於唐實録。① 近人岑仲勉亦據《册府元龜》注文明確了《册府》中武宗以前事多有採自唐實録者。② 嗣後學界對唐實録多有關注,陳光崇對唐代所修自高祖至文宗共計十五朝實録的纂修過程進行了全面的考述,③但由於材料的局限,更深入的研究基本上僅依據《順宗實録》展開。

《類要》中保存了大量唐實録佚文,總計 106 條,近萬字。始自高祖,終於文宗,闕武后、睿宗兩朝,涉及唐代所修十五朝實録中的十三種。這部分佚文絶大多數未經他書引録,並有近四成的内容注明了卷第,可以肯定係從原書録出,無疑是研究唐實録極爲可貴的第一手資料。

將這部分材料與《唐會要》、《册府元龜》、《太平御覽》、《舊唐書》等唐代文獻中的相關内容比勘,可以發現,《類要》的引文多能在其中找到對應部分,從兩者文字的接近程度可以肯定唐實録正是傳世文獻中這些文字的史源。由此《唐會要》、《册府元龜》中鈔録自唐實録的部分可據此得到準確的甄别。

另《太平御覽》中所引《唐書》究竟爲何種文獻,自清代以來即有分歧,岑建功將其視爲劉昫《舊唐書》本文的佚文;④而岑仲勉則認爲其大端爲吴兢、韋述等所撰唐國史,而唐實録等亦可能包含其中;⑤吴玉貴認爲《御覽》所引《唐書》乃未經宋人删削之《舊唐書》原本。⑥ 考《太平御覽》中所引《唐書》有七條文字與《類要》所引唐實録一致,其中五條溢出《舊唐書》之外,其中四條所載爲德宗、憲宗、文宗朝事,顯非出自僅增輯至肅、代之際的唐國史,而更有可能出自唐實録。因此《太平御覽》中所引録的"唐書"應即

---

① 趙翼撰,王樹民校證:《廿二史札記校證》,中華書局,1984 年,第 342—350 頁。
② 岑仲勉:《唐史餘瀋》,中華書局,1960 年,第 243 頁。
③ 陳光崇:《唐實録纂修考》,收入氏著《中國史學史論叢》,遼寧人民出版社,1984 年,第 73—114 頁。
④ 岑建功:《舊唐書佚文》自序,收入《續修四庫全書》第 285 册,上海古籍出版社,第 2002 頁。
⑤ 岑仲勉:《〈舊唐書佚文〉辨》,收入《岑仲勉史學論文集》,中華書局,2004 年,第 597 頁。
⑥ 吴玉貴:《唐書輯校》前言,中華書局,2008 年,第 11—12 頁。

是唐史之通名，實録亦一併包括在內。①

另外，通過實録佚文與《册府元龜》及《舊唐書》中相關内容的比勘，亦可提示我們二書對於實録的利用方式。唐實録中不同部分的文字出現在《册府元龜》同一段引文之中，這一現象提示我們，作爲類書的《册府元龜》打破了一般類書僅摘録文獻之某一片段的慣例，將不同來源的兩段文獻整合在一起，以體現其編纂主旨。而關於《舊唐書》列傳對於唐實録中人物傳記的利用，前人已有論述，《類要》所引唐實録存人物傳記十八篇，涉及高宗、中宗、玄宗、代宗、德宗、憲宗、穆宗、敬宗、文宗九朝實録，除五人外《舊唐書》皆爲立傳，這無疑爲研究實録與《舊唐書》列傳之間的關係提供了更多的材料。比勘兩者可以發現，《舊唐書》完全吸收了實録本傳，並整合了大量其他材料，方成如今所見之規模。

三、《類要》中的地理部分

今本《類要》中的地理部分占全書 37 卷中的 7 卷，字數約當於全書的三分之一。除總叙地理一卷外，其他六卷包括了京西路、京東路、陝西路、河東路、淮南路、江南路、兩浙路、福建路、荆湖南路、荆湖北路、梓州路、夔州路、利州路、益州路及河北路各縣，加上《輿地紀勝》所引佚文中的廣南東西二路，共計十八路。這一部分詳記各州縣沿革、道里遠近、名勝古迹、風俗物産，體例略同《太平寰宇記》，完全可視作獨立之地理總志。事實上，無論是《方輿勝覽》還是《輿地紀勝》，都大量引用了《類要》中這一部分内容，《咸淳臨安志》更直接將之引作"輿地志"，②因此《類要》中的地理部分應與《太平寰宇記》等地理總志等量齊觀。

《類要》所載政區建置、州縣分合究竟爲何時之制度，試考如下：

北宋統一全國之後，初尚沿五代之舊，分合未有定制，至太宗至道三

① 參唐雯：《〈太平御覽〉引"唐書"再檢討》，原刊《史林》2010 年第 4 期，收入氏著《金匱探賾——唐宋文獻叢考》，上海古籍出版社，2023 年，第 212—225 頁。

② 張國淦《中國古方志考》載晏殊《輿地志》一種，見《咸淳臨安志》引録，實則《咸淳志》中引文皆見於《類要》，非晏殊别著有《輿地志》一種，中華書局，1962 年，第 97 頁。

年(997)始對全國政區重加劃分。《續資治通鑑長編》卷四二：

> 國初罷節鎮統支郡,以轉運使領諸路事,其分合别未有定制……是歲始定爲十五路：一曰京東路,二曰京西路,三曰河北路,四曰河東路,五曰陝西路,六曰淮南路,七曰江南路,八曰荆湖南路,九曰荆湖北路,十曰兩浙路,十一曰福建路,十二曰西川路,十三曰峽路,十四曰廣南東路,十五曰廣南西路。①

此後北宋的政區仍時有變動,至仁宗天聖八年(1030)則析十五路爲十八路,《玉海》卷一四載其事曰：

> 太宗分天下爲十五路,後天聖八年分江南爲東、西,又增三路爲十八路,一京東、二京西、三河北、四河東、五陝西、六淮南、七江南東、八江南西、九湖南、十湖北、十一兩浙、十二福建、十三益、十四梓、十五利、十六夔、十七廣東、十八廣西。②

《類要》各卷包括天聖八年新增的益、梓、利、夔四路,然江南路却未分東西,仍是至道所定舊制。考《續資治通鑑長編》卷四八載咸平四年(1001)分川峽轉運使爲益、梓、利、夔四路,③卷九五載天禧四年(1020)江南轉運使爲東西兩路,④則《類要》所載政區建置乃咸平四年(1001)至天禧四年(1020)這二十年間之制度。

繼五代十國長達半個多世紀的分裂局面之後,趙氏掃平天下,全國復歸一統,編撰新的全國性的地理總志,既可表彰太祖、太宗再造一統的功業,又出於計户口、定賦役等現實統治的需要。因此在太宗平定全國後不久,樂史即發願撰作《太平寰宇記》,至雍熙末(約987)奏進。其後直至北

---

① 《續資治通鑑長編》卷四二,中華書局,1995年,第901頁。
② 《玉海》卷一四,中文出版社影印合璧本,第307—308頁。
③ 《續資治通鑑長編》卷四八,第1052—1053頁。
④ 《續資治通鑑長編》卷九五,第2188頁。

宋滅亡，政區屢經改易，除上文述及的至道、天聖十五路與十八路的劃分外，《玉海》卷一四還記載了北宋中後期的幾次政區分合：

> 慶曆八年分河北爲四路。皇祐五年十二月二十七日壬戌，以京東曹州、京西陳、許、鄭、滑州爲輔郡，置京畿轉運使。熙寧五年八月二十四日，分京西爲南、北；九月二十二日分淮南爲東、西；十二月十三日分陝西爲永興、秦鳳兩路。六年七月乙丑，分河北爲東、西，又分永興、鄜延、環慶、秦鳳、涇原、熙河爲六路。①

正是由於"壤地之有離合，户版之有耗登，名號之有升降"，②故北宋一代對於地志輿圖的修撰極爲重視，僅《玉海》卷一四所記官方的這一類修撰活動即不下三十次，所成之書不啻千卷，③然其中絕大多數皆已亡佚，今可見者僅元豐三年（1080）告成，記熙寧（1068—1077）及元豐（1078—1085）年間政區建置的《元豐九域志》及成書於政和年間（1111—1117），記北宋末制度的《輿地廣記》。二書是了解北宋中後期政區分合、州縣沿革、户口土貢以及道里遠近最重要的資料，與《太平寰宇記》一同勾勒出宋初到北宋中後期地理因革之綫索。然而從《太平寰宇記》成書之雍熙末年到《元豐九域志》奏進之元豐三年，其間將近一百年的時間，正是政區劇烈變動的時期，如上所述，北宋改唐之道爲十五路，即在此一時段。然而記載這一個世紀中地理因革、風俗土産的圖籍方志却没有保存下來。一百年間，道、路之分合變動或見於史載，而州、縣之出入升降則闕而難徵。詳載至道至天聖年間地理沿革的《類要》恰好填補了這一時期方志圖籍散佚無存的缺憾，爲研究北宋前期的地理沿革提供了極爲重要的資料。更爲可貴的是，它並非如《元豐九域志》或《輿地廣記》，僅記州縣之四至八到、户口、土貢、領縣，而更着意於州縣之沿革及山川、古迹、先賢的記述，因此引録了大量前代的地志、圖經，如南朝陳顧野王《輿地志》，唐李泰《括地志》、

① 《玉海》卷一四，第 308 頁。
② 《元豐九域志》進表，中華書局，1984 年，第 1 頁。
③ 《玉海》卷一四，第 305—311 頁。

梁載言《十道志》，南唐徐鉉《方輿記》等，這些書絶大多數已散佚無存，並有相當部分未見録於其他文獻，是《寰宇記》之後又一部保存大量宋前地理文獻的寶庫。

四、《類要》中的集部文獻

《類要》引録了大量今已亡佚的漢唐總集及唐人别集，這些佚文對於了解漢唐作品的編集情况有着重要作用。

1.《類要》所引“李白集”

《類要》三十七卷中共引“李白集”十一條，所標卷數自第二至第二十，其中兩條分别引作《李白翰林集》和《李白别集》。考李白詩文在晏殊至和二年(1055)辭世之前共有過三次結集。其中唐代兩次，分别爲肅宗上元末(約 761)，李白在世之時魏顥所編二卷本；①另一次係李白逝世後李陽冰所編《草堂集》十卷。② 入宋之後，咸平元年(998)樂史又對李白文集進行了增訂。他在十卷本《草堂集》的基礎上，又别收歌詩十卷，合原集爲二十卷，號《李翰林集》；另於三館中得李白賦序表贊書頌等文章，又編爲十卷，號《李翰林别集》。③

《類要》所引“李白集”，筆者認爲當爲樂史本《李翰林集》。首先，全書所引李白《集》十一條，有標卷二〇者，顯非唐代所編的二卷本與十卷本；其次，所引之中，兩條分别引作《李白翰林集》和《李白别集》，即樂史所編之本；最後，《李翰林集》二十卷與《李白别集》十卷皆著録於《崇文總目》，④而《崇文總目》爲宋初秘閣實際藏書，晏殊曾任集賢校理、翰林學士，並預修《真宗實録》等著作，⑤必然可以接觸到秘閣藏書，其中也包括樂史所編《李翰林集》及《别集》。因此《類要》所引“李白集”應即是樂史所編二十卷

---

① 見瞿蜕園、朱金城：《李白集校注》附録魏顥《李翰林集序》，上海古籍出版社，1980 年，第 1790 頁。

② 見上書附録李陽冰《草堂集序》，第 1769 頁。

③ 見上書附録樂史《李翰林别集序》，第 1791 頁。

④ 見《崇文總目》卷一一，收入《中國歷代書目叢刊》，現代出版社，1987 年，第 183 頁。

⑤ 參夏承燾：《唐宋詞人年譜》，第 267 頁。

本《李翰林集》及十卷本《别集》。

李白集之宋本流傳至今者有宋蜀刻本《李太白文集》及南宋咸淳己巳(1269)天台戴覺民重刻本三十卷《李翰林集》。[①]《李太白文集》源出於熙寧元年(1068)宋敏求所編本,非晏殊所能見,故《類要》所引各條"李白集"目次與今傳宋蜀刻本全不相合。《李翰林集》前二十卷詩,後十卷文,萬曼認爲即淵源於樂史本。[②] 取《類要》所引"李白集"所標卷數與光緒影宋咸淳本相較,九篇之中七篇與影咸淳本卷次一致,因此咸淳本確如萬曼所言,係淵源於樂史所編《李翰林集》,並在一定程度上保留了原集的編次,而非如劉世衍以爲分類篇次"漫以意定"。[③]

2.《類要》所引録文章之可補史事者

《類要》所引文章雖僅片言只語,然往往有溢出此前總集所收之篇目,更有可補正史事者。如卷三六《禮待夷王》引《常衮集》六十載《與吐蕃盟誓文》曰:

> 爾先君贊普,遂長諸戎。太宗時,吐蕃贊普使東鹿贊來朝,結親鄰之約,我太宗許之以結婚姻,乃命上卿送愛女於蕃國,故贊普有駙馬之拜、西海之封,因遣子弟業於太學,數十年内遂無邊境之虞。中宗之朝,先贊普願繼舊姻,故金城公主割愛寧邊。後大曆元年遣宰相論起藏求成於我,乃命二相同盟於魏闕之下。

按常衮卒於建中四年(783)正月丙午(30日),[④]大曆元年以後至常衮卒前,唐蕃之間有過兩次會盟,一爲清水會盟,在常衮卒前20日;一爲大曆二年四月之興唐寺之盟。[⑤] 清水會盟自有盟誓文,[⑥]與此不同,故此盟

---

① 此本今有1987年巴蜀書社影印本。

② 見萬曼:《唐集叙録》,中華書局,1982年,第82頁。

③ 見劉世衍影刻咸淳本第八册附《李集札記》。

④ 見《舊唐書》卷一二《德宗紀》上,第335頁。

⑤ 分别參《舊唐書》卷一二《德宗紀》上,第335頁;陳楠:《藏史叢考》,民族出版社,1998年,第168頁。

⑥ 見《册府元龜》卷九八一,中華書局,1960年,第11529—11530頁。

誓文當屬大曆二年四月之盟。文中所稱“論起藏”即《舊唐書》卷一九二下《吐蕃傳》下所載“論泣藏”。論泣藏永泰二年四月(766)來朝,本年十一月改元大曆元年,蓋此月以後吐蕃提出盟誓,至次年四月成盟。大曆元、二年間,常衮爲翰林學士知制誥,草誓文爲其職責,故得爲此文。終唐一代,唐蕃之間十次會盟,其盟誓文所存寥寥,常衮此文爲大曆二年興唐寺會盟提供了第一手材料。

3.《類要》所引佚文涉及文學史上之重要問題者

《類要》所引録的另一些佚文則涉及文學史上一些重要問題,如《文選》的編纂與何遜之關係、《玉臺新咏》的編者、王梵志詩歌在當時的影響等。

關於《文選》編纂的參與者,清水凱夫《〈文選〉編輯的周圍》,曹道衡、沈玉成《〈文選〉學研究的幾個問題》,①傅剛《〈昭明文選〉研究》都作了詳細的考證。② 一般認爲,《文選》編於普通三年以後,時何遜早已亡故,故不可能參加《文選》的編纂。但在《類要》所引元稹父元寬所撰《百葉書抄》中却有一條引文叙及《文選》與何遜的關係。卷二一《總叙文》引《百葉書抄》四:

> 《文選》,梁昭明太子與文儒何遜、劉孝綽選集《風》、《雅》以降文章善者,體格精逸,文自簡舉,古今莫儔,故世傳貴之。

類似的記載又見《玉海》卷五四引《中興書目》。③ 學界普遍認爲《中興書目》的記載不知所據,故多持否定態度。④ 而由《百葉書抄》此條可知,《中興書目》所載本於唐人舊説,甚至以書目體例而言,可能出自原書之序例。再對照《類要》卷三一《詩》所引竇常《南熏集序》:“梁昭明太子撰《文選》,以何水部在世不録;鍾參軍著《詩評》,稱其人既往,斯文克定。”是亦認爲蕭統編撰《文選》之時,何遜尚在人間。竇常,中唐時人,元稹父元寬

---

① 二文皆收入《中外學者〈文選〉學論集》,中華書局,1998年,第973—974、338—339頁。
② 參傅剛:《〈昭明文選〉研究》,第153—156頁。
③ 《玉海》卷五四,第1017頁。
④ 見傅剛:《〈昭明文選〉研究》,中國社會科學出版社,2000年,第154頁。

生活時代亦與之相近，其編《百葉書抄》約在大曆年間，[①]故中唐以前確有何遜參與《文選》修撰的傳説。

又關於《玉臺新咏》撰者及編撰時間，在章培恒提出陳後主妃張麗華爲《玉臺》編者的新見之前，[②]一般皆認爲此書係徐陵仕梁時所編。而《類要》卷二一《詩》引李康成《玉臺後集》序之佚文爲傳統觀點提供了有力的證據：

> 太清之後以迄今朝，雖直置未簡我古人，而凝艷過之遠矣。

李康成，天寶時人，編《玉臺後集》以續徐陵所編《玉臺新咏》，收入"梁蕭子範迄唐張赴二百九人所著樂府歌詩六百七十首"。[③] 太清爲梁武帝最後一個年號，李康成評論"太清之後以迄今朝"之詩，實際已闡明了《玉臺後集》所選詩歌的起訖時代，即自梁武帝末年至唐代。結合晁公武在《玉臺新咏》解題中所引《玉臺後集序》"昔陵在梁世，父子俱事東朝，特見優遇。時承平好文，雅尚宫體，故採西漢以來詞人所著樂府艷詩以備諷覽，且爲之序"的論述，[④]可以肯定，《玉臺》續書的作者李康成明確地認爲，《玉臺新咏》作於梁武帝末年，其選詩也是以梁末爲上限的。

王梵志詩自敦煌寫本發現以來一直是學界的熱點之一。王梵志其人其詩的時代，以及其詩對當時及後人的影響都是研究中非常重要的課題。學界一般認爲王梵志大抵爲隋唐之際僧人，時代最早的三卷本《王梵志詩集》中的詩歌主要創作於初唐，特别是武則天時期。[⑤] 其詩當時遠播敦煌，唐人文集中也往往有與其風格相類的詩歌，但却並没有直接證據確證這

---

① 《元稹集》卷五七所載《元君墓誌銘》（中華書局，1982 年，第 605 頁），乃元稹兄之墓誌，元稹兄卒於元和十四年（819），享年六十七，則生於天寶十一載（752），《志》又載元寬編成是書，是子爲其過録謄清，則此時其子不當小於 15 歲，若以其子 15 歲計，其書撰成大抵在大曆初年，所載傳聞，則前於此。

② 見章培恒：《〈玉臺新咏〉爲張麗華所撰録考》，刊《文學評論》2004 年第 2 期。

③ 《郡齋讀書志校證》卷二，上海古籍出版社，1990 年，第 97 頁。

④ 同注③。

⑤ 參項楚：《王梵志詩論》，刊《文史》第 31 輯。

種獨特的白話詩對當時的文人產生了影響。而《類要》卷三〇引盧照鄰《營新龕窟室戲學王梵志》佚詩一首爲以上三個問題提供了直接的證據。盧照鄰卒年約在武后垂拱年間(685—688),①其主要的創作時期在高宗時代。盧照鄰此詩的發現證明王梵志確爲隋唐之際人,其詩在高宗朝已相當流行,並對當時著名詩人產生了直接影響。

以上所述僅僅是《類要》所保存的珍貴文獻中極小一部分,但却涉及研究中的許多重要問題,由此可見這部耗費了晏殊大量心血的類書,不但在當時贏得了曾鞏"莫不究盡"的贊譽,②也爲後人留下了一個文獻寶庫。

第二節　《類要》利用與研究的歷史與現狀

雖然《類要》具有很高的文獻價值,但是歷來對於它的利用却並不充分,而針對此書的研究更是接近於空白。

由於《類要》從未鏤版刊刻,歷代僅僅依靠爲數極少的幾種殘鈔本流傳,而這些鈔本訛謬過多,終致失去了收入《四庫全書》而廣爲流布的機會,因此在這種情況下,《類要》的利用必然受到了極大的限制。如清人所編《全上古三代秦漢三國六朝文》、《全唐詩》、《全唐文》等斷代總集及逯欽立先生所編《先秦漢魏晉南北朝詩》中即未收入今本《類要》中保存的大量魏晉南北朝及唐人的佚詩、佚文,而馬國翰、黄奭、王謨等清代學者也未在古籍輯佚中對《類要》中保存的大量文獻進行利用,不能不説是一大憾事。

不過《類要》也並非完全湮没無聞。雖然在輯佚方面,清人並未充分利用此書,但在文集的箋注中却不乏引録《類要》以釋典故者。如王琦《李太白集注》,徐樹穀、徐炯《李義山文集箋注》,查慎行《蘇詩補注》等都引《類要》以箋注名物、典故,但數量極少,且所引《類要》文字多見於前代文獻,很可能出於轉引,其意義不大。但吴兆宜《庾開府集箋注》却引録了

① 盧照鄰生卒年學界多有討論,此取《唐才子傳校箋》説,中華書局,1987年,第53頁。
② 《類要序》,見《曾鞏集》卷一三,中華書局,1985年,第210頁。

《類要》中的重要材料。此書在《哀江南賦》注中據《類要》轉引了此賦更早的注文三條。《類要》所引此注當出自隋魏澹之手(説詳下編),是訖今所見最早的《庾信集》注文。吴兆宜所引注文二條出《尸子》,一條出《校獵記》,極爲少見。但是吴兆宜對於《類要》的利用並不充分,除此而外,《類要》中尚有《哀江南賦》注文七條、《馬射賦》注一條,皆未加以利用,可見其當時對此書亦未加深究。

在《四庫全書》的編修過程中,館臣利用了手頭所有的《類要》文本對一些典籍進行了校勘。如《永樂大典》輯本《東觀漢記》卷八“先納聖善,匡輔之言”,館臣引晏殊《類要》作“皆先聖法,象臣輔之言”,即取《類要》校《漢記》。但《類要》所引《東觀漢記》尚多,所用僅此一條,亦利用未盡。

近代以來,《類要》仍未引起學界的充分重視,但對於《類要》的利用較此前稍多,大致可分爲校勘、輯佚、考訂三個方面。

利用《類要》進行校勘,較早見於劉盼遂《論衡集解》。《類要》引《論衡》多條,其中不乏異文,劉先生取之較《論衡》今本,豐富了《集解》的内容。

近年,方健《〈茶譜〉輯佚》(載《農業考古》2004年第4期)亦利用《類要》校勘毛文錫《茶譜》文字。其中據宋本《太平寰宇記》卷一一二所引“鄂州之東山蒲圻、唐年縣大□,黑色如韭,葉極軟,治頭痛”一條,闕文據《湖北通志》卷二二補“茶”字。按《類要》卷二引《茶譜》作“鄂州之東山、蒲圻、唐年縣茶大片如韭菜,杜敷治頭痛”,與上引不同,方氏未取。

在韓愈文集的研究中,劉真倫取《類要》所引録的44條韓愈詩文與傳世韓集對勘,發現其所引詩文與北宋監本有着高度的一致性,並肯定了《類要》所録韓愈詩文的重要文獻價值。①

另外張少康、汪春泓等所編《文心雕龍研究史》亦注意到晏殊《類要》中大量引用《文心雕龍》,可惜未作深入展開,②而歷來校勘《文心雕龍》的衆多學者亦未加注意。事實上《類要》不僅引有大量具有校勘價值的《文心雕龍》本文,還引録了《文心雕龍》見於著録的第一個注本——辛處信注

① 劉真倫:《韓愈集宋元傳本研究》,中國社會科學出版社,2004年,第380—381頁。
② 張少康、汪春泓等:《文心雕龍研究史》,北京大學出版社,2001年,第34頁。

的一句序文。

利用《類要》進行輯佚，較早見於周天游《八家後漢書輯注》。其用北圖藏影美原版縮微卷《類要》，①輯得謝承《後漢書》、司馬彪《後漢書》各四條，華嶠《後漢書》一條，張璠《漢記》一條。② 但其所引僅爲卷一四、一六、二〇、二五，其他各卷所存上述諸書佚文皆未引及，疑其所見縮微卷僅此四卷。

另外劉學鍇、余恕誠二位所著《李商隱文編年校注》自《類要》中輯得《美人賦》、《小園愁思賦》、《杏花賦》、《孝賦》、《令狐楚墓誌》五篇文字之殘句，③囊括了《類要》中所存李商隱佚文之全部内容。

利用《類要》進行考訂，較早見於張國淦《中國方志考》，其《道州記》叙録引晏殊《類要》一條，但係據《輿地紀勝》轉引，④當未見原書。書又據《咸淳臨安志》録有晏殊《輿地志》一種，而實際上此即《類要》之地理部分。另外余嘉錫亦摘出《類要》中所引柳玭《柳氏家學録》以論柳氏此書之價值。⑤

近年以來，隨着陳尚君師《晏殊〈類要〉研究》的發表，學界對於《類要》的價值有了更進一步的認識，並利用此書中所論及的諸多文獻對一些問題進行了研究。王素即據《類要》卷三二、三七所引《大業略記》中高昌王麴伯雅《聖明來獻歌》確證了麴伯雅第一次入隋的時間爲隋煬帝大業六年(611)，從而糾正了《唐會要》卷三三、《册府元龜》卷五七〇將麴伯雅首次入隋繫於隋文帝開皇六年(587)的錯誤，並闡釋了詩中所反映的西域對於隋朝真切的崇仰之情與煬帝好大喜功、粉飾太平的真相。⑥

在近幾年關於《玉臺新咏》的討論中，傅剛、談蓓芳二位都不約而同地據《類要》所引《玉臺新咏》考證此書在唐宋時期的面貌。關於《玉臺》的成書年代，學界歷來有争論，而版本問題更成爲争論的核心。此書今傳版本

---

① 見周天游：《八家後漢書輯注》，1986 年，第 795 頁。
② 見周天游：《八家後漢書輯注》，第 38、207、235、253、378、411、519、695 頁。
③ 見《李商隱文編年校注》，中華書局，2002 年，第 2304—2305 頁。
④ 張國淦：《中國古方志考》，中華書局，1962 年，第 526 頁。
⑤ 見《余嘉錫論學雜著·讀已見書齋隨筆·柳氏家學録》，中華書局，1977 年，第 656—657 頁。
⑥ 王素：《新發現麴伯雅佚詩的撰寫時地及其意義——〈高昌史稿·統治編〉續論之二》，載《西域研究》2003 年第 2 期。

一爲南宋陳玉父系統，一爲明嘉靖鄭玄撫系統。二個系統在詩歌的排列上有極大差異，題名也有所不同。鄭玄撫本梁蕭綱詩題“簡文帝”，而陳玉父本題“皇太子”。早在2001年，傅剛即據《類要》所引《玉臺》中蕭繹詩“皇太子”、“簡文帝”互見，認爲題“簡文帝”者出於後人改題，而《玉臺新咏》中未收昭明太子蕭統詩，故陳玉父本近於《玉臺》原貌，並進一步重申了此書作於梁武帝中大通四年(532)至大同元年(535)①的結論。② 而談蓓芳文章的結論恰與此相反，她據《類要》所引《玉臺新咏》題“簡文帝”諸詩，認爲晏殊在北宋前期所見《玉臺》已將蕭綱稱爲“簡文帝”，而所題“皇太子”指昭明太子蕭統，並據此將《類要》題作“皇太子”，而在鄭玄撫本系統中明確爲蕭綱所作的諸多詩歌一並歸於蕭統名下，以此來推定《玉臺新咏》編成於陳代。③ 按傅剛文中引陳玉父本卷七“皇太子聖制樂府”下題有“簡文”二字，並認爲此二字是後人爲防止混淆而作的改動。④ 筆者認爲這正是《類要》中引蕭綱詩或題“簡文帝”或題“皇太子”的原因。正如傅先生所言，原本僅題“皇太子”，極易引起誤會，而後人爲防止混淆，遂改題“簡文帝”。很可能晏殊所見本“皇太子”下多注“簡文帝”，故此在引用《玉臺新咏》時中“簡文帝”、“皇太子”隨意題署(《類要》引書題名多隨意，無定例可循)，故致二名互見，遂啓後人疑竇。而陳代對蕭統當稱作“昭明太子”，無直呼爲“皇太子”之理。另外作爲《玉臺》續書《玉臺後集》的作者，李康成對於《玉臺》的表述應當最具權威性，《郡齋讀書志》解題引李康成曰：“昔陵在梁世，父子俱事東朝，特見優遇。時承平好文，雅尚宮體，故採西漢以來詞人所著樂府艷詩以備諷覽。”⑤而《類要》卷二一《詩》所引未見於其他文獻的《玉臺後集》序一句，恰可説明《玉臺新咏》的編撰年代，其文曰：“太清之後以迄今朝，雖直置未簡我古人，而凝艷過之遠矣。”太清爲梁

① 傅剛關於《玉臺新咏》年代的考證見其《〈玉臺新咏〉編纂時間再討論》一文，載《北京大學學報》2002年第3期。

② 傅剛：《論〈玉臺新咏〉的編輯體例》，收入《中國古代文學研究高層論壇論文集》，中華書局，2004年。

③ 談蓓芳：《〈玉臺新咏〉版本考》，刊《復旦學報》(社科版)2004年第4期。

④ 傅剛：《論〈玉臺新咏〉的編輯體例》，第469頁。

⑤ 《郡齋讀書志校證》卷二，第97頁。

武帝最後一個年號,李康成評論“太清之後以迄今朝”之詩,實際即是《玉臺後集》所選詩歌起訖年代,即自梁武帝末年至唐代,與《郡齋》所引“陵在梁世”之詞相呼應。

雖然近年學界對於《類要》的關注與利用有了長足的發展,但是對於《類要》的研究仍未得到充分的開展,清代以來,關於《類要》的研究性文字寥寥無幾。

最早關於《類要》的研究當屬《四庫全書總目》,是篇提要介紹了《類要》的體例、編撰情況、版本源流及其所見版本,包括了《類要》研究中的重要内容,並對這些内容作了準確的表述。① 但是由於館臣中途放棄了《類要》的整理,他們對於此書也並未作更深一步的研究。

民國時期,傅增湘在密韵樓藏本《類要》的叙録中對於是書的體例也有過評價。他認爲此書大字雋語、小字録文的體例爲類書成立以來之新創。② 雖然他的評論並不正確,但也體現了傅增湘對於此書的一點思考。

稍後夏承燾作《二晏年譜》,對《類要》之編纂過程、著録、版本都有介紹,但所據皆爲《四庫總目》及宋代目録、筆記之著録,未親見原書。③

陳尚君師所發表的《晏殊〈類要〉研究》是《類要》研究史上里程碑性的著作。文章全面地闡述了《類要》的著録、流傳、版本、體例,並對書中所引重要文獻,結合學界的一系列熱點問題作了精要的介紹,使《類要》的文獻價值得以凸顯於世人面前。

另外上引王素《新發現麴伯雅佚詩的撰寫時地及其意義——〈高昌史稿·統治編〉續論之二》、談蓓芳《〈玉臺新咏〉版本考》中皆對《類要》的一些基本情況作過一些論述,但皆未出《四庫全書總目》及陳師文章之範圍,兹不述。

晏殊《類要》這部具有重要文獻價值的類書長期以來一直不爲世人所知,遂致湮沉近千年。期間雖有少數學者對其加以關注和利用,並取得了相當的成績,但總體情況却並不盡如人意。近年出版的一些重要典籍的

---

① 《四庫全書總目》卷一三七《類書類存目》一,中華書局,1995 年,第 1160—1161 頁。

② 見傅增湘:《藏園群書經眼録》卷一〇,中華書局,1983 年,第 823 頁。

③ 夏承燾:《二晏年譜》,《唐宋詞人年譜》,第 267—268 頁。

輯本，如賀次君《括地志輯校》、劉緯毅《漢唐方志輯佚》、賈晉華《景龍文館記輯校》中都没有利用《類要》中所引及的佚文，①不能不説是很可惜的事情。隨着《類要》研究的深入，希望這部重要的典籍能够爲更多的學者所認識，使其在各個研究領域都能够發揮其應有的作用。

① 《景龍文館記輯校》收入賈晉華《唐代集會總集與詩人群研究》，北京大學出版社，2001 年。

上　　編

《類要》綜論

第一章　《類要》編纂考

第一節　《類要》産生的背景

一、《類要》産生的文化背景

顯德七年(960)正月,宋太祖趙匡胤發動陳橋兵變,黄袍加身,代周建宋,兩宋三百年歷史由此拉開序幕。在經過平定北方藩鎮、南方吴越、南唐及後蜀諸國後,宋代社會出現了自唐末以來少見的安定局面,經濟等各方面都得到了迅速的恢復與發展。而宋初諸帝推行的種種政策都直接促成了宋代文化的繁榮。

鑒於五代十國武臣擅權,朝代遞相更迭的混亂狀況,更爲了防止新的"黄袍加身"事件的發生,宋太祖從立國之始便着手削奪武臣兵權,並確立文儒治國的方針,逐步形成了整個宋代崇文抑武的政策傾向,從而扭轉了五代武人跋扈的局面,使文士的地位得到了極大的提高,甚至出現了文臣不願意换武職,而武臣很少有機會得到重用的局面。① 在倚重文臣的同時,朝廷還給予了他們優厚的待遇,使他們有較多的餘力讀書訪古。晏殊本人的生活即是最好的例證。歐陽修《歸田録》曰:"晏元獻公以文章名

---

① 參陳峰:《從"文不换武"現象看北宋社會的崇文抑武風氣》,載《中國史研究》2001 年第 2 期。

譽，少年居富貴，性豪俊，所至延賓客，一時名士多出其門。"①又曰："晏元獻公喜評詩，嘗曰：'老覺腰金重，慵便枕玉凉'未是富貴語，不如'笙歌歸院落，燈火下樓臺'，此善言富貴者也。人皆以爲知言。"②可見其生活相當優裕。也正因爲如此，晏殊方才可能在一生六十五年的時間内編選《類要》與《集選》兩部大書，又作有詩、詞、文集十種近百卷。③

爲了更好地選拔人才，北宋朝廷對科舉制度進行了改革，形成了"一切以程文爲去留"的選拔機制，④徹底消除了唐代以來世族對於這一制度的影響，使平民子弟皆有機會進入官僚機構的上層。如通過科舉進入仕途的歐陽修、范仲淹等都出身孤寒，而晏殊本人也只是一個普通衙役之子，⑤但是他們憑藉自身的才能終於成爲一代名臣，這在宋代以前並不多見，而宋代却絶非特例。與此同時，科舉取士的名額也大大增加，以至於太平興國二年諸科所舉達到五百餘人，⑥與唐代每年進士科僅取二三十人不可同日而語，士人仕進之途由是大開，極大地調動了士人讀書仕進的積極性，使整個社會的文化程度都得到了相應的提高。

另外北宋諸帝自身都喜好讀書，宋太祖雖出身行伍，却"獨喜觀書……手不釋卷，聞人間有奇書，不吝千金購之"。⑦ 因此他在平定後蜀、南唐、吴越之後盡收其圖書以實三館，並下詔求遺書，⑧使宋初的國家藏書得到了極大的充實。太宗、真宗、仁宗承其餘緒，屢次訪求遺書，⑨並鼓勵文士獻書，⑩還斥資修建了崇文院以藏三館圖書，⑪使藏書的條件得到了

---

① 《歸田録》卷一，中華書局，1981 年，第 15 頁。
② 《歸田録》卷二，第 21 頁。
③ 參夏承燾：《二晏年譜》，收入《唐宋詞人年譜》，第 265—266 頁。
④ 陸游：《老學庵筆記》卷五，中華書局，1979 年，第 69 頁。
⑤ 朱熹：《宋名臣言行録》前集卷六"晏殊"條曰："公父本撫州手力節級。"夏承燾《二晏年譜》以爲節級即唐宋吏役之職（見《唐宋詞人年譜》，第 197 頁）。
⑥ 見《宋史》卷一五五《選舉志》，中華書局，1977 年，第 3607 頁。
⑦ 《續資治通鑑長編》卷七，第 171 頁。
⑧ 見馬端臨：《文獻通考・經籍考》一《總叙》，中華書局，1986 年，第 1508 頁；《麟臺故事校證・麟臺故事殘本》卷二中，中華書局，2000 年，第 251 頁。
⑨ 見《宋會要輯稿・崇儒》四《求遺書》，河南大學出版社，2001 年，第 232　327 頁。
⑩ 《宋會要輯稿・崇儒》四《獻書升秩》，第 263—270 頁。
⑪ 《續資治通鑑長編》卷一九，第 422 頁。

極大的改善。經過四朝的積累，至景祐編纂《崇文總目》時，秘閣圖書已達三萬六百六十九卷，①而至真宗末年，這一數目已達到三萬九千一百四十二部，②較開國之初的一萬二千卷已增長三倍有餘。③ 在藏書的同時，諸帝還致力於圖書的校訂與刊刻。淳化五年(994)，宋太宗"詔選官分校《史記》、前後《漢書》"，完成以後"賫本赴杭州鏤版"，④真宗、仁宗先後選官校刻了《三國志》、《晉書》(咸平二年，999)、《文選》、《文苑英華》、《韵略》(景德四年，1007)、《列子》(大中祥符四年，1011)、《孟子》(大中祥符五年，1012)、《玉篇》(大中祥符六年，1013)、《四時纂要》、《齊民要術》(天禧四年，1020)、《續漢志》(乾興元年，1022)、《南史》、《北史》、《隋書》、《天和殿御覽》(天聖二年，1024)、《國語》、《文中子》、《荀子》(景祐四年，1037)等一大批書籍，⑤極大地推動了典籍的傳播，使士人有更多機會接觸到書籍。太宗、真宗還利用已有藏書下詔編纂了《太平御覽》、《太平廣記》、《文苑英華》、《册府元龜》四部大類書，其網羅前代各類文獻的雄心可見一斑。除了編纂總結前代文獻的類書之外，宋初諸帝對於當代文獻的編纂也極爲重視。至仁宗朝已修成《太祖實録》、《重修太祖實録》、《增修太祖實録》、《太祖實録》、《真宗實録》，《兩朝國史》、《真宗正史》，《慶曆國朝會要》、《續通典》等一系列史書。⑥ 另外真宗還非常重視地理文獻的編纂，曾多次選派官員修纂諸路圖經，編成《景德地里記》、《龍圖閣書目地理》、《祥符土訓録》等地理總志。⑦ 而在這些大規模的修書活動中，晏殊參與了《真宗實録》、《天和殿御覽》及各類地理文獻的修撰，接觸到大量的秘閣藏書，也積累了撰作經驗，對於《類要》的編纂有着直接的影響。

在北宋諸帝"右文"政策的導向下，整個社會的文化學術呈現出欣欣向榮的態勢，而書籍的普及也爲私人藏書與撰述提供了更多的便利。自

---

① 《續資治通鑑長編》卷一三四，第 3206 頁。
② 《宋史》卷二〇二《藝文志一》，第 5033 頁。
③ 《宋會要輯稿・崇儒》四《求遺書》，第 21 頁。
④ 《宋會要輯稿・崇儒》四《勘書》，第 209 頁。
⑤ 見《宋會要輯稿・崇儒》四《勘書》，第 209—219 頁。
⑥ 參林平、張紀亮：《宋代官修史學文獻概述》，《四川圖書館學報》1999 年第 5 期。
⑦ 《玉海》卷一五，第 329 頁。

唐末五代雕版盛行以來,雕印之書從日曆、佛經、字書漸漸及於古代經典文獻。後唐長興三年(932)三月,"中書門下奏請依石經文字刻九經印板",①後周廣順三年(953),九經全部印成,②故雖經五代亂世,九經仍得到了廣泛的流傳。而後蜀毋昭裔以私人之力刊刻了《文選》、《初學記》、《白氏六帖》,③又奏請蜀主雕印九經,使古代典籍,尤其是唐代類書得到了更廣泛的流布。除此之外,和凝、貫休都曾刊刻自家文集,④另有後晉天福本《何水部集》,⑤則當時所刻書亦及於集部。入宋以後,書籍的刊印在宋初諸帝的推動下發展極爲迅速。至真宗景德二年(1005),國子監書庫已有書版十餘萬,"經史正義皆具",⑥較開國時四千之數增長了數十倍,而儒家經疏已達到"士庶家皆有之"的程度。⑦ 在官府組織人力校刻典籍的同時,北宋私人刻書也有所發展。柳開即曾以唐本韓、柳集爲底本刊印數百部,齎入京師出售。⑧ 印本的普及使書本流傳大爲便捷。蘇軾言當日書籍易得之狀況曰:"近歲市人轉相摹刻諸子百家之書,日傳萬紙。學者之於書,多且易致如此。"⑨書籍的易得也使私人撰作變得更爲容易,宋人的著述遠較前代爲多,而且篇幅也大大超過前人。僅以《類要》中引及的《太平寰宇記》、《唐紀》的作者樂史、陳彭年爲例。樂史著作共 27 種,計有《貢舉故事》二十卷、《登科記》三十卷、《江南登科記》一卷、《宋朝登科記》三卷、《重定科第録》十卷、《孝悌録》二十卷、《廣孝新書》五十卷、《廣孝傳》五十卷、《唐登科文選》五十卷、《總仙秘録》一百三十卷、《總仙記》一百三十七卷、《諸仙傳》二十五卷、《神仙宫殿窟宅記》十卷、《上清文苑》四十卷、《廣卓異記》二十卷、《唐滕王外傳》一卷、《李白外傳》一卷、《楊太真外傳》二卷、《緑珠傳》一卷、《總記傳》一百三十卷、《掌上華夷圖》一卷、《坐知天下

① 《五代會要》卷八,上海古籍出版社,1978 年,第 128 頁。
② 《五代會要》卷八,第 129 頁。
③ 《宋史》卷四七九《毋守素傳》,第 13894 頁。
④ 《舊五代史》卷一二七《和凝傳》,中華書局,1976 年,第 1673 頁。
⑤ 《東觀餘論》卷下,中華書局影宋本,1988 年,第 250 頁。
⑥ 《續資治通鑑長編》卷六〇,第 1333 頁。
⑦ 同注⑥。
⑧ 見《宋名臣言行録》前集卷一〇。
⑨ 《蘇軾文集》卷一一《李氏山房藏書記》,中華書局,1986 年,第 359 頁。

記》四十卷、《商顔雜録》二十卷、《太平寰宇記》二百卷、《洞仙記》一百卷、《杏園集》十卷、《柘枝譜》一卷，另輯有《李翰林集》二十卷又《别集》十卷、《宋齊丘文傳》十三卷。[①] 陳彭年署名之作計有《重修廣韵》五卷、《唐紀》四十卷、《大中祥符編敕》四十卷、《諸路轉運司編敕》三十卷、《新定合門儀制》十卷、《客省四例》四卷、《四方館儀制》四卷、《江南别録》四卷、《志異》十卷、《宸章集》二十五卷、文集百卷，與丁謂等合撰《迎奉聖像記》二十卷、《降聖記》五十卷、《奉祀記》五十卷，與晁迥等合撰《考試進士新格》十二卷，另有不知卷數之《御史臺儀制》、《景德朝陵地里記》、《封禪記》、《汾陰記》三種。[②] 這些著述數量衆多，卷帙浩繁，在書籍流通不易的情况下，要完成如許著述是很難想象的。正是這一書籍流通相對便利，各類撰述數量飛速增長的大環境，使《類要》的産生變得更爲現實。

這一系列因素的相互作用形成了北宋前期良好的文化學術氛圍，而《類要》便是在這一文化背景之下産生的。

二、前代類書對於《類要》的影響

從魏文帝詔命修纂《皇覽》開始，到唐宋時代，類書這一類獨特的文獻已經走過了數百年的發展歷程，迎來了全面的繁榮。作爲這一時期篇幅巨大、門類衆多的一部私撰類書，《類要》受到了宋人"浩博"的贊譽，[③]它的産生是數百年來類書發展的一個必然結果。

最早的類書多出於官撰。作爲類書之始的《皇覽》便是由魏文帝下旨編成，它按照一定的體例要求輯録各類文獻，並將其分門别類地編排成書，開創了類書這一"非經、非史、非子、非集"，[④]却又包羅萬象的文獻類型。此後直到南北朝時期的絶大多數類書皆奉皇帝或宗室子弟之命令編纂而成，如齊竟陵王蕭子良集學士所編《四部要略》一千卷，[⑤]梁劉峻奉安

① 參張保見：《樂史撰著考》，刊《宋代文化研究》第十一輯，綫裝書局，2000 年。
② 參王德保：《陳彭年年譜》，刊《宋代文化研究》第十一輯。
③ 見俞仕禮：《六帖補》跋。
④ 《四庫全書總目・類書類》序，中華書局，1965 年，第 1141 頁。
⑤ 《南齊書》卷四〇《竟陵王傳》，中華書局，1972 年，第 698 頁。

成王蕭秀之命所編《類苑》一百二十卷,[①]徐勉等奉梁武帝之命所編《華林遍略》七百卷,[②]北魏宗室元暉集崔鴻等所撰《科録》二百七十卷,[③]祖珽奉北齊後主之命所撰《修文殿御覽》三百六十卷等。[④] 這一方面是因爲有《皇覽》傳統的影響,另一方面也由於這類大型類書的編撰需要有充分的文獻準備及人力、物力的支持,而在當時的條件下,只有帝王或宗室具備這些條件,因此決定了這一時期多數類書的官撰性質。

隋唐至宋初,類書仍舊延續了此前官撰的傳統。編於隋煬帝時代的《長洲玉鏡》,及唐代的《兔園策府》、《藝文類聚》、《文思博要》、《東殿新書》、《三教珠英》、《瑶山玉彩》、《玄覽》、《初學記》直到宋初的四大書,皆奉帝王或皇子之命編纂而成。由於類書内容以及篇幅的博綜與宏富,統治者往往以編撰類書來顯示其對於文教的重視,因此在王朝初興或政局變動的時代,類書的編纂多少帶有籠絡文臣並借此鞏固統治的目的。上述類書除《初學記》、《册府元龜》外皆撰於隋煬帝、唐高祖、太宗、高宗、武后及宋太宗時代,皆是皇朝初立或政局變動的特定時期,這一大批類書的産生相當程度上基於統治者這一潛在的政治需求。

與官撰類書相比,私人所撰類書出現較晚。最早的私撰類書出現於南朝,[⑤]梁朱淡遠《語麗》、《語對》,陳張式《書圖淵海》等皆撰於這一時期。南朝私撰的類書數量極少,篇幅一般不超過三十卷,[⑥]與同時的官撰類書動輒成百上千卷的篇幅不可同日而語。隨着書籍的普及與整體文化水平的提高,隋唐五代時期私撰類書的數量大幅增加。僅就《新唐書・藝文

① 《梁書》卷五〇《劉峻傳》,中華書局,1973年,第702頁。
② 《南史》卷四九《劉峻傳》,中華書局,1975年,第1220頁。
③ 《魏書》卷一五《昭成子孫傳》,中華書局,1974年,第380頁。
④ 《北齊書》卷八《後主紀》,中華書局,1972年,第624頁。
⑤ 陸機有《要覽》三卷,《舊唐書・經籍志》、《新唐書・藝文志》(下分别簡稱《舊志》、《新志》、兩《唐志》)列入雜家類,《遂初堂書目》、《宋史・藝文志》(下簡稱《宋志》)列入類事類,趙含坤《中國類書》收入,河北人民出版社,2005年,第6頁。但據重編《説郛》及馬國翰《玉函山房輯佚書》所輯文字來看,其編排並無一定規律,當屬雜抄性質,今不取。另外陶弘景有《學苑》一百卷,見於《南史》,未知其性質,《中國類書》收入,第13頁,無據,不取。
⑥ 梁劉杳《壽光書苑》二百卷,《隋書・經籍志》(下簡稱"隋志")、兩"唐志"等書未載其撰作緣由,但壽光指梁壽光殿,此書應亦是奉敕所撰,今不列入私撰類書之中。

志》統計，隋唐時代四十六部類書中三十一部出於私撰，而這一數字還不包括敦煌發現的大批私撰小類書以及散落民間未經著録的諸多類書。事實上，在玄宗朝以後，朝廷即不再組織類書的編撰，反倒是滿足各類實際需要的小類書成爲這一時期的主流。私撰類書的增多也促進了其自身的發展。這一時期私撰類書的規模也不僅僅再是三五十卷的小製作，如元稹《元氏類集》、劉綺莊《集類》的篇幅都在百卷以上，而南唐朱遵度的《群書麗藻》甚至達到了千卷。① 私撰類書的勃興也促進了類書體例的創新。唐宋類書的體例多有新變，而虞世南《北堂書鈔》一改此前《修文殿御覽》等類書"分條平列"式的編纂體例，新創了大字摘句爲標題的體例。這一體例不但爲唐代衆多小類書所吸收，還直接影響了《類要》的體例。

從三國到北宋前期，類書這一特殊文獻類型已經歷了初興與發展，走向了圓熟與繁榮。數百年的發展歷史已使類書這一後起的文獻類型得到了充分的完善，並具有了强大的影響力。不僅每一皇朝開國的統治者都熱衷於編纂類書以展示文教，士大夫乃至村墅先生習慣於自編類書以滿足實際需要，甚至在日本，當時也編纂了篇幅達到千卷的《秘府略》。② 正是在這樣的影響力之下，晏殊選擇類書這一文獻體式記録其一生的讀書心得便成爲一種自然的選擇。

另外在這一段歷史時期中，類書確立了其分部原則並演化出多種體例，由此形成了一套固有規則與架構，而此後的類書雖不乏新變，但大體並未突破這一時期所確立的模式。要之，這一時期的類書編纂已經積累了深厚的經驗，確立了規則與架構，使《類要》有了衆多可資參照的範本。而在宋初大規模的類書編纂活動中，晏殊本人也參與了《天和殿御覽》的纂集，爲《類要》的編纂打下了良好的基礎，同時也使《類要》較此前大多數的私撰類書更爲嚴整與規範。因此，《類要》的産生是數百年類書發展的

---

① 《玉海》卷五二，第 1039 頁。

② 漢文類書《秘府略》一千卷，編於日本淳和天皇時期，約當於我國晚唐時代。今存殘抄二卷，羅振玉攜歸，影印收入《吉石庵叢書》，其引書多與《太平御覽》重合，明顯受到《修文殿御覽》的直接影響。詳參唐雯：《日本漢文古類書〈秘府略〉文獻價值研究》，原刊《古籍整理學刊》2004 年第 4 期，收入氏著《金匱探賾：唐宋文獻叢考》，第 173—211 頁。

結果,也是類書發展史上不可忽視的一部巨著。

第二節　晏殊與《類要》的編纂

晏殊(991—1055),字同叔,臨川人,十四歲即爲張知白以神童薦,次年受真宗詔試,賜進士出身,擢爲秘書省正字,開始了其長達五十年的仕宦生涯。幼年入仕爲晏殊提供了寶貴的學習機會。景德二年(1005),真宗在任命晏殊爲秘書省正字的同時又命其在秘閣讀書,並跟隨當時著名學者陳彭年學習。[①] 從此時一直到仁宗天聖五年(1027)晏殊出知應天府前的二十餘年間,晏殊自秘書正字改集賢校理,遷左正言直史館,後又以太子舍人知制誥、判集賢院,再遷翰林學士,直至爲樞密副使。在此期間,他參與了朝廷組織的一系列地志、圖經及《天和殿御覽》、《真宗實録》的編纂,接觸到了大量三館藏書。正是這樣的讀書環境爲晏殊的著述提供了良好的條件,六十五年間,他留下了多達二百四十卷的各類著作,[②]而《類要》正是其一生讀書心得的總結。

一、《類要》地理部分的編纂時間

《類要》最早見於《崇文總目》著録,所載十五卷當爲書之初編本,《總目》始編於景祐中,著録景祐以前館閣的實際藏書,書當在此前入藏館閣,時晏殊約五十歲,而此書至晏殊去世尚未定稿,則其整個編撰過程至少为十五年。曾鞏元豐初年所序《類要》爲七十四篇,[③]南宋開禧二年(1206)經晏殊四世孫晏袤補缺並編爲一百卷。[④] 這樣一部歷經多年方成此規模的巨著,要追究其具體的編纂過程無疑是困難的,但是從今所存鈔本的情况

① 《麟臺故事校證》卷三,中華書局,2000 年,第 121 頁。
② 參夏承燾:《二晏年譜》,第 264 頁。
③ 陳尚君師《晏殊〈類要〉研究》認爲曾鞏之序比較可能作於晏知止守蘇,曾鞏自閩移明的元豐初年,時去晏殊去世已二十餘年,第 300 頁。
④ 《玉海》卷五四,第 1082 頁。

來看，其中某些部分的大致成書時間尚有綫索可尋，其中最典型的即是《類要》中的地理部分。

從三十七卷本《類要》來看，地理部分占了七卷，篇幅約當於全書的三分之一，包括京西路、京東路、陝西路、河東路、淮南路、江南路、兩浙路、福建路、荆湖南路、荆湖北路、梓州路、益州路、夔州路及河北路各縣，①所載沿革除晏袤補缺的内容外皆在天禧二年以前。這一部分引録了大量史志所不載的圖經、方志，體例略同於《太平寰宇記》等地理總志，迥異於其他各卷，實際上完全可以被視爲獨立的方志。筆者認爲這一部分很可能編撰於真宗景德末至仁宗初的近二十年中，因爲正是在這一段時間中，晏殊參與了一系列地理文獻的編纂，使其有可能接觸大批外間少見的地理資料。

唐宋時代，地志圖經的修撰是事關國計民生的大事，唐代諸方地圖即由職方郎中專掌，“凡地圖委州府三年一造，與板籍偕上省。其外夷每有番客到京委，鴻臚訊其人本國山川風土爲圖以奏焉，副上於省。其五方之區域、都鄙之廢置、疆埸之爭訟者，舉而正之”。②

開寶四年，宋太祖即命盧多遜等重修天下圖經，③此時距北宋開國不過十一年。此後北宋諸帝更屢次重修圖經地志，這些撰修活動聚集了大批文士學者，也薈萃了大量地理文獻。而晏殊自少年時代即參與其中，這些經歷對《類要》中地理部分的編纂産生了直接的影響。

晏殊第一次預修地理文獻大約在其十七歲之時。景德四年（1007）二月，真宗因西京《圖經》有所未備，故詔“諸路州府軍監以圖經校勘，編入古迹”，④校正補缺進上，又令李宗諤、王曾、宋綬等對這些圖經重加修訂，而晏殊稍後即被增選修訂圖經，直至大中祥符三年（1010），部分圖經修訂完成，入藏崇文院等處。⑤

大中祥符四年（1011）正月，真宗命錢易、陳越、劉筠、宋綬修祀汾陰所

---

① 據《輿地紀勝》引《類要》，原書還當包括廣南東路、廣南西路二路。
② 《唐六典》卷五，中華書局，1992 年，第 161 頁。
③ 《續資治通鑑長編》卷一二，第 259 頁。
④ 《玉海》卷一四“祥符州縣圖經”條，第 308 頁。
⑤ 同注④。

過圖經,"每頓進一卷,賜名《土訓纂録》",晏殊亦預其事。①

大中祥符六年(1013)十月,真宗命石中立、錢易修謁太清宫時所過之處的圖經,同年十二月命晏殊同修。② 與此同時,他還参與了王曾領銜的《十道圖》的校訂,一直到天禧元年書成。③

另外,晏殊還参與了《方岳志》五十卷的編撰。④ 至仁宗初年,又"以十八路州軍三百六十餘所爲圖上之"。⑤

這一系列的修撰活動使晏殊接觸到了大量地理文獻,特别是一些既不見於史志著録,也未見於其他文獻徵引的圖經,有的即作於真宗時代,如載録真宗咸平中事的《瑞安縣舊圖經》等。這些圖經很可能是大中祥符年間重修圖經所依據的舊本,而《類要》中所保存的這些文獻應是晏殊在参與修撰圖經方志時所見。與此形成對比的是,除了地理部分以外,《類要》的其他各卷中則極少引録地理文獻,這可能是由於在纂集其他各卷的過程中晏殊已無法接觸到相關文獻,也無法再對其進行大量摘鈔。

另外,類書中將地理部分處理爲總志的形式,在類書發展史中是絶無僅有的。可能的解釋便是,晏殊在長達二十年的時間中多次参與各種地理文獻的編纂,甚至自撰有二部地理著作,這一系列不可多得的學術經歷也體現在《類要》的纂輯之中,由此成就了《類要》地理部分獨特的體制。

由上可知,《類要》的地理部分很可能編成於真宗景德末至仁宗即位初的這一段時間中。在這二十餘年的時間裏,晏殊任職於館閣,并利用了這一有利條件發憤讀書,甚至因此而受到真宗的讚揚。⑥《類要》的這些部分正是其青年時代讀書成果最直接的表現。

---

① 《玉海》卷一五"祥符土訓録"條,第329頁。
② 同注①。
③ 《玉海》卷一四"景德重修十道圖"條,第307頁。
④ 同注③。
⑤ 《玉海》卷一四"熙寧十八路圖"條,第307頁。
⑥ 《隆平集》卷五:"真宗嘗謂輔臣曰:'(晏)殊少年孤立,力學自奮,加以沉謹,京師賜酺京官,不預會,同輩召出觀,不答。'"

二、《類要》所引部分文獻的可能來源

《類要》所引文獻遍及四部，僅殘本三十七卷涉及的書籍亦將近五百種，其所用版本應是宋初及以前之舊本，因此考索其文獻之來源，對於了解《類要》所用文獻的版本有着重要意義。晏殊官高望重，其一生的仕履與交往多見於記載，從中頗可窺見其讀書之經歷，由此亦可推知作爲其讀書摘鈔的《類要》所涉及的一些文獻的來源。當然數百種書籍不可能一一指其由來，本文只能就《類要》中一小部分書籍的可能來源作大致推測，并由此略窺《類要》中所引文獻可能依據的版本。

1. 館閣圖書

晏殊一生多次出任館職，校勘三館秘閣書籍乃其職分，同時他還參與了《天和殿御覽》、《真宗實録》等一系列朝廷製作。① 這些學術經歷也體現在《類要》所引諸書的文本上。如果將反映仁宗景祐以前秘閣藏書情況的《崇文總目》與《類要》所引書籍對校，就會發現《類要》所引用的一部分書籍爲《崇文總目》所著録，其中以《開寶通禮義纂》、《樂苑》、《舊五代史》、《唐年補録》、《太平寰宇記》、《方輿記》、《十代興亡論》、《溟洪録》、《野人閒話》、《至道總仙記》、《歲時廣記》、《麟角》、《太平御覽》、《太平廣記》、《册府元龜》、《諸子談論》、《文苑英華》、《平泉山居草木記》等最具代表性。

在這些典籍中，後晉賈緯《唐年補録》六十五卷，南唐徐鍇《方輿記》一百三十卷、《歲時廣記》一百二十卷，後蜀景煥《野人閒話》五卷、不詳撰人《麟角》一百二十卷、《諸子談論》三卷、《溟洪録》一卷、《樂苑》五卷最早見於《崇文總目》著録。這些文獻皆成書在五代或宋初，很可能由於宋初接收諸國藏書而進入秘閣。它們中的一部分篇幅較大，亦非極具影響之書，民間流傳應不廣泛，後世也幾乎未見於其他文獻引用，因此《類要》所引這些書籍當係秘閣藏本。

上述文獻中編纂於宋初者，如薛居正等所撰《舊五代史》，盧多遜等所

① 《宋史》卷三一一《晏殊傳》，第 5300 頁；《宋會要・崇儒》四《勘書》，第 215、217 頁。

撰《開寶通禮義纂》,李昉等所撰《太平御覽》、《太平廣記》、《文苑英華》,王欽若等所撰《册府元龜》,丁度等所撰《集韵》,樂史所撰《太平寰宇記》、《至道總仙記》等,或奉旨編撰,或經奏進,①皆藏於秘閣。其中《册府元龜》雖於天禧四年(1020)"賜輔臣各一部",②當時晏殊雖不在賜書之列,但乾興初年(1022),他受仁宗詔預修删取《册府元龜》編撰的《天和殿御覽》,故《類要》所引仍以秘閣藏本較爲可能。其餘諸書除《太平御覽》似有仁宗朝刊本以外,③在英宗以前皆未見有刊本流傳,④也極少有它們在民間流傳的記載。⑤《類要》引諸書,多注明卷數(如《太平御覽》、《文苑英華》、《太平廣記》、《册府元龜》),部分與今本稍有出入,⑥可能正是秘閣藏本之面貌。

《類要》所引唐代文獻多數流傳已久,流布宜廣,雖有見於《崇文總目》著録,但並不可即確定其本於秘閣所藏,惟朱敬則《十代興亡論》與李德裕《平泉山居草木記》有可論者。《類要》所引《十代興亡論》多存注文,是書五代有張昭注本,⑦淳化二年(991),秘書監李至等獻《新補注十代興亡論》十卷,藏之秘閣,⑧仁宗天聖年間曾加校勘。⑨ 張昭注入宋後未見記載,晏殊所見當即淳化二年所進補注本,亦即秘閣所藏本。今編入李德裕文集

① 《太平寰宇記》前有樂史進書表一篇,結銜爲"朝奉郎、太常博士、直史館,賜緋魚袋臣樂史",考其爲太常博士直史館在雍熙三年(986),故表當上於此時,參《宋本太平寰宇記》前言,中華書局,2000年,第3頁。另據《宋史》卷三〇六本傳,《至道總仙記》於至道二年奏進,並藏於秘閣,第10112頁。

② 《玉海》卷五四,第1081頁。

③ 參聶崇岐:《太平御覽引得》序,《太平御覽引得》,民國,頁xv。

④ 據《玉海》卷五四記載,《太平廣記》於太平興國三年完成後,曾於六年詔命鏤版,但版成以後又以"非學者所急"而"收墨板藏太清樓",第1080頁。《文苑英華》雖於景德四年、大中祥符二年有過兩次校勘,但北宋一代終未行刊刻(參凌朝棟:《〈文苑英華〉研究》,第52—53頁),《類要》所引《英華》有明顯錯訛,如"裴晃"誤作"裴冕",疑其所用《英華》乃祥符二年第二次校訂以前的文本。

⑤ 北宋前期雖據傳宋祁幼年曾見《太平廣記》(見南宋袁文《翁牖閑評》卷五引宋祁《鷄跖集》),但僅爲唐太宗賺取王羲之真迹之事,很難説爲全本《廣記》,而其在士大夫之間的流傳則要到仁宗以後。參張國風:《太平廣記版本考述》,中華書局,2004年,第9頁。

⑥ 如《類要》卷二八《酒》引《太平御覽》八百五十三云"《西京雜記》載枚乘《柳賦》"云云,今在卷八六一。

⑦ 見《宋史》卷二六三《張昭傳》,第9086頁。

⑧ 見《玉海》卷六二注,第1232頁。

⑨ 《楓窗小牘》卷下曰:"余從祖姑婿陳從易得與太清樓校勘,天聖三年六月,陳以《十代興亡論》妄加涂竄,同官皆降一職。"

中的《平泉山居草木記》最早見於《崇文總目》著録,《新志》未載,亦未見於此前其他文獻稱引,故此單行本當時應未廣泛流布,而偶爲秘閣所收。《類要》所見亦當爲秘閣所藏之本。

2. 私人交往過程中所見書

晏殊性好賓客,[①]又加之幼年入仕,故平生交遊甚廣,其中不乏名流重臣,而藏書,特别是其各自著作的互通也是其交往中的重要内容。《類要》所引一部分書籍即出於當時私家之藏,兹舉數種:

《類要》卷五《總叙道士》引蘇鶚《鎮岳觀碑》一條,注出"宋公垂家唐碑",宋公垂即宋綬。景德四年(1007),真宗詔重修圖經,宋綬、晏殊皆參與其事,[②]其時二人即已相識,故晏殊得見宋綬家所藏碑。

《類要》引有陳彭年《唐紀》多條。陳彭年,宋初著名學者,晏殊十五歲初入仕即奉詔從其讀書。陳彭年此書未著録於《崇文總目》,又因爲本於《舊唐書》,價值有限,至《新唐書》及《資治通鑑》出,其書漸歸湮没,[③]其流傳並不廣泛,《類要》所引極有可能本於陳彭年的稿本。

又《類要》引《徐鉉集》多篇文字。《徐鉉集》最初由其婿吴淑編成三十卷,稿爲陳彭年所藏。大中祥符九年(1016),胡克順於陳彭年處得全稿而刊刻之,晏殊爲後序。次年,即天禧元年(1017)刻印成書。[④] 晏殊見此書當在其作序之時,或也收藏有天禧的初刻本。要之,其所見皆係《徐鉉集》之原編本。

又《類要》所引《陶淵明集》有《聖賢群輔録》。關於陶集之流傳,《郡齋讀書志》卷一七曰:"今集有數本:七卷者,梁蕭統編,以《序》、《傳》、顔延之《誄》載卷首;十卷者,北齊陽休之編,以《五孝傳》、《聖賢群輔録》、序、傳、誄分三卷,益之詩,篇次差異。按《隋·經籍志》,《潛集》九卷,又云梁有五卷,録一卷;《唐·藝文志》,《潛集》五卷。今本皆不與二《志》同,獨吴氏《西齋書目》有《潛集》十卷,疑即休之本也。休之本出宋庠家云,江左名家

---

① 葉夢得:《避暑録話》卷二曰:"晏元憲公雖早富貴而奉養極約,惟喜賓客,未嘗一日不燕飲。"(《石林避暑録話》卷二,上海書店影宛委堂本,1990 年,頁九右)。

② 見《玉海》卷一四,第 307 頁。

③ 參《文獻通考·經籍考》二〇引"巽岩李氏曰",第 1632 頁。

④ 參祝尚書:《宋人别集叙録》,中華書局,1999 年,第 6 頁。

舊書，其次第最有倫貫，獨《四八目》後《八儒》《三墨》二條似後人妄加。"[①] 則晏殊所見陶集爲陽休之本，而此本爲宋庠所藏。宋庠《晚歲感舊寄永興相國晏公》有"誤知三十載"之語，[②]又稱晏殊爲師，知二人素有交誼。晏殊所見陶本當出於宋庠家。

3. 晏殊自藏書

晏殊一生好學不倦，著述等身，其藏書應不在少數。《類要》所用書籍，當有相當一部分出於晏殊自己的藏書，但文獻可考者甚少，惟《柳宗元集》、《韓愈集》與《世説新語》三種見於記載。政和四年(1114)，沈晦重新編校柳集，記其所用諸本曰："凡四本，大字四十五卷……初出穆修家，云是劉夢得本。小字三十三卷，元符間京師開行……曰曾丞相家本……曰晏元獻家本，次序多與諸家不同，無《非國語》。四本中晏本最爲精密。"[③] 則晏殊家自有《柳宗元集》，《類要》所引柳集應即其家藏本。又魏仲舉《新刊五百家注音辨昌黎先生文集》卷首載"評論訓詁音釋名氏"，有"臨川晏氏"，注云："名殊，字同叔，校定韓文。"據此則晏殊曾校訂韓文，其家亦應藏有韓愈集。[④] 另外劉真倫先生認爲，《類要》所引韓愈詩文，與北宋監本比較一致，則晏殊所藏本應與監本出於同一系統。[⑤] 另外晏殊對於《世説新語》用功甚多。紹興八年(1138)董弅《世説》跋曰："余家舊藏，蓋得之王原叔家。後得晏元獻公手自校本，盡去其重複，其注亦小加翦裁，最爲善本。"[⑥]則晏殊家原藏有《世説》，並對其進行了删訂。《類要》所引《世説》，除王羲之用鼠鬚筆(卷二三《筆》)一條外皆見於今本，所用應是晏殊删訂以後之文本。

以上所述僅僅是《類要》所引文獻中極小一部分，其他文獻雖不可一一指其來源，但從晏殊一生特殊的經歷、廣泛的交遊及其自身淵博的學識可以推斷，它們所依據的底本也應是當時的善本，甚至是一時之孤本。因此《類要》在版本及校勘學上的價值不僅僅體現在其時代的古遠之上，其

---

① 《郡齋讀書志校證》卷一七，第 818 頁。
② 見《元憲集》卷五。
③ 《柳河東集》載沈晦《四明新本河東先生集後序》，上海人民出版社，1974 年，第 857 頁。
④ 轉引自劉真倫：《韓愈集宋元傳本研究》，第 236 頁。
⑤ 參劉真倫：《韓愈集宋元傳本研究》，第 381 頁。
⑥ 轉引自余嘉錫：《世説新語箋疏》，上海古籍出版社，1993 年，第 933 頁。

所引文獻所依底本的精善無疑使其彌顯珍貴。

三、《類要》的編纂方式

這樣一部歷時長久，涉及了衆多不同來源文獻的巨著，又是怎樣編纂成書的呢？葉夢得《避暑録話》的一條記載爲我們提供了重要材料：

> 晏元憲平居書簡及公家文牒未嘗棄一紙，皆積以傳書，雖封皮亦十百爲沓，暇時手自持熨斗貯火於旁，炙香匙親熨之，以鐵界尺鎮案上，每讀書得一事，則書以一封皮，後批門類，按書吏傳録，蓋今《類要》也。[1]

這條材料生動地記載了晏殊編纂《類要》時的種種細節，非常符合晏殊節儉的性格特點，[2]也反映了晏殊本人對於此書的重視與盡心。從葉夢得的記載來看，《類要》的内容皆源於晏殊讀書時的摘鈔，而後分類歸置，與白居易編纂《六帖》的方式大體相似。從今所存鈔本中也可找到這一編纂方式所殘餘的痕迹。如《類要》全書引《百葉書抄》十四條，其中九條出於此書卷四，而分布於"聖賢理論"、"帝雜文"、"宗室女"、"總叙官屬"、"酒"、"總叙文"、"外任下"、"飛白"、"雜書體"九個門類中。可以看出，晏殊在讀《百葉書抄》此卷之時鈔録了重要的事類，並將它們散入各個門類之中，與葉夢得所謂"後批門類"之法相合。因此《類要》中每一門的内容皆非一時所成，而是經了漫長的積累。

從文獻記載及今存殘鈔本《類要》本身來看，到晏殊去世，《類要》尚未最後定稿。大約在晏殊去世二十餘年後，其子晏知止方才請曾鞏爲《類要》作序，曾鞏所見爲七十四篇，其序曰：

> 公於是時爲學者宗，天下慕其聲名，人見公應於外者之不窮，而不知公之得於内者深也。及得公所爲《類要》上中下秩，總七十四篇，

① 見《石林避暑録話》卷二，第 9 頁右。
② 《隆平集》卷五《晏殊傳》稱其"雖早富貴，奉養若寒士"。

凡若干門，皆公所手抄，乃知公於六藝、太史、百家之言，騷人墨客之文章，至於地志、族譜、佛老、方伎之衆説，旁及九州之外，蠻夷荒忽、詭變奇迹之序録，皆披尋紬繹，而於三才萬物、變化情僞、是非興壞之理，顯隱細巨之委曲，莫不究盡。公之得於内者在此也。①

可知《類要》總括了晏殊一生讀書之心得，是晏殊學術的最好證明。

附論　晏袤與百卷本《類要》

在晏殊去世一百五十一年以後的南宋開禧二年（1206），《類要》由晏殊的四世孫晏袤奏進朝廷。據《玉海》所載，此本將原編的七十四篇重編爲一百卷，並經過了晏袤的增補。② 今所存二種殘鈔本中的部分門目下都注有"四世孫袤填闕"、"袤補缺"等字樣，可證《玉海》所載不謬。

晏袤世系無考，惟《類要》原本由晏知止請曾鞏作序，其本在知止家，則袤或爲知止後人，其生平材料惟見於《四庫全書總目》及郭榮章先生編《石門石刻大全》所存晏袤所撰文字及題名等石刻之中。綜合二書材料可知，晏袤，字德廣，③至少從淳熙十一年（1184）年起已客居南鄭，④大約於紹熙五年（1194）年爲南鄭令，⑤至慶元元年（1196）八月仍在任上。⑥ 開禧二年

① 《曾鞏集》卷一三，第210頁。

② 《玉海》卷五四，第1082頁。

③ 《石門石刻大全》收入《晏德廣等淳熙題名》、《石邵、段雄飛等淳熙題名》二篇，三秦出版社，2001年，第107頁。後者作於淳熙乙巳（1185），文曰"石邵、段雄飛、晏袤traveled時以禱雨艤舟玉盆側……以董堰復來同登"云云。前者作於淳熙甲辰（1184），文曰"晏德廣、段□□（下缺）師命禱雨陞潭□（缺）而去"云云，知兩次禱雨之參與者相同，乙巳因督辦修堰事復來，則晏德廣即晏袤也。

④ 石門多有晏袤所撰石刻文字，其地南宋爲南鄭。

⑤ 晏袤在石門之刻石，自紹熙五年之《〈鄐君開通褒斜道〉釋文》及《山河堰賦》，始題"南鄭令晏袤"，前此皆僅題名。二文分別見《石門石刻大全》第81頁及第114頁。

⑥ 晏袤慶元元年中秋所作《〈潘宗伯、韓仲元造橋閣題記〉及〈李苞通閣道題名〉釋文》仍題"南鄭令"。未見其後刻石。

(1206)知雅州。① 晏袤工書好古,在南鄭期間參與了當地山河堰的修建。②

晏袤對於《類要》原本重編與補缺的具體情況文獻無徵,陝本三十七卷中共有六十一門標明晏袤補缺,而地理部分七卷即占了五十門。實際上,地理部分出於晏袤增補的門類遠不止這些。在這一部分未標明晏袤補缺的不少門類中引有成書於英宗以後的《輿地廣記》,並載有熙寧至政和的沿革,顯然出於晏袤之手。這些門類絶大多數内容皆自《太平寰宇記》抄出,體制亦與之同。而另外一些門目的體制多以"某州某郡節度/軍事"起首,續以四至八道,沿革、名勝等内容,所引多今未見於其他文獻之内容,應是晏殊原本。晏袤所補内容約占整個地理部分的一半,所涉州縣猶是天禧以前舊制,尚是原本舊觀,但可能這些門目原本内容極少,故晏袤取《寰宇記》等常見書增益之。

地理部分以外經晏袤補缺的十一個門目分别爲卷一三《釣》、《橋梁》、《假山》、《溝渠》、《池沼物象》、《池苑游宴》,卷一七《總叙昭文館》、《集賢大學士》,卷一九《太常少卿》、《大理寺少卿》、《上林》,卷二六《民有官秩》。卷一三其他門目所叙皆爲宫中物象,與前四卷叙帝王事相類,而所補六門與其他門目不類,亦未見引珍異之書,疑全出於晏袤添補,但每門内容僅數條。《總叙昭文館》、《集賢大學士》皆僅有一條内容,顯然爲晏袤所補,但二門名稱與其他門目類同,應是原本所有。另外幾個門類的内容也僅寥寥數條,多爲常見文獻。因此除地理部分以外,《類要》中晏袤所補的内容幾乎不占比例,對原本並無影響。

總體而言,從今所存三十七卷來看,晏袤對於《類要》的增補,並未改變原書的面貌,而他對《類要》的整理與奏進使乃祖一生的心血得到了更多流布機會,直到今日,所存的《類要》三個鈔本仍出於晏袤重編本系統。因此《類要》的編纂與流傳,晏袤功不可没。

---

① 《四庫全書總目》卷一三七曰:"據其四世孫知雅州袤進書原表,則南渡後已多缺佚,袤續加編録,於開禧二年上進。"第1161頁。

② 《山河堰落成記》曰:"查沆、賈嗣祖、晏袤、張柄實董其事。"《山河堰賦》曰:"南鄭令晏袤實司其職。"二文分别見《石門石刻大全》,第85、114頁。

第二章 《類要》的基本面貌研究

第一節 唐宋類書的部類和體例

《類要》問世以前的唐代與北宋前期是類書發展的繁榮期，這一時期的類書在繼承前代傳統的基礎上産生了大量的新變。從編撰者而言，類書的編撰不再局限於官修，私人編撰的小型類書層出不窮。而類書的類型也産生了分化，在囊括天地萬物的綜合性類書之外還出現了專門性的類書。與此同時，類書形式的集中表現——部類與體例——也處於一個定型與新變的歷史時期。

一、《類要》以前類書的分部

類書"區分臚列，靡所不載"，①而其所包括的内容及其對這些内容的分類無疑反映了編撰者對世界萬物的認知。最早的《皇覽》分爲四十餘部，每部數十篇，②今可知者尚有《冢墓記》等數篇，然其全部部類則已渺不可考，亦無法推知其設部立篇之意義，但北齊《修文殿御覽》的分部意義則有明確表述：

> 尚書右僕射祖珽等上言："……前者修文殿，令臣等討尋舊典，撰

---

① 《玉海》卷首載李桓序，第3頁。
② 《三國志》卷二三《楊俊傳》注引《魏略》，中華書局，1959年，第664頁。

録斯書，謹罄庸短，登即編次，放天地之數爲五十部，①象乾坤之策成三百六十卷。②

《太平御覽》沿用《修文殿御覽》體制，據其所分五十五部可考《修文殿御覽》之大致分類：

天部 時序部 地部 皇王部 偏霸部 皇親部 州郡部 居處部 封建部 職官部 兵部 人事部 逸民部 宗親部 禮儀部 樂部 文部 學部 治道部 刑法部 釋部 道部 儀式部 服章部 服用部 方術部 疾病部 工藝部 器物部 雜物部 舟部 車部 奉使部 四夷部 珍寶部 布帛部 資産部 百穀部 飲食部 火部 休徵部 咎徵部 神鬼部 妖異部 獸部 羽族部 鱗介部 蟲豸部 木部 竹部 果部 菜部 香部 藥部 百卉部

可以看到，其部類的設置按照天、地、人、事、物的結構，充分體現了古人的知識範圍及其認知世界的秩序，所謂"備天地萬物之理、政教法度之原、理亂廢興之由、道德性命之奥"。③ 直到清代，這一觀念仍貫徹於類書之中，古代最後一部類書《古今圖書集成》分爲曆象、方輿、明倫、博物、理學、經濟六編，除後二者體現了明清以來的學術新變外，前四編仍是《修文殿御覽》以來的知識體系。而陳夢雷在《古今圖書集成》凡例中即闡明了這一排列順序之意義：

法象莫大乎天地，故匯編首曆象而繼方輿。乾坤定而成位，其間者人也，故明倫次之。三才既立，庶類繁生，故次博物。

這一分類體系體現了以天、地、人爲三才的觀念，而它始終貫穿於從

① 胡道静認爲當作"五十五部"，是。見《中國古代的類書》，中華書局，1982 年，第 48 頁。
② 《太平御覽》卷六〇一引《三國典略》，中華書局，1960 年，第 2706 頁。
③ 《太平御覽》蒲叔獻序，第 1 頁。

魏至清大多數的類書之中。

北宋仁宗以前的綜合性類書，如《藝文類聚》、《兔園策府》、《初學記》、《太平御覽》、《事類賦》等都貫徹了這一理念，雖然各書子目上的少量增減反映了各個時代知識結構的調整，但其總體的知識體系却並未有大的改變。

與以上類書有所區別的是《北堂書鈔》。這部現存最早的《類書》作於隋虞世南任秘書郎之時。今存南海孔氏影宋本共一百六十卷，與《宋志》所載卷數同。全書共分 19 部，分別爲：

帝王部　后妃部　政術部　刑法部　封爵部　設官部　禮儀部　藝文部　樂部　武功部　衣冠部　儀飾部　服飾部　舟部　車部　酒食部　天部　歲時部　地部

可以看出《北堂書鈔》顛覆了《修文殿御覽》以來所確定的分部原則，將帝王及與政術有關的部類置於天地之前，占去了全書大部分的篇幅，體現了編纂者突出帝王獨尊的觀念。

《北堂書鈔》的分類方式所體現的觀念在《册府元龜》中得到了更充分的表現。編纂於北宋真宗時期的《册府元龜》初名《歷代君臣事迹》，表明其爲一部政治歷史的百科全書。真宗對編撰此書的意義有過明確的表述：

朕編此書，蓋取著歷代君臣德美之事，爲將來取法。①

正因爲如此，《册府元龜》所分 31 部皆與帝王政事有關，分別爲：

帝王部　閏位部　僭僞部　列國君部　儲宫部　宗室部　外戚部　宰輔部　將帥部　臺省部　邦計部　憲官部　諫諍部　詞臣部　國史部　掌禮部　學校部　刑法部　卿監部　環衛部　銓選部　貢舉部　奉使部　内臣部　牧守部　令長部　宫臣部　幕府部　陪臣

① 《册府元龜》卷首《考據》，中華書局，1960 年。

部 總録部 外臣部

由此可以看到,《册府元龜》的分部是《北堂書鈔》前 12 部的進一步細分與擴大,充分體現了宋真宗敕命編撰此書的意圖。

從以上對部分類書部類的分析中可以看到,類書的編撰者或希望通過分類的方式體現自身對於世界萬物的認識,并且將其所認知的世界納入類書這一包羅萬象的形式中去,或以類書這樣一種特殊形式爲帝王提供一種可資借鑒的國家治理模式。與其他典籍一樣,它們都是古代社會正統意識的體現。

與上述傳世的綜合性類書不同,唐代一些層出不窮的私撰小類書的分類則相當隨意。如李商隱所編《金鑰》僅二卷,分帝室、職官、歲時、州府四部,①其分部完全取决於作文之應用。② 今天可以看到的這一類類書的典型爲敦煌文書中所保存的一系列通俗小類書。這些類書篇幅不大,其中的相當部分經過抄寫者的删節或改編,就其今天所呈現的面貌來看,其内容往往僅僅爲一般綜合性類書中的某幾個部分,因此其分類也具有自己的特點。

在敦煌類書中相當部分僅有體現"人"這一内容的類目,較典型者如初唐于志寧之子于立政所撰《類林》。《類林》除敦煌本(P. 2635、Дx. 970、Дx. 6116)外,另有西夏文譯本,此本除翻譯上的問題外完全忠實於原書,而金王朋壽《增廣類林雜説》除增加篇目以外原書内容皆得以保存,因此這三個本子都提供了原書可靠的文本。③ 王三慶先生據此三本綜合排比得復原本《類林》之類目如下:

孝行篇 孝感篇 孝悌篇 孝友篇 勤學篇 勸學篇 志節篇 儒行篇 敦信篇 烈直篇 忠諫篇 行果篇 權智篇 斷獄篇 清吏篇 酷吏篇 聰慧篇 機巧篇 辯捷篇 隱逸篇 相征篇 仁友

① 見《直齋書録解題》卷一四,上海古籍出版社,1987 年,第 424 頁。
② 參查屏球:《李商隱〈金鑰〉考述》,載《安徽師範大學學報》(社科版)2002 年第 4 期。
③ 參王三慶:《敦煌類書》,麗文文化事業股份有限公司,1993 年,第 68 頁。

篇　友人篇　貞潔篇　賢女篇　醫卜篇　卜筮篇　占夢篇　烈女篇　文章篇　感應篇　報恩篇　報怨篇　别味篇　豪富篇　貧窶篇　功書篇　善射篇　音樂歌舞篇　壯勇篇　美婦人篇　美丈夫篇　醜婦人篇　醜丈夫篇　肥瘦篇　怪異篇　祥瑞篇　歌謡篇　四夷篇

可見其所有類目皆與人或人事相關，而無天、地、物等其他一般類書中常有之内容。與此相類的還有《事林》（P. 4052）、《事森》（P. 2621 + S. 5776）、《語對》（P. 2524 + S. 2588 + P. 4636 + S. 79 + S. 78 + P. 4870）、《古賢集》（P. 2748 + P. 3113 + P. 2678 + P. 3174 + P. 3929 + P. 3960 + P. 3956 + P. 4972 + S. 2049 + S. 6208 + Дx. 2779）、李若立《籯金》（P. 2537 + P. 2996 + S. 2053V + P. 3363 + P. 3650 + P. 3907 + P. 4873 + S. 5604 + S. 4195V + S. 7004）、P. 2502、Дx. 487a、《雕玉集》等。

作爲私撰的類書，它們並不需要像官撰類書一樣承擔提供已知世界所有知識的責任，編撰者只是根據自身或某一部分人群的需要將重要知識集中起來，以滿足使用者某一方面的需要。而對於這些類書的編撰者與使用者而言，最切近的莫過於一切與人及人事有關的知識。從《類林》所含的篇目來看，它們或强調了傳統的道德規範，如孝行、敦信等；或具有很强的實用性，如醫卜、卜筮等；或滿足了人們的好奇心，如美婦人、醜丈夫、怪異等，這些内容反映了編撰者對這些切身知識的關注。

綜上所述，《類要》以前類書的分類，其大略有兩種：一類以官修類書爲代表，囊括了天、地、人、事、物等宇宙萬物，承載了對已知的知識進行分類的責任；而另一類僅包括以上五大類知識中的某一些部類，或打亂這些知識的排序，以突出某一部類的重要意義。後者以私撰類書爲多，也包括一些專門性的類書，它們的分類反映的是編撰者知識體系中的重點，往往帶有更强烈的個性。

二、《類要》以前類書的體例

類書的體例大致可分爲按類編排與按韵編排兩種，《類要》以前的類書多係前者,而其體例又可作更細的區分。張滌華先生在《類書流別·體制》中將之分爲六類,①但僅據傳世類書而言,未包括敦煌類書。王三慶先生《敦煌類書》一書將敦煌發現的這類文書分爲九類,但未涉及傳世類書。以下筆者即綜合二者與其他可考之類書,對《類要》以前的類書之體例重作歸納,以期了解此前類書體例的各種形態,在此背景之下,我們對於《類要》之體例對於前代的繼承與發展可有更深入的認識。

1. "排比舊文,次其時代"。② 典型代表:《太平御覽》

從魏文帝編《皇覽》開始,這一形式一直是南宋以前類書體例中的主流。從《皇覽》的佚文來看,其體例可能也是如此。故南北朝類書,如《華林遍略》、《修文殿御覽》等皆採用這一種形式。③ 唐人私撰的小類書中亦頗有採用此種形式者,如元稹父元寬所撰《百葉書抄》,舊題歐陽詢所撰《麟角》等——據《類要》的引文來看,上述二書體例皆爲條列文獻。又如敦煌文書中所存盛唐寫本王伯璵《勵忠節抄》(S. 1810 + S. 1441 + P. 3657 + S. 5615 + P. 4059 + P. 5033 + P. 2711 + P. 4026 + P. 3871 + P. 2549 + P. 2980)亦採用此種編撰方式,④惟部分條目起首未標出處。《宋志》著録此書十卷,同卷另有魏玄成《勵忠節》四卷,王三慶先生言此書當係後人托名魏徵,而王伯璵書乃據之增輯而成,其體例應襲自《勵忠節》,⑤故四卷本《勵忠節》之體例亦當如此。另外一些近於類書的雜抄也採用這一體式,如敦煌本《勤讀書抄》(P. 2607)、《應機抄》(S. 1380)、《新集文詞教林》(P. 2612)、《新集文詞九經鈔》(P. 2557 + P. 3621 + P. 2598 + S. 5754 + P. 4525 + Дx. 1368 + Дx. 2153a + Дx. 2153b + Дx. 2153c + P. 3990 + P. 3169V + P. 3165V + P. 3368 + P. 3605 + P. 4022 +

---

① 見張滌華:《類書流別》,商務印書館,1985 年,第 18—21 頁。
② 見張滌華:《類書流別》,第 18 頁。
③ 敦煌文書 P. 2526 有無名類書一卷,體例同於《太平御覽》,羅振玉以爲係《修文殿御覽》。洪業提出質疑,認爲當是《華林遍略》,王三慶將原書與《太平御覽》進行比對,發現殘卷部次與《御覽》接近,條目也多有相同,故仍將此殘卷題爲《修文殿御覽》(《敦煌類書》,第 16—19 頁)。按《修文殿御覽》本於《華林遍略》,故無論此殘卷爲何種類書,二書之體例皆可因之而見。
④ 此據王三慶《敦煌類書·録文》,下所論敦煌文書本類書皆同。
⑤ 《敦煌類書》,第 25 頁。

Дx. 247)等。

2. **捃拾字句,以成偶對。典型代表:敦煌文書本《語對》**(P. 2524+S. 2588+P. 4636+S. 79+S. 78+P. 4870)

《隋志》中所載《語對》、《語麗》、《對要》、《雜語》、《群書事對》等類書當皆屬於這一類型。這一類型類書絶大多數已經亡佚,然敦煌文書中尚存這一類型的類書四種(P. 2524 + S. 2588 + P. 4636 + S. 79 + S. 78 + P. 4870、李若立《籯金》、P. 3956 + P. 2678、P. 3890)。四種類書體例皆以二字或三字爲對偶,下注出處,略如《初學記》中之"事對"。由此可以認爲《初學記》中"事對"一門正是受這一體例類書的啓發而設置的。此一體在敦煌類書中還有兩種變例,其一爲按類集與此類相關之短語,非必儷偶,亦無注文。如敦煌文書 P. 3361,其《帝王》門曰:"宜重光·敬迓天威·明明棐常·灼於四方……垂拱·皇極·惟皇之極·帝庭……"其他各門大抵如是。其二爲集短語,注爲釋文或出處,如敦煌文書 P. 4710、S. 3776,後者《天部》曰:"日:太陽之精。扶桑:日出處。"其他部類略同。

3. **前事後文,匯於一編。典型代表:《藝文類聚》**

編撰於武德初年的《藝文類聚》,其主要目的在於爲文士撰作詩文提供材料,然而此前類書多重於羅列事類而没有爲使用者提供合適的範本,而作爲薈萃古今佳作的詩文選本却與類書異類别行,所謂"《流别》、《文選》,專取其文;《皇覽》、《遍略》,直書其事,文義既殊,尋檢難一",①正指此而言。爲解决這一問題,歐陽詢將隸事與録文集中於《藝文類聚》一書之中,由此開創了類書的新體例。《初學記》踵迹其後,在隸事與録文中加入事對一項,使這一體例得到了進一步完善。

4. **摘句爲目,小注引文。典型代表:《北堂書鈔》**

《北堂書鈔》的體例在當時的類書中别具一格,這一體例將引文中的重要字句作爲條目之標題,使讀者更方便地找到自己所需要的内容,因此爲唐代衆多私撰類書所吸收。白居易《六帖》所採用的便是這一體例,但

① 歐陽詢:《藝文類聚》序,上海古籍出版社,1999 年,第 27 頁。

白氏原本各條下所注基本未標明出處，故北宋人爲之加注而成《白氏六帖事類添注出經》。敦煌類書中相當一部分採用了這一體例，王三慶先生命之爲《北堂書鈔》體類書，共七種，其中甲及丁至庚五種（P. 2502、P. 3715、Дx. 487a、S. 6078、P. 4636b）與《書抄》基本相同，其摘句或以二三字，或以一二句，無一定之規。而乙（P. 3733）則以一二句立篇，每篇包括不注出處文字近十篇；内容近於《歲華紀麗》的 S. 545，其體例在標目下以注加以釋文，少許條目注以出處，這些都是《北堂書鈔》體之變例。另外，丙（P. 5002）每條之標目皆爲四至十一字之偶句，如"曹褒制禮，班固著書"、"盜賊慚子何之意，進藥而死；獄囚感季英之恩，呑指自誓"之類。這一種體例已與李翰《蒙求》、吴淑《事類賦》極爲相似，惟《蒙求》以四字爲對，《事類賦》連綴成賦，體例更爲純粹。

5. **撰文成章，小注引文。典型代表：《事類賦》**

這一體例是《北堂書鈔》體例的升級，其源頭正是後世被譏爲"鄉校俚儒教田夫牧子之所誦"之《兔園策府》。① 《兔園策府》係杜嗣先奉蔣王惲之命爲準備試策而編撰的類書，它成書於貞觀十年（636）李惲受封蔣王之際至貞觀十七年（643）四月太子承乾被廢、李治被立爲太子以前，②引文多係經史文字。其書設問對之體，問與對多以駢文寫成，下注出處，與《事類賦》同。《兔園策府》以後，採用這一體例的類書尚有多種。李翰《蒙求》雖非賦體，但以四字偶句成章，加以自注的體例與此一脈相承。敦煌類書中亦存有一種，即 P. 3622 + P. 4034，爲盛唐寫本，撰成則在此前，其體例亦如《兔園策府》，惟無問答體。至於北宋，這一體類書的發展臻於完善，吴淑之《事類賦》遂爲此體之代表。

6. **依類撰詩賦，無注。典型代表：李嶠《雜咏》**

李嶠《雜咏》雖係詩體，但其一詩一類，將與題相關之事類熔鑄其中，實亦類書之一種，故張滌華、王三慶等皆將其歸入類書。今傳敦煌本與古

---

① 《新五代史》卷五五《劉岳傳》，中華書局，1974 年，第 632 頁。

② 參屈直敏：《敦煌本〈兔園策府〉考辨》，載《敦煌研究》2001 年第 3 期。據 S. 614、S. 1086、S. 1722 三個文書中"承"、"乾"二字缺筆，而不避"治"字，定爲三本抄於承乾爲太子時，而書之撰成當更早於此。

鈔本雖皆有張庭芳注，但其撰作之初並無作注之例。與此體例相同之類書，敦煌文書中尚有 S. 6001 + S. 6160、S. 610V、P. 3622 + P. 4034V 及《古賢集》四種，第一種爲賦體，後三種皆詩，《古賢集》爲七言，另二種絶大多數爲四言。另外《遼海叢書》及《秘府略》中存有殘卷的初唐張楚金《翰苑》亦撰爲四六之體，初本無注，後經雍公叡注釋，與此體略同。

7. 人名爲題，末注出處。典型代表：《太平廣記》

此一體例之源頭可追溯到于立政所撰《類林》，綜合敦煌本、西夏譯本及金王朋壽所撰《增廣分門類林雜説》，王三慶先生將各條體例歸納爲人名 + 字號籍貫 + 叙事 + 時代 + 出典。① 與此相類的尚有敦煌本《事林》、《事森》、P. 5544 及《雕玉集》等。另外在一些近於類書的雜抄中也採用了這一種體例，如敦煌本 S. 133。這一體式至宋代則演化爲《太平廣記》之體例，其冠首之人名則演變爲篇名。

8. 分類設論，一問一答。典型代表：敦煌文書《珠玉鈔》(P. 2721＋P. 3649＋S. 5755＋S. 4663＋P. 3393＋P. 2816＋P. 3671＋S. 5658＋P. 3769＋P. 3683＋P. 3906)

這一體例未見於傳世類書之中，其淵源亦可追溯到《兔園策府》，在這部爲應試而撰作的類書中，其整體皆以問答爲形式，可見問答體是一般應試類書常有之體例。《珠玉鈔》所涉皆爲當時日常生活與文化生活之基本知識，其"論三皇五帝"曰："何名三皇？伏羲・神農・黄帝。""辨四時八節"曰："何名四時？春・夏・秋・冬。何名八節？立春・春分・立夏・夏至・立秋・秋分・立冬・冬至。"採用此種體例者另有敦煌文書 P. 3155 及 P. 3665，前者設"孔子問""老子答"，所答内容詳於《珠玉鈔》，後者前半頗類《北堂書鈔》體，但最後有問答兩組，内容較《珠玉鈔》爲詳。

9. 其他

這一時期的類書也一部分體例出於以上八種之外，如《册府元龜》，是書分類逐條排列文字，皆不注出處。又如敦煌類書中的 P. 3636 +

① 王三慶：《敦煌類書》，第 68 頁。

P. 4022、P. 5544、S. 5725、Dx. 487b、S. 6227 四種，其體例皆爲上述第一與第七種之混合，可見唐代私撰類書率意成書之特性。

從以上對《類要》以前類書體例的分析中可以看到，後世按類編排類書所具有的體例，在這一類書的形成與發展時期都已具備，并且經過了充分的發展，逐漸走向成熟，而《類要》獨特的體例正是這一大背景之下的產物。

第二節 《類要》的部類

據今存三十七卷本統計，《類要》全書共存九百八十三門，而《玉海》載晏袤奏進的增補本門目遠不止此：

> 晏殊《類要》七十四篇，開禧二年正月晏袤上之，勒成一百卷，列爲二千六十一門。①

然則今本門目僅當《玉海》所載的 48%，原書佚失極爲慘重。今存三十七卷本九百八十三門，比照《太平御覽》之分部，大略可分爲州郡、帝王、道、皇親、居處、職官、人事、文、工藝、飲食、四夷及雜録部。各卷所屬部類分别爲：卷一至四、六至八當州郡部（載真宗天禧以前建制，自京西路至利州路，闕廣南東西二路），卷五當道部，卷九當帝王部，卷一、一一、一二當皇親部（包括后妃、太子、諸王、公主及駙馬），卷一三當居處部，卷一四至二〇當職官部，卷二二、二四、二五、二六、二七、三〇、三三、三四、三五當人事部，卷二一、三一、三二當文部，卷二三、二九當工藝部（包括字、畫、算、棋、射、獵、音樂等），卷二八當飲食部（包括酒、食、茶），卷三六當四夷部。另外，卷三七記雜録及喪亂，未見於此前類書，似爲全書之總結。

由上可見，三十七卷本卷次頗有錯亂，而作爲四庫底本的北大本，其

---

① 《玉海》卷五四，第 1082 頁。

卷次經四庫館臣據天一閣本（今已佚失）校正，將原卷一改爲卷二〇，卷二改爲卷二一，卷三改爲卷一六，卷四改爲卷一七，卷五改爲卷一一，卷六改爲卷一八，卷七改爲卷一九，卷八改爲卷二二，卷一八改爲卷四〇，卷一九改爲卷四一，卷二〇改爲卷四二，卷二二改爲卷七〇，卷二六改爲卷六九，卷三五改爲卷七一，卷三六改爲九五，卷三七改爲卷九六。其宜屬部類大致爲：道部、州郡部、職官部、人部、四夷部、雜録及喪亂，較三十七卷本更爲合理，可見天一閣本編次尚存原書舊貌，而三十七卷本已爲後人所竄亂。

《類要》成書後，尤其是晏袤增補本奏進朝廷之後，其書在南宋一代頗見流布，《古今合璧事類備要》、《輿地紀勝》等類書、地志尤多引用，從中頗可考見《類要》缺佚之門目。以下筆者即據傳世文獻考求《類要》所闕各門類，凡諸書直引其門目者，徑行抄出；如僅引其文字，則據所屬諸書篇目或本條文意擬其目，以“擬目”别之。

夔州路：歸州（《錦綉萬花谷》卷一二、《方輿勝覽》卷五八）；廣南東路：廣州（《輿地紀勝》卷八九、《方輿勝覽》卷三四）、韶州（《輿地紀勝》卷九〇）、南雄州（《輿地紀勝》卷九二）、康州（《輿地紀勝》卷一〇一）；廣南西路：昭州（《輿地紀勝》卷一〇七）、梧州（《輿地紀勝》卷一〇八）、貴州（《輿地紀勝》卷一一一、《記纂淵海》卷一五）、廉州（《輿地紀勝》卷一二〇）、鬱林州（《輿地紀勝》卷一二一）、賀州（《輿地紀勝》卷一二三）、崖州（《輿地紀勝》卷一二七）。

符命（《類要》卷九“詳見《符命門》”云云）、神祇（《永樂大典》卷二九五一）、僧遊行（《永樂大典》卷八六二九）、母右（《永樂大典》卷一〇八一四）、謚號（《永樂大典》卷一三三四五）、聖賢家誡（《永樂大典》卷一五〇七三）、田農（《永樂大典》卷六二三）、箋表類（《古今合璧事類備要》後集卷二九）、左風懷（《瀛奎律髓》卷七）、右風懷（《瀛奎律髓》卷七）。

擬目：正月（《古今合璧事類備要》前集卷一三）、四月（《古今事文類聚》前集卷九）、中元（《古今事文類聚》前集卷一〇、卷一七）、山（《記纂淵海》卷六）、真定縣（《河朔訪古記》卷上）、待制（《古今事文類聚》外集卷一四）、將帥（《古今事文類聚》遺集卷一〇）、參議官（《古今事文類聚》遺集卷一一）、采訪使（《古今合璧事類備要》後集卷六六、《古今事文類聚》遺集卷一二）、副使（《古今合璧事類備要》後集卷七五）、總幕職(《古今合璧事類備要》後集卷七七)、通判(《錦綉萬花谷》後集卷一二)、縣令(《古今合璧事類備要》後集卷七九)、縣官(《記纂淵海》卷三五)、閥閱子弟(《古今事文類聚》後集卷九)、世宦(《記纂淵海》卷三六)、禮(《永樂大典》卷一〇四五九)、兄弟(《記纂淵海》卷四〇)、婦(《記纂淵海》卷四〇)、外氏(《記纂淵海》卷四〇)、師(《永樂大典》卷九二一)、門弟子(《記纂淵海》卷四〇)、交友(《永樂大典》卷一二〇一六)、諍友(《永樂大典》卷一二〇一七)、得意友(《永樂大典》卷一二〇一八)、勢利友(《記纂淵海》卷四〇、《永樂大典》卷八六二九)、鑒别(《記纂淵海》卷五二)、賞賜(《永樂大典》卷一二〇四三)、報恩(《古今事文類聚》别集卷三一)、反目(《永樂大典》卷一九六三七)、録用(《記纂淵海》卷六八)、求援(《記纂淵海》卷五〇)、性情(《記纂淵海》卷五六)、韜略(《記纂淵海》卷八〇)、鄙賤(《記纂淵海》卷六五)、不稱(《記纂淵海》卷七三)、山陵(《古今事文類聚》前集卷五〇)、葬(《古今事文類聚》前集卷五六)、墓(《古今事文類聚》前集卷五八)、居喪(《記纂淵海》卷七九)、佛(《記纂淵海》卷八五)、佛法(《記纂淵海》卷八五)、披剃(《記纂淵海》卷八五)、圓寂(《記纂淵海》卷八五)、鼠(《古今事文類聚》後集卷二六)、魚(《古今事文類聚》别集卷六)、菜(《記纂淵海》卷九〇)、藥(《記纂淵海》卷九一)、柰(《記纂淵海》卷九二)、合歡(《全芳備祖》前集卷一四)。

以上所考各門,除殘本已有之地理、職官、人事等内容外,另得時令、鳥獸、草木、釋教諸部類,可見《類要》原本與此前大多數官修類書一樣,所涉部類遍及天、地、人、事、物各部,無論從篇幅還是從涉及範圍的廣泛來説,都是一般私撰類書中所不多見的。由此可以認爲,在這部耗費了他大半生心血的巨製宏構中,晏殊展示了他的知識體系,實際上是對其一生學問的總結。

第三節 《類要》的體例

對於《類要》的體例,《四庫總目提要》有過恰當的介紹和評價,館臣認爲《類要》體例"略如《北堂書鈔》、《白孔六帖》,而詳贍過之"。① 的確,《類

① 見《四庫總目提要》卷一三七《存目類·〈類要〉提要》。

要》採用的正是《北堂書鈔》以大字爲標目，小字注出處的體例。而這一體例是對《修文殿御覽》以來傳統類書體例的一個突破：大字標目無疑可以使讀者更方便地找到其所需要的内容，也使整部類書眉目更加清晰。從上節的叙述中我們可以看到，唐代相當多的私撰類書採用了這一體例，可見其在當時已頗爲流行。

《類要》不僅在大部分條目的編制上模仿了《北堂書鈔》與唐代的這些私撰類書，并且吸收了這些類書中作者自注的體例。如《北堂書鈔》卷九六《史》八“明得失之迹”下注有：“謹案，國史者，書記之官，所行狀理，謂之爲得；所行乖理，謂之爲失。”據胡道静考證，“謹案”以下即虞世南自注。① 而《類要》中許多條目下都有按語，據上下文判斷，當爲晏殊自注，與《北堂書鈔》正相仿佛。

雖然《類要》的體例在相當程度上承襲自《北堂書鈔》，但由於這些條目皆隨得隨録，而後付書吏傳寫，并且在晏殊去世時全書並未最後定稿，因而它的體例並不那麽純粹。體例的複雜給全書的整理和利用帶來了很大的困難。如果讀者不明白《類要》引書的方式、每條條目的編撰方式、條目與條目之間的界定，以及書中其他一些獨特的體例的話，便會影響全書的通讀與理解，進而在整理和利用中造成錯誤。事實上這樣的錯誤在前人的整理中已經有所發現。如《類要》中的大字多爲雋語，而雋語並非只有一句，如陝本卷一八頁二右欄：“蔡邕對問，封以皂囊。皂囊封書。”這裏“蔡邕對問，封以皂囊”和“皂囊封書”都是晏殊撮取引文不同的内容所編制的雋語。北大本原文與此同，但是四庫館臣却涂去了“皂囊封書”四字，原因便是不了解《類要》這一特殊的體例。因此對《類要》的體例進行分析與整理對我們了解與利用《類要》都有着重要的意義。

但是由於《類要》的未定稿性質，晏殊當年並未對全書體例加以概括説明，因此今日對於《類要》編撰體例的歸納只能依靠現存的三十七卷本。以下筆者試以現存諸本爲基礎，對《類要》體例作一個大致的歸納。

---

① 參胡道静：《中國古代的類書》，第67頁。

一、《類要》地理各卷的體例

《類要》的第一（江南路、兩浙路各州軍）、二（福建路、荆湖南路、荆湖北路各州軍）、三（地理之學、總敘地理、四方分野等）、四（京西路、京東路各州軍）、六（陝西路、河東路各州軍）、七（失路名，内容爲河北路各州軍）、八（梓州路、夔州路、益州路、利州路各州軍）各卷相當於其他類書的州郡部。它們内容獨立，自成體系，體例與其他各卷迥然不同，因此有必要將此七卷單獨叙述。

這七卷内容除第三卷和第七卷外，其他皆以路、州（軍）立門目，下詳載沿革、道里、物産，各門下再分縣叙述，詳載人物、名勝及傳説。其中引有《輿地廣記》及載至和以後沿革的内容應出於晏袤增補，這部分内容多抄自《太平寰宇記》，故其體例亦與之略同。另一部分，多以“某州某郡節度（軍事）”起首，續以四至八道，風俗、名勝等，往往無叙述沿革之文字，内容較少，應當是晏殊的原編，其體例不如晏袤所增補者嚴整。第七卷失路及大多數州（軍）之名，以一門首見之縣立目，而一門中諸縣並立，體例近於晏殊原編，但以無州軍名之故，頗無條理。第三卷叙地理之學、四方物産及禹貢九州等内容，爲地理門總述，其體例以大字爲雋語，小字引書，近於其他三十卷。

由上可知，這《類要》中地理各卷，從内容到形式都與地理總志無異，因此這一部分内容在南宋時期被徑稱爲“晏公《輿地志》”，①而爲《輿地紀勝》、《方輿勝覽》等地理書一同被大量引用，可見《類要》這一部分内容與一般類書有着很大的不同。

二、《類要》其他各卷的體例

除上述地理各卷以外，《類要》其他部分的編撰體例比較統一，其體例

---

① 見《乾道臨安志》卷三。

可分爲引書體式與編纂形式兩個方面。

其一,《類要》的引書體式。

《類要》的引書體式極不劃一。據陳尚君師統計,全書約有三分之一引文不注明出處,三分之一列書名或作者,剩餘部分則注明書名卷數。① 未注明出處之引文多據常見之書,如歷代正史等,但也有少部分出處不明。注明書名、作者的引文略同於一般類書,但題署書名多隨意省略或改題,所注出處或置於首,或置於尾,或僅注“又”或“同上”,體例極爲駁雜。最後三分之一注明卷次的引文是全書最有價值的部分,這些内容可以肯定鈔録自原書,而其中絶大部分文獻皆已散佚,據此可以爲原書的復原提供可靠的依據,如所引百餘條唐實録中近一半注明卷次,對於考訂唐實録原書之編次有着非常重要的意義。

其二,《類要》的編纂形式。

《類要》這三十卷内容皆由幾十至數百條條目構成。這些條目採用《北堂書鈔》體式,以大小字單雙行的形式組織成文,一般以大字摘句,編爲雋語,小字引録文獻,二者一一對應,小字中遇大字雋語處以“——”或“云云”代替。部分條目之間以“○”區隔。這一體例貫穿地理部分以外的所有三十卷之中,是《類要》編撰體例的主流。但由於體例的駁雜,《類要》無論條目之間的關係或是單一條目之中大小字之關係都有溢出以上所述者,略述如下:

(一) 單一條目中的特殊體例。

與《北堂書鈔》等類書中摘句爲雋語的體例不同,《類要》中的大多數雋語經過了晏殊自己的改編。這種改編在截取引文中某些字詞的基礎上,加以晏殊的發揮,成爲全新的句子。按照單一條目中的基本編排形式,這些雋語與引文之間的關係非常清楚,二者之間有着明顯的界限,並不會引起歧義,但在某些特殊的形式下,大字雋語與小字注文各自有了新的作用,再以基本的體例解讀便可能引起混淆與誤讀。這些特殊的大小

---

① 見《晏殊〈類要〉研究》,第 303 頁。

字關係大致可分爲以下三種：

1. **大字雋語與小字夾注非一一對應**。

(1) 一條小注對應兩條以上雋語：

大星如虹，下流於華渚。華渚之星虹下流。朱宣有華渚之祥。《河圖》曰：天星如虹，下流華渚，女節意感生白帝朱宣。宋均注曰：朱宣，少昊氏也。（卷九《誕生神異》）

瞻叔度者靡不服其深遠。《論□》曰：黄憲言論夙旨無所傳聞，然士君子見之者靡不服其深遠，去其鄙吝，將以道周性全，無德而稱乎。瞻叔度者去其鄙吝。叔度之道周性全。（卷二六《鄉閭高士》）

(2) 一條雋語對應兩條以上小注：

雷澤感靈，爰生於木帝。《詩・含神霧》曰：大迹出雷澤，華胥履之生伏羲。《援神契》曰：華胥履靈感之迹，故庖犧爲木帝也。（卷九《誕生神異》）

玉英流瑞於漢皇。《詩・含神霧》曰：含始吞赤珠二，上刻曰："玉英生漢皇。"《帝王世紀》曰：含始游洛池之上，有玉鷄銜珠。又曰：玉英，吞之者必王，吞之而生劉季。（卷九《誕生神異》）

2. **大小字非雋語與引文之關係**。

(1) 大小字交替出現，大字爲可重之言。

《柳氏家學録》曰：左右僕射統領百官，儀刑端揆，故自江左及魏、北齊迄於貞觀爲正[宰](帝)相。午前居政事堂，午後居尚書省决事，親理辭訟。貞觀三年，太宗謂房、杜曰："公爲僕射，廣開耳目，求訪賢哲，此乃宰相之弘益也。比聞聽受辭訟，日不暇給，安能助朕求賢哉？"因敕尚書省："細務屬於左右丞，唯冤屈大事合聞奏者關於僕射。僕射出總省事，入參大政，與尚書侍郎禮絶久矣。尚書侍郎有失職者,僕射得以出入之。”自是朝綱大舉,百司奉職,政歸尚書省,則僕射之與尚書令、侍中皆爲正宰相官,此乃貞觀之故事也。永徽元年,李勣拜左僕射,以南省地疏於北省,初加同中書門下三品,意者與侍中、中書令同公事,此後六十年,拜僕射、中書兼同三品。神龍中,豆盧欽望單授左僕射而遲回無所適,數日因加平章軍國重事。景龍初,韋安石自左僕射停兼中書令,又無同中書門下三品,單任僕射而已,從此後與相位殊耳。自後僕射多以故相而授。南省失職歸中書,如宋璟、張説、張九齡等,元老舊德,擢居端揆,罷職之後,爲時宰所忌,備員於冗散,不得復握舉紀綱。國家故事,命南宫爲治本,所以總統百司也,命僕射爲師長,所以端肅百官也,令所以授成事也。近者僕射漸輕,而列曹尤重,雖位居其下,而權出其右,則僕射姑息之不暇,又安能出入哉!(卷一四《左右僕射》)

(2) 大字引用文獻,小字標明出處、作者或僅提示時間。

管轄諸司,糾正臺内。《職員令》。(卷一四《總叙左右丞》)

蕃漢别旌旗,山川引行陣。于鵠。(卷三六《邊塞風景》)

尚書右僕射高士廉請致仕,詔以爲開府儀同三司同中書門下三品。唐貞觀十七年。(卷二五《致仕上》)

3. **僅有大字。**

(1) 直接以大字鈔録引文:

《十道志》曰:齊州濟南郡,置在歷城縣。(卷四《齊》)

《廬江記》云:語音風土明茂,皆勝淮左諸郡。(卷六《廬》)

(2) 大字無出處。

萬石君以上大夫祿歸老於家，以歲時爲朝臣，過宫門闕，萬石君必下車趨，見路馬必式焉。子孫爲小吏來歸，謁萬石君，必朝服見之，不名。子孫勝冠者在側，雖燕居必冠，申申如也，僮僕欣欣如也。（卷二五《致仕上》）

4. **無大字雋語，僅有小字夾注。**

《月令》：仲秋之月養衰老，設機杖、糜粥、飲食。鄭玄注云：助方氣也。（卷二五《致仕下》）

從以上各例可以看出，《類要》單一條目的編撰體例極爲駁雜，但其中也體現了編撰者的某些意圖。如在條目中編入兩條以上雋語之例，雋語實際皆是一條之標題，晏殊取引文中不同文字從各個側面來編制標題，可見其對於條目的反復琢磨與體會。而以大字突出一條中可重之言之例，充分體現了晏殊對這些條目的理解。從所舉例子來看，將大字連讀，已經構成了完整的意義，而這層意義正是晏殊認爲引文中最爲重要的部分，由此可見其對於這些問題的認識。

（二）條目之間的特殊體例。

《類要》各條之間一般有"○"以示區隔，但這一體例並不十分完善，相當部分條目之間的界限並不清晰，而這種混雜是《類要》中最爲難讀之處。其特殊的條目連接大致可分爲以下三種：

1. **同一條内容以雋語割裂：**

四明狂客賀知章有益於政，寄聲以聞，亦有望於舊臣矣。蕭俛封徐國公，以舊相致仕。文宗徵以爲太子少師，俛遣弟納制書堅[辭]。詔遂許之曰："四明狂客賀知章有益於政，寄聲以聞，亦有望於舊臣矣。"賜詔濟源，異徐公之來止。俛歸濟源別墅，開成中，弟俶爲荆州刺史，文宗曰："俛先朝舊相，可一來京。朕賜詔書，便賫至濟源，道吾此意。"俛竟不起。（卷二五《致仕上》）

《類要》此條前後以“○”與其他條目區隔,按此條注文見《舊唐書》卷一七二《蕭俛傳》,前後連貫爲一事,而文中以“賜詔濟源,異徐公之來止”大字雋語割裂之。

2. **兩條不同出處之條目連寫**。

> 形影相弔,五情愧赧,以罪棄生,則違古賢“夕改”之勸;忍活苟全,則犯詩人“胡顏”之譏。黥赭幽圄。《江淹集》。(卷二五《被罪》)

按,“黥赭幽圄”出江淹《被黜爲吴興令辭建平王箋》。而此前文字出《三國志》卷一九《陳思王傳》載曹植疏。兩句出處不同而併爲一條。

3. **條目間的互見**。

> 升屋東榮,招用褒衣。《孔雜記》注曰:諸侯死於其國,升屋東榮,招用褒衣。謂招魂復魄也。招魂復魄。見上。(卷三○《咎徵》)

> 子叔聲伯夢歌瓊瑰。見《夢》門。(卷三○《咎徵》)
>
> 聲伯夢食瓊瑰泣泪下而爲化爲瓊玉瑰珠也。又相魯聲伯夢涉洹,或與己瓊瑰食之盈於懷,從而歌曰:“濟洹之水,[贈](增)吾以瓊瑰,歸乎歸乎,瓊瑰盈吾懷乎。”懼不敢占也。還自鄭,至於狸脤,擲而占之曰:“余恐死,故不敢占也。今衆繁世多而從余五年矣,無傷者也。”言之莫而卒。注:食珠玉合象數占夢。(卷三五《夢》)

以上所舉三例,除了互見一例對於《類要》本身具有建設性的意義以外,其他二例無疑皆增加了閱讀此書的困難,在使用《類要》時對於這些方面尤需加以注意。

以上所舉諸例僅僅是三十七卷中極小的一部分,實際上《類要》中相當部分的條目都因爲其體例的駁雜而難於認讀,必須經過反復的查考方才可能確定條目之間的界限與條目内各部分的關係。這一切充分體現了《類要》的未定稿性質,同時也證明晏袤的重編並未對原書作全面的梳理,而是完整保存了它的原貌。

第四節 《類要》中的晏殊自注

與大多數類書僅僅摘引文獻不同,《類要》中保存有相當一部分按語,從上下文來看,應是晏殊鈔録條目時所加的注語。這些按語批於條目之後,其内容或解釋引文,或考釋人物,或駁引文之誤,或志字詞之疑,字數少則僅"當考"二字,多則引録、考論文獻達數百字,頗可見晏殊讀書之際對於引文之版本、音訓、文義等各方面的思考。

這樣一種特殊的體例此前雖亦見於《北堂書鈔》及一部分唐代私撰類書中,但像《類要》這樣大規模並帶有考證性質的自注却是絶無僅有的。不過它的出現並非是晏殊刻意的追求,很可能是由於《類要》最終未能定稿,這一些記録下晏殊當年思考過程的文字未及删削而偶獲保存。正因爲這些特殊按語的存在,使我們可以更多地了解是書的編撰過程及晏殊對其所摘録的諸多文字的理解,因此這些文字在晏殊文集多歸散佚的今天,對於我們了解晏殊其人其學有着重要意義。以下筆者即對《類要》中所輯之晏殊自注加以分析,以見其價值。

一、自注所見晏殊對於條目之理解

《類要》中一部分自注對條目之引文進行了解釋,涉及名物、訓詁、文義甚至史事之原委,有些還徵引其他文獻對引文進行補正。自注所涉内容,一般係引文中較難理解之處,晏殊的注釋對於理解條目有着重要意義。相對於此前類書無重點地引録文獻,《類要》的這部分内容無疑爲使用者提供了更多的信息。這類自注又可以分爲以下幾個部分:

1. 考釋音訓與名物。

卷二八《酒》引《藝文類聚》卷四二梁元帝、簡文帝《烏棲曲》曰"邯鄲九投"、"宜城投酒"云云,末自注曰:"按此二詩'投'字宜音'豆'。"是。《舊唐書》卷二九《樂志》梁元帝此詩,於"宜城投酒"之"投"字下注曰:"音'豆'。""投"即"酘",酒再釀也。

卷二三《筆》引嵇含《筆銘》曰:"龍鍾之管。注:竹名也。"末自注曰:"疑是鐘龍,當考。"按《事類賦》卷一五引作"採管龍鐘",則嵇含《賦》應作"龍鍾",然《初學記》卷二八戴凱之《竹譜》曰:"箘簵亦皆堪爲矢箭,大者爲筆,鐘龍竹,伶倫所伐也。"《太平御覽》卷九六三有"鐘籠竹"一門,故晏殊以爲當作"鐘龍"。

2. **考釋人物**。

卷九《賜御制》引張説《送工部尚書河東張侯赴定州序》云云,末自注曰:"當考,必嘉貞。"是。《舊唐書》卷九九《張嘉貞傳》:"(張嘉貞)代盧從愿爲工部尚書、定州刺史、知北平軍事,累封河東侯。將行,上自賦詩,詔百寮於上東門外餞之。"《文苑英華》卷七一五題《送工部尚書弟赴定州詩序》,按張嘉貞長張説一歲,且説代嘉貞爲中書令時,二人即已不協,不當稱弟,《英華》誤。

卷一六《御史中丞》引《唐小史》曰:"唐穆宗朝以孟簡爲户部侍郎。"末自注曰:"簡字幾道。"是。見《舊唐書》卷一六三《孟簡傳》。

卷一八《忠諫》引《玄宗實録》曰"監察御史妖讖以爲證"云云,末自注曰:"殊以爲引妖讖之言决者,豈非言牛姓者乎?"按此事見《舊唐書》卷一〇三《牛仙客傳》及《大唐朝議郎行監察御史周府君墓誌銘》,①其原委係監察御史周子諒彈奏牛仙客,引妖讖以爲證,玄宗大怒,流周於瀼州。晏殊謂言牛姓者,是。

3. **解釋典故,記載風俗**。

卷一一《后父母》引張説《鄭國夫人碑》曰:"次凱風於掖椒,外王母於梧宫。"末自注曰:"謂夫人即於明皇武惠妃之母,諸王之外祖母,故有'椒掖'、'梧宫'之句。"

卷三〇《咎徵》引權德輿《江西觀察使崔中丞碑》曰"左貂遂兮",末有自注曰:"貂遂謂贈常侍也。"

---

① 《唐代墓誌彙編》開元四八三號,上海古籍出版社,1992 年,第 1488 頁。

卷一三《總叙宫掖》引周處《風土記》曰“用銀作環,以踏指而進者,臘日祭後,婕嫗兒童皆藏彄”云云,末自注曰:“古者以爲[縫](蓬)衣之用,今人乃取皮爲之,指彄擬承[針](計),更銀爲指環,直充玩好耳。北人多以冬秋節夜,必未臘也。”所記當爲北宋時風俗。

4. **解釋文義**。

卷一九《詹事》:“文詞高於甲觀。《三輔黄圖》曰:太子之宫有甲觀。”末自注曰:“庾信言此者,蓋述其文,父肩吾爲太子庶子也。”

卷二五《被罪》引《子談論》曰:“洗垢求痕,吹毛覓瑕。”末自注曰:“言酷吏也。”

卷二六《老耄》引沈約《與徐勉書》曰“懸車之請,事由恩奪”,末自注曰:“謂求退不許也。”

卷三〇《咎徵》引權德輿《李康伯墓誌銘》曰:“復於左轂,護其輤裧,以至京師。”末自注曰:“謂没於路。”

從以上所引諸條可見,這些抄入《類要》的文獻都經過了晏殊深入的思考與辨析,在爲讀者提供便利的同時也反映了晏殊的學養。

二、自注所見《類要》引書版本

晏殊在一部分自注中對引文中的某些字詞或内容提出疑問,事實上,晏殊的這些問題反映了其所據諸書之版本情况。雖然這些有疑問的地方並不完全正確,但却反映了諸書在北宋初期的某一種面貌,對於了解《類要》所據版本與今本的異同有着重要的參考意義。兹舉數例:

卷一三《總叙宫掖》引《西京雜記》曰“漢世十月五日以豕酒入靈女廟”云云,末自注曰:“按五[日](月)是道日,奏《上玄》去,歌《赤風皇》來,當是道家造法。”按此條《太平御覽》卷五七二引《西京雜記》作“十月十五日”,與此不同。

卷二二《風采》下:“王夷甫衍神姿高徹……陳道寧諰諰如束長竿。”末自注曰:“道寧,當考其名。”《晉書》卷四三《王戎傳》同此,惟“王夷甫”徑作“王衍”,晏殊所見當另有所本,故有欲考道寧名之説。

卷二五《謫官退》引《潛夫論》曰“張平之利”云云,末自注:“張字疑有誤。"《潛夫論·交際》作"長平之吏,移於冠軍",晏殊所見本有誤。

卷二五《改過謝過》引裴冕《舉杭州刺史韓皋自代狀》,末自注曰:"按裴冕與韓皋相遠,恐柳冕也,更考正之。在《文苑英華》六百三十八。"按據今本《文苑英華》卷六三八,裴冕所舉自代之人乃韋皋。晏殊所見爲當時秘閣藏本,其本似多有訛誤。

卷二六《退士》引鮑照《康王服竟還田里》末自注曰:"按此蓋所奉之王服也。康王爲荆州刺史義慶,薨,謚康王。"是。今本《鮑氏集》卷五題《臨川王服竟還田里》,以《類要》所引爲佳。

卷二六《退士》引陶淵明《自祭文》曰"倅伉窮廬"云云,末自注曰:"倅伉二字當考。"按今本皆作"捽兀",晏殊所見與今本不同。

卷二六《貧》引《法言》曰"或謂楊子之治富",末自注曰:"未詳丹圭何人,當考。"按司馬光《法言集注·學行篇》注引秘曰:"白圭,周人也,名丹,字圭,亦曰丹圭。"秘即吴秘,則晏殊未見《法言》吴秘注。又《類要》所引《法言》注多同於《四部叢刊》本李軌注《法言》,則晏殊所見當爲李軌注本。

卷二八《酒》引陸龜蒙《酒龍》詩"香消夜落花"云云,下自注曰:"'夜',一作'野'。"按此詩僅見於《全唐詩》卷六一一,作"香消野花落",同注所言"一本",而《四部叢刊》及《四庫全書》本《甫里集》卷六《酒龍》全篇與此完全不同。

卷三七《戰國》引《國語》—"爲弊邑震宇"注曰:"震,屋宙;宇,邊也。言以屋宇之餘庇覆之。"末自注曰:"一本震作□,當考。"按今本《國語》"震"作"宸",《類要》所據與今本不同。

從以上諸例可見,晏殊所據宋初之本皆異於今本,而其中不乏錯誤,故前人謂宋本"不必盡是"者誠非虚語。①

三、自注所見晏殊之局限

毋庸諱言,自注中也存在着不少的錯誤,這些可能僅僅是其書編撰的

① 葉德輝:《書林清話》卷六《宋刻本多訛舛》,嶽麓書社,1999年,第132頁。

一個中間過程,但也反映出晏殊學問上的某些局限。兹舉數例:

卷九《天表》引《麟角》二十一所載十二聖,末自注曰:"已上謂之十二聖,必有所自。"按《論衡·骨相篇》載十二聖與此略同,《麟角》唐時類書,或即本於王充書。

卷一五《禮部》引《許公集·禮部郎中即真制》曰"容臺是則"云云,末自注曰:"疑容臺是禮部或是南省,當考。"按本卷《禮部》第一條"[容](客)臺"下引《史記索隱·殷紀》引鄭玄云:"商家禮樂之官知禮[容](客),所以禮署稱容臺。"則《許公集》條輯入《類要》當早於《索隱》,而晏殊見《史記索隱》或較《蘇頲集》晚。

卷一六《給事中》"袁高宿直當草制"條引《德宗實録》載給事中袁高拒不起草命盧杞爲饒州刺史制,末自注曰:"校此則給事宿直亦草制邪? 當考。"則此前晏殊未知此制。

卷二八《酒》引《李白集》六曰"顏公三十萬,盡付酒家錢"云云,末自注曰:"更檢《顏延之傳》。"按此典見《宋書》卷九三《陶潛傳》,晏殊似未知。

卷三〇《咎徵》引《獨孤及集》十曰"寇子鵬洽期",末自注曰:"'洽'字當考。"按《四部叢刊》本《毗陵集》卷一〇《獨孤嶼墓誌銘》同《類要》所引,《文苑英華》卷九四一作"語",晏殊似未核《英華》此篇。

卷三六《邊寇》引杜甫《留花門》詩,末自注曰:"未[詳](祥)留花之門。當考。"按花門,宋諸家注杜詩者引《新唐書·地理志》甘州花門山堡爲釋,解花門爲回紇之别名,留花門即回紇留於長安左近。① 晏殊未達此意。

這些錯誤往往源於編撰者所見未廣,但是宋初絶大部分典籍尚處於寫本流傳階段,書籍之求取絶非易事,更加之《類要》編撰歷時久遠,當其初編之時,晏殊之學問尚需積累,有所欠缺亦在所難免。因此自注中的這些錯誤只是反映了晏殊某一階段學問中的一些局限,並不足以代表其一生之學養。

《類要》中的晏殊自注是此書中極其特别的一個部分,它展現了晏殊

---

① 見《九家集注杜詩》卷三。

學問的多個側面,較之其所存不多的篇章,它們爲後人了解晏殊的學問提供了更爲豐富而真切的依據。這一特殊的體例也影響了後世類似書籍。王象之《輿地紀勝》幾乎在每一卷中都引有《類要》,并且在介紹晏殊其人時僅載其《類要》一種著作,①可見王象之對此書之推崇。而《輿地紀勝》中便存有相當多的自注,且多於條目下注"當考"二字,與《類要》如出一轍,而此前的地理總志並無此例,似有刻意模仿《類要》之意。又如《錦綉萬花谷》部分條目下亦有按語以釋義,體例一如《類要》。《錦綉萬花谷》引有《類要》内容,或此例亦仿自是書。此自注體例至明陳耀文《天中記》則發展爲考據條目,《四庫總目提要》對此極爲贊賞,稱此例"尤諸家所未及",②未知《類要》數百年前即已開此先河。

---

① 見《輿地紀勝》卷二九《撫州・人物門》"晏殊"條。
② 見《四庫總目提要》卷一三六,第 1155 頁。

第三章 《類要》的流傳與版本考述

第一節 《類要》在清代以前的著録與流傳

《類要》最初見載於《崇文總目·類書類》下,僅十五卷。《崇文總目》始編於仁宗景祐初(1034),成書於慶曆元年(1041),時晏殊五十歲,而《類要》卷數遠遠少於後世所載。蓋《崇文總目》所載爲《類要》之初編本,大約在景祐前後奏進内府。① 此後,《類要》的編撰一直未曾停止,直至晏殊去世,此書尚未完全定稿,故其卒後不久,歐陽修所撰《晏公神道碑銘》中未提及此書。

在晏殊去世二十餘年後,②其子知止以書囑曾鞏爲序,《序》稱書有"上中下秩,總七十四篇,凡若干門"。這是《類要》第一次編訂成書,此後直到開禧二年(1206)晏袤一百卷本奏進以前,各種記載中提及的《類要》皆指此本。

一、《類要》在宋代的流傳

1. 晏袤增補本出現前《類要》原本的流傳

雖然《類要》在元豐年間曾鞏作序之時即已編定,終北宋一代似未見

---

① 參陳尚君師《晏殊〈類要〉研究》,《陳尚君自選集》,第 299 頁。

② 陳尚君師認爲曾鞏作《類要》序可能在元豐初年,曾鞏自閩移明,晏知止守蘇時期,此時去晏殊之卒已二十餘年。參《晏殊〈類要〉研究》,《陳尚君自選集》,第 300 頁。

其流傳之迹，但南渡之後，《類要》似乎已流傳開來。

南宋公私書目皆著録有《類要》:《中興書目》所載爲七十七卷，《郡齋讀書志》類書類載六十五卷，《直齋書録解題》類書類載七十六卷。另外，《遂初堂書目》亦著録，不載卷數。

以上各書著録《類要》卷數各有不同，但陳振孫認爲《中興書目》所多的一卷應爲目録，所以他所見到的本子在卷數上實際與《書目》所載並無本質差異。因此兩宋之間，《類要》七十四篇有六十五卷本與七十六卷本兩個系統，七十六卷本與原本差别不大，應爲《類要》之足本，而六十五卷本則顯然有所闕佚。

這一時期《類要》往往見諸文士大夫之記載，如葉夢得《避暑録話》即載晏殊編撰《類要》之細節，而其原稿甚至被時人當作了收藏品。①

而當時更多的則是取《類要》所載録的佚文以資考據，如張邦基自書中録出王建《夢看梨花雲歌》全詩，②吴曾取以考白雲司之職，③羅愿《爾雅翼》序據之考鼠璞之異稱，④王楙引《編風篇》證嚏之俗説。⑤ 程大昌《演繁露》特標出其所見爲六十五卷本《類要》，可知晁氏著録之六十五卷本亦非孤本僅傳。⑥

除了文人筆記的記載之外，當時所編類書也引用了《類要》不少内容。較早如紹興中葉庭珪所撰《海録碎事》，⑦雖然書中標明出於《類要》者僅一條，但其中不少文獻很可能即自《類要》轉引。而作於紹熙年間的《錦綉萬花谷》亦引有《類要》不少文字，⑧其中包括“通判”、“縣尉”等不見於今本

---

① 《石林避暑録話》卷二曰:“晏元憲平居書簡及公家文牒，未嘗棄一紙，皆積以傳書，雖封皮亦十百爲沓。暇時手自持熨斗，貯火於旁，炙香匙親熨之，以鐵界尺鎮案上，每讀書得一事，則書以一封皮，後批門類，按書吏傳録，蓋今《類要》也。王莘樂道尚有數十紙，余及見之”，第9頁右。

② 《墨莊漫録》卷六，中華書局，2002年，第183頁。

③ 《能改齋漫録》卷七，上海古籍出版社，1979年，第194頁。

④ 《爾雅翼》原序。

⑤ 《野客叢書》卷七，中華書局，1987年，第67頁。

⑥ 程大昌《演繁露》卷一二“卷白波”條曰:“飲酒卷白波，唐李濟翁《資暇録》謂漢時嘗擒白波賊，人所共快，故以爲酒令。晏公《類要》六十五卷《白集》詩云:‘長驅波卷白，連擲采成盧。’”

⑦ 葉氏有紹興十九年自序，見《海録碎事》卷首，中華書局，2002年，第1頁。

⑧ 作者有紹熙十五年自序，見《錦綉萬花谷》卷首。

《類要》的材料。

除了諸書對《類要》的利用之外，甚至出現了模仿《類要》的著作。《江西通志》卷八〇《人物志》曰：

> 孫洵字子直，臨川人，後以字爲名，改字直翁，淳熙進士……所著有《兩漢晉唐文選略》，又仿晏元獻《類要》作《谷董》一編。

從上述筆記到類書的引證鈔録可知，在晏袤百卷本出現之前的南宋前期，《類要》原本已在士林中流傳開來，並産生了相當的影響。而當晏袤本面世以後，其内容更大量爲當時類書、地志所吸收，成爲這類書籍的重要參考資料之一。

2. 晏袤增補本出現後《類要》的流傳

《玉海》卷五四曰："晏殊《類要》七十四篇，開禧二年（1206）正月晏袤上之，勒成一百卷，列爲二千六十一門。"①

則晏袤本係在原本七十四篇基礎上對部分門類稍加增補，並重新編次，勒爲定本一百卷，是今存《類要》各本之祖。但是當時的書目，無論是《通志略》還是《直齋書録解題》，著録的仍舊是《類要》的原本，晏袤的增補本並未見諸公私目録。

但是書目的偶然失載却並不能反映《類要》在這一時期真實的流傳情況。實際上，與此前《類要》僅見於零星記載與引用相比，這一時期的地理書與類書中皆大量引録《類要》。無疑，百卷本面世以後，《類要》的流布更爲廣泛。

首先，這一時期的類書編纂多參用《類要》。

南宋以後，隨着書籍的易得，私撰類書進一步發展。這一時期的類書往往出自下層文士之手，如潘自牧、謝維新、祝穆、陳静忻等。他們大多官位未達，事迹不顯，却都以一己之力編撰了薈萃群書精要的類書。以他們的地位與學力，完全自原書取材，顯然没有可能，因此他們較前人更依賴

---

① 《玉海》卷五四，第1082頁。

於已有的類書。祝穆在《記纂淵海序》中就稱潘自牧"自少嗜書,欲用前輩類書記事體參以纂言,自成一編"。① 《類要》既成於名家之手,門類齊全,徵引宏富,而開禧二年晏袤所奏之本當時可能頗有流傳,故而受到他們的極大重視,祝穆《記纂淵海》序中即將其與《太平御覽》、《册府元龜》等類並列,以爲"類書至此,有謂大備"。② 《記纂淵海》、《古今事文類聚》、《古今合璧事類備要》、《翰苑新書》之中,出於《類要》的條目大大超過了《藝文類聚》、《初學記》、《六帖》、《太平御覽》、《事類賦》等前代綜合性類書,而這還不包括此類類書中轉引自《類要》而不注出處的大量文獻。從所引的内容來看,職官類所占的比例最大,主要見於《記纂淵海》與《古今合璧事類備要》之中。而《全芳備祖》及《古今事文類聚》所引則多爲今本所闕佚的門類,但數量較前二者爲少。因此可以推測,在這些類書的編撰者可能並未得到《類要》全帙,而僅據所需或較易得到的部類鈔録了其中的一部分。

其次,這一時期的地理書多就《類要》取材。

今本《類要》的三十七卷中七卷爲地理類,字數在三十萬左右,篇幅約占全書三之一,而這尚不是原本中這一門類的全部内容。這一部分對於沿革、道里、物産、人物、傳説、風物、詩文都有極爲詳盡的記載,與地理總志無異。因此《類要》的這部分内容便成爲南宋中後期地理著作的取材對象,而引録《類要》最多的便是王象之的《輿地紀勝》和祝穆的《方輿勝覽》。

王象之《輿地紀勝》撰成於嘉定十四年(1221),《自序》中稱其"因暇日搜括天下地理之書及諸郡國圖經,參訂會粹"而成此書。③ 而書中在浙西路、浙東路、江南東路、江南西路、淮南東路、淮南西路、荆湖南路、荆湖北路、京西南路、廣南東路、廣南西路中都引用了《類要》地理部分的大量内容。卷二九中撫州人物門"晏殊"條下於晏殊著作僅標《類要》一書,餘皆不及,可見王象之甚重此書,而書中於各條下頗注"當考",應即仿諸《類要》。

祝穆《方輿勝覽》成於嘉熙三年(1239),他收集了大量圖經,"積十餘

① 宋本《記纂淵海》,中華書局,1988 年,第 1 頁。
② 同注①。
③ 《輿地紀勝》卷首載王象之自序。

年,方輿風物收拾略盡”,①《類要》中幾可媲美於總志的地理部分自然也成爲其搜羅的對象。《方輿勝覽》中引録的《類要》地理部分内容涉及浙西路、浙東路、江東路、湖南路、湖北路、廣東路、淮東路、淮西路、成都府路、夔州路、潼川府路、利州西路等地區。其引用範圍與《輿地紀勝》大略相同,内容也多有重合,且基本見於今本,知王、方所見皆爲晏袤本,而内容很少出於今本之外。

考察這兩部書的引書情況,可以發現它們很少引録此前其他的綜合性類書,而對《類要》的引用,雖稍遜於《太平寰宇記》,但却超過了《元和郡縣志》、《元豐九域志》,顯然,編撰者將《類要》的這部分内容視爲總志而加以利用。在周淙所編《乾道臨安志》及其後的《咸淳臨安志》中有十數處引作“晏殊輿地志”或“晏元獻公輿地志”,這些條目皆見於今本《類要》的地理類中,因此,所謂“晏殊輿地志”或“晏元獻公輿地志”即指《類要》的這部分内容。可以推測,《類要》的地理類其在當時很可能被視爲獨立的部分,甚至有單行之可能。

南宋類書與地理書對於《類要》的利用集中於地理與職官二類,并且很少有溢出今本的文字,或可推知他們所利用的《類要》並非全本,而是經過了有意的縮編。今存諸本皆以杭州所在的兩浙路置於卷一,且有避宋欽宗諱“桓”字的痕迹,其中地理與職官二類所占篇幅過半,自成系統,可以認爲今天所見的三十七卷殘本應當出於南宋人的重編。類書與地理書中所用的《類要》文本應即是這一類的摘編本。而今天所見的三十七卷本可能正是當時比較通行的一種文本。

從南宋中後期學者對於《類要》的取材利用可知,此書在當時産生了更爲廣泛的影響,故《全芳》序擬之《類聚》,②《六帖補》跋稱其浩博。③ 但是由於其卷帙浩繁,且未付梓,全書的流傳似乎較爲困難,因此百卷本《類要》在當時很可能以縮編本的形式傳布於世。

---

① 《方輿勝覽》卷首載祝穆自序。
② 《全芳備祖》卷首載韓境序。
③ 《六帖補》末附俞仕禮跋。

二、《類要》在元、明的流傳

1.《類要》在元代的流傳

元人對於《類要》的著録皆非實際存書之記録。《文獻通考》卷二二八《經籍考》五五載六十五卷，係迻録晁《志》，《宋志》載七十七卷乃録自《中興館閣書目》，皆未親見其書。

書目的闕載却並不意味着《類要》的湮没，元代仍有數家著作引用其書。如胡三省《通鑑注》引録三條，皆出地理與職官二部分内容。納新《河朔訪古記》引《類要》真定府載李寶臣及王武俊二碑，皆不見於今本，未知是否出於原書。這一時期所編撰的類書，如富大用《古今事文類聚新集》、祝淵《古今事文類聚遺集》等與宋代同類書籍一樣大量引用了《類要》，但内容僅限於職官一類中，包括州郡屬官等一些不見於今本的門類。而在諸書之編撰者中，祝淵建安人，胡三省天台人，納新遷居於鄞，皆在浙江與福建之境，而兩地皆爲南宋刻書發達之域。

另外，元代中期，人有手抄晏殊《類要》者：

> 王君諱發，字景回，其父武岡軍教授，諱汝舟，多藏書，君早穎敏，能盡讀之，有闕遺必旁搜遍請，補完乃已。……凡可輔國家、裨名教，輒手書之，若晏丞相之《類要》者，總若干卷。……不幸年甫四十死矣。①

危素(1303—1372)《友樵齋記》作於元至正五年(1345)，時四十二歲。友樵齋在上虞、會稽二邑之界，乃作者友人僧大同之祖居，文中提及之王發字景回者乃僧大同之父，而王汝舟即其祖。大同爲景回之長子而與危素同輩，其年不當少於三十歲，如景回以二十歲得子，則至正五年去景回之卒當在十年左右，而其鈔録《類要》又在此前，或當於元代中期，而在危素作文之時，應尚可見其鈔本。由此可知，當元中期，會稽之地有《類要》

---

① 危素《説學齋稿》卷一《友樵齋記》。

流布，且宜非難得之書，故王發雖非名家，亦可得而抄之。

從以上不多的記録中可以看到，在元代短暫而動盪的百年中，《類要》在南宋原來的出版業中心多有流布。

2.《類要》在明代的流傳

明代初年，《類要》曾入藏南京之秘閣，可能即宋元以來兩浙或建安流傳之本。

洪武三十一年(1398)，明太祖"嘗詔編輯經史百家之言爲《類要》"，①參與其事者有唐愚士、②方孝孺、③王艮等。④ 書雖未成，⑤然據上引可知，書當近似於類書。作爲同類書籍而有相同之名，似不僅僅爲巧合，明初此書之編撰者應曾見晏殊之書。可能此時，《類要》已入藏南京文淵閣。

永樂五年(1408)十一月，《永樂大典》撰成，⑥這部耗時五年多，篇帙達到二萬二千九百卷的類書中便引有晏殊《類要》。今所存《大典》殘卷引《類要》三十七條，雖然每條文字不多，但如"神祇"、"謚號"等門類皆爲今本所無。《大典》編撰之時尚未遷都，其開局修撰即在南京文淵閣，則《大典》所用《類要》即存於其中。

永樂十七年(1419)，成祖遷都北京，十九年(1421)年遣翰林院修撰陳循往南京起取文淵閣所有書籍，⑦如有複本則取一部北上，其餘封存南京。⑧ 這批書籍取回北京後一直"於左順門北廊收貯"，直到正統六年(1441)楊士奇等方據以編成《文淵閣書目》。⑨ 是書卷三盈字號，五厨書目即著録《晏元獻公類要》二部，一部二十五册，一部三十册，皆注殘缺。則此二部《類要》當即編撰《大典》之時所用。

① 《翰林記》卷一三。
② 同注①。
③ 《明史》卷一四一《方孝孺傳》，中華書局，1984年，第4018頁。
④ 《明史》卷一四三《王艮傳》，第4047頁。
⑤ 《翰林記》卷一三。
⑥ 《明史》卷六《太宗紀》，第85頁。
⑦ 《文淵閣書目》卷首載楊士奇等題本，收入《明代書目題跋叢刊》，書目文獻出版社，1994年。
⑧ 《禮部志稿》卷四六。
⑨ 楊士奇等《文淵閣書目》題本。

天順五年(1461),《明一統志》撰成,英宗親爲之《序》。是書引《類要》地理類内容甚多。此書之修雖肇始於成祖,但李賢等對於材料又進行了更多的採擇,所謂"上自聖經賢傳,下及水志山經,發中秘之所藏,萃外史之逌掌。遍閱累朝之史,旁搜百氏之言,與夫羽陵宛委,奇文汲冢,酉陽逸典,玄詮梵藏,小説方言,靡不網羅,舉皆搜採"。① 而中秘圖書是其最便於利用的資料,因此正統六年(1441)入藏於文淵東閣之書應爲其所利用,而《類要》便在其中。故可以認爲《明一統志》所引之《類要》即文淵閣之舊藏。

成化二十二年(1486),錢溥據中秘書編成《秘閣書目》,②其類書一類中著録《類要》一百〇六册,較《文淵閣書目》著録爲多,或北京原另有所藏,亦可能正統以後搜求而得,不得而知。

萬曆三十三年(1605),孫能傳、張萱等校理文淵閣圖書,編成《内閣藏書目録》,其中已無《類要》。而同時之《行人司重刻書目》、《南雍經籍志》中亦無著録,③似明秘閣所藏《類要》散失於成化以後。

然而,萬曆間焦竑所撰《國史經籍志》中著録有《類要》八十卷,不知襲録自何書,但應屬百卷本系統,或當時《類要》猶有别本流傳。

《類要》在明代的文士與藏書家中似乎流布不廣,除天一閣外,有明一代爲數衆多的私家藏書目録中皆未發現《類要》之著録。而從不完全的統計中可以發現,明人對於《類要》直接的利用也極爲有限,其中以楊慎最爲著名。《升庵集》中即提及他曾利用過《類要》等類書輯得古詩一首:

> 近又閲《類要》及《北堂書鈔》、《修文殿御覽》,會合叢殘,得此首,其碎句無首尾者,載之於《詩話補遺》。④

楊慎自嘉靖三年(1524)被謫戍雲南,自嘉靖三十八年(1559)卒,三十五年中絶大多數時間在雲南,《升庵集》中所提到的《類要》很可能係在雲

① 《明文海》卷六六丘濬《擬進〈大明一統志〉表》。
② 收入《明代書目題跋叢刊》。
③ 同注②。
④ 《升庵集》卷六〇"古詩十九首補遺"條。

南當地所見。然則明代中期,《類要》在雲南亦有流布。

從《永樂大典》引録的内容與《文淵閣書目》所記載的册數來看,明代見於記載的《類要》文本雖有闕佚,但似乎並非是經南宋人縮編的文本。但是由於明代士風尚文而輕實,《類要》這樣以隸事爲主的類書,難免被視爲飣餖,因而茅坤《唐宋八大家文鈔》雖選入曾鞏《類要序》,却鄙《類要》爲微淺之書,[①]故而其書終未入於澹生堂、汲古閣、絳雲樓之藏,致使《類要》原本終因流傳稀少而至湮没。由此可知,《類要》在明代的影響已遠不如前,故其當時雖有傳鈔,亦往往漫不經心,今所傳陜本,所據底本信出於明抄(詳下節),而此本錯訛滿紙,明人的草率從事亦難脱干係。

第二節 《類要》現存文本

清代以來,雖然對於《類要》的著録與記載並不多見,但其流傳却因爲《四庫》的徵書而變得清晰。《四庫》纂修之時,館中得浙江採進鈔本二,一爲天一閣寫本,《浙江採集遺書總録》庚集記此本曰:"此書流傳久闕,他本皆三十七卷,今本全載序目,中缺四十四卷。"[②]則此本存五十六卷。二爲錢塘吴氏瓶花齋本,原爲吴焯(1676—1733)舊藏,其子吴玉墀於乾隆三十七年(1772)進呈。此本三十七卷,其中十六卷爲天一閣本所無。[③] 另外傅增湘《藏園群書經眼録》載蔣汝藻密韵樓所藏《類要》三十七卷,首載曾鞏《序》,其次爲三十七卷目録,徐釚(1636—1708)舊藏,有胡惠孚(道光時人)藏印。[④] 這三個本子皆屬晏袤補缺奏進的一百卷本系統,前二種在採入館中以後曾組織過人力對其進行整理,但終因錯訛太多而放棄,此後二

① 《唐宋八大家文鈔》卷一〇一《類要序》茅坤批點云:"其書之所纂本微淺,而公序之亦難爲措注,故其旨不遠。"

② 《浙江採集遺書總録》庚集,北京圖書館出版社影印清乾隆四十年刻本,2006 年,第 434 頁。

③ 同注②。

④ 傅增湘:《藏園群書經眼録》卷一〇,中華書局,1983 年,第 822—823 頁。

本皆散出，天一閣本下落不明，瓶花齋本曾爲李盛鐸所得，①後入藏北大圖書館。1925年，蔣氏密韵樓書散出後，第三個本子亦失其踪迹。

《類要》現存三種鈔本與縮微卷一種，其中兩種鈔本見於《中國古籍善本書目》著録，分别爲西安文物管理局藏三十七卷本鈔本（陝本）和北京大學圖書館藏十六卷清鈔本（北大本）。另一種爲中國社會科學院文學研究所圖書館藏三十七卷鈔本（社科院本）。縮微卷藏於北京圖書館，翻拍自美國藏本（簡稱"北圖縮微卷"）。

三種鈔本内部分門目下注有"四世孫晏袤補闕"或"袤補闕"字樣，顯然皆出於晏袤增補本系統。三本卷首皆載目録，自卷一至卷三七分别爲：第一卷，江南路至江陰軍；第二卷，福建路至荆州軍；第三卷，地理之學至南京；第四卷，京西路至淮陽軍；第五卷，天真宫館至女道士；第六卷，陝西路至濠；第七卷，頓丘縣至高陽縣；第八卷，梓州路至巴；第九卷，帝謙辭至帝怒；第十卷，母后至主幼；第十一卷，儲總叙至皇諸親；第十二卷，車駕至罷畋獵；第十三卷，古今宫殿名至池苑游宴；第十四卷，三師至左右司郎中員外；第十五卷，總叙尚書至水部；第十六卷，門下省至正字；第十七卷，總載史至館閣圖書；第十八卷，諫官至戀闕；第十九卷，總叙九卿至公隸；第二十卷，京尹至邊郡之守；第二十一卷，總叙文至淫巧之文；第二十二卷，總叙初生至日夕動止；第二十三卷，總叙字學至算術；第二十四卷，福禄語至候謁；第二十五卷，致仕至連累；第二十六卷，退士至旌表門閭；第二十七卷，總叙隱士至神異方士；第二十八卷，酒至茶；第二十九卷，雜博戲至雜音伎；第三十卷，微痾至帝憂恤其疾；第三十一卷，歌至退士著書；第三十二卷，優劣語至自戒；第三十三卷，干時求仕至得志；第三十四卷，士未遇至辭官；第三十五卷，陰陽拘忌至怪異人；第三十六卷，北狄至邊塞風景；三十七卷，歷代雜録至喪亂。就目録來看，今傳本皆已失原本次第，顯經後人重編。同時這一重編本皆以南宋首都杭州所在的兩浙路爲卷一，以南方福建等路爲卷二，而退北宋汴京左近的京東路、京西路爲卷四，很可能出於南宋人之手。

現存諸本中，以影印入《四庫存目叢書》的陝本最爲常見。此本三十

① 李盛鐸：《木樨軒藏書題記及書録》，北京大學出版社，1985年，第216頁。

七卷，無序跋，從影印本來看亦不見任何藏印，非清代所著録的三本之一。其行款半葉九行，行十八字，卷首爲一至三十七卷目録，每卷前亦有該卷目録，版心題“晏元獻公類要卷之×目”，正文版心題“類要卷×”。少數卷中“玄”、“弦”等字闕末筆，部分“丘”寫作“邱”，不避“弘”、“曆”等字。鈔寫字體不一，蓋成於衆手，訛奪衍倒，尤爲嚴重，但因未經校改，尚存舊本面貌。

北大本十六卷，内容皆見於三十七卷本。此本係從瓶花齋三十七卷本中截出的不見於天一閣本的十六卷，①原爲李盛鐸木樨軒舊藏。② 半葉九行，行十八字。卷三六闕首頁。卷首有武英殿籤條一頁，填有“晏公類要，十九卷”、“武英殿於三月丙午日發出”、“交謄録張敬宸寫成”三行，係《四庫》底本。次爲曾鞏《序》及三十七卷總目，草書，與全書字體不類，或係四庫館臣鈔録原本總目而附之於前。該本原卷多存館臣校改之迹，卷目亦經改定，係館臣據天一閣本原目改動，③故保存了部分晏袤百卷本原次。是本每卷前有該卷篇目，與正文連屬。無避諱字。該本錯訛遠較陝本爲少，然因經鈔寫者臆改，往往泯其致誤之迹，亦有因不明原文而全句改寫者，館臣所校亦有此病，較諸陝本，反失其原貌。

社科院本三十七卷，十二册，半葉十二行，行十九字，似爲影鈔本，有“鹽城孫人和蜀丞珍藏”白文長方印。④ 卷首有曾鞏《序》，次三十七卷總目。正文及目録有硃筆校字，卷一有名步瀛者藍筆批校，據《太平寰宇記》、《輿地紀勝》等書校本書闕漏。全書字迹工整統一，然部分卷次有錯簡，錯訛程度略與陝本等，然無刻意校改而致滅失原書面貌之狀況，間亦有勝於陝本與北大本者。硃筆校字尚存有諱“桓”字者，所據底本似爲宋本，改處多佳勝，然亦有臆改處。

北圖縮微卷見引於周天游先生《八家後漢書輯注》，具體情況不詳。周先生所引僅第十四、十六、二十、二十五四卷，内容與陝本同，應與上述三個鈔本屬於同一版本系統。但陝本中其他各卷所見諸家《後漢書》的内

---

① 參陳尚君：《晏殊〈類要〉研究》，第 302 頁。
② 見《木樨軒藏書題記及書録》，第 216 頁。
③ 參陳尚君：《晏殊〈類要〉研究》，第 302、321 頁。
④ 孫人和(約 1898—1967)，字蜀丞，江蘇鹽城人，“鹽城孫人和蜀丞珍藏”即其藏書印之一，見《文獻家通考》，中華書局，1999 年，第 1665 頁。

容周先生一概未引，可能僅存此數卷。

由上可見，清代以來，《類要》已非全帙，雖然天一閣本存卷較多，亦存原編目次，但流傳較廣的是後人重編的三十七卷本，今天可以看到的三個傳本皆出於這一系統。而這一系統所據底本錯訛極爲嚴重，直接造成了今本的各種錯誤，致使館臣最終放棄了對此書的校訂。

第三節　陝本《類要》詳考

現存《類要》的三個版本中，陝本的源流最不明晰，其鈔寫的年代、底本等一系列基本情況，除了《中國古籍善本書目》及《存目存書》著録其爲清鈔本以外，尚未發現更多材料。據影印本來看，鈔本本身也並未發現諸如序跋、題記、藏印等可以確定鈔本年代的綫索，因此對於陝本的進一步了解，只能通過版本本身進行研究。

陝本存在着非常嚴重的錯訛，其程度遠遠超過被四庫館臣評爲"不可句讀"的北大本。造成這種狀況的原因除了"傳寫相沿"之外，陝本其本身的鈔録情況也是一個非常重要的因素。總體看來，它應由數位職業書手鈔録而成，故此在鈔寫及避諱等問題上表現出一系列特殊的規律，這就爲研究提供了許多有意義的綫索，由此可以推測出關於這一鈔本的一些重要信息。以下筆者即對這些特殊規律加以排比與分析，以期得出較爲近真的結論。

一、陝本的鈔寫年代

從避諱的角度來看，陝本出現的主要諱字有"玄"、"胤"、"丘"，而不避"弘"、"曆"，我們可以據此進一步斷定陝本的抄成在乾隆以前。但是這是否就是陝本的確切年代呢，筆者認爲實際的情況要複雜得多。

首先，陝本三十七卷的内容由七種不同的字體抄成，這些字體分屬於至少兩個不同時期。這七種字體（甲、乙、丙、丁、戊、己、庚）的圖示如下：

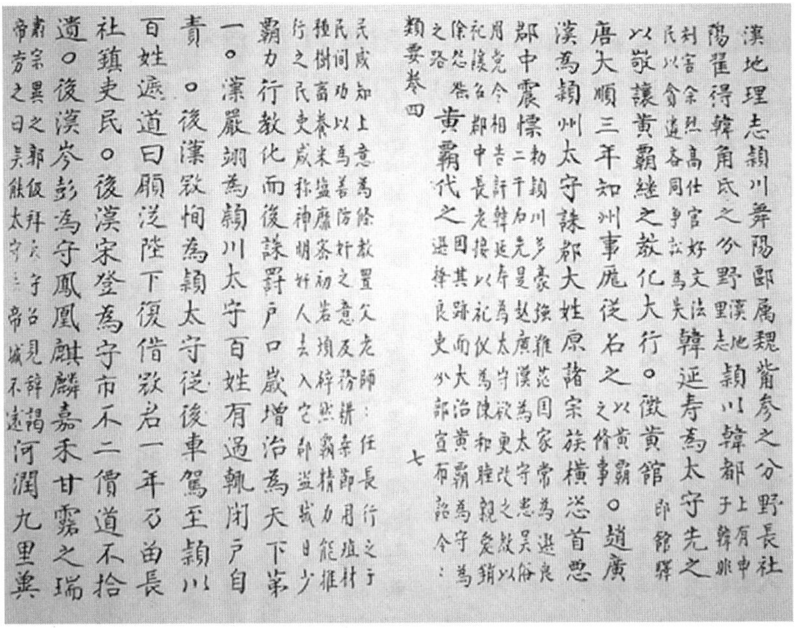

圖一 甲字體

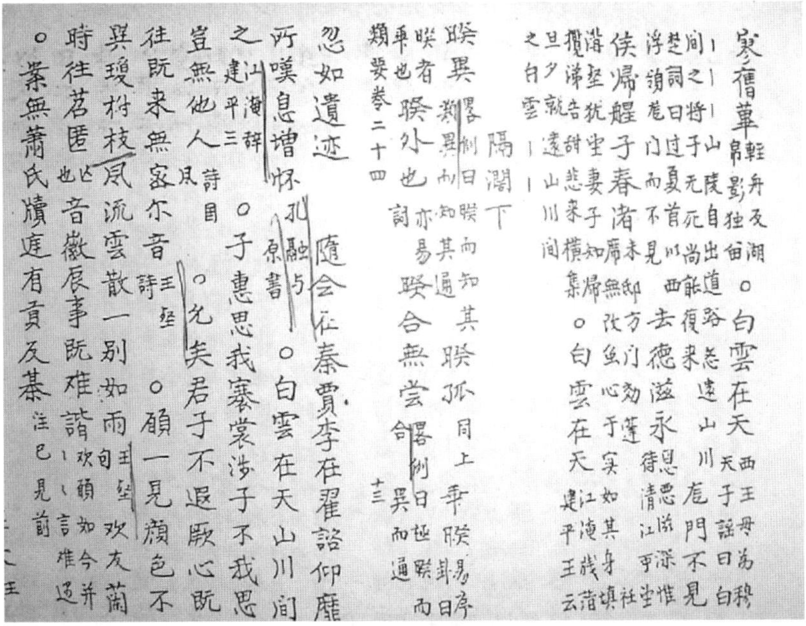

圖二 乙字體

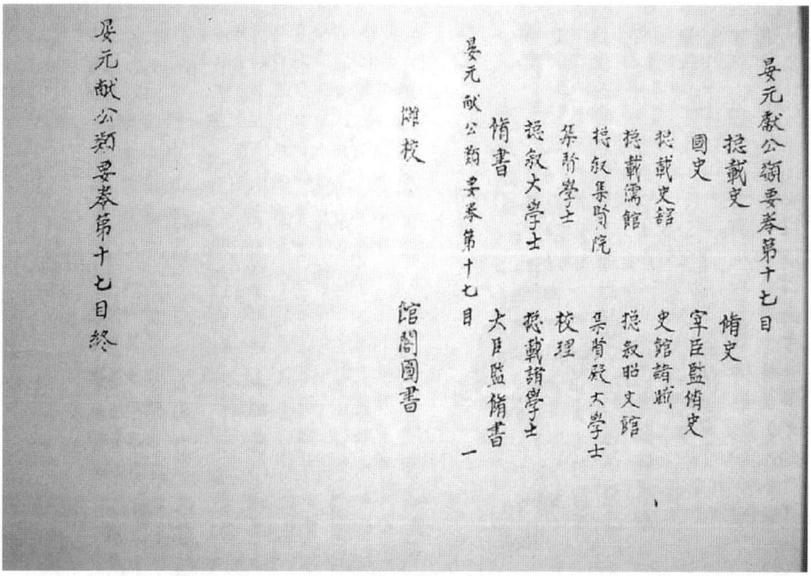
晏元獻公類要卷第十七目
摠載史 脩史
國史 宰臣監脩史
摠載史館 史館諸職
摠載儒館 摠叙昭文館
摠叙集賢院 集賢殿大學士
摠叙大學士 摠載諸學士
脩書 大臣監脩書
晏元獻公類要卷第十七目 一
館閣圖書
晏元獻公類要卷第十七目終

圖三　丙字體

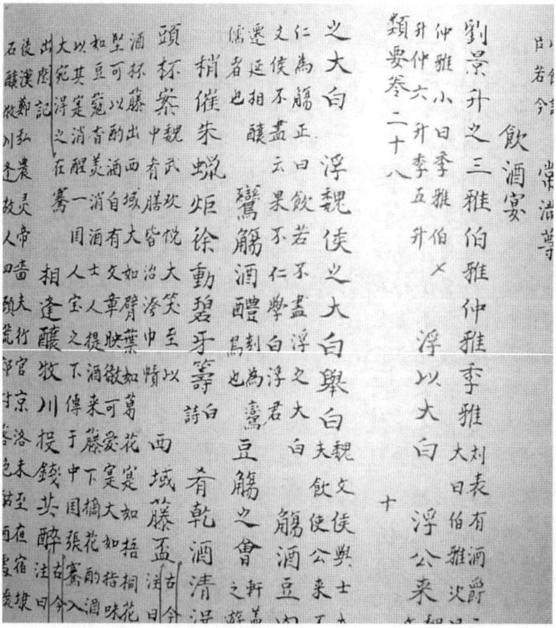

圖四　丁字體

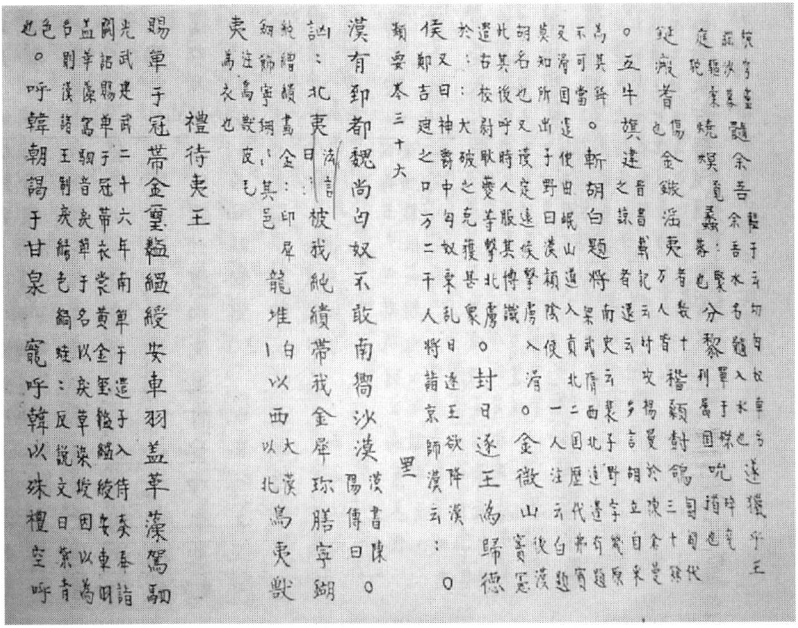

圖五 戊字體

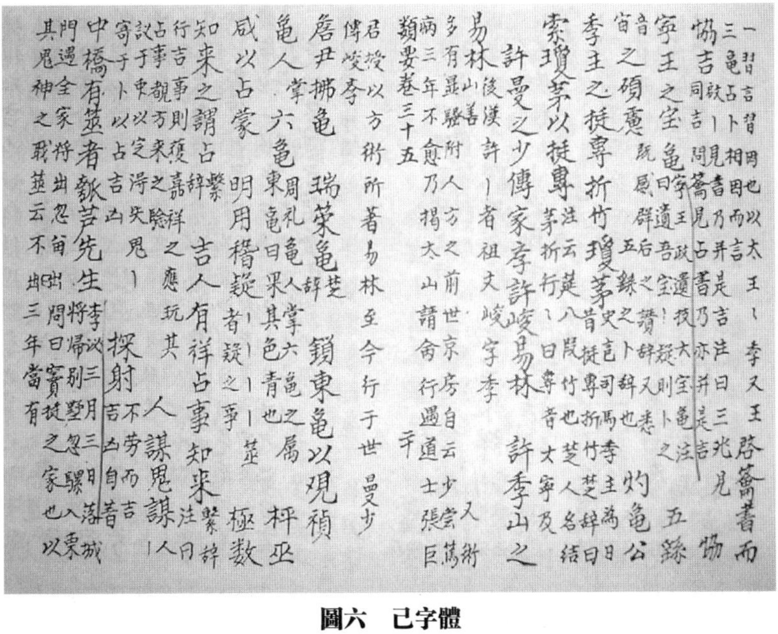

圖六 己字體

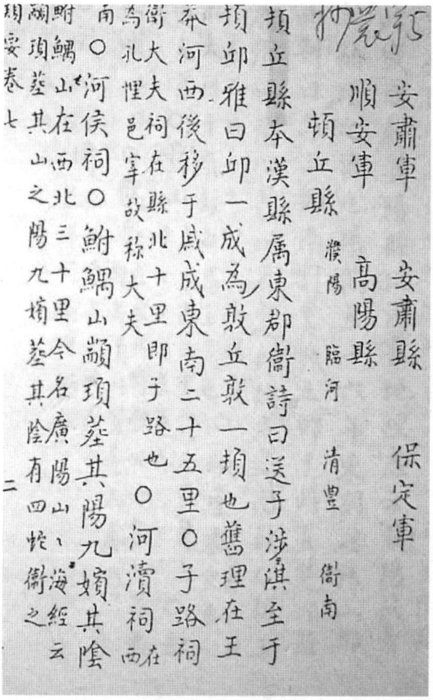

圖七　庚字體

三十七卷中每一卷字體和各卷避諱如下（無避諱，或清代以前諱字不標出）：

卷一，甲、丙；卷二，乙、丙；卷三，甲；卷四，甲；卷五，乙；卷六，乙；卷七，庚，“丘”作“邱”，“玄”及“弦”、“絃”等字缺末筆；卷八，甲；卷九，庚，“玄”及“弦”、“絃”等字缺末筆；卷一〇，丙；卷一一，丙；卷一二，丙；卷一三，乙；卷一四，庚，“玄”及“弦”、“絃”等字缺末筆；卷一五，庚，“玄”及“弦”、“絃”等字缺末筆；卷一六，丙；卷一七，丙；卷一八，甲；卷一九，乙；卷二〇，乙、丁；卷二一，乙、丁；卷二二，甲、丙；卷二三，甲、丙；卷二四，乙；卷二五，乙、丙；卷二六，乙、丙；卷二七，乙、丙；卷二八，丁，“玄”及“弦”、“絃”等字缺末筆，不嚴；卷二九，丁，部分“玄”及“弦”、“絃”等字缺末筆；卷三〇，丁，“玄”及“弦”、“絃”等字缺末筆；卷三一，丁，部分“玄”及“弦”、“絃”等字缺末筆；卷三二，丁；卷三三，甲、丙；卷三四，乙、丙；卷三五，己；卷三六，甲、乙、丙、戊，戊字體部分“玄”字缺末筆；卷三七，乙、戊。

從以上所列可以看出,甲、乙、丙、丁、戊五種字體,在十三卷中交替出現,第三十六卷中甚至集中了四種字體,因此可以認爲這五種字體出於同一時期。從用丁字體寫成的各卷的避諱情况來看,卷二八至卷三一"玄"字皆有缺筆,但並不非常嚴格,而卷三二及卷二〇、卷二一後半部分,則完全不避。筆者認爲,這一現象表明,鈔本當時的避諱制度正處於一個過渡時期。

我們知道清代的避諱始於康熙時期,嚴於雍、乾兩代,[①]"玄"字所避即是聖祖玄燁之諱。在避諱制度初行之時,尚不能有後世之嚴厲,因此諱法雖行,但習慣使然,遺漏在所難免。因此,可以認爲卷二八至卷三一中避諱不嚴正是康熙初年避諱制度初行的表現,而其他没有避諱字的各卷應當抄於順治末年。

另外,己字體僅出現於第三十五卷中,因此不能肯定是否與除庚以外的另五種字體出於一時。但第三十五卷中不避晚明及清代的任何諱字,或亦抄於順治年間,與上述各卷屬於同一時代。

以庚字體抄成的第七、九、一四、一五四卷,除了"玄"的缺筆以外還出現了"邱"字。"邱"字乃避孔子之名。雍正四年(1726)八月的上諭曰:"先師孔子聖諱理應迴避……嗣後除四書五經外,凡遇此字並用'邱'字。"[②]因而以"丘"代"邱"在雍正四年八月以後。由此可以認爲這四卷抄於雍正四年八月以後,乾隆以前,約晚於其餘三十三卷六十年,因此可以認爲這四卷係後人補抄。

綜上所述,筆者以爲,陝本的絶大部分内容抄成於順治末年至康熙初年,這一次鈔寫出於五人甚至六人之手,其中甲、乙字體字迹較工,所抄内容最多,而與他人合抄的各卷中皆以此二字體抄前半卷,由他人補抄後半卷,可以推斷這兩種字體的主人應是鈔録全書的負責人。而其他書手各司其事,拼合成這一部分的鈔本。而該本雍正四年以後有過一次補抄,這一部分很少使用俗字,字迹較規整,亦不排除出於文士之手。

如果了解了陝本鈔録的過程,也就不難理解這一鈔本"訛謬脱落"的

---

① 見陳垣:《史諱舉例》,上海書店,1997年,第123頁。
② 《世宗憲皇帝聖訓》卷一。

原因了。正是因爲這一鈔本成於衆手，而負責其事之人又敷衍塞責，將手中工作隨意委托他人(戊字體僅見於三十六、三十七卷中，共五十五頁，或係臨時請人代筆)，使原本就已“不可句讀”的《類要》更增加了許多本來可以避免的錯誤，爲《類要》的研究與利用帶來了極大的障礙。

然而也正因爲出於寫工之手，陜本因而避免了許多有意的校改，透過寫工無意間造成的種種錯誤，往往可以看到更接近於原本的面貌。比較可能出於文士之手的北大本，這一優點尤爲突出，下一節中，筆者將就此進一步展開論述。

二、陜本的底本

陜本所依據的底本，同樣也未見於文獻記載，但是正因爲它由一衆職業書手抄成，故在鈔本中保留了底本不少痕迹，使我們可以從這些痕迹中找出《類要》此本的淵源與流傳。

筆者認爲抄於順、康時期的各卷與抄於雍正時期的四卷依據的並非同一底本。抄於順、康時代的各卷，其目録與正文之間有明確的界限，各卷目録末尾皆題有“晏元獻公類要卷×目終”一行(如圖三所示)，正文則有“晏元獻公類要卷×”標題。這一部分的三十三卷中，僅卷一八因目録尾題題於一頁首行而省却卷首標題，其他各卷無一例外。顯然這一部分所依據的底本以目録爲獨立單位，而並非正文之從屬。北大本之版式與此大致相同，或可以認爲這一版式正是《類要》較早版本之面貌。

而卷七、九、十四、十五四卷則不然，從圖七可以看到，各卷的目録與正文之間並没有明確的界限。可見，這四卷所依據之底本以目録與正文爲同一整體，因此可以認爲抄成於雍正時期的這四卷與另外三十三卷有着不同的底本。

因爲雍正時期抄成的四卷未留下可以證明其底本來源的綫索，因此筆者主要就抄成於順、康時期的三十三卷來分析其底本的情況。

這一部分鈔本保留了少量宋代的諱字，如“恒”、“貞”、“桓”等，前二者係真宗、仁宗之諱，數量極少，不排除是晏殊編撰當時的遺存。而鈔本中避“桓”之處較多，部分寫作“淵聖御名”，如卷二〇《郡守總事》引《藝文類聚》卷四五李重《雜奏議》條大字雋語云：“第五倫、淵聖御名虞、鮑昱是也。”“淵聖御名”即以代“桓”字。同卷《守政績》引《水經》十“桓楷爲趙郡太守”云云，其大字雋語即作“遺囊掛樹，服淵聖御名楷之威名”。宋欽宗之稱“淵聖”在南宋高宗建炎元年(1127)，①南宋初頗有版刻以此避諱。②陝本屬於經晏袤補闕的一百卷本系統，晏袤表上《類要》在開禧二年(1206)，③因此這一存有“淵聖御名”字樣的文本當即是晏袤奏進《類要》以後不久的鈔本。

但是陝本並非從南宋本直接抄出。從南宋本到陝本之間至少經過一次傳鈔。雖然陝本尚留存少量宋諱，但是絶大部分都已回改，并且部分“桓”或訛作“相”(卷二六《鄉閭高士》引《郡國志》“沛國相儼”云云，《太平御覽》卷一九四作“桓儼”)，或訛作“栢”(同卷《老耄》引桓譚《新論》訛作“栢譚”)，顯然是由於原本“桓”因避諱闕筆，而後之傳鈔者不識此字而致誤。可見在元明時代，南宋本至少有過一次傳鈔，而鈔録者很可能是文化程度不高的書手。同時陝本中尚有不少“常”作“嘗”(如卷一七《内常侍》引《除内嘗侍省嘗侍制》云云)，這些明諱殘迹提示我們，這一文本在明末可能又經過一次傳鈔，也不排除南宋本直接産生了這一明末鈔本的可能。由此可以認爲，陝本的底本即是淵源於南宋本的明末鈔本。

另外，從陝本的一些衍文中亦可窺見此其所據文本之行款及批注情況。卷一九《太倉》注云：“晉宋齊梁陳亦然後魏闕北齊司農統太倉令丞後魏闕北齊司農統太倉令丞後周云云。”社科院本同，惟前後兩處“後魏闕”皆作“後魏闕文”，北大本無加點字。顯然陝本與社科院本所據爲同一祖本，這一文本誤衍加點字一行十二字，而社科院本又因“闕”而衍“文”字。故疑陝本與社科院本源出於爲某行十二字本。

又同卷《少卿》注：“楊崇禮開元初爲太府少卿…… 丈尺間皆躬自省

① 《宋史》卷二三《欽宗紀》，第436頁。

② 《容齋續筆》卷一四曰：“紹興中分命兩淮、江東轉運司刻三史板，其兩《漢書》内凡欽宗諱並小書四字曰‘淵聖御名’，或徑易爲‘威’字，而他廟諱皆只缺畫，愚而自用，爲可笑也。”上海古籍出版社，1978年，第388頁。

③ 見《玉海》卷五四，第1082頁。

[閱](缺)不肯煩費浩盪故必親自省約時議以爲前後爲太府者無與比也。”社科院本與北大本皆無加點十二字,按此條當出《舊唐書》卷一〇五《楊慎矜傳》,亦無此十二字。當是陝本底本批注夾於兩行間,恰滿一行,書手遂以爲本文而抄入。則此本又嘗經人批點。

綜上所述,可以認爲陝本中抄於順、康時代的各卷淵源於南宋的某一文本。這一文本形成了明末行十二字的批點本,最終在清初抄成今日所見之陝本。

通過以上分析,我們大致可以推斷陝本淵源於南宋某一個三十七卷重編本,經過至少一次的傳鈔以後,在順、康之際由數個書手共同抄成陝本中三十三卷内容。而可能由於其所據的明末底本有所殘缺,故在雍正時期又據他本補抄入缺佚的四卷,遂成今所見之三十七卷本。

正因爲陝本淵源於南宋本《類要》,而其屢次的傳鈔基本没有經過文士校勘與删改,因此保存了不少有價值的異文。如卷二〇《方鎮總事》引《盈川集》:“任除荆部,陶[侃八](何入)州。”“荆”,《文苑英華》卷九五〇楊炯《李懷州墓誌銘》作“刑”,下注“疑”。《晉書》卷六六《陶侃傳》載陶侃“督荆江雍梁交廣益寧八州諸軍事”,正此“陶侃八州”所本,故“荆”字是。類似情況在陝本中所在多有,而有些往往爲錯訛所掩蓋,但若求本溯源,仍可得考得漢唐文獻古本之面貌,對於宋初以前傳世古籍之校勘有着重要的參考意義。

第四節　今傳三本之問題分析

《類要》現存的三個鈔本是此書整理與研究的基礎,因此弄清它們之間的關係,了解各本的優劣,對於《類要》研究有着重要意義。三個鈔本雖皆屬晏袤增補南宋重編本系統,但彼此之間差異却非常大。

影印入《四庫存目叢書》陝本是《類要》目前最易得的文本,但這一文本却因爲底本與抄手的緣故而訛誤最多,相當一部分錯誤皆可據社科院本及北大本校正，兹舉三例：

1. 陜本卷一九《鈎盾》“東漢鈎盾令一人六百石 本注曰：官者———近池苑”，顯然此處“——”非指雋語，北大本、社科院本作“宫者與諸近池苑”，此條出《後漢書・百官志》三，原文爲“宦者典諸近池苑”。

2. 陜本卷一九《少卿》“楊崇禮開元初爲太府少卿……時議以爲前後爲太府者無與比也”。北大本、社科院本句下有“日御府財物山積以爲經楊卿者無不精好”十七字。按原文出《舊唐書》卷一〇五《楊慎矜傳》，同社科院本、北大本。

3. 陜本卷一九《太府寺》“九卿之重参理於佐邦六府孔修頒貨於别藏曆代職莫□□□宰相太府御制”此條後半不可讀，據北大本、社科院本校正後作“九卿之重，参理於佐邦；六府孔修，頒貨於别藏，歷代職莫非高選。常相《太府卿制》”，即《文苑英華》卷三九七所載常衮《授吕崇賁太府卿制》。

社科院本與陜本同爲三十七卷，其字迹工整，低級的鈔寫錯誤較陜本要少得多，上舉三例亦可見其優長。然而社科院本的問題在於各卷錯簡之處較多，甚至有整門的漏略。如第六卷，陜本、北大本目録分别爲陜西路、永興軍、同、陜、華、耀、河中府、涇、延、鄜、秦、鳳翔、寧、環、慶、儀、原、解、隴、虢、階、渭、鳳、成、丹、坊、商、乾、保安軍、鎮戎軍、夏、河東路、并、忻、代、憲、嵐、汾、石、遼、潞、晉、澤、慈、隰、絳、府、麟、威勝軍、岢嵐軍、寧化軍、火山軍、大通監、幽、淮南路、揚、壽、宿、廬、亳、和、蘄、泰、楚、通、漣水軍、光、泗、真、無爲軍、黄、高郵軍、鹽城監、滁、海陵監、海、舒、濠。社科院本目録《夏》以後全闕，正文起自《慈》之後半至《大通監》，次《壽》、《宿》、《廬》，次《寧》至《遼》之前半，次《同》後半，次《陜》至《鳳翔》，次《亳》至《濠》，中闕《陜西路》、《永興軍》、《幽》、《淮南路》、《揚》及《同》之前半、《慈》之前半、《遼》之後半。此卷編次之混亂至無理迹可循，而其他各卷亦有前後頁顛倒之現象。要之，錯簡乃社科院本最大之問題。

北大本僅十九卷，在採入四庫館中即被館臣指爲“門類次尤多顛倒，且傳寫相沿，訛謬脱落，甚至不可句讀”。① 但從上列與陜本的比較來看，

① 見《四庫總目提要》卷一三七，第1161頁。

闕漏、錯訛及低級的鈔寫錯誤相對較少，而現存的十九卷中亦未見如社科院本那樣嚴重的錯簡現象。然而北大本的問題首先在於它經過了鈔寫者對於文本的隨意改寫。由於底本的先天不足，文本中有相當多的地方無法理解，因此北大本的鈔寫者對這些地方進行了改動。應當承認，有的改動的確使文本文從字順，較易識讀，但因此而産生的問題却相當嚴重。這樣的例子在十六卷鈔本中比比皆是，姑舉數例：

1. 陝本、社科院本卷三《南極》："唐詩類選楊衡送禮周南之南海。"北大本作"唐詩楊衡送周禮南之南海"，此本即《全唐詩》卷四六五楊衡《送孔周之南海謁王尚書》詩，又見《唐詩記事》卷五一。《類要》引詩文，徑寫其篇名作者，無在前加"唐詩"之例。

2. 陝本、社科院本卷四《登》引《郡國志》曰："（海牛）皮堪弓鞋。"北大本作"皮堪爲鞋"。按此條《太平寰宇記》卷二〇引《郡國志》作"皮堪弓鞬"，又陸璣《毛詩草木鳥獸魚蟲疏》曰："魚服，魚獸之皮也，魚獸似猪，東海有之，其皮背上班文，腹下純青，今以爲弓鞬。"①弓鞬即箭囊。

3. 陝本、社科院本卷七《頓丘縣》："孫盛難語。"北大本作"孫盛稱謂"，此條《太平寰宇記》卷五七引作"孫盛《雜語》"，是書《三國志》注、《世説新語》注、《藝文類聚》皆有引。

4. 陝本、社科院本卷六《同》："梁十氏道志"，北大本作"梁十道志"，此條《太平寰宇記》卷二八引作"梁氏十道志"，即梁載言《十道志》。

5. 陝本、社科院本卷六《華》引《華山記》云："北有石鼓在太冲西京賦云神鉦迢遞於高闕是也。"北大本作"北有石鼓在太華西京賦"云云，按此條加點字《太平寰宇記》卷二九引作"左太冲《西京賦》"。

6. 陝本卷八《彭》引"荼晉"云云，社科院本作"荼普"，北大本作"荼經云"，此條《太平寰宇記》卷七三引作"荼譜"，即毛文錫《荼譜》。

7. 陝本卷八《茂》引《華陽國志》曰："帝地節元年武帝白馬羌及使駱武平定之因慰勞汶之吏及百姓請武自從一歲再度更賦至重邊人窮苦無以供給求省郡郡建以來四十五年笑武以狀上。"社科院本"自從"作"自訟"，餘

① 見《詩・小雅・采薇》正義引，《十三經注疏》，中華書局，1980年，第414頁上。

同。北大本作"武帝地節元年使駱武平定白馬羌至郡慰勞之汶之吏及民請武曰自從一歲再更賦稅至重邊人窮苦無以供給郡建以來四十五年今求省郡武笑以狀上",此條《太平寰宇記》卷七八引作"宣帝地節元年,武都白馬羌反,使駱武平定之,因慰勞汶山。吏及百姓詣武自訟:一歲再度更賦,至重,邊人貧苦,無以供給,求省郡。郡建以來四十五年矣。武以狀上。"北大本盡改原文。

8. 陝本、社科院本卷八《雅》引《山海經》云:"崍山江水出之爲多雨水晴。"北大本作:"山海經云崍山江水出之爲多雨水晴則水少。"此條《太平寰宇記》卷七七引作"《山海經》云:崍山,江水出焉,多雨少晴。"

9. 陝本卷一九《將作監》:"閻立德,隋殿内少監毗之子也。毗初以藝知名,立德與弟立本□傳家業。""□傳家業",社科院本作"旦傳家業",北大本作"不事家業"。此條當出《舊唐書》卷七七,作"早傳家業"。

以上數例中,陝本與社科院本基本一致,皆有訛誤,但這些錯誤尚屬手民無心之失,尚存舊本原貌,而北大本經率意改更,轉失其真。

北大本的另一個問題在於,四庫館臣在不明全書體例的情況下隨意涂乙原文,以不誤爲誤,大失原文之旨,兹舉四例:

1. 北大本卷六《滁》:"劉平爲今,虎自全椒渡江。"陝本、社科院本同,館臣改"今"作"金"。按此條《太平寰宇記》卷一二八引作"劉平爲令,虎自全椒縣渡江"。

2. 北大本卷一九《典客》:"秦客　典客秦官。"陝本、社科院本同,館臣改大字爲"秦官",實則"秦客"即注文"典客,秦官"之雋語。

3. 北大本卷一九《太倉》:"秦漢大司農屬官有太常令丞各一人文帝時淳于意爲之後漢一人六百石魏品第六晉宋齊梁陳亦然後魏闕文北齊司農統太倉令丞後周有司倉下大夫隋太倉令二人。"社科院本同。館臣點去"文"字,按此條出《唐六典》卷一九,與北大本略同,指"後魏"以下有闕文。

4. 北大本卷一八《諫官》:"虞臣之雅性忠蹇譽　虞承犯顔謝罪　後漢書云云。"館臣點去"虞承"二字。陝本、社科院本作"虞臣之雅性忠蹇　虞承犯顔　謝承《後漢書》云云。"按,《類要》體例,雋語可以不止一條。此條"虞臣之雅性忠蹇"、"虞承犯顔"皆爲雋語,不可點去。又引文范曄《後漢書》

無，見《太平御覽》卷二百二三引謝承《後漢書》，故"謝罪"係"謝承"二字之臆改，又昇作大字，館臣未識其誤，反删其不誤，幸賴陝本及社科院本正之。

通過上文的分析，我們可以看到，今存《類要》三個鈔本錯訛皆極其嚴重。總體而言，北大本訛字較少，但已經鈔寫者與《四庫》館臣兩度有意之改竄，以致於部分條目盡失原貌。而陝本及社科院本雖有錯訛，然尚存舊本面貌，反較北大本近真。但是社科院本錯簡嚴重，而陝本低級鈔寫錯誤過多，亦皆難稱善本。因此《類要》如需方便地爲學界所利用，必須加以符合規範的整理。而在現存三個文本皆各有缺陷的前提下，很難從中選擇一個較好的底本，或許不主一本，擇善而從的方式是《類要》整理比較穩妥的方式。

下　　編

《類要》所引珍秘文獻考

例　　言

《類要》三十七卷直接引用文獻逾 700 種，其中已佚文獻在六百種以上，其數量和價值極爲驚人。本編着重對《類要》所引這部分文獻進行叙録，並對其引文加以輯録與考訂。

《類要》所引已佚文獻中，部分悉數見引於《類要》以前傳世文獻，應係晏殊轉引自他書，其佚文一般已收入現有輯本，故對這一部分文獻，此編一概從略，僅於附録一《〈類要〉引書目録》中加以標識。

《類要》所引已佚文獻，凡有内容未見引於《類要》以前傳世文獻者，本編即予叙録，並對其未見引於《類要》前傳世文獻之内容進行輯録與考訂。《類要》所引内容已見引於元代以前傳世文獻及元明地志者，則撮其旨要，標其出處，而不作録文。

《類要》所引宋前别集，其篇目悉見於今本者，不作叙録；有篇目溢出今本之外，或對研究該别集版本具有重大價值者則予叙録，並輯録溢出今本之内容，其餘見諸今本之作品則標明其在今本之卷數，不作録文。

《類要》所引單篇詩文止於北宋，本編僅輯録其中未收入宋前各斷代詩文總集及其續補諸書者，間有文字可補正今本之作品者，亦酌情收入。

本編叙録所涉常見文獻概用簡稱，如《隋書·經籍志》稱"隋志"；《舊唐書·經籍志》稱"舊志"，《新唐書·藝文志》稱"新志"，合稱"兩唐志"；《宋史·藝文志》稱"宋志"；《太平御覽經史綱目》稱"御覽經史綱目"；《崇文總目》稱"崇文目"；《遂初堂書目》稱"遂初目"；《郡齋讀書志》稱"郡齋"；《直齋書録解題》稱"直齋"；《通志·藝文略》稱"通志略"；《太平寰宇記》稱"寰宇記"。諸家輯佚叢書簡稱如下（按音序排列）：陳運溶《麓山精舍叢書》稱"陳運溶輯本"，范鍇《范聲山雜著》稱"范鍇輯本"；黄奭《黄氏逸書考》稱“黄奭輯本”，劉緯毅《漢唐方志輯佚》稱“劉緯毅輯本”；魯迅《會稽郡故事雜集》稱“魯迅輯本”，馬國翰《玉函山房輯佚書》稱“馬國翰輯本”；繆荃孫《雲自在庵叢書》稱“繆荃孫輯本”；錢保堂《清風室叢刊》稱“錢保堂輯本”；孫星衍《平津館叢書》稱孫星衍輯本；湯球《九家舊晉書》稱“湯球輯本”；陶棟《輯佚叢刊》稱“陶棟輯本”；汪文臺《七家後漢書》稱“汪文臺輯本”；王謨《漢唐地理書鈔》稱“王謨輯本”，《漢魏遺書鈔》稱“王謨遺書鈔輯本”；王仁俊《玉函山房輯佚書續編》稱“王仁俊續編本”，《玉函山房輯佚書補編》稱“王仁俊補編本”；嚴可均《全上古三代秦漢三國六朝文》稱“嚴可均輯本”；張澍《二酉堂叢書》稱“張澍輯本”；朱祖延《北魏佚書考》稱“朱祖延輯本”。叙録所涉輯本選其一二種最完備者著録，並以此爲基礎與《類要》相關文字進行比對。

本編録文據陝本、北大本、社科院本擇善而從，所改之字，正字以[　]標出，原字以小字（　）録於正字之後，凡據他書所改者於【考釋】中説明，其餘則據文意改正。

凡有源流、事迹可考之佚文，皆於【考釋】中説明，附於録文之後。

第一章　《類要》中的正史與雜史

第一節　正　　史

《續漢書》八十三卷，晉司馬彪撰，《隋志》、兩《唐志》正史類著録。司馬彪，事迹具《晉書》卷八二本傳。《晉書》本傳稱"漢氏中興，訖於建安，忠臣義士，亦以昭著，而時無良史，記述煩雜，譙周雖已删除，然猶未盡，安、順以下，亡缺者多。彪乃討論衆書，綴其所聞，起於世祖，終於孝獻，編年二百，録世十二，通綜上下，旁貫庶事，爲紀、志、傳，凡八十篇，號曰《續漢書》"。[①] 今存志三十卷，附范曄書後行世，有梁劉昭注，其他部分已佚。書有黄奭、汪文臺等輯本，今人周天游在前人輯本基礎上輯纂《八家後漢書輯注》，收此書輯本。

《類要》引七條，[②]其中六條見引於此前文獻，分别爲：1. 趙典爲國師（卷一四《太師》），見《初學記》卷一一；2. 張禹與三公九卿絶席（卷一四《太傅》），見《白氏六帖》卷二一；3. 太傅（卷一四《太傅》），見《御覽》卷二〇六；4. 左丞（卷一四《左右司郎中員外》），見《初學記》卷一一；5. 桓典執法無私（卷一六《侍御史》），見《初學記》卷一二；6. 孟他遺張讓葡萄酒（卷二八《酒》），見《類聚》卷八七，周天游輯本失收 2、3 兩條。另一條，未見引録，輯本未收：

---

① 《晉書》卷八二《司馬彪傳》，中華書局，1974 年，第 2141 頁。

② 《類要》所引《續漢書》之處甚多，部分指范曄《後漢書》而言，此處僅討論其不見於范曄書者。

郭伋字細侯，拜并州牧，盧芳僭號北方，上患之，後拜伋焉。下車躬請州中英俊，以爲師友，設幾杖而敬禮焉。時人多舉伋可大用，上以并州邊部，匈奴未服，欲使鎮撫，故久不遷也。(卷二〇《邊郡之守》引《續漢書》)

【**考釋**】郭伋，《後漢書》卷三一有傳，記此事文有不同。

《晉書》八十九卷，晉王隱撰，兩《唐志》正史類著録，《隋志》正史類著録八十六卷，注稱梁八十九卷，與兩《唐志》同，又見《御覽經史綱目》。王隱，事迹具《晉書》卷八二本傳。是書以王隱父銓"私録晉事及功臣行狀"爲藍本，①大興初(318 年左右)與郭璞奉詔撰，②至咸康六年(340)方得完成。③《史通·書事》曰："王隱、何法盛之徒，所撰晉史，乃專訪州閭細事、委巷瑣言，聚而編之，目爲鬼神傳録，其事非要，其言不經。"④《晉書》本傳亦云："其書次第可觀者皆其父所撰，文體混漫，義不可解者，隱之作也。"⑤佚，全書有黄奭、湯球等輯本。《地道記》一篇王謨、黄奭別有輯本。

《類要》引十二條，其中《地道記》三條皆見引此前文獻，分別爲：1. 尋陽都會之一(卷一《江南路·江》)，見《寰宇記》卷一一一；2. 古蓮勺城(卷六《陝西路·華·下邽縣》)，見《寰宇記》卷二九；3. 隴坻(卷六《陝西路·渭》)，見《御覽》卷一六五。黄奭及湯球輯本三條皆收入。另十條，七條見引於此前文獻，分別爲：1. 張載作《劍閣銘》(卷八《利州路·劍·劍門縣》)，見《寰宇記》卷八四；2. 魏末克蜀(卷八《利州路·興》)，見《寰宇記》卷一三三；3. 鄭默爲秘書郎(卷一七《讎校》)，見《御覽》卷二三三等；4. 山濤轉少傅詔(卷一九《少傅》)，見《書鈔》六五；5. 鄧攸夢(卷二〇《郡守總事》)，見《御覽》卷三九八；6. 顧榮少有珪璋(卷二二《風采》上)，見《初學記》卷一二；7. 張華王佐才(卷三一《賦》)，見《類聚》卷五六等。黄奭及湯球輯本皆收入。另二條，未見引録，輯本或未收或收而不全：

① 《晉書》卷八二《王隱傳》，第 2142 頁。
② 同上書，第 2143 頁。
③ 《史通通釋·古今正史》，上海古籍出版社，1978 年，第 350 頁。
④ 《史通通釋·書事》，第 230 頁。
⑤ 同注②。

唐彬字儒宗，監[幽]州諸軍事、護烏桓校尉、右將軍。彬宣諭恩命，示以恩信，犬羊怖慴，却地千里，邊城晏閑，無犬吠之驚，車軌夷通，暗地反舊，自漢征鎮，莫能疆理，惟彬預算無一失北大本作"莫知容隱"，社科院本作"無知容"。（卷二〇《邊郡之守》引王隱《晉書》）

【考釋】唐彬，《晉書》卷四二有傳，載此事，脱字據之補。

索靖字幼安，草書妙絶社科院本作"絶世"，世號得張伯瑛之肉，爲尚書郎，時尚書令衛瓘，世亦號得張伯瑛之筋，因名一臺二妙，天下爲希也。（卷二三《工書人》引王隱《晉書》）

【考釋】此條又見《藝文類聚》卷七四，無加點字。

《晉書》一百一十卷，南齊臧榮緒撰，《隋志》、兩《唐志》正史類著録，又見《御覽經史綱目》。臧榮緒，事迹具《南齊書》卷五四本傳。書貫通兩晉，分紀、録、志、傳，褚淵稱其書曰："贊論雖無逸才，亦足彌綸一代。"①唐修晉書以此書爲藍本。② 佚，有黄奭、湯球輯本。

《類要》引一條，未見引録，二輯本未收：

相傳公輔及開府位從公，品秩第一，食俸日五斛，春絹百匹，秋絹二百匹，綿二百斤。（卷一四《三公》引臧榮緒《晉書・百官志》）

【考釋】事又見《晉書》卷二四《百官志》，略有異同。

《晉中興書》七十八卷，劉宋何法盛撰，《隋志》正史類著録，兩《唐志》正史類載八十卷，又見《御覽經史綱目》。何法盛，嘗與謝超宗等校書東宮，③與郗紹有交往，④又任湘東太守。⑤ 書起東晉，⑥改帝紀爲帝典、⑦表

---

① 《南齊書》卷五四《臧榮緒傳》，第 936 頁。
② 《舊唐書》卷六六《房玄齡傳》，第 2463 頁。
③ 《宋書》卷一〇〇《自序》，中華書局，1974 年，第 2465 頁。
④ 《南史》卷三三《徐廣傳》，第 859 頁。
⑤ 《史通通釋・古今正史》，第 350 頁。
⑥ 《隋書》卷三三《經籍志・晉中興書》注，第 955 頁。
⑦ 《陳書》卷三四《何之元傳》，中華書局，1982 年，第 467 頁。

爲注、[①]志爲説、[②]列傳爲録。[③]《南史》卷三三《徐廣傳》稱書原爲紹所傳，何法盛竊之。[④] 佚，有黄奭、湯球輯本。

《類要》引十條，其中八條見引於此前文獻，分别爲：1. 瞿硎先生居文脊山(卷一《江南路·宣·寧國縣》)，見《寰宇記》卷一〇三；2. 廩君(卷八《梓州路·渠》)，見《寰宇記》卷一三八；3. 李特至劍閣(卷八《利州路·劍·劍門縣》)，見《寰宇記》卷八四；4. 顧和爲僕射(卷一四《左右僕射》)，見《書鈔》卷五九等；5. 李充建四部(卷一七《讎校》)，見《書鈔》卷五七等；6. 孔演爲中書侍郎(卷一八《禮官》)，見《書鈔》卷五七等；7. 譙閔王承爲湘牧(卷二〇《邊郡之守》)，見《書鈔》七二；8. 孫綽才士之冠(卷三一《碑》)，見《初學記》卷一二。黄輯失收第 6 條，湯輯未用《寰宇記》，故失收第 1 條。另二條，未見引録，二輯本未收：

> 蕤儀操有風[望](塵)。(卷一四《左丞》引《晉中興書》)

【考釋】事又見《晉書》卷七五《荀蕤傳》，訛字據之改。

> 范寧字武子，爲豫章太守，治郡務從精核，欲遣十五議曹下十五屬城採求聲教治化，評問官長得失。尚書郎徐邈與寧書曰："足下留意人間，故廣其視聽，吾謂勸人以實不以文，十五議曹欲[何](行)敷宣邪？昔明德馬皇后未嘗顧與左右言，謂之達識，况大[丈]夫而不能若此乎?"(卷二〇《方鎮總事》引《晉中興書》)

【考釋】范寧，《晉書》卷七五有傳，事又見《晉書·徐邈傳》，訛奪字據之改補。

《五代史》一百五十卷，宋薛居正撰，《崇文目》、《中興書目》、《郡齋》、《直齋》、《宋志》正史類著録，又見《御覽經史綱目》、《遂初目》、《文淵閣書目》，不著撰人、卷數。薛居正，事迹詳《宋史》本傳。《四庫提要》

---

① 《通志》卷二一《年譜序》。

② 《通志》總叙，《通志二十略》，中華書局，1995 年，第 5 頁。

③ 《文選》卷五九沈約《齊故安陸昭王碑文》引何法盛《晉中興書》有《陳郡謝録》，上海古籍出版社，1986 年，第 2552 頁。

④ 《南史》卷三三《徐廣傳》，第 859 頁。

對此書有詳細叙録，略言之：其書詔撰於開寶六年四月，完成於開寶七年(974)閏十月，凡紀六十一、志十二、傳七十七，以累朝實録及范質《五代通録》爲稿本。至金章宗泰和七年(1207)詔學官止用《新五代史》，《薛史》遂微，直至散亡。佚，今本《五代史》係從《永樂大典》等書中輯出，其過程及版本等情況，陳尚君師《清輯〈舊五代史〉平質》有詳細論列，①兹不贅述。另陳尚君師有《舊五代史新輯會證》，爲迄今《舊五代史》最完備輯本。

《類要》引六條，其中四條清輯本已收入，分別爲：1. 獨眼龍(卷三七《奸雄》)，見卷二五《後唐武皇紀》；2.《長樂老自叙》(卷三〇《遺令》引《馮道傳》)，見卷一二六《馮道傳》；3. 德光母謂蕃漢臣僚言(卷三六《禮待夷王》引《五代史・契丹傳》)，見卷一三七《外國列傳》；4. 開平元年御食使、小馬使改名(卷一九《内諸司》)，見卷一四九《職官志》。另兩條，清輯本未收：

契丹每入寇，必以馬嘶爲候，及永康王[兀](元)欲於漢乾祐三年引衆南下，至深州饒陽，詳馬不甚嘶鳴，魚遇太陰虧蝕，矛戟有光，胡人愁沮，唯憂遇敵，雖居邢之内[丘]，兵傷折過半，是以不敢深入而放軍。(卷三六《北狄》引《五代史》)

【考釋】事又見《新五代史》卷七三《四夷附録》，訛奪字據之改補。

耀州，本京兆府華原縣。唐末李茂貞據鳳翔，建爲耀州，以義勝爲軍額。梁末帝時，茂貞養子温韜，以州降梁，梁改爲崇州静勝軍。後唐同光元年爲耀州，以爲順[義](應)軍。(卷六《陝西路・耀》引《五代史》)

【考釋】此條《太平御覽》卷一六四引録，無加點字。又《新五代史》卷六〇《職方考》載耀州沿革，訛字據之改。

上二條陳尚君師《舊五代史新輯會證》已據《類要》收入。

---

① 收入《陳尚君自選集》，第264—278頁。

第二節　雜　　史

《帝王世紀》十卷，晉皇甫謐撰，《隋志》、兩《唐志》雜史類及《秘書省闕書目》著録，《中興書目》、《宋志》編年類載九卷，《書目》缺《周中》一卷。又見《御覽經史綱目》、《遂初目》，不著撰人、卷數。皇甫謐，事迹具《晉書》卷五一本傳。《玉海》卷四七引《中興書目》曰："晉正始初，安定皇甫謐撰，以《漢紀》殘缺，始博案經傳，旁觀百家，著《帝王世紀》，並《年曆》，合十二篇，起太昊帝，迄漢獻帝。"①《隋志》注稱"盡漢魏"，與《中興目》所載異。佚，書舊有《元晏遺書》本，張澍、錢保塘等皆有輯本，近人徐宗元在前人基礎上纂《帝王世紀輯存》。

《類要》引十四條，其中十三條見引於此前文獻，分别爲：1. 舜所居姚墟（卷四《京西路·金》），見《寰宇記》卷一四一；2. 舜陶河濱（卷四《京東路·曹·濟陰縣》），見《寰宇記》卷一三；3. 黄帝生於壽丘（卷四《京東路·兖·曲阜縣》），見《寰宇記》卷二二；4. 三虢（卷六《陝西路·虢》），見《寰宇記》卷六；5. 伏羲居伏牛臺（卷六《河東路·晉·襄陵縣》），見《寰宇記》卷四三；6. 六城（卷六《淮南路·壽·安豐縣》），見《後漢書》卷八九《張衡傳》注；7. 當涂縣禹涂山（卷六《淮南路·濠》），見《寰宇記》卷一二八；8. 陶唐氏居商丘（卷七《頓丘縣·臨河縣》），見《寰宇記》卷五七；9. 趙築沙丘城（卷七《龍岡縣·平鄉縣》），見《寰宇記》卷五九；10. 紂造鹿臺（卷七《汲縣·衛縣》），見《寰宇記》卷五六；11. 修紀吞薏苡生禹（卷九《誕生神異》），見《類聚》卷一〇等；12. 武丁享國五十有九年（卷九《誕節》），見《後漢書》卷三〇下《郎顗傳》注；13. 含吞珠生劉季（卷九《誕生神異》），見《御覽》卷八七。上十三條徐輯本皆收入。另一條，未見於此前文獻徵引，徐輯本未收：

帝嚳納有邰氏曰姜嫄，以春分玄鳥至之日，從祀郊禖，見大迹，姜

① 《玉海》卷四七，第936頁。

嫄履孕,生后稷也。(卷九《誕生神異》)

《魏略》八十九卷,魏魚豢撰,《隋志》雜史類著録。《舊志》雜史類載《魏略》三十八卷,《典略》五十卷,《新志》雜史類載《魏略》五十卷,《御覽經史綱目》載魚豢《魏典略》,姚振宗以爲《典略》與《魏略》即爲一書,總八十九卷,即《舊志》所載《典略》與《魏略》二書之合,並《録》一卷。① 魚豢,京兆人,②魏郎中,③張鵬一有《補魚豢傳》一卷。④ 書爲魚豢私撰,止於明帝,⑤"歷選衆作",⑥"巨細畢載,蕪累甚多",⑦又貶抑吴、蜀。⑧ 其可考之篇目有《遊説傳》、《儒宗傳》、《清介傳》、《純固傳》、《勇俠傳》、《苛吏傳》、《知足傳》、《佞幸傳》,異於其他諸史。⑨ 佚,有張鵬一輯本。

《類要》引七條,其中六條見引於此前文獻,分别爲:1. 魏文帝徙武都於美陽(卷六《陝西路·階》),見《御覽》卷一六七;2. 魏明帝爲玉井綺欄(卷一三《總叙宫掖》),見《三國志》卷三《明帝紀》注;3. 陳群建九品官人法(卷一五《吏部尚書》),見《書鈔》卷六〇;4. 常侍(卷一六《散騎常侍》),見《御覽》卷二二四;5. 魏明帝時殿中侍御史(卷一六《侍御史》),見《御覽》六八八;6. 裴潜胡床掛壁(卷二〇《郡守總事》),見《三國志》卷二三《裴潜傳》注。輯本失收第 1 條。另一條,未見於此前文獻徵引,輯本未收:

(上庸城)北征將軍申耽曾爲此城太守,晉司馬宣王攻破之。(卷四《京西路·均·鄖鄉縣》引《魏略》)

《吴録》三十卷,晉張勃撰,兩《唐志》雜史類著録,《隋志》注稱晉(疑作

---

① 《隋書經籍志考證》,《二十五史補編》,中華書局,1955 年,第 5282 頁。
② 《史通通釋·古今正史》,第 347 頁。
③ 《隋書》卷三三《經籍志》注,第 961 頁。
④ 載張鵬一《魏略》輯本卷首,陝西文獻征輯處刊本。
⑤ 《史通通釋·古今正史》,第 347 頁。
⑥ 《史通通釋·載文》,第 126 頁。
⑦ 《史通通釋·題目》,第 91 頁。
⑧ 《史通通釋·稱謂》,第 107 頁。
⑨ 參錢大昕:《二十二史考異》卷一五,《叢書集成初編》本,第 325 頁。

“梁”)有三十卷,又見《御覽經史綱目》,不著撰人、卷數。張勃,吴鴻臚卿張儼子。[1] 書多異聞,[2]其中《吴録地理志》曾單行。[3] 佚,有王謨輯本,僅得《地理志》一卷。

《類要》引十一條,二條引作“吴録地理志”、“吴録輿地志”,其中九條見引於此前文獻,分別爲:1. 德化屬武昌(卷一《江南路·江·德化縣》),見《寰宇記》一一一;2. 贛縣屬廬陵郡(卷一《江南路·虔·贛縣》),見《寰宇記》卷一〇八;3. 晉立梅塘冶(卷一《江南路·池·銅陵縣》),見《寰宇記》卷一〇五;4. 剡有天姥山(卷一《兩浙路·越·剡縣》),見《寰宇記》卷九六;5. 漢回浦縣(卷一《兩浙路·處》),見《寰宇記》卷九九;6. 吕蒙築塢(卷六《淮南路·和·歷陽縣》),見《寰宇記》卷一二四;7. 范慎勛德茂著(卷一四《三公》),見《三國志》卷五九《孫登傳》注;8. 丁國夢腹上生松樹(卷一四《三公》),見《三國志》卷四八《孫晧紀》注;9. 吴有八絶(卷二三《工書人》、卷二九《棋》、卷三五《風角占候之術》、卷三五《夢》、卷三五《善相》),見《歷代名畫記》卷四注。王謨輯本皆失收。另一條,未見引録,輯本未收:

> 諸暨境土諸山出第一,厭桑[文](之)採如傳棋。詩云諸暨出三如,謂如錦之桑,如拳之栗,如絲之苧。(卷一《兩浙路·越·剡縣》引《吴録》、《太康地記》)
>
> 【考釋】《海録碎事》卷一七引《圖經》云:“諸暨出三如:如綿之桑——言檿桑文如綿,可以做棋局;如拳之栗;如絲之苧。”

《晉諸公贊》二十一卷,晉傅暢撰,《隋志》雜史類著録,兩《唐志》雜史類載二十二卷。傅暢,事迹附見《晉書》卷四七《傅玄傳》。今存文字多爲晉諸臣傳記。佚,有黄奭輯本。

《類要》引二條,許奇有準繩事(卷一四《總叙左右丞》),見《御覽》卷二一三,黄輯本收入。另一條,見《世説新語·賢媛》注,《類要》所引較詳:

---

① 《史記》卷六六《伍子胥列傳》司馬貞《索隱》,第2173頁。
② 《史通通釋·古今正史》,第347頁。
③ 兩《唐志》著録張勃《吴地志》,即此書。

許允之[子](字)子奇,才應禮樂文學,擢爲祠部郎。(卷一五《禮部》引《晉贊》)

【考釋】此條又見《世説新語·賢媛》注引録,無加點字,訛字據之改。

《帝王要略》,又名《帝王略要》,十二卷,晉環濟撰,《隋志》史部雜史類、兩《唐志》雜史類著録,又見《御覽經史綱目》,題"環濟要略"。環濟,晉太學博士。① 《隋志》稱其書"紀帝王及天官、地理、喪服"。② 傳世文獻所引皆題"環濟要略",《隋志》經部禮類又載環濟《喪服要略》一卷,疑其書總名《要略》,《帝王要略》、《喪服要略》均爲其中一篇。③ 今所存引文大多爲官制。佚,有馬國翰輯本。

《類要》引二條,一條記舍人(卷一六《中書舍人》),見《書鈔》卷五七,輯本收入;另一條,記銅虎符、竹使符(卷二〇《郡守總事》引《環濟要略》),見《野客叢書》卷二八。輯本未收。

《春秋後語》,又名《春秋後國語》,十卷,晉孔衍撰,《新志》春秋類、《崇文目》雜史類、《中興書目》、《宋志》别史類著録,又見《御覽經史綱目》、《遂初目》,不題撰人卷數。孔衍,事迹具《晉書》卷九一本傳。《史通·六家》曰:"孔衍又以《戰國策》所書未爲盡善,乃引太史公所記,參其異同,删彼二家,聚爲一録,號爲《春秋後語》,除二周及宋、衛、中山,其所留者,七國而已,始自秦孝公,終於楚漢之際,比於《春秋》,亦盡二百四十餘年行事。始衍撰《春秋時國語》,復撰《春秋後語》,勒成二書,各爲十卷,今行於世者,惟《後語》存焉。按其書《序》云:'雖左氏莫能加。'"④《舊志》雜史類載孔衍《春秋國語》十卷,《舊志》本於盛唐之《古今書録》,劉知幾稱時僅存《後語》,則《舊志》所載當指《春秋後國語》。唐盧藏用曾注此書,今德藏吐魯番文書中亦存盧藏用《春秋後語》注殘片一紙(編號 Ch. 734),榮新江先

① 《隋書》卷三二《經籍志》注,第 920 頁。
② 同注①。
③ 參孫啓治、陳建華編:《古佚書輯本目録》政書類"帝王要略"條考證,中華書局,1997 年,第 181 頁。
④ 《史通通釋·六家》,第 15 頁。

生有專文考釋。① 書南宋時南詔尚有流傳。② 佚,敦煌遺書中有《春秋後語》數種,分釋文本與略見本,今人王恒杰以敦煌本爲基礎,又采集傳世文獻中《後語》佚文,成《〈春秋後語〉輯考》(齊魯書社,1993 年)一書。

《類要》引三條,一條爲蘇秦食玉炊桂事(卷三四《士未遇》),見《御覽》卷九五七,輯本收入。另三條,未見引録,輯本未收:

太史公乃集家人、古老所傳,作世家、列傳,號爲[實](宴)録,雖博物多[聞](開)而無典制。(卷一七《總載史》引孔衍《春秋後語序》)

蔡澤説應侯曰:"若獨不[觀](趨)博者乎,或欲大投,或欲分功。今君之功極矣,此亦臣分功之時矣。(卷二九《善射》引《春秋後語》)

【考釋】事又見《戰國策》卷三,訛字據之改。

燕大傅鞠武謂太子丹曰:"以秦之暴而又積怨於燕,又聞樊於期之所在。是'委肉於餓虎之蹊。'"(卷三二《譬喻語》引《春秋後語》十)

【考釋】此事又見《戰國策》卷三一。敦煌本《春秋後語釋文》(S. 1439)有"謂委肉"三字,即此條之釋文。③

《三十國春秋》三十一卷,梁蕭方等撰,《隋志》古史類著録,兩《唐志》僞史類、《崇文目》編年類、《中興書目》、《宋志》霸史類載三十卷,蓋闕《録》一卷。又見《御覽經史綱目》、《遂初目》,不著撰人、卷數。《新志》僞史類著録武敏之同名書一百卷。然入宋後武氏書未見於記載,《通鑑考異》引蕭方等書甚多,《類要》所引當即蕭氏書。蕭方等,梁元帝世子,事迹具《梁書》卷四四本傳。《通志略》三"三十國春秋"條注曰:"梁湘東王世子蕭方等撰,起漢建安,訖晉元熙,凡百五十六年,以晉爲主,包吴孫、劉淵等三十

---

① 榮新江:《德藏吐魯番出土〈春秋後語〉注本殘卷考釋》,刊《北京圖書館館刊》1999 年第 2 期。

② 《經義考》卷二七七《春秋後國語》條引楊宗吾曰:"宋乾道中,南詔使者見廣南人言其國有《五經廣注》、《春秋後語》。"

③ 見王恒杰:《〈春秋後語〉輯考》,齊魯書社,1993 年,第 294 頁。

國事。”①隋杜延業據此删削成《晉春秋》二十卷。② 佚，有湯球輯本。

《類要》引二條，未見引録，輯本未收：

永嘉元年，步廣里中地陷，有二鵝出焉，其蒼者飛，白者存。董養聞而嘆曰：“今步廣即周之狄泉，舊盟會地，蒼者，胡象也；白色，金也。胡象盛，帝危弱矣，其可盡言乎？”（卷三七《喪亂》引《三十國春秋》七）

【考釋】《御覽》卷九一九引《晉書》略同。

晉元帝建武元年，上在平陽，凉州牧寔以京師不守，遣田齊率騎一萬來赴。時秦雍交兵，死者十八九（萬），惟凉州一境獨獲全焉。永嘉中有童謡曰：“秦川中血没腕，惟有凉州倚柱觀。”至是謡言驗矣。（社科院本卷三七《喪亂》引《三十國春秋》八）

【考釋】《樂府詩集》卷八八引《三十國春秋》載此童謡。事又見《晉書》卷八六《張寔傳》，衍字據之删。

晉元建武元年，河南王吐谷渾薨。吐谷渾，昌黎公慕容廆庶兄也。初廆父歸，分户千七百，封渾及廆嗣位，而二部馬鬥，廆怒，讓渾，渾以兄弟至親而鬥（鬭）於馬，遂西移八[十]（千）里，廆後悔之，遣乙那樓憑追。廆謝之。渾曰：“我八世已來樹德遼人，先公稱卜筮之言，當有二子，克昌大福，且别由於馬，殆天所啓，卿可驅馬令東，馬若還東，筮者孟浪之言耳；若其欲西，則龜筮之兆信而有征。”憑乃擁回渾馬東行，馬數百步輒憑鳴，西奔衝突。憑曰：“此非人事。”渾遂西附陰山，面黄河而治，及永嘉之亂南遷隴右。廆以孔懷之思，作《吐谷渾阿干歌》，歲暮窮思常歌之。及儁僭號，以爲輦後大曲。渾遂南據罕[开]（开）、西零以西，大河以南，南極昴城、龍[涸]（洞），洮水以西至於白蘭數千里，中多秃山無林，寒氣殊甚，盛夏繁霜，隨逐水草，居無常所，秦京之間號爲野虜。（卷三六《北狄》引《三十國春秋》八）

① 《通志・藝文略》三，第1537頁。
② 見《郡齋讀書志校證》附志編年類“晉春秋”條解題，第1109頁。

【考釋】事又見《宋書》卷九六《鮮卑吐谷渾傳》，訛字據之改。

《高氏小史》一百二十卷，唐高峻撰，《新志》正史類、《中興書目》别史類、《郡齋》雜史類著録。《崇文目》雜史類、《宋志》别史類載一百十卷；《宋國史志》載一百零九卷，目録一卷；①《直齋》别史類載一百三十卷；又見《遂初目》，不載撰人、卷數。高峻，一作崚，②元和中人，官至殿中丞。③ 書"自天地未分至唐文宗凡十三代，分十例，司馬遷《史》至《陳》、《隋》書，附以唐實録，纂其要"。④ 書本"六十卷，其子迥分爲一百二十"。⑤ 峻，元和中人，書當止於德、順之間。其子於書未嘗有所增加也，然《中興書目》止於文宗；陳振孫所見本所載至唐末，故其認爲："其止於文宗及唐末者，殆皆後人傅益之，非高氏本書。"⑥又書"舊有杭本"，陳振孫所見本"用厚紙裝幀夾面，寫多錯誤"。⑦ 書似無論贊，⑧於諸帝往往稱王而不稱謚。⑨ 又司馬光《傳家集》卷六三《貽劉道原》曰："光少時惟得《高氏小史》讀之，自宋訖隋正史並南北史，或未嘗得見，或讀之不熟。"則《小史》當時或爲流行之通俗史書。佚，未見輯本，《通鑑考異》及宋人筆記中多有引録，今本南北七史往往有用《南》、《北史》及此書補缺者，如《宋書・少帝紀》、《北齊書・文襄紀》及《魏書》中大部分闕卷，其中《魏書》卷二一全據《小史》補入。⑩

《類要》引一條，誤作"高氏山史"，未見引録：

---

① 《直齋書録解題》卷四，第109頁。
② 《東觀餘論》卷下"校正崇文總目十七條"曰："《高氏小史》，名峻，一作'崚'。"第332頁。
③ 同注①。
④ 《玉海》卷四七引《中興書目》，第929頁。
⑤ 同注①。《新唐書》卷四八《藝文志》注稱其子厘益高峻書至一百二十卷，與《直齋》不同，第1458頁。
⑥ 同注①。
⑦ 同注①。
⑧ 《魏書》卷二一宋人稱此卷全取《高氏小史》，而史臣語悉出《北史》諸論，參余嘉錫《四庫提要辯證》，第136頁。
⑨ 參余嘉錫：《四庫提要辯證》，第154頁。
⑩ 參余嘉錫：《四庫提要辯證》，第126、134—160、153—154頁。

宋太保建安郡公王弘，字休元，少時常樗蒲公城子[野](舒)舍，及後[當]權，有人就[弘](引)求縣，辭[訴](許)頗切。此人嘗以蒲戲得罪，弘詰之曰："君得[錢]會，會多供虛，何用禄(禄)爲？"答曰："不審公[城](成)子野舍何在？"弘默然。(卷二九《雜博戲》引《高氏[小](山)史》)

【考釋】此條文字又見《宋書》卷四二、《南史》卷二一《王弘傳》，訛奪字據之改補。

《壺關録》三卷，唐韓昱撰，《新志》雜史類、《宋志》、《崇文目》傳記類著録。韓昱，事迹不詳。《通志略》三曰："昱遭安史之亂，追述李密、王世充事。"①佚，有重編《説郛》本。

《類要》引一條，爲李密《答唐高祖書》中文字(卷三七《喪亂》)，見《説郛》本。

《史雋》十卷，唐鄭暐撰，《新志》、《崇文目》雜史類，《宋志》史鈔類著録。鄭暐，事迹不詳，另著有《益州理亂記》、《蜀記》各三卷。② 書"紀南北朝事"，③故《類要》引作《南北史雋》。佚，未見輯本。

《類要》引一條，即魏收《枕篇》(卷三二《聖賢理論》)，全文見《北史》卷五六《魏收傳》。

《唐小史》十卷，撰人不詳，《秘書省闕書目》雜史類著録。《類要》所引諸條，記睿宗至憲宗朝人物，事皆見於兩《唐書》及《册府元龜》，而細節頗有異同。佚，未見輯本。

《類要》引十二條，未見引録：

司馬承禎上天台山，睿宗召之，問以理國之術，對以無爲爲上。(卷五《道士恩遇》引《唐小史》)

【考釋】《舊唐書》卷一九二、《新唐書》卷一九六《司馬承禎傳》、《册府元龜》卷八二二載此事，在景雲二年(711)。

---

① 《通志略》三，第1542頁。
② 分别見《新唐書》卷五八《經籍志》，第1507頁；《直齋書録解題》卷八，第257頁。
③ 《通志略》三，第1529頁。

崔澄本名滌,玄宗在藩,與之同里,有舊。性滑稽,常在上左右,[與]諸王不讓席而坐。上以其出入禁掖,乃於笏上書札"慎言"二字以戒之。(卷九《賜御制》引《唐小史》)

【考釋】《舊唐書》卷七四、《新唐書》卷九九《崔滌傳》載此事,脱字據二書補。

尹愔涉典墳,尤精道書,九歲爲道士,其心甚堅,玄宗重之,禮同師友。又拜諫議大夫,許衣道士服視事。(卷五《道士恩遇》引《唐小史》)

【考釋】《舊唐書》卷九《玄宗紀》下、《新唐書》卷二〇〇、《唐會要》卷六三、《册府元龜》卷五三載其爲諫議大夫事,在開元二十五年(737)正月八日。

李邕素擅才名,尤長碑頌,天下衣冠士多賫金帛往請其文。(卷三一《碑》引《唐小史》)

【考釋】《舊唐書》卷一九〇中《李邕傳》、《册府元龜》卷八四〇載此事。

崔圓爲蜀都留後,玄宗幸蜀,圓修城堞,設儲供之具,玄宗親制遺愛碑以寵之,封鄭國公。(卷九《鐫勒碑銘》引《唐小史》)

【考釋】《舊唐書》卷一〇八《崔圓傳》、《册府元龜》卷六七三載此事。

(李)揆字端卿,肅宗朝爲相,元載用事,奏爲試秘書監,令江淮養疾,既無禄俸,茹藿食蔬,又孤孀百口,丐求衣食取給,萍寄諸郡十五六年。(卷二六《貧》引《唐小史》)

【考釋】此條又見《記纂淵海》卷七〇引《唐小史》,僅"李揆乞衣求食萍寄諸郡"一句。事又見《舊唐書》卷一二六、《新唐書》卷一五〇《李揆傳》,《册府元龜》卷九一五。

穆寧累居清要官,性强毅,執政者以不附己,多居之散地,爲秘書監,致仕而卒。(卷三四《官未達》引《唐小史》)

【考釋】《舊唐書》卷一五五、《新唐書》卷一六三《穆寧傳》、《册府元龜》卷八九九載此事,在建中年間。

張建封爲徐州節度，朝覲，賦《朝天獻壽詩》。及還鎮，上特賦詩送之。（卷九《賜御制》引《唐小史》）

【考釋】《舊唐書》卷一四〇、《新唐書》卷一五八載此事，“朝天獻壽詩”作“朝天行”，事在貞元十三年(797)十月。《玉海》卷二九張建封朝覲賦《朝天行》事注云：“一本作‘朝天獻壽詩’。”

城爲國子司業，至則召諸生有久不省親者，各諭之。明日辭歸養者乃有二十人。其後有弟子有坐事流，城送之於郊外。德宗以爲黨援罪人，遂出城爲道州刺史。之官焉，惟時太學諸生各皆詣闕乞留城焉。（卷一九《司業》引《唐小史》）

【考釋】事見《舊唐書》卷一九二、《新唐書》卷一九四《陽城傳》。《資治通鑑》卷二三五繫陽城爲道州刺史在貞元十四年(798)九月。

珣瑜字允伯，爲河南尹，其迎送中使，皆有常處，人吏窺之，馬蹉跌不出三五步。（卷二〇《方鎮總事》引《唐小史》）

【考釋】此條所載爲鄭珣瑜事，據《新唐書》卷一六五本傳，其爲河南尹在貞元中。《册府元龜》卷七九四、《南部新書》卷一〇載此事。

[郗士美]（郝土漢），字和夫，爲中書舍人，於元載前抗論言事，不允，遂稱疾，置居東洛凡十年，自號伊川田父，清明高行，稱於天下，有集六十卷，後爲節度。（卷二五《致仕下》引《唐小史》）

【考釋】事又見《舊唐書》卷一五七、《新唐書》卷一四三《郗士美傳》，訛字據之改。

唐穆宗朝以孟簡爲户部侍郎，兼領御史中丞。（卷一六《御史中丞》引《唐小史》）

【考釋】句下有按語曰“簡，字幾道”。據《舊唐書》卷一六三《孟簡傳》，其户部侍郎兼御史中丞在元和十三年(818)，此條作“穆宗朝”，誤。

[八]月，太白犯上將星而馬[燧]薨。（卷三〇《咎徵》引《唐小史》）

【考釋】《唐會要》卷四三載此事曰：“貞元十一年八月熒惑太白犯上將星，其年北平王馬燧薨。”奪字據之補。

《大和野史》三卷，五代公沙仲穆撰，《直齋》雜史類、《宋志》傳記類著録。《新志》雜史類載十卷。公沙仲穆，又作沙仲穆，龍紀中處士。《直齋書録解題》卷五稱此書“不著名氏，但稱大中戊辰（二年）陳郡袁濤《序》，自鄭注而下十七人，本共爲一軸，濤分之爲三卷”。① 而《唐會要》卷六三稱“龍紀中有處士沙仲穆纂《野史》十卷，起自大和，終於龍紀，目曰《大和野史》”，②與《新志》合。《類要》引此書皆爲文宗時史事，其書亦以“大和”爲名，則原本當僅爲三卷，載文宗時十七人事，後經增補，遂迄於龍紀。佚，未見輯本。

《類要》引二條，未見引録：

鄭注爲上言，王守澄久隸禁兵，但宜準魚朝恩例奬之。乃授守澄十二衛軍容使，位望雖崇，權無所恃。守澄怏怏，尋加遣，注所斥也。上恐守澄爲變，乃鴆殺之，命内官李好古賜其死。（卷一九《總叙[宦]（官）者上》引《大和野史》）

【考釋】《舊唐書》卷一八四《王守澄傳》載此事，略簡。

蕭俛，穆宗朝爲宰輔，以色養爲志。及居母喪，毁瘠滅性，旋即棄官，時人號爲二疏。文宗即位，加檢校右僕射，太子少保，徵之，辭讓不受，尋守左僕射，致仕，入道居王屋山。（卷二五《致仕上》引《大和野史》）

【考釋】事又見《舊唐書》卷一七二《蕭俛傳》載此事，其致仕在大和五年（831）七月。

---

① 《直齋書録解題》卷五，第146頁。
② 見《唐會要》卷六三，第1296頁。

第二章　《類要》中的編年史

第一節　唐實録

《高祖實録》二十卷，房玄齡監修，敬播等撰，許敬宗删改。[①] 兩《唐志》起居注類，《崇文目》、《郡齋》、《直齋》、《宋志》實録類著録。書之編撰緣於貞觀十四年(640)太宗欲觀國史，房玄齡等遂删略國史爲編年體，撰《高祖》、《太宗實録》各二十卷，[②]至貞觀十七年(643)七月二十六日撰成表上，[③]紀事起創業，盡武德九年。《直齋書録解題》卷四曰："今本首題'監修國史許敬宗奉敕定'，而第十一卷題'司空房玄齡奉敕撰'。"[④]故最初可能有題"房玄齡撰"的版本，後爲許敬宗删改，《直齋》所載適存其迹。佚，未見輯本。

《類要》引一條，未見引録：

> 虞世南《哀册[文](又)》云：[沙](涉)塞虔劉，洛[瀍](纏)叛[换](挻)，十角雲銷，三川[冰](水)泮。(卷三六《北狄》引《唐高祖實録》)

【考釋】此即虞世南《高祖哀册文》，文見《文苑英華》卷八三五，《唐文粹》卷三二，訛字據二書改。"洛瀍"，《文苑英華》作"伊源"，《唐文粹》作"伊瀍"。

---

① 見《崇文總目》實録類解題，參陳光崇：《中國史學史論叢》，遼寧人民出版社，1984年，第73—114頁，本節唐實録叙録如無特殊説明皆參考陳先生文，下文不一一出注。

② 謝保成：《貞觀政要集校》卷七，中華書局，2003年，第391頁。

③ 《唐會要》卷六三，第1289頁。

④ 《直齋書録解題》卷四，第123頁。

《太宗實録》，又名《貞觀實録》，四十卷，長孫無忌監修，敬播、令狐德棻等撰。兩《唐志》起居注類，《崇文目》實録類，《中興書目》起居注類，《秘書省闕書目》、《郡齋》、《直齋》、《宋志》實録類著録。是書初撰於貞觀十四年，由房玄齡監修。① 十七年，玄齡奏上二十卷，兩《唐志》著録爲《今上實録》，紀事止於貞觀十四年(640)。永徽五年，長孫無忌與史臣等續貞觀十五年(641)後事，與前書合爲四十卷，②後經許敬宗删改，題其名，後世所行即此本。③ 佚，未見輯本。

《類要》引一條，未見引録：

貞觀二十二年九月，長廣公主薨，太宗舉哀於玉華宫之祥露門，廢朝三日，賜東園秘器，太宗之第五[姊](姨)也。(卷一〇《主右》引《唐太宗實録》)

【考釋】據《新唐書》卷八三《公主傳》，長廣公主，太宗姊，訛字據之改。

《高宗後修實録》三十卷，令狐德棻撰，劉知幾、吴兢續成。《新志》起居注類，《崇文目》實録類，《中興書目》起居注類，《郡齋》、《宋志》實録類著録，《直齋》實録類載十九卷。令狐德棻所撰起即位，止於乾封，劉、吴續書至於永淳，凡二十九年。④《高宗實録》見於著録者共四種，除《後修實録》外尚有許敬宗所撰二十卷本《皇帝實録》、武后所撰一百卷本及韋述所撰三十卷本。⑤ 許敬宗所撰起即位止於顯慶三年(658)，顯慶四年(659)四月奏上，後添爲一百卷，⑥可能即以武后名義所撰的百卷本。這三種實録皆未見引用，⑦疑其因政治立場屢經改易而不得流通，故較早亡佚。《類要》

---

① 《貞觀政要集校》卷七，第391頁。
② 《郡齋讀書志校證》卷六，第215頁。
③ 《直齋書録解題》卷四，第123頁。
④ 《新唐書・藝文志》注，第5088頁；《玉海》卷四八，第950頁。
⑤ 前二種見兩《唐志》著録，後一種見《舊唐書》卷一〇二《吴兢傳》，第3182頁。
⑥ 見《唐會要》卷六三，第1290頁。
⑦ 陳光崇據《郡齋讀書志校證》認爲劉、吴所續即是許敬宗所撰二十卷本實録，筆者認爲許敬宗二十卷本實録與令狐德棻所撰止於乾封者，在參與的人員、記事下限及卷數上都不一致，《新唐書・藝文志》即作二書著録，故二書並不是同一種書，劉、吴所續者爲令狐書而非許書。

所引應即是令狐德棻等所撰《後修實録》。佚,未見輯本。

《類要》引二條,未見引録:

城陽公主改適,[卜]人曰:"[晝](盡)日行合巹之禮則終吉。"馬周諫曰:"臣奉朝謁,思相戒;講習以晝,思相成也;宴飲以[昃](昊),思相歡也;婚合以夜,思相親也。"(卷二八《飲酒宴》引《高宗實録》)

【考釋】此條當出實録《馬周傳》,高宗即位,追贈馬周爲尚書右僕射,高唐縣公,《傳》當附於此時。事又見《册府元龜》卷五三一、《唐會要》卷六、《御覽》卷七二六引《唐書》,訛奪字據諸書改補。

皇太子在京師,頗以畋獵爲事,中書令兼左庶子薛元超上疏諫之曰(云):"魏太祖征并州,留太子在鄴,頗出畋獵,崔季珪乃進書諫之曰:'槃於遊田,此乃《書》之所戒,魯侯觀魚,《春秋》譏之。'深惟儲嗣,以身爲寶,今縱馳騖,而臨險阻,誠有識者爲之所深懼。伏請焚翳損褶,以塞衆望。"太子報曰:"昨奉嘉命,廣開正路,翳已壞矣,褶亦去焉,師傅之言,實獲吾心。"(卷一九《總叙東宫官》引《唐高宗實録》)

【考釋】事在永淳元年(682)四月以後,文字又見《册府元龜》卷七一四。《通鑑》卷二〇三及《舊唐書》卷七三《薛元超傳》載此事,無諫言。

《中宗實録》二十卷,岑羲監修,劉知幾、吴兢撰,兩《唐志》起居注類,《崇文目》實録類,《中興書目》起居注類,《郡齋》、《直齋》、《宋志》實録類著録。開元四年(716)十一月十四日撰成,①"起神龍元年(705)復位,盡景龍四年(710)八月傳位,凡六年"。② 佚,未見輯本。

《類要》引二條,未見引録:

神龍二年社科院本作"三年"六月,追贈故國子監博士崔融衛州刺史,以侍讀故也。融初爲直崇文館學士,中宗在東宫時,融爲侍讀,兼

---

① 見《唐會要》卷六三,第1292頁。
② 見《玉海》卷四八引《中興書目》,第950頁。

任屬文，東朝表疏，多成其手。（卷一九《總叙東宫官》引《中宗實録》）

崔融字安成，爲崇文館學士、東宫（爲）侍讀。聖曆中，天后幸嵩岳，見融所撰《啓母碑》，及封禪畢，遂命融撰《朝覲碑》。（卷二一《帝賞其文》引《中宗實録》）

崔融字安成，長安二年遷鳳閣舍人，四年除司禮少卿，仍知制誥事。（卷一六《中書舍人》引《中宗實録》）

融字安成，爲文典麗，當時罕有其比，朝廷所[須]（以）《[洛]出[寶]（實）圖頌》、《[則]天皇后哀册文》及諸大手筆並中敕付融撰之。（卷二一《應制》引《中宗實録》）

【考釋】上四條當出《實録·崔融傳》，事見《舊唐書》卷九四本傳，訛字據之改。

景龍四年，[東]（京）都凌空觀災，殿宇並從煨燼，惟一真人獨存，兩目下有泪痕。（卷五《歷代宫觀》引《中宗實録》）

【考釋】事在景龍四年(710)二月，又見《唐會要》卷四四、《新唐書》卷三四，訛字據之改。

《玄宗實録》一百卷，元載監修，令狐峘等撰。《新志》起居注類，《崇文目》實録類，《中興書目》起居注類，《郡齋》、《直齋》、《宋志》實録類著録。大曆三年(768)撰成，"起即位，盡上元三年(762)，凡五十年"。① 時由於起居注等史料亡失，令狐峘"唯得諸家文集，編其詔册，名臣記傳，十無三四，後人以漏略譏之"。②《類要》所引多制、敕，與《唐會要》所載合。據《類要》所注卷數，大致一年事占二卷左右。《玄宗實録》在安史之亂以前尚有張説所撰《今上實録》二十卷及撰人不詳《開元實録》四十七卷，《新志》皆著録，前者僅及開元初事，③嗣後不見流傳，後者在安史之亂中被焚於興慶宫，④故後世所傳僅令狐峘所撰一種。佚，未見輯本。

《類要》引二十一條，注有卷數，從卷五至卷九七，未見引録：

---

① 《郡齋讀書志校證》卷六，第218頁。
② 《唐會要》卷六三，第1292頁。
③ 《新唐書》卷五八《藝文志》，第1471頁。
④ 《唐會要》卷六三，第1292頁。

《敕》曰："朕聞鵝鴨坊比供米粟，恨不早知，久令虚費，鳥享人食，是何理！其料宜停。"並敕鷄坊亦准此敕。（卷九《帝省費》引《玄宗實録》）

【考釋】事在開元二年(714)四月，敕文又見《册府元龜》卷一五九。

開元[二](五)年敕曰："大漠南守，長河北界，地險可憑，天兵有警。夏[潦](遼)方壯，冬冰未合，料敵安邊，存乎預備，遣靈武道行軍副大總管張知運赴軍，檢行處置，仍與幽州刺史計議支備。"（卷三七《喪亂》引《玄宗實録》）

【考釋】事在開元二年(714)四月庚午(14日)，敕文又見《册府元龜》卷一一九，幽州刺史爲强修，訛闕字據之改補。

張仁亶，中宗時爲左屯衛大將軍，兼檢校洛州長史。時都城谷貴，盗竊甚衆，仁亶捕獲杖殺之，積屍府門，無敢犯者。初，高宗時，賈敦實爲洛州長史，亦有政績，與仁亶皆爲一時之最，故時人爲之語曰："洛州有前賈後張，可敵京兆三王。"（卷二〇《京尹》引《玄宗實録》五）

先是，朔方軍北與突厥以河爲界，河北岸有拂雲神祠，突厥將入寇，必先詣祠祭酬求福，因牧馬料兵，而後渡河。時突厥默啜盡衆西擊突[騎](厥)施娑葛，張[仁願](願仁)請乘其虚奪取漠南之地，於河北築三受降城，首尾相應，以絶其南寇之路。唐休璟以爲兩漢以來皆守黄河，今於寇境築城，恐勞人費功，終爲賊虜所有，建城以爲不便。仁願言之不已，中宗竟從之。仁願表留年滿鎮兵以助其功。時咸陽兵二百餘人逃歸，仁願盡擒之，悉斬於城下，軍中股栗，役者盡力，六旬而三城俱就，以拂雲祠爲中城，與東西[兩](南)城相去各四百餘里，皆津濟遥相接應。北拓三百餘里，於牛頭山、朝那山北置烽候一千八百所，自是突厥不得度山放牧，朔方無復寇掠，減鎮兵數萬人。仁願初建三城，不置擁門及曲敵戰格之具。或問曰："此邊城御賊之所，不爲守備何也？"仁願曰："兵法貴在攻取，不宜退守。寇若北至，當并力出戰，回顧望城，猶須斬之，何用守備生其退避之心也。"其後常元楷爲朔方軍總管，始築壅門以備寇，議者以此重仁願而輕元楷焉。景龍二年拜右衛大將軍，同中書門下三品，累封韓國公，春還朝，秋復督軍備邊，中宗賦詩祖餞，賞賜不可勝紀。（卷三七《喪亂》引《玄宗實録》）

【考釋】上二條出《實録·張仁愿傳》。仁亶，即張仁愿本名，仁願開元二年六月卒，《傳》即附於此日後。事又見兩《唐書》本傳，訛字據之改。築受降城之時間，《通典》、《會要》所載在景雲二年(711)三月一日，據《舊唐書》卷七《睿宗紀》，睿宗初即位即罷張仁愿等政事，張隨即致仕，不可能於景雲時復於朔方軍築受降城，《實録》是。

《制》云：天亡驕子，胡運其終，國有忠臣，漢封[斯](期)在，高麗王莫離支高文簡可封遼西郡王。（卷三六《北狄》引《玄宗實録》九）

【考釋】事在開元三年(715)八月丙辰(7)日，制文又見《册府元龜》卷九六四、九七四，訛字據之改。

《并州置天兵軍制》：太原薄代之地，句注出屯之所，兵戈不可以不習，亭障不可以不[備](借)，宜於并州集兵八[萬](百)衆，置天兵軍。（卷三六《北狄》引《玄宗實録》）

【考釋】事在開元五年(717)七月己亥(24日)，制文又見《册府元龜》卷九九二，訛字據之改。

《制》曰：戢兵北於威武，[扼](泥)險守於要害。漢垣通於句注，夏屋[枕](桃)於燕山，是稱近胡，諒借[遮](庶)虜。其蔚州横野軍宜移於山城北古代郡太安城南。（卷三六《北狄》引《玄宗實録》一七）

【考釋】事在開元六年(718)二月戊子(23日)，制文又見《册府元龜》卷九九二，訛字據之改。

開元六年，著作郎、史館學士兼修國史吴兢表乞典郡，曰："臣兢掌史東觀十有七年，歲序徒淹，勤勞莫著，竟不能藝成大典，垂戒將來，顧省微躬，久妨賢路，乞罷今職，副就他官。至於理人之政，在兢尤所詳曉，望今試典一部，刺舉外臺，必當效績循良，不負期委。又兢父致仕已來，俸料不請，冀禄稱厚，甘旨有資，烏烏之誠，幸垂矜察。"上親札報曰："夫子臨書，是爲盛業；史官秉筆，必佇良才。著作强記

洽聞，時議咸許，牧州典郡，此類何求，豈轉要以從閑，仍回難而就易，私願或愜，公道若何？"（卷一七《修史》引《玄宗實録》）

【考釋】事又見《册府元龜》卷五五四，較此詳。開元六年（718）吴兢爲諫議大夫，非著作郎。

《敕朝集使》曰："户口逃逸，波［逝］（迸）而往，井邑虚弊。"（卷三二《譬喻語》引《玄宗實録》二七（六））

【考釋】事在開元九年（721）三月，敕文又見《册府元龜》卷一五八。

郭元振爲凉州都督，隴右諸軍大使。先是凉州大使［封］（對）南界北不過四百餘里，既逼突厥、吐蕃二寇，［頻］（頃）歲掩至城下，百姓苦之。元振始於南境硤口界置和戎城，北界磧中置白亭軍，控其要路，遂拓州境一千五百里，自是寇虜不復更至城下。（卷三七《喪亂》引《玄宗實録》二九（年））

【考釋】此條當出《實録・郭元振傳》，開元十年（722），追贈郭元振爲太子少保，《傳》當附於此時。事又見《舊唐書》卷九七《郭元振傳》、《册府元龜》卷四二九，訛字據二書改。

《制》曰：夙夜憂勞，無忘鑒寐，永惟萬事之統，恐累三光之明，幸天地休和，群生樂業。（卷九《帝謙辭》引《玄宗實録》三〇）

【考釋】事在開元十年（722）閏五月，制文又見《册府元龜》卷一五二。

開元十三年敕［曰］（白）："河曲隴外，往歲戰場，魂無所歸，陰雨猶哭，言念於此，良用［惻］（測）然，委節度聚斂骸骨，就高燥處同葬，祭以酒脯。"（卷三六《邊塞風景》引《玄宗實録》三五）

【考釋】事在開元十三年（725）正月，敕文又見《册府元龜》卷一三五，訛字據之改。

開元十五年幸［寧］（濘）王憲之第，是日乃［寧］（濘）王憲之誕辰也。（卷二二《總叙初生》引《玄宗實録》四〇）

【考釋】事在開元十五年（727）七月戊戌（28日），又見《册府元龜》卷三九，訛字據之改。

開元二十二年正月幸東都，二十三年十月敕："以來年正月七日自東都取南路幸西京。"（卷三《作京》引《玄宗實録》五四）

【考釋】此即張九齡所撰《南路幸西京勅》，又見《册府元龜》卷一一三、《唐大詔令集》卷七九、《文苑英華》卷四六二。

開元二十五年，監察御史妖讖以爲證，上甚怒，召入禁中責之，左右[拉]（御）者數[四]（曰），子諒氣絶而蘇。《制》曰："决一百，長流[瀼]（襄）州。"既行，死於路。（卷一八《忠諫》引《玄宗實録》）

【考釋】此條下有按語曰："引妖讖之言决者，豈非言牛姓者乎？"監察御史指周子諒，此條《通鑑》卷二一四《考異》引録，無加點字，訛字據之改。

《侍中牛仙客加兵部尚書，吏部尚書李林甫加兼中書令制》曰："兩掖爲樞，今之宰輔；六卿分掌，所重銓衡。必在兼能，因而並命。"（卷一六《中書省》、卷一六《門下省》引《玄宗實録》六六）

【考釋】制書未收入《全唐文》及其續補諸書。據《舊唐書》卷九《玄宗紀》下，開元二十七年(739)四月，"侍中牛仙客爲兵部尚書兼侍中；兵部尚書兼中書令李林甫爲吏部尚書，依舊兼中書令"。

《壽光公主册文》云：[習]（悼）兹彤史，既稟孝於中闈；襲以瓊笄，斯待年於外館。又《樂成公主册文》云：瓊笄既襲，紺綬斯榮。（卷一〇《公主》引《玄宗實録》八十一）

【考釋】此即《册樂成公主出降文》、《册壽光公主出降文》，又見《唐大詔令集》卷四二，訛字據之改。樂成公主出降在天寶五載(746)七月二十三日，壽光公主出降在同年八月十三日。

天寶十載，改傳國寶爲承天大寶。（卷九《總叙尊號》引《玄宗實録》九十）

【考釋】事在天寶十載(751)正月己亥(15日)，又見《舊唐書》卷九、《新唐書》卷五《玄宗紀》及《新唐書》卷二四《車服志》。

《敕縣令等詞》：八使類能，六條舉最。（卷三三《能政下》引《玄宗實録》九十六）

【考釋】此即《吏部引見縣令勅》，作於天寶十三載(754)五月，又見《册府元龜》卷一五八、《唐大詔令集》一〇〇。

安禄山奏曰："比者兩蕃不率，同爲旅拒，後因九姓皆化，更乃結連。"（卷三六《北狄》引《玄宗實録》九十六）

"臣遣男領曳落河降户、突厥官健三千騎，並新降突厥二千騎直掩破奚、契丹部落及招討九姓所獲功，臣已奏訖。"（卷三六《北狄》引《玄宗實録》九六）

【考釋】此條下有按語曰："按此則[兩](西)蕃爲奚、契丹也，九姓十二姓謂突厥也。"奏未收入《全唐文》及其續補諸書。安禄山討奚、契丹始於天寶十載，至天寶十三載春正月入朝，二月"奏前後討契丹立功將士跳盪等，請超三資"，①故該奏可能作於此時。

御史中丞吉温詭譎沉阻，果於推[劾](劾)，楊慎矜□得罪，温爲京兆士曹，按其事，破姦摘瑕，壞方具圓，悉成於温，由是以酷法聞。（卷一八《酷吏》引《玄宗實録》九七）

【考釋】吉温辦楊慎矜案在天寶六載(747)，事又見《舊唐書》卷一八六《酷吏傳》。

《赦制》曰：寤寐焚灼。（卷九《帝謙辭》引《玄宗實録》）

【考釋】此即天寶十五載七月丁卯(15日)賈至所撰《命三王制》，又見《册府元龜》卷一二二、《唐大詔令集》卷三六。

《肅宗實録》三十卷，元載監修，《新志》起居注類，《崇文目》實録類、《中興書目》起居注類，《郡齋》、《直齋》、《宋志》實録類著録。紀事"起即位，盡後元年(762)，凡六年"。②《類要》所引乾元元年(758)三月事在卷一

① 《舊唐書》卷九《玄宗紀》，第228頁。
② 《郡齋讀書志校證》卷六，第218頁。

一，則肅宗即位前兩年事占十卷。佚，未見輯本。

《類要》引二條，未見引録：

乾元元年，改太史監爲司天臺，宜於永寧坊置，並補官六十人。(卷一九《司天監》引《肅宗實録》一一)

【考釋】事在乾元元年(758)三月，又見《舊唐書》卷一〇《肅宗紀》、卷三六《天文志》下。

元年建寅月赦詔曰："五都之號，其來自久，宜以京兆府爲上都，河南府爲東都，鳳翔府爲西都，江陵爲南都，太原爲北都。"(卷三《作京》引《肅宗實録》)

【考釋】即《元年建卯月南郊赦》，事在元年(762)建卯月，此條"寅"當爲"卯"之誤。文又見《册府元龜》卷八七，《唐大詔令集》卷六九。

《代宗實録》四十卷，令狐峘撰，《新志》起居注類，《崇文目》實録類，《中興書目》起居注類，《郡齋》、《直齋》、《宋志》實録類著録。是書乃令狐峘於吉州貶所完成，元和二年(807)七月由其子丕奏上，①紀事"起寶應元年(762)壬寅，止大曆十四年(779)己未，凡十七年"，②多漏略，房琯、顔真卿皆未立傳，爲時所譏。③

《類要》引十條，未見引録：

廣德二年九月，尚書左丞楊[綰](琯)知東都選事。(卷一五《吏部》引《代宗實録》)以吏部尚書李[峴](現)充江南東西及福州等道知選事，並勸農官、宣慰使，大集選人於洪州，以洪州刺史李勉副知選事。(卷一五《吏部》引《代宗實録》)

【考釋】事在廣德二年(764)九月，又見《舊唐書》卷一一《代宗紀》，訛字據之改。

① 《舊唐書》卷一四《憲宗紀》，第421頁。
② 《郡齋讀書志校證》卷六，第219頁。
③ 《册府元龜》卷五六二，第6749頁。

［廣德］初，吐蕃寇長安，侍中苗晉卿病卧私第，蕃賊輿逼劫，晉卿閉口不言，賊不敢害。上至自陝，册爲太保，罷政。（卷二七《節士》引《［代］宗實録》）

【考釋】據《舊唐書》卷一一三及《册府元龜》卷三一五，事在廣德初，故此條出《代宗實録》。

永泰元年五月，永清公主出降駙馬都尉裴倣，命有司於光順門行册禮。大曆七年七月，普寧公主、嘉封公主，並出降，命有司於光順門行册禮及五禮。（卷一〇《公主》引《代宗實録》）

【考釋】此條原應是兩條，分屬永泰元年五月及大曆七年七月，蓋以同類故合於一處。

魏少游以才幹知名，四爲京尹，規檢善任人，雖無赫赫之名，而齪齪廉謹有足稱者。（卷二〇《京尹》、卷三三《自叙爲政》引《代宗實録》）

【考釋】此條當出《實録·魏少游傳》，魏卒於大曆六年(771)三月己未(2日)，①《傳》當附於此時。事又見《册府元龜》卷六八〇、《舊唐書》卷一一五《魏少游傳》。

大曆七年十月，上畋於苑中，矢一發，兔二貫，從臣皆賀。（卷一二《帝射》引《代宗實録》）

【考釋】此條又見《玉海》卷一四四引《實録》，有異同，事又見《册府元龜》卷三七、《舊唐書》卷一一《代宗紀》。

上愛女第五公主，聰惠過人，善候上旨，特所鍾愛。初有疾，上令宗師道訓名曰"瓊華真人"。疾亟，上親自臨視。屬纊之際，嚙傷上手指，其愛如此。及薨，上哀悼過深，追封華陽公主。（卷一〇《主右》引《代宗實録》）

【考釋】華陽公主薨於大曆九年(774)四月乙未(27日)。事又見《册府元龜》卷四七、《新唐書》卷八三《公主傳》。

---

① 《舊唐書》卷一一《代宗紀》，第298頁。

節度使臧希讓,河西人,有武略,善騎射,骯臟好談時政。(卷二二《志氣》引《代宗實録》)

【考釋】此條當出《實録·臧希讓傳》,希讓大曆九年(774)九月乙巳(9日)卒,傳當附於此時。

大曆十二年詔曰:自今以後,諫官所獻封事,不限早晚,任進狀來,所由門司,不得輒有停滯。如須側門論事,亦任隨狀面奏,即便令引對。如有除拜不稱於職,詔令不便於時,法禁乖宜,刑賞未當,徵求無節,冤濫在人,並宜極論得失,無得有所退避。其當朝官六品以上並宜准此。(卷一八《諫官》、《納諫》引《代宗實録》)

【考釋】詔文又見《册府元龜》卷一〇二、《唐大詔令集》卷一〇五,《大詔令集》題作《令百官言事詔》。

大曆十二年,以諸道先置上都留後,名義不正,改爲上都進奏。(卷一九《諸雜閒冗職官名》引《代宗實録》三六)

【考釋】事在當年五月十一日,又見《舊唐書》卷一一《代宗紀》、《唐會要》七八。

宰臣楊綰等上言曰:"準《式》,諸州刺史替代及别追,皆降魚書,然後離任。"(卷二〇《郡守總事》引《代宗實録》)

【考釋】《唐會要》卷六九載《刺史替代須降魚書敕》,在大曆十二年(777)五月十日,楊綰上言當在此前不久。事又見《舊唐書》卷一四二《楊綰傳》。

《德宗實録》五十卷,裴洎監修,蔣乂、樊紳、林寶、韋處厚、獨孤鬱撰。《新志》起居注類,《崇文目》實録類,《中興書目》起居注類,《郡齋》、《直齋》、《宋志》著録。書分五帙,目録一卷,[①]始修於元和二年(807),[②]元和五年(810)十月畢功奏上,[③]紀事"起即位,盡貞元二十一年(805),凡二十

① 見《册府元龜》卷五五六載裴洎上《德宗實録》表,第6685—6686頁。
② 見《郡齋讀書志校證》卷六,第219頁;《玉海》引卷四八引《會要》,第951頁。
③ 見《舊唐書》卷一四《憲宗紀》,第432頁。

五年”。① 在此之前，沈既濟嘗撰《建中實録》十卷，起即位，盡建中二年(781)十月，爲時所稱。②《類要》所引終德宗一朝，乃裴洎監修者。佚，未見輯本。

《類要》引二十二條，未見引録：

舊制，中書舍人分押尚書六[曹]，以平奏報，開元初廢其職。至是宰相盧杞請之，炎固以爲不可，杞益怒。(卷一六《中書舍人》引《德宗實録》五《楊炎傳》)

【考釋】楊炎建中二年十月下詔貶崖州，“去崖州百里賜死”，《實録·楊炎傳》當即附於此時。事又見《舊唐書》卷一一八《楊炎傳》、《唐會要》卷五五，闕字據之補。

建[中]十三年，源(乾)休至自，進訖，言可汗使[謂](未)休曰：“所[欠](丈)吾馬直一百八十萬匹，當速歸之。”遣散騎將軍康赤心等隨休來朝，及赤心等歸，與之帛十萬匹，金銀十萬兩，償其馬直。(卷三六《禮待夷王》引《德宗實[録]》七)

【考釋】據《資治通鑑》卷二二七，事在建中三年(782)五月，又見《舊唐書》卷一二七《源休傳》、《册府元龜》卷六六三，訛闕字據二書改補。

劉迺字永夷，從調選曹，致書於知銓舍人宋昱曰：“近代主司，獨委一二小冢宰，察言於一幅之判，觀行於一揖之内，若引文公、宣父登之於銓庭，則雖《圖》、《書》、《易象》之大訓，以判體推之，曾不及徐、庾。”(卷一五《吏部》引《德宗實録》)

【考釋】此條當出《實録·劉迺傳》，迺卒於建中四(783)年冬，傳即附於此時，事又見《册府元龜》卷八三〇、《唐會要》卷七四、《舊唐書》卷一五三《劉迺傳》。

孔巢父少時與韓[準](淮)、裴政、李白、張叔明、陶沔隱於徂徠，時號竹溪六逸。(卷二七《小隱》引《德宗實録》)

---

① 《郡齋讀書志校證》卷六，第219頁。

② 《舊唐書》卷一四九《沈傳師傳》，第4037頁。

【考釋】此條當出《實録·孔巢父傳》，巢父興元元年(784)七月丁亥(18日)爲李懷光所害，《傳》當附於此時。事又見《舊唐書》卷一五四《孔巢父傳》，訛字據之改。

顔真卿，字清臣，爲監察御史，五原有寃獄久不决，真卿至，辨之。天方旱，獄决，乃雨，郡人呼爲御史雨。(卷一六《監察御史》引《德宗實録》)
【考釋】此條當出《實録·顔真卿傳》，《通鑑》卷二三一據《實録》繫顔真卿遇害於興元元年(784)八月三日，《傳》即附於此時。事又見《册府元龜》卷六一八、《舊唐書》卷一二八《顔真卿傳》。

御史大夫崔縱奏："故事，侍御史二人分知東西推款支證，或至淹延。[今](令)殿中侍御史從上，所務尤簡，請會第一人同東推，第三人知西推。又監察御史六人，[承](丞)前並同下决，若免去、出使，則六察遞相移改。[今](令)請令監察御史第一人察禮部、吏部，第二人察户部、兵部，第三人察刑部、工部。"從之。(卷一六《總載御史》引《德宗實録》二條)
【考釋】事在興元元年(784)十月四日，又見《唐會要》卷六〇、六二，《册府元龜》卷五一六。《唐會要》無奏文，《册府元龜》未載建議之人，此較詳。

興元元年十月，命吏部侍郎劉滋洪州知選事。是歲當大選集，上以京師寇盗之後，加以旱蝗，多不克赴集，乃令滋往江南典選，以便來人。(卷一五《吏部》引《德宗實録》十四)
【考釋】事又見《舊唐書》一三六《劉滋傳》，未載月份。

貞元元年《詔》：刺史、縣令課績尤異者，擢授侍郎、給、舍、郎官、御史。(卷二〇《郡守總事》引《德宗實録》)
【考釋】此即陸贄所作《興元二年改爲貞元元年正月一日大赦天下制》，又見《文苑英華》卷四二一、《陸宣公文集》卷二。《類要》所引與《陸宣公文集》一致。

貞元元年，上欲命盧杞爲饒州刺史，給事中[袁](表)高宿直，當草

制，遂執以請宰相盧翰、[劉從](從劉)一云云，翰、從一皆不悦，遂改命舍人草制。(卷一六《給事中》引《德宗實録》十五)

【考釋】此條下有按語曰："校此則給事宿直亦草制邪？當考。"事在貞元元年(785)正月，又見《舊唐書》卷一五三《袁高傳》、卷一三五《盧杞傳》及《唐會要》卷八二，訛字據諸書改。

貞元二年，秘書省監劉太真上言，請擇儒者詳校九經於秘書省，令所司陳設供養物。議者謂秘書省有校書正字十六員，職在校理，今授非其人，乃别求儒者詳定，費於供億，失之甚矣。尋果寢不行。(卷一六《秘書省》引《德宗實録》十九)

【考釋】事在貞元二年(786)七月，又見《唐會要》卷六五、《册府元龜》卷六〇八，《册府元龜》未載"議者"之言。

貞元二年十一月，吐蕃陷鹽州。初賊來寇也，刺史杜彦先使使以牛酒犒之，吐蕃謂之曰："我欲州城居之，聽爾率其人而去。"彦先乃悉衆[奔](令)鄜州。十二月，又陷夏州，亦令刺史拓拔乹暉率衆而去，復據其城。自是又寇銀州，銀州素無城壁，居者[亡](芒)奔，皆散。吐蕃亦棄之。三年閏五月，吐蕃焚其夏、銀二州城門及廬舍，毀城壁而歸蕃中，饋糧不給，春夏多病也。(卷三六《邊寇》引《德宗實録》(雲)十九)

【考釋】事又見《舊唐書》卷一九六《吐蕃傳》，訛字據之改。《舊唐書·吐蕃傳》載貞元三年六月，吐蕃焚鹽、夏二州城門廬舍而去，與此不同。

韓滉貞元二年來朝，[時](恃)其兩河罷兵，中[土]寧[乂]。滉又上言云："吐蕃盜有河湟，爲日已久，大曆以前，中國多難，所以肆其侵軼。近歲西迫大食之强，北病回紇之衆，東有南詔之防。計其分鎮之外，有精戰兵五六萬而已，國家之用，第令三數良將，長驅十萬衆於[凉、鄯](原部)、洮、渭，並修其堅城，各置二萬人，足當守御之要，臣請以當道之所貯蓄財以充三[年]之費，然後營其田畝，積其粟，且耕且戰之，河隴二十餘州[之復](復之)，可翹足而待之。"上甚納其言。滉初至汴，[厚](原)結劉[玄](原)佐，將薦其可任邊事，玄佐納其賂，因許之，及來覲，上訪可任邊事問焉，初頗領命，及滉以疾歸第，玄佐意怠惰，遂辭邊任，盛陳犬戎未衰，故不可輕進。無幾，滉薨，竟寢其事，人幸焉。(卷三六《邊寇》引《德宗實録》二十)

【考釋】此條當出《實録·韓滉傳》，滉貞元三年(787)二月戊寅(23日)薨，《傳》當附於此時。事又見《舊唐書》卷一二九《韓滉傳》、《册府元龜》卷四四六，訛闕字據二書改補。

貞元三年二月，攝太尉韋倫持節謚大行皇后王氏爲昭德皇后，於兩儀殿立主。詔兵部侍郎李紓爲謚册文。既進，帝以紓之文謂皇后爲"大行皇后"非也，留中不出。復詔翰林學士吴通玄爲之。通玄文云"咨后王氏"，議者亦以爲非。案貞觀[中](十)，岑文本撰《文德皇后謚册》曰"皇后長孫氏"，斯得之矣。(卷一〇《后右》引《唐德宗實録》二十)

【考釋】事在三年(787)二月二十七日，又見《舊唐書》卷五二《后妃傳》下、《册府元龜》卷五五三、《唐會要》卷三。

貞元五年，以太子太傅兼禮部尚書之職蕭昕爲太子少師；右武衛上將軍鮑防爲工部尚書，嘗乞骸骨，並致仕，仍給半禄料。舊制，致仕官本給半禄及賜帛，其俸料悉絶。至上(止)念老臣，致仕官給半禄料自蕭昕始。(卷二五《致仕下》引《德宗實録》二十五)

【考釋】事在五年(789)四月乙未(23日)，又見《册府元龜》卷五五、卷五〇六，訛字據之改。《舊唐書》卷一三《德宗紀》下載此事，脱鮑防致仕一節。

貞元六年，回鶻使移職，伽達干歸蕃，賜馬價絹三十萬匹。(卷三六《禮待夷王》引《德宗實録》二十六)

【考釋】事在貞元六年(790)六月，見《舊唐書》卷一九五《回紇傳》、《册府元龜》卷九九九。

貞元七年，吉州刺史閻[寀](未)請爲道士，[從]之，賜名遺其榮。

(卷五《總叙道士》引《德宗實録》二十七)

【考釋】事在貞元七年(791)四月十九日①,又見《唐會要》卷五〇,《册府元龜》卷八二二,訛奪字據之改。

貞元九年,初税茶,先是鹽[鐵](銷)使張滂奏以水災減税,國用須備,請出茶州縣及茶山外要路三等時估,每十税一,常代諸州水旱之蠲賦。詔曰:"可。"自是歲得錢四十萬貫,亦未嘗拯贍水旱,遂以爲常。(卷二八《茶》引《德宗實録》)

【考釋】事在貞元九年(793)正月癸卯(24日),又見《舊唐書》卷一三《德宗紀》下、《唐會要》卷八四、《册府元龜》卷四九三,訛字據諸書改。

德宗著《君王箴》,賜希全云:"聞諸辛毗,牽裾魏后;則有禽息,竭忠碎首。"(卷一八《切諫》引《德宗實録》三十二北大本、社科院本作"三"《杜希全傳》)

【考釋】事在貞元九年(793)七月,《舊唐書》卷一四四《杜希全傳》、《唐會要》卷七三記此箴名《君臣箴》。

貞元十一年,賜南詔異牟尋及子各一書,[書左](已在)始[列]"中書三官宣奉行",復舊制也。(卷一六《中書省》引《德宗實録》三十五)

【考釋】事在貞元十一年(795)四月甲子(27日),又見《舊唐書》卷一九七《南詔傳》、《册府元龜》卷六〇、卷九七六、《舊唐書》卷一三《德宗紀》下,訛闕字據諸書改補。

[珏](班)嘗授峽州刺史、遷陳州刺史。建中初,上分[命](會)使臣黜陟官吏,淮南李承以[珏]楚州之去訟政簡,山南趙贊以[珏](正)峽州之廉清,淮陽[盧](厲)翰以中正肅物,皆以陟狀聞,加中散大夫,賜紫。(卷二〇《方鎮政績》引《德宗實録》三十五《薛珏傳》)

【考釋】薛珏卒於貞元十一年(795)正月乙亥(6日),②《傳》即附於此時。事又見

① 《全唐文》卷六八四董侹《閻貞範先生碑》曰:"以皇帝誕慶之辰度爲武陵桃源觀道士",德宗生於天寶元年四月癸巳(19日),可知閻寀度爲道士之日爲貞元七年四月十九日。

② 見《舊唐書》卷一三《德宗紀》,第380頁。

《舊唐書》卷一八五《良吏傳》、《册府元龜》卷六七三，訛字據二書改。

貞元十九年，邠寧節度楊朝晟奏："方渠、合道、[木](水)波，此皆賊路也，請城其地以備之。"詔問之曰："須兵幾何?"朝晟奏曰："部下兵自可集事。"復問："前所築鹽州，興師七萬，今何其易也?"朝晟曰："鹽州之役，蕃戎知之。今臣境近虜，如若大興兵衆，則蕃戎來寇，寇則戰，戰則無暇城矣。今請密發軍士，不十日至於塞下，未三旬而功已畢，蕃人始知之，已無奈何。"上從之。事已，軍還，至於馬嶺，[吐](土)蕃始乘障，數日而退。(卷三六《總敘邊情》《德宗實録》)

【考釋】事在貞元十三年(797)，①此謂十九年，誤。事又見《册府元龜》卷四一〇，《舊唐書》卷一二二、卷一四四《楊朝晟傳》，訛字據諸書改。

[崇](宗)敬諫東都太廟不當置[木](本)主，且云："殷人屢遷，前八後五，則前後遷都一十三度，不可每都而别立神主也。"(卷三《作京》引《德宗實録》四十二《歸崇敬傳》)

【考釋】歸崇敬貞元十五(799)年四月乙未(11日)卒，《傳》當附於此時。事在建中元年(780)後不久，②疏文又見《舊唐書》卷二六《禮儀志》、卷一四九《歸崇敬傳》，《唐會要》卷一五，《册府元龜》卷五九〇，訛字據諸書改。

---

① 關於築城之時間，《舊唐書》卷一二二、一二四及《通鑑》皆有不同之記載，《舊唐書》卷一二二繫於貞元十年春，而卷一四四與《通鑑》卷二三五皆繫於貞元十三年，皆與此條不合。按據《舊唐書》卷一三《德宗紀》及《通鑑》卷二三五，貞元十二年五月丙申(6日)邠寧節度使張獻甫卒，監軍楊明義請都虞候楊朝晟權知留後，丙辰(26日)即以楊朝晟爲邠寧節度使，而楊朝晟卒於貞元十七年五月，故楊朝晟作爲邠寧節度使奏請築城的時間只有在貞元十三年。故當以《舊唐書》卷一四四《楊朝晟傳》及《通鑑》卷二三五記載較爲正確。

② 歸崇敬上疏《舊唐書·禮儀志》、《唐會要》皆係於貞元十五年四月，《册府元龜》將此疏列於議朝服袴褶之後，兩《唐書》本傳列於議朝服袴褶與議每四季郊祀天地二事之間。前一事大抵在代宗即位之初(《册府元龜》卷五九〇繫之於寶應元年，又言歸時爲膳部郎中，據《舊唐書·歸崇敬傳》，代宗即位以後歸方爲膳部郎中，然後方有朝服之議，故當在代宗即位之初)，後一事在永泰中(見《册府元龜》卷四，第46頁)。諸種説法皆誤。建中元年三月丙寅(1日)禮儀使上言東都太廟闕木主，請造以祔廟，當時雖然議未决，然定不至於待到十九年後，歸氏將死之時方定其議。而歸氏之議朝服與郊祀天地事在代宗朝，當時尚未有東都木主之議。故此疏當在建中元年後不久。

《憲宗實録》四十卷，路隨監修，沈傳師、鄭澣、宇文籍、蔣係、李漢、陳夷行、蘇景胤撰。①《新志》起居注類，《崇文目》實録類，《中興書目》，《郡齋》、《直齋》、《宋志》實録類著録。書始撰於長慶二年(822)閏十月，初由杜元穎、沈傳師、鄭澣、宇文籍、韋處厚、路隋等分年編次，未成。直至大和中由蘇景胤、陳夷行、李漢、蔣係等續成四十卷，至四年(830)三月由路隨奏上，紀事起"起藩邸，盡元和十五年(820)正月"。② 是本於會昌年間有過一次改修，《唐會要》卷六三曰："會昌元年(841)四月敕：'《憲宗實録》宜令史館再修撰進入，其先撰成本不得注破，並與新撰本同進來者。'至三年(843)十月，宰臣兼監修國史李紳與修史官鄭亞等修畢進上。"③由此《憲宗實録》有新舊兩本。這次改修的原因，史書認爲是李德裕欲掩蓋《憲宗實録》中所載李吉甫不善之迹。④ 因此在李吉甫遭貶斥後的大中二年(848)十一月，宣宗降敕施行舊本，新本遂不傳。⑤《類要》所引元和六年(811)事，有注文一條，當是《實録》原注。佚，未見輯本。

《類要》引二十二條，未見引録：

(永貞元年)十月中，[滋](兹)自中書侍郎平章事、劍南西川東川、山南西道安撫大使授劍南西川節度使。(卷三《古今地名》引《憲宗實録》二)

永貞元年十一月冬，劍南西川節度使、檢校吏部尚書[平](十)章事袁滋爲吉州刺史，以其慰撫逗留不進故也。(卷三《古今地名》引《憲宗實録》二)

【考釋】上二條事又見《册府元龜》卷三二二，訛字據之改。

元和元年，太上皇崩，詔宰相杜佑攝冢宰，杜黄裳爲禮儀使，右僕射伊慎爲大明宫留守，於中書省置百僚，服西宫。(卷九《帝恤禮》引《憲

① 見《新唐書·藝文志》，第1472頁；《郡齋讀書志校證》卷六，第221頁；《直齋書録解題》卷四，第125頁；《玉海》卷四八引《中興書目》，第952頁。
② 見《玉海》卷四八引《中興書目》，第952頁。
③ 《唐會要》卷六三，第1295頁。
④ 見《舊唐書》卷一八《武宗紀》，第589頁。
⑤ 同注④。

宗實録》第三）

【考釋】順宗崩於元和元年(806)正月甲申(19日)，次日詔宰相。事又見《舊唐書》卷一四《憲宗紀》上。

宰臣杜佑上疏曰："近者黨項爲西戎潛通。公卿廷議以爲當謹兵備侵軼，益發甲卒，邀其寇暴，此蓋未達事機，匹夫之常論耳。夫蠻夷猾夏，唐虞已然，周宣中興，玁狁爲害，但命南仲往城朔方，驅之太原，及境而止，誠不欲弊中國，怒遠夷也。（卷三六《總叙邊情》引《憲宗實録》五）

【考釋】杜佑上疏在元和元年(806)秋七月壬辰(1日)。事又見《册府元龜》卷九九三、《舊唐書》卷一四七《杜佑傳》、《唐會要》卷九八。

劉辟受西川節度使，益兇[悖](孛)，求都統。（卷三《古今地名》引《憲宗實録》五）

【考釋】此條當出《實録·劉辟傳》，元和元年(806)十月戊子(29日)誅劉辟，①《傳》當附於此時。事又見《舊唐書》卷一四〇《劉辟傳》，訛字據之改。

元和二年，京兆尹李鄘奏三原、高陵、涇陽、興平之四縣共管烽[二](上)十八所，每年定差其烽子烽師共有九百七十五人，今遠近無虞，畿内烽燧請停。"從之。（卷三六《邊寇》引《憲宗實録》）

【考釋】事在元和二年(807)正月，又見《唐會要》卷七二，訛字據之改。

元和二年詔僧尼、道士隸左右[街](衛)功德使。自[是](旻)祠部司封不復關奏。（卷五《總叙道教》引《憲宗實録》六）

【考釋】事在元和二年(807)二月辛酉(3日)，又見《舊唐書》卷一四《憲宗紀》上、《唐會要》卷五〇，訛字據二書改。

開元十六年，左丞相源乾曜以八月五日玄宗誕節之辰率百寮上

---

① 據《舊唐書》卷一四《憲宗紀》，授劉辟西川節度使在永貞元年十二月丙申(1日)，第413頁。《憲宗實録》卷三已叙及元和元年正月事，此條在卷五中，時間當在元和元年正月後，誅劉辟在元和元年十月，與此合。

表,願以此日爲千秋節,休假一日。(卷九《誕節》引《憲宗實録》第六)

【考釋】此條爲李元素、高郢疏請停前朝諸帝誕節日休假之内容,據《唐會要》卷二九,事在元和二年(807)二月。玄宗誕節爲千秋節在開元十七年(729)。

元和[二](七)年[十]一月詔曰:李锜有梟[獍噬](鏡)食之心,恃牛羊項領之力。(卷三七《戰國》引《憲宗實録》七)

【考釋】此即《誅李锜並男師回敕》,《唐大詔令集》卷一二六收入,據《舊唐書》卷一四《憲宗紀》上,誅李锜事在元和二年(807)十一月,訛奪字據二書補。

元和[三](二)年六月,改豪州字爲"濠",以亂印故也。(卷三《歷代郡縣名》引《憲宗實録》八)

【考釋】事在元和三年(808)六月,又見《唐會要》卷七〇,訛字據之改。

元和四年,秘書省校書郎韋處厚以本官秩滿,罷直史館。(卷一七《史館諸職》引《憲宗實録》)

【考釋】《舊唐書》卷一五九《韋處厚傳》:"(韋處厚)元和初登進士第,授秘書省校書郎,裴垍以宰相監修國史奏以本官充直館,改咸陽縣尉。"

元和六年,弓箭庫使劉希先有罪賜死,籍其家財。希先曾受羽林將軍孫璹錢二十萬爲求方鎮。又每年常受靈武軍衣糧六十萬,事發,故及。注:希先,中官也。(卷一九《内諸司》引《憲宗實録》十七)

【考釋】事又見《册府元龜》卷一五三、六二八,《舊唐書》卷一八四《吐突承璀傳》,無受靈武軍衣糧事及注文。據《資治通鑑》卷二三八,賜死劉希先在元和六年(811)十一月。

元和七年,命宰臣於中書與吐蕃使議事。(卷三六《夷使》引《憲宗實録》十八)

【考釋】事在本年三月,又見《册府元龜》卷九八〇。

李吉甫對上言奉天之事曰:"李晟自渭橋收京邑,輿駕乃旋,山東諸將聞京師亂，各還軍，而[希](布)烈益[熾]，懷光又據河中叛，歲餘乃剪滅。於時天下至危，略無寧處，因之蟲蝗爲患，斗米至一千二百文，人或相食。”(卷三七《喪亂》引《憲宗實録》一十二)

【考釋】事在元和九年(814)九月己亥(26日)，又見《册府元龜》卷一〇四，訛字據之改。卷“一十二”疑爲卷“二十二”之誤。

元和十[一](二)年，樓煩監牧使中官黨文楚以供征馬羸瘠，爲諸軍所奏，奪緋，没其家財，配隸南衙。(卷一九《總叙[宦](官)者下》引《憲宗實録》二十七)

【考釋】事又見《唐會要》卷六六，訛字據之改。

元和十一年，皇太后崩，百官於西宫兩儀殿舉哀，以宰相裴度充禮儀使，吏部尚書韓皋充大明宫留守，設次中書。(卷九《帝恤禮》引《憲宗實録》)

敕旨：“緣屬國哀，諸司公事宜權取中書門下處分。”初，議者以累朝國恤，或置攝冢宰，以權總庶政。裴度[議](請)“以冢宰是殷周六官之首，既掌邦政，實統百司，故王[者諒](□詩)[暗]，百官有權聽之[制](置)，後代設官，既無此號，不可虚攝。且國朝故事，或置或否，古今異[制](此)，不必因循”。議者未□，會有敕旨，由是人知興制。(卷九《帝恤禮》引《憲宗實録》下)

【考釋】皇太后崩，在元和十一年(816)三月庚午(14日)，次日有此敕。事又見《舊唐書》卷一五《憲宗紀》下。裴度議見《舊唐書》卷一七〇《裴度傳》，訛脱字據之改補。

劍南西川節度使李夷簡遣使往南詔以告哀。天子喪嗣，天子以卿大夫告於四夷，[皇太](太皇)後之喪，則方鎮遣使以告之，舊制也。(卷九《帝恤禮》引《憲宗實録》)

【考釋】事在元和十一年(816)四月壬寅(7日)，又見《舊唐書》卷一五《憲宗紀》下。

常侍薛苹以年至，無疾，請告老，角巾東洛，時甚高之。(卷二五《致

仕下》引《憲宗實録》二十八)

【考釋】事又見《舊唐書》卷一八五《薛苹傳》、《册府元龜》卷八九九。

内弓箭庫使王國文杖一百,配諸陵。(卷一九《内諸司》引《憲宗實録》三十)

【考釋】事在元和十一年(816)七月戊子(1日),又見《册府元龜》卷一五三。

元和十二年,安南奏送冬衣使强文彩爲黄洞賊所留。(卷三六《邊寇》引《憲宗實録》(云有)二十八(年))

【考釋】事又見《册府元龜》卷六六三。

元和十二年,賜宴歸國回鶻摩尼僧等八人,又令至中書見宰臣。先是回鶻請和親,上使計之,禮費約五百萬貫。時方内有誅討,計時度費,未任遂其請,以摩尼常爲回鶻信奉,故使宰臣言其不可,乃詔宗正少卿李[誠](城)使於回鶻,太常博士殷侑副之,諭其來請之意。(卷三六《禮待夷王》引《憲宗實録》二十九)

【考釋】事又見《舊唐書》卷一九五《回紇傳》、《册府元龜》卷九七九,訛字據《册府》改。李誠,《舊唐書·回紇傳》作"李孝誠"。又《舊唐書·回紇傳》及《新唐書》卷一六四《殷侑傳》係此事於元和八年(813)十二月二日。《册府元龜》卷九七九、《資治通鑑》卷二四〇係此事於元和十二年,與此合。

肅宗至新平、安定,二太守皆潛遁,命斬之以狥。(卷一二《巡省》引《憲宗實録》)

【考釋】此爲朱泚之亂時蘇弁勸諭奉天縣令杜正元語,又見《册府元龜》卷七五九、《舊唐書》卷一八九《蘇弁傳》。蘇弁卒於德宗貞元二十一年(804),《憲宗實録》似不應載其事。

《穆宗實録》二十卷,路隋監修,蘇景胤、王彦威、楊漢公、蘇滌、裴休撰。①《新志》、《崇文總目》實録類,《中興書目》起居注類,《郡齋》、《直齋》、《宋

① 見《新唐書》卷五八《藝文志》注,第1472頁。

志》實録類著録。大和七年(833)表上,[1]紀事"起元和十五年(820)正月,盡長慶四年(824)十一月,凡五年"。[2] 佚,未見輯本。

《類要》引五條,未見引録:

元和十五年,鎮州監軍[奏](秦)王承宗疾亟,差弟承元權留後,並進王承元表一封,密獻忠款。既而承宗卒,制以承元爲義成軍節度、鄭[滑](渭)觀察處置等使。承元權留後並進,獨變河北舊事,提承宗所管四州請命,故以重位處之。(卷三七《諸侯事》引《穆宗實録》五)

【考釋】王承宗卒於元和十五年(820)十月,同月以王承元爲義成節度使、鄭滑觀察處置等使。事又見《舊唐書》卷一四二《王承宗傳》、《册府元龜》卷三七四,訛字據之改。

長慶元年三月,幽州節度使劉總籍土地歸闕,授天平軍節度使,以張弘靖爲幽州節度使。總自憲宗朝殺其父濟,因受斧鉞。及吴元濟就擒,李師道梟首,王承宗憂死承宗即鎮冀也,憂死,而其弟承元上表歸朝,田弘正入鎮州,總無黨援,懷懼,每謀自安之計。又見父爲祟,故爲僧以脱禍,竟暴卒。時中書門下奏:"伏以太[宗](序)平突厥,高宗平高麗,皆告陵廟,蓋以高祖嘗蓄憤於北虜,太宗鋭意於東夷,武功未終,後聖維志,亦忙平蕩,所宜啓告。伏以鎮冀一道,討伐再加;幽、薊八州,兵戈數起。陛下不勞干戈,盡復區宇,望薦告太廟。"從之。(卷三七《諸侯事》引《穆宗實録》第八(年))

【考釋】劉總歸闕事在長慶元年(821)三月癸丑(17日),而奏請告廟在同年四月,《舊唐書》卷一四三《劉總傳》載劉總歸闕至暴卒事,奏請告廟事見《册府元龜》卷一二,訛字據《册府》改。

薛放對上曰:"《論語》者,六經之菁華;《孝經》者,人倫之大本。是以漢朝《論語》,首列學官,光武令武賁之士習《孝經》。"(卷九《總叙崇

① 見《舊唐書》卷一五九《路隨傳》,第4193頁。
② 《玉海》卷四八引《中興書目》,第952頁。

儒》引《穆宗實録》十四)

【考釋】事在長慶二年(822),又見《册府元龜》卷一〇四、《舊唐書》卷一五五《薛放傳》。

韋處[厚]、路隨獻《六經法言表》云:"魏稱《皇覽》,梁著《遍略》,鄴中則有《修文》之作,江左則有《壽光》之書,但夸誘於聞見,非垂謨於理本。"(卷九《覽閱》引《[穆](德)宗實録》)

韋處厚《獻六經法言表》:陸賈奏甚卑之論,尚稱善於高皇;方朔獻雜譎之説,猶見重於武帝。(卷二一《奏御》引《穆宗[實]録》十五)

【考釋】表上於穆宗長慶二年(822)四月,又見《册府元龜》卷六〇七。

長慶三年正月,賜兩[軍](官)中尉錢各千五百貫文,知樞密及弓箭庫使各六百貫文,軍副使、[辯](僻)仗使各二百貫文。(卷一九《内諸司》引《穆宗實録》十八)

【考釋】《資治通鑑》卷二四三載此事綱目,較簡。

《敬宗實録》十卷,李讓夷監修,陳商、鄭亞撰。《新志》起居注類,《崇文目》實録類,《中興書目》起居注類,《郡齋》、《直齋》、《宋志》實録類著録。武宗會昌中詔撰,五年(845)上,[1]紀事"起長慶四年(824)甲辰即位,盡寶曆二年(826)丁未,凡三年"。[2] 佚,未見輯本。

《類要》引十一條,未見引録:

韓皋字仲文,生知音律,嘗觀彈琴,至《止息》,嘆曰:"妙哉,嵇生之爲是曲也,其晉、魏之際乎? 以王陵、毋丘儉、文欽、諸葛誕前後相繼爲[揚]州都督,咸有[匡](臣)復魏室之意,皆爲司馬懿所殺,叔夜故名其曲爲《廣陵散》,言魏氏散[亡](士)自廣陵始也。《止息》者,晉雖暴興,終止息也。其哀憤躁蹙,憯痛迫協之音,盡在於是矣。"(卷二九

① 《玉海》卷四八引《中興書目》,第952頁。
② 《郡齋讀書志校證》卷六,第222頁。

《善音律》引《敬宗實録》)

【考釋】此條當出《實録・韓臯傳》,韓臯卒於長慶四年(824)正月甲戌(24日),傳當附於此時,事又見《册府元龜》卷八五七、《舊唐書》卷一二九《韓臯傳》、《太平廣記》卷二〇三引《盧氏雜記》,訛字據《册府》及《太平廣記》改。

楊嗣復《太皇太后册文》:述遵孝道,釁屬號旻,禮終易月。(卷九《帝追孝》引《敬宗實録》中)

【考釋】册文未收入《全唐文》及其續補諸書。太皇太后,憲宗懿安皇后郭氏,穆宗母,敬宗即位,册爲太皇太后,事在長慶四年(824)二月己亥(19日)。①

王播撰《太后册》:左右先帝,服勞宫邸,稽圖史以勝範,飾翚褕而勤己,秉禮外約,含章内融,履《國風》之《關雎》,體玄元之物母。(卷一〇《後德美》引《敬宗實録》)

厚德載物,正位承天。(卷一〇《後德美》引《敬宗實録・太后册》)

慈妣賴久侍濯龍,知於稼穡,夙聞黄老,敦於清静。(卷一〇《母后》引《敬宗實録・太后册》)

繕修物采,篆籀金玉,侔《大雅・生人》之什,採羲皇文母之義。率三事群卿,洎宗臣懿戚,齊心屏氣,謹上尊號。(卷九《總叙尊號》引《敬宗實録・太后册》)

【考釋】第二段文末有注文曰:"言承慈順也。"册文未收入《全唐文》及其續補諸書。太后,指穆宗恭僖皇后王氏,敬宗母,敬宗即位,册爲皇太后,事在長慶四年(824)二月己亥(19日)。②

西川節度使杜元[穎](凱)進罨畫打毬衣五百事。(卷三七《雜事》引《敬宗實録》)

【考釋】此條又見《記纂淵海》卷八九引《實録》,事在長慶元年(821)二月庚子(20日),見《册府元龜》卷一六九、《舊唐書》卷一七上《敬宗紀》,訛字據二書改。

---

① 見《舊唐書》卷一七上《敬宗紀》,第508頁。
② 見《舊唐書》卷一七上《敬宗紀》,第508頁。

長慶四年,以左神策護軍中尉馬存亮爲淮南監軍使。以鴻臚禮賓使劉弘規爲左神策護軍中尉。(卷一九《總叙[宦](官)者上》引《敬宗實録》)

【考釋】事又見《册府元龜》卷六六七、《資治通鑑》卷二四三。

浙西觀察使李德裕奏曰:“[玄](立)鵝天馬,掬豹盤絛,文[采](牙)珍奇,[只](尺)合聖體躬自服。今奉詔令織定羅紗袍段百幅,盤絛繚綾等千匹。”(卷九《帝儀服》引《敬宗實録》)

【考釋】事在長慶元年(821)九月,又見《册府元龜》卷五四六、《舊唐書》卷一七四《李德裕傳》,訛字據二書改。

江西觀察使薛放閨門之内,尤推孝睦,孤孀百口,常[苦](若)俸薄,召對,懇求外官,其時以節制無闕,乃授以廉問。(卷二六《貧》引《敬宗實録》)

【考釋】此條疑出《實録·薛放傳》,薛放爲江南西道觀察使,寶曆元年(825)二月辛丑(27日)卒於任上,《傳》當附於此時。事又見《册府元龜》卷四八、《舊唐書》卷一五五《薛放傳》,訛字據之改。

寶曆元年,左僕射李絳與御史中丞王播相遇於道,播車不爲之却,因上言:“故事云:左右僕射,師長庶僚。開元中以爲左右丞相,其後雖去三事機務,猶總百司之權,表狀之中,不署其姓。尚書已下,每月合衙上日,百僚列班,宰相送上,中丞、御史,列位於庭,禮儀之崇,中外特異,所以自武德、貞觀已來,聖君賢臣布政除[弊](斷),不革此禮,謂爲合宜,苟有不安,尋亦合廢。近年緣有才不當位,恩加特拜者,遂從權便,不用舊儀,酌於群情,事實未當。今或有僕射初除,就中丞院門相見者,即與就參何殊。或中丞新授,亦無[見]僕射之[處]。參賀處或僕射先至,中丞後來,憲度乖宜,尊卑倒置。倘人才忝位,自合别授賢良,若朝命守官,豈得有虧法制?伏望下百僚重詳定事體,使永可遵行。”奉敕:“宜令左右常侍、諫議大夫、給事中、中書舍人審詳議。”聞奏:“元和中,伊慎忝居師長之位,太常博士韋謙舉奏,削去舊儀。今絳上論,於體甚當。”然其時播黨方盛,旋致絳改官,

共寢其議。(卷一四《左右僕射》引《唐敬宗實録》)

【考釋】事當在寶曆元年(825)二月至十一月間,①又見《舊唐書》卷一六九《王璠傳》,訛闕字據之改補。事又見卷一六四《李絳傳》,較簡。

寶曆二年,容管經略使嚴[公](云)素上言容州及普寧等七縣請同廣、韶、[桂](杜)、賀等四州例北選。從之。(卷一五《吏部》引《敬宗實録》)

【考釋】事在寶曆二年(826)二月己亥(1日),又見《舊唐書》卷一七《敬宗紀》、《册府元龜》卷六三一,訛字據之改。《唐會要》卷七五載此事,"北選"作"南選"。

寶曆二年,太常奏:"追謚孝敬皇帝陵號恭陵,追謚讓皇帝陵號惠陵,追謚奉天皇帝陵號齊陵,追謚[承]天皇帝陵號順陵,並[二](一)時朝拜。上擬祖宗情禮之差,過猶不及,其朝拜請停。又追謚文敬太子廟在常安坊,追謚惠[昭](明)太子廟在懷[真](直)坊,悉置官吏,四時置享,禮經無文。[況](光)九廟遞遷,族屬彌遠,推恩降殺,裸獻宜停。又贈奉天皇帝廟,贈貞順皇后廟,及永崇坊、隱太子以下七室,祀宜同爲一廟,並贈靖恭太子亦[祔](附)在此廟。凡此制置,皆是追崇,或狥一時,且非禮意,日月既久,祀享尋停,其神主望準故事,[瘞於](痓放)廟地,庶情禮終始,不失經訓。"敕旨:"宜付所司,集百僚參議可否聞奏。"起居郎劉敦儒奏上所議太常請廢恭陵等朝拜之禮及請廢惠昭太子等廟可否狀曰:"朝拜陵寢,《禮經》無文,列聖相沿,久爲故事。就中四陵,久乖典禮,請於太常所奏其二太子廟。臣謹按:《禮記》云:殤與無後者,從祖祔食。又曰:王下祭殤五。又曰:有陰厭有陽厭,陰厭者蓋謂嫡殤也,謂宗子之殤,祭於奥。《爾雅》云:西南隅謂之奥,此明幼殤而死,故祭於祖廟陰闇之處也;陽厭者蓋謂祭庶殤也。《疏》云:祭於冢子之家,祖廟之内,當室顯露之處,故曰陽厭,乃所以明嫡庶也。過此以往則不復祭矣。伏以惠昭太子,位登乎儲貳,業當主鬯,親則高祖神堯皇帝之宗子,屬則於皇帝爲伯祖父,雖禮[文於](之

① 據《舊唐書》卷一七《敬宗紀》,王璠寶曆元年二月癸卯(29日)爲御史中丞,第514頁;同年十一月辛未(2日)轉工部侍郎,第517頁。故此事當在此九個月間。

恕)旁親無服,而骨肉之恩不移於宗子,若[坎](次)室於德宗皇帝廟内西南隅,還[祔](附)神主,以特牲展祭,不舉樂,胙無俎豆、玄酒,不告令成,庶合古禮。若準魏晉故事,即晉愍懷太子、殤太子、哀太孫、冲太孫,皆於祖廟北牖之内置之陰室,歲時祔享,以至親盡。今伏以國家變三代之典,從東漢之制,九廟既有周[殿](殷)之隘,一室難修[虚](處)奥之儀,况别廟陰室,俱爲變禮,依前享獻,於事爲宜,其廟請不廢。禮官或云:惠昭太子棄東宫之日已過殤年,若合祼享,宜同正祭。臣以爲,古處以奥,今祀於廟,雖不以成人,而别亦令通殤之禮矣。又或云:若[以](此)成人,合有主後。臣以爲惠昭太子裔[嗣]皆在宫中,若未及於冠,[自](白)宜抱奠,宜以嫡姓爲尸祭者。今但令宗正官屬主奠,即雅符其祀矣。其文敬太子[生]非係本之重,殁有謚命之榮,今於皇帝爲曾叔祖父,非大功之親,詳《禮經》,爲庶子而服屬已遠。列於常祀,實爲非經,請依太常所奏。又隱太子以下神主,或累朝嫡嗣,或聖代名藩,今者子孫等名雖列土,因緣食禄,亦謂承[家](蒙),[各](名)令自列廟[祧](先),用[申](中)嚴配。臣伏詳開元中敕諸贈太子有後者,或令自主其祭,今請復行此制,各使子孫奉迎神主歸家,以祔於私廟之中,庶[别](孫)子爲祖,符列國不祧之尊;遠裔傳家,聞聖王教孝之典。其無後之廟及貞順皇后神主,即請依太常所奏;其贈奉天皇帝、贈承天皇帝神主,既有帝號,禮不可黷。蓋王者不享於下[士](土)諸侯,諸侯不敢祖天子之義,[縱](從)有主[後](從),法不當祭,亦請依太常所奏。"制曰:"可。"(卷一八《議禮》引《敬宗實録》)

【考釋】事在寶曆二年(826)二月,又見《册府元龜》卷五九一、《唐會要》卷一九,訛奪字據之改補。

敬宗崩,樞密使王守澄、[梁]守謙等與翰林學士韋處厚同議江王踐祚之儀。處厚該博今古,一[夕](多)制置無不得祖,且曰:"[詰](誥)旦江王宜先下教布告群臣,言已平内難。下教訖,群臣然後合勸進。禮畢,太皇太后當有令,奉册江王即皇帝位。"於是一如處厚議。(卷一八《議禮》引《敬宗實録》)

【考釋】事在寶曆二年(826)十二月八日,①又見《册府元龜》卷五六四,訛奪字據之改補。

《文宗實録》四十卷,魏謩監修,盧耽、蔣偕、王渢、盧告、牛叢撰。《新志》起居注類,《崇文目》實録類,《中興書目》起居注類,《郡齋》、《直齋》、《宋志》實録類著録。大中八年(854)三月上,②紀事"起寶曆二年(826),盡開成五年(840),凡十四年"。③

《類要》引二條,未見引録:

桂管觀察使韓佽,曾王父長山公思復,則天朝爲太常博士,排群邪,守大[體](雅),睿宗朝爲給事中,活嚴善思於雷霆之下,扼武三思於諂附之中,玄宗御筆題碑云:有唐忠孝韓長山之墓。(卷九《賜御札》、卷一八《極諫》引《文宗實録》三十一)

【考釋】此條當出《實録·韓佽傳》,佽卒於開成二年(837)三月壬辰(29日),④傳記當附於此時。事又見《御覽》卷五五八引《唐書》、《册府元龜》卷一三九、四五九,訛字據之改。

上曰:"牛僧孺可爲大夫。"鄭[覃](單)曰:"[頊](夏)爲中丞,未嘗彈擊,恐無風望。"上曰:"鸞隼事異。"(卷一六《御史中丞》引《文宗實録》)

【考釋】事在開成三年(838)十一月癸酉(19日),又見《册府元龜》卷六九、五一二,《御覽》卷二二六引《唐書》。

第二節　其他編年史

《晉陽秋》三十二卷,晉孫盛撰,《隋志》古史類著録,兩《唐志》編年類

---

① 見《舊唐書》卷一七《文宗紀》,第523頁。
② 《舊唐書》卷一八《宣宗紀》,第632頁。
③ 《玉海》卷四八引《中興書目》,第952頁。
④ 見《舊唐書》卷一七《文宗紀》,第569頁。

載二十二卷,《舊志》作"鄧璨晉陽春秋",[①]《見在書目》古史家載卅卷,《中興書目》編年類載宣帝一卷、懷帝下一卷及唐人所書康帝一卷,《宋志》編年類載二十卷,又見《御覽經史綱目》,作"孫盛晉春秋"。孫盛,事迹具《晉書》卷八二本傳。書記事迄哀帝,[②]紀年作"某年春,帝正月",以擬《春秋》,[③]又兼紀傳之體,[④]爲時所稱。然因桓温之威脅,遂寫二本,一本寄與慕容雋,故當時便傳有二本。[⑤] 佚,有黄奭、湯球輯本。

《類要》引七條,或題《晉陽春秋》,或題《晉春秋》,與《舊志》合,其中胡質與子絹事(卷二〇《郡守總事》),見《三國志》卷二七《胡質傳》注,黄氏、湯氏輯本收入。另六條,未見引録,二輯本未收:

賈逵字梁道,爲豫州刺史,是時天下初復州郡,多不稱職。逵曰:"州本以御史出監諸郡,以六條制書察長吏二千石以下,故其狀皆言嚴能鷹揚有督察之才,不言安静實仁有愷悌之德也。今長吏慢法,盜賊公行,州郡知而不糾,天子復安所取正乎?"兵曹從事受前刺史假,逵到官數月乃還。考[竟](見),各具二千石以下阿縱不如法者,皆舉奏免之。帝曰:"逵真刺史矣。"布告天下,當以豫州爲法。(卷二〇《方鎮德美》引《晉陽春秋》)

【考釋】事又見《三國志》卷一五《賈逵傳》,訛字據之改。賈逵魏人,《晉陽秋》不當爲之立傳,疑因賈充而及之。

具瞻清職,不可非其人。(卷一四《司徒》引《晉陽春秋》)

衛人杜靖游於洛陽,見銅駝而嘆曰:"方當見爾在荆棘之中也。"(卷三七《喪亂》引《晉春秋》)

---

① 姚振宗以爲《舊志》將孫盛誤作鄧璨,"二十二卷"乃"三十二卷"之訛,見《隋書經籍志考證》,《二十五史補編》第四册,第 5262 頁。
② 見《隋書》卷三三《經籍志》注,第 958 頁。
③ 見《史通通釋·模擬篇》,第 220 頁。
④ 《三國志》卷一五《劉馥傳》注所引《晉陽秋》即爲劉弘傳記。
⑤ 見《晉書》卷八二《孫盛傳》,第 2148 頁。

【考釋】《晉書》卷六〇《索靖傳》載此語。

皇太后楊氏崩於金[墉](庸)城，賈后絶之膳八日，陳留董仲道聞之，顧謂謝鯤、[阮](玩)千里曰："天人之理滅，大亂將作戾。知機其神乎，卿等可以深藏也。"乃入於蜀山，莫知其所止。(卷三七《喪亂》引《晉春秋》)

【考釋】事又見《御覽》卷六五二引干寶《晉紀》，訛字據之改。

王子年著讖云："帝[諱](詩)昌明運當極，[特](時)申一期延其息。諸馬渡江百年中，當值卯金折其[鋒](録)。武帝諱昌明。"(卷三七《戰國》引《晉春秋》二十)

【考釋】讖語又見《建康實録》卷一〇，訛字據之改。

石虎於鳳陽以銅爲鳳，高八尺餘。虎將卒，鳳飛入漳河。(卷三七《喪亂》引《晉春秋》)

【考釋】《藝文類聚》卷六三、卷九〇引《洛陽記》，《御覽》卷九一五引《鄴中記》載一鳳飛入漳河事，與此稍異。

《大業略記》三卷，唐趙毅撰，①兩《唐志》編年類、《崇文目》雜史類、《宋志》傳記類著録。趙毅，事迹不詳。佚，未見輯本，《通鑑考異》引二十九條。

《類要》引一條，未見引録：

煬帝西巡，見高昌王伯雅之獻《聖明來獻樂歌》曰："千冬逢暄春，萬夜睹朝日。生年遇明君，歡欣百憂畢。"(卷三二《雜句》、卷三七《歷代雜録》引《大業略記》)

① 見《通志・藝文略》三，第1540頁。

《河洛行年記》，又名《行年河洛記》，①二十卷，唐劉仁軌撰。《新志》雜史類著録，《崇文目》雜史類、《郡齋》編年類、《直齋》雜史類、《宋志》傳記類、《册府元龜》卷五五六載十卷，《遂初目》題"河洛記"，不著撰人、卷數。劉仁軌，事迹具《舊唐書》卷八四、《新唐書》卷一〇八本傳。《舊唐書》本傳曰："仁軌身經隋末之亂，輯其見聞，著《行年記》行於代。"②書"記唐初李密、王世充事，起大業十三年(617)二月，迄武德四年(624)七月秦王擒竇建德。第九卷述大業都城，第十卷載宫館園囿，且云煬帝遷都之詔稱務崇節儉，觀其宫室窮極綺麗云"。③ 佚，未見輯本，《類説》引七條，《通鑑考異》頗有引録，《通鑑》叙王世充、李密事多用其書。④

《類要》引二條，未見引録：

李密遺郇王楊慶書云："求枯魚於市肆，事即非[遥](逞)；因歸雁以運糧，竟知何日。"(卷三二《譬喻語》引劉氏《[行年](年行)河洛記》)

【考釋】此書魏徵所作，又見《隋書》卷四三、《北史》卷七一《郇王慶傳》、《文苑英華》卷六四六。《英華》題作"爲李密檄滎陽守郇王慶文"，訛字據之改。

唐高遣李密平東郡，朝士諫曰："密性輕滑好叛，願[勿](勾)遣之。"帝曰："篙箭射篙籬，且吾豈不知？且大寶神器，自天所命，吾方使其鬥争，坐乘其敝。"遂遣之。(卷三二《譬喻語》引劉仁軌《河洛行年紀》)

《唐録政要》十二卷，唐凌璠撰，《新志》、《崇文目》雜史類、《宋志》史部編年類著録，《中興目》編年類載十三卷。凌璠，昭宗時江都尉，⑤事迹不詳。書"起獻祖宣帝，至唐末，以事繫年，冠之甲子"。⑥ 佚，未見輯本，《通鑑考異》引三條。

---

① 見《容齋四筆》卷一一，第740頁。
② 《舊唐書》卷八四《劉仁軌傳》，第2796頁。
③ 《郡齋讀書志校證》卷五，第200頁。
④ 見《容齋四筆》卷一一，第743頁。
⑤ 見《新唐書·藝文志》注，第1467頁。
⑥ 《玉海》卷四九引《中興書目》，第973頁。

《類要》引八條，未見引録：

中宗神龍二年，突厥進寇凉、會等州，掠隴右群牧馬萬餘匹而去。(卷三六《北狄》引《唐録政要》)

【考釋】事在神龍二年(706)十二月，又見《舊唐書》卷七《中宗紀》。

睿宗景雲二年，改西[城]公主爲金仙公主，昌[隆](降)公主爲玉真公主，仍録置金仙、玉真兩觀，用功數百萬，衆庶怨嗟，諫官上疏，不[納](細)。(卷一〇《公主》引《唐録政要》)

【考釋】事在景雲二年(711)五月，又見《舊唐書》卷七《睿宗紀》、《資治通鑑》卷二一〇。訛字據二書改。《新唐書》卷八三《公主傳》"昌隆公主"作"崇昌公主"。

玄宗善音律，尤好絲竹之技，開元[二](三)年，聽政之暇於梨園自教法曲，必盡其妙，謂之"皇帝梨園弟子"。(卷九《帝雜伎藝》引《唐録政要》)

【考釋】事在開元二年(714)，又見《唐會要》卷三四、《資治通鑑》卷二一一，訛字據二書改。

開元[二](三)年，内出珠玉錦綉於殿庭焚之。又詔禁天下採取珠玉、刻鏤器玩、羅綺錦綉製作仙人龍鳳織成□□，並□之。(卷九《帝儉》引《唐録政要》)

【考釋】事在開元二年(714)七月，又見《舊唐書》卷八、《册府元龜》五六。敕文見《文苑英華》卷四六五、《唐大詔令集》卷一〇八，其文曰："天下更不得采取珠玉，刻鏤器玩，造作錦綉，珠繩織成帖絹二色，綺綾羅作龍鳳禽獸等異文字，及竪欄錦文者。違者决一百，受雇工匠降一等科之。兩京及諸州舊有官織錦坊悉停。"

開元十一年，帝幸并州，以太原府爲北都。(卷三《作京》引《唐録[政](正)要》)

【考釋】事在開元十一年(723)正月，又見《舊唐書》卷八《玄宗紀》上、《新唐書》卷五《玄宗紀》、《唐會要》卷六八。

開元十一年於驪山造温泉宫,天寶六年改爲華清宫。(卷一三《内苑》引《唐録政要》)

【考釋】據《唐會要》卷三〇,作温泉宫在開元十一年(723)十月五日,改華清宫在天寶六載(747)十月三日。作温泉宫之年另有咸亨二年(671)説、①開元十年(722)説,②《長安志》卷一五注引《實録》及《唐會要》與此同,當同出一源。

開元二十五年,以監察御史鄭審充檢校兩京館驛巡官。館驛巡官自此始也。今驛門前有十二辰候子,蓋即審創置也。(卷一八《驛馬》引《唐録政要》)

【考釋】事在開元二十五年(737)五月,又見《新唐書》卷四八《百官志》、《唐會要》卷六一。

天寶十二載御觀風樓,時安禄山遣男廣陽太守慶緒執奚及阿布思部落一萬三千餘衆以獻金銀、綿彩罽、駝馬、奚車布於闕下。生口婦人皆衣以文綉,飾以交須,盛其軍[容](實),以爲壯觀,玄宗大悦。(卷三六《北狄》引《唐録政要》)

【考釋】事在天寶十三載正月,又見《舊唐書》卷九《玄宗紀》下,較略。

《唐年補録》六十五卷,後晉賈緯撰。《崇文目》實録類、《直齋》編年類著録。賈緯,事迹見《舊五代史》卷一三一、《新五代史》卷五七本傳。《五代會要》卷一八曰:"(晉天福六年二月)起居郎賈緯奏曰:'伏以唐高祖至代宗已有紀、傳,德宗至文宗亦存實録,武宗至濟陰廢帝凡六代,惟有《武宗實録》一卷,餘皆闕略,臣今搜訪遺文及耆舊傳説,編成六十五卷,目爲《唐朝補遺録》。'"③書採傳聞之事及諸家小説,④故其書乃有涉於神怪者,《太平廣記》卷三一一《史遂》條載史遂游陰司見白居易事,即出此書。然

---

① 見《長安志》卷一五。
② 見《長安志》卷一五注引《唐年小録》。
③ 《五代會要》卷一八,第298頁。"唐朝補遺録",《册府元龜》卷五五四作"唐年補遺録",第6660頁。
④ 見《舊五代史》卷一三一《賈緯傳》,第1727頁。

唐末事因其書得十之二三,[①]故《新五代史》本傳謂其書"論次多所闕誤,而喪亂之際,事迹粗存,亦有補於史氏"。[②]《類要》卷二一《佳麗》引《文宗謚册》在此書卷一,則其書紀事確自武宗朝始。佚,未見輯本,《通鑑考異》頗引之,《太平廣記》引七條,樂史《廣卓異記》引三條。重編《説郛》本有一卷本,引兩則,頗涉神怪,題馬總撰,誤。

《類要》引五條,自第一至第五十七卷,未見引録:

《文宗謚册》:"柏梁變體,腴雋人口,馨香《國風》。"(卷二一《佳麗》引《唐年譜録》第一)

【考釋】即李珏所撰《唐文宗皇帝謚册文》,又見《文苑英華》卷八三五。據《唐會要》卷二,其文撰於開成五年(840)八月。

大中九年,太常卿高銖决罰禮院,禮生博士李慤引故事見執政,以"禮院雖繫太常寺,從來博士自專,無關白者,所以令狐楚奏曰:'博士,秦官也,漢氏龍興,因而不改。叔孫通興起帝典於枹鼓之中,自此以還,鴻生碩儒若賈誼、董仲舒、公孫弘之徒希不以此進。元帝詔丞相、御史,明於古今,通達國體,故爲博士,舉可充位者,使卓然可觀。'今行能在臣右者,知其班末而禄寡,莫不以博士爲愧,臣獨以爲榮,詳曲臺之儀法,考大僚之功行。太常三卿始莅事,博士無參集之禮。"丞相以銖夙德,唯唯而已。(卷一九《太常博士》引《唐年補録》十九)

【考釋】事又見《東觀奏記》卷下、《唐會要》卷六五,令狐楚奏文又見《古今事文類聚新集》卷二六。

[僖](禧)宗中和[三](二)年四月,雁門與忠武軍敗巢,賊自光泰門由藍田關[七](上)盤路遁。諸軍虜掠士女玉帛,大發大内,自含元殿以□,一無存者,惟西内、南内及光啓宫在焉。(卷一三《總叙皇居》引

① 見《歐陽修全集》卷一二四《崇文目叙釋·實録》,中華書局,2001年,第1886頁。
② 《新五代史》卷五七《賈緯傳》,第657頁。

《唐年補録》三六)

【考釋】事在中和三年(883),又見《舊唐書》卷一九下《僖宗紀》,《舊唐書》卷二〇〇下《哀帝紀》、《新唐書》卷二二五下《黄巢傳》,訛字據諸書改。《新傳》稱黄巢敗,焚大内,僅含元殿、西内、南内、光啓宫存,較簡。

昭宗乾[寧](宗)五年四月《册景王文》曰:周官八統,其二親親,漢制,[皇](王)子爲[王,得](巫傳)使立社於國,[固](同)本之大,哲後[皆](昏)然。(卷一一《諸王總敘》引《唐年補録》五十七)

【考釋】册文錢珝撰,又見《文苑英華》卷四四五、《唐大詔令集》卷三四。

昭宗乾[寧](宗)五年四月《册雅王文》曰:周文之嗣,分茅土者十五國;漢景之代,書簡者十三王。(卷一一《諸王總敘》、《宗室德美》引《唐年補録》五十七)

有知憂知懼之心,見學禮學詩之性。(卷一一《宗室德美》引《唐年補録》五十七)

【考釋】册文又見《文苑英華》卷四四五、《唐大詔令集》卷三四,《英華》載此文作於光化元年(898)十一月,據《唐會要》卷五注文,雅王乾寧五年(898)四月封。

《唐紀》四十卷,宋陳彭年撰,《秘書省闕書目》、《中興書目》、《宋志》編年類著録。陳彭年,事迹具《宋史》卷二八七本傳。《玉海》卷四七曰:"陳彭年以……唐文物憲章可述,獨缺編年之史,乃次新書定爲《唐紀》四十篇,三十萬言。"書"起高祖訖哀帝"。① 《文獻通考》卷一九三《經籍考》二〇引巽岩李氏曰:"彭年所撰《唐紀》,蓋用編年法次劉明遠《新書》,最號疏略,故三百年治亂善惡之迹,彭年亦多所脱遺。其後歐陽修、宋祁别修《紀》、《志》、《表》、《傳》及司馬光編集《資治通鑑》行於世,則彭年此《紀》宜無足觀。……第二卷武德三年闕十月以後事,四年闕四月以前事,京、蜀二本一同。"②《類要》所引編年之外亦有傳記,其體例與唐實録

① 《玉海》卷四七注引《中興書目》,第941頁。
② 《文獻通考》卷一九三,第1632頁。

類似。佚，未見輯本，《通鑑考異》頗有引録。

《類要》引二十四條，部分注明卷數，未見引録：

義寧二年，停竹使符，頒銀兔符。（卷二〇《郡守總事》引《唐記》）

【考釋】事在義寧二年(618)四月，又見《舊唐書》卷一《高祖紀》。

内史令竇威，多識舊儀，朝章皆其所定，即禪代文翰，多參預之。上曰："雖叔孫通無以加也。"（卷一八《禮官》引《唐紀》二條）

【考釋】據《舊唐書》卷一《高祖紀》，竇威任内史令在武德元年(618)六月，事又見《册府元龜》卷五六四、《舊唐書》卷六一《竇威傳》。

唐武德九年詔京城留寺三所，觀二所，僧尼、道士、女冠不能精進者並罷棄還桑梓，事竟不行。（卷五《總叙道教》引《唐紀》）

【考釋】事又見《舊唐書》卷一《高祖紀》。

貞觀四年，李靖平突厥，擒頡利可汗，拓土北大漠。上大悦曰："往者國家草創，太上皇稱臣於突厥，朕嘗痛心疾首，今可汗繫頸，其耻雪矣。"令有司告太廟。（卷三六《禮待夷王》引陳公《唐紀》）

【考釋】事又見《舊唐書》卷三《太宗紀》下、卷六七《李靖傳》。

貞觀十二年，房玄齡與法官删定[律]十二卷五百條，令三十卷一千五百條，詔頒天下，比隋律減死入流九十二條，減流入徒七十一條。（卷一八《法書》引陳公《唐紀》）

【考釋】此條又見《事物紀原》卷一〇《律》引《唐紀》，係於"貞觀二年正月丁亥朔"，無加點字，奪字據之補。

初，朔方軍與突厥以河爲界，河北有拂雲祠，突厥入寇，先祭以求福。中宗景龍二年，默啜盡衆西擊突騎施[娑](婆)葛，朔方總管張仁愿請乘虚奪取漢南地，於河北築三受降城，絶其入寇之路。六旬，三城畢，以拂雲祠爲中城，東西城相去四百餘里，置烽候一千八百所，自是朔方無寇略患，減鎮兵數萬人。（卷三六《北狄》引陳公《唐紀》）

【考釋】事又見《舊唐書》卷九三、《新唐書》卷一一一《張仁愿傳》，《通鑑》卷二〇九，《册府元龜》卷四一〇，《通典》卷一九八，《唐會要》卷七三，訛字據兩《唐書·張仁愿傳》、《册府》卷四一〇改。

開元二年，改太史局爲太史監，罷隸秘書省。（卷一九《司天監》引《唐記》十二）

【考釋】事在開元二年(714)六月，又見《舊唐書》卷八《玄宗紀》上。

車駕東封，學士等扈從，每頓别置營幕，常在御營之東。州縣供擬甚爲豐厚，又各得主人路次，立牌夫，配迎引，主人亦備酒食。至滑州，御史劉日正奏云："山東人家稀少，行從之官，請就野營，便驅夫引牌。"學士孫季良從此辭疾而歸。（卷一七《集賢學士》引《唐紀》）

【考釋】據《舊唐書》卷八《玄宗紀》上，玄宗東封泰山在開元十三年(725)十至十一月。

安禄山討契丹，去平盧數千里，至吐護真河，即北黄河也。（卷三六《北狄》引《唐紀》十五）

【考釋】事在天寶十一載(752)八月，又見《舊唐書》卷二〇〇上《安禄山傳》。

王[徽](散)字昭文，曾祖擇從，昆弟四人開元中三至鳳閣舍人，時號曰"鳳閣王家"。（卷一六《中書舍人》引《唐紀》十九）

【考釋】此條當出王徽傳記，徽卒於大順元年(890)十二月，傳記當係於此時，疑此條"十九"前有闕字。事又見《舊唐書》卷一七八《王徽傳》。

河東節度使王思禮累加守司空。武德已來，三公不居宰輔，惟王思禮而已。（卷一四《三公》引陳公《唐記》）

【考釋】據《舊唐書》卷一〇《肅宗紀》，王思禮進位司空在乾元三年(760)四月丁卯。事又見《舊唐書》卷一一〇《王思禮傳》。

賈耽字敦詩,好地理之學,四夷之使及使四夷還者,必與從容訪其山川土地,是以九土之夷險,百蠻之風俗皆知之。以吐蕃[陷隴右](隴陷右),往日鎮戍不可北大本作"能"知,畫《隴右圖》以獻,又撰《華夷圖》。(卷三《地理之學》引《唐紀》)

【考釋】此條當出賈耽傳記,耽卒於永貞元年(805)十月,傳記蓋係於此時。事又見《舊唐書》卷一三八《賈耽傳》。

貞元四年五月,吐蕃寇邠、寧等州郡。吐蕃常以秋冬入寇,至是以盛暑而來,華人陷没者導之也。(卷三六《邊寇》引《唐紀》二十二)

【考釋】事又見《舊唐書》卷一三《德宗紀》上。

元和二年,憲宗謂宰相曰:"朕見國史,文皇行事少過,諸北大本、社科院本作"諫"臣即諫,往復數四。今後有事,卿當一事十諫,不可一二而止。"(卷一八《納諫》引《唐紀》)

穆宗皇太后居興慶,上圓丘禮畢,伏退,朝太后於興慶宫。(卷一〇《母后》引《唐紀》)

【考釋】事在長慶元年(821)正月,又見《舊唐書》卷一六《穆宗紀》、《唐會要》卷一〇上、《册府元龜》卷五九六。

穆宗長慶元年詔:"刑部四覆、大理寺六丞,一月須二十日入省,厨[料](科)户部加給,刑獄分大中小事立三限。"(卷一八《法官》引《唐紀》)

【考釋】事在長慶元年(821)五月,又見《舊唐書》卷一六《穆宗紀》。

蔣乂本名武,字德源,吴兢之離孫,弱冠博通群籍,而史才尤長。父將明爲集賢殿學士,以兵亂後[圖]籍溷[雜](離),白宰相携乂入院正之。張鎰見而奇之,署集賢小職。逾年,編次得書二萬餘卷。累官□□□頌、凌煙閣侍臣圖讚,即御前口誦,不失一字,德宗嘆曰:"虞世南暗寫《列[女](位)傳》無以加也。"又詔問神策軍建置之由,宰相討求不獲,集賢諸學士無以對,乃訪乂,乂徵引根源甚詳悉,高郢、鄭珣瑜相謂曰:"集賢有人矣。"翌日,詔兼集賢院學士。父子繼爲此職,儒者榮之。在朝垂三年,有大事宰相不能裁决者,即召訪之,徵引典故以參時事,多令其宜,然亦以此受知,亦以此自滯,終於秘書監。(卷一七《集賢學士》引《唐紀》)

【考釋】此條出蔣乂傳記,乂卒於長慶元年(821)三月,傳當係於此時。事又見《舊唐書》卷一四九《蔣乂傳》,闕訛據之補改。

敬宗朝,夏州節度李祐朝違詔進奉,侍御史温造彈奏之。祐趨出待罪,股戰流汗,謂人曰:"吾夜逾蔡州城擒吴元濟,未嘗心動,今日膽落温御史,吁可畏哉。"詔宥之。(卷一六《總載御史》引《唐紀》)

【考釋】事在長慶四年(824)七月,又見《舊唐書》卷一七上《敬宗紀》、卷一六五《温造傳》、《册府元龜》卷五二〇下。

敬宗朝,御史中丞王播恃李逢吉勢,與左僕射李絳相遇於街,交車而不避。絳疏論曰:"左右僕射,師長百寮,表狀之中,不署其姓。尚書已下,每月合衙上日,百寮序班,宰相送上,中丞、御史,列位於庭,武德已來,不革此禮。"詔兩省詳議。奏曰:"元和中,伊慎忝居師長之任,博士韋謙奏削去舊儀。今李絳所論,於理甚當。"上雖從之,爲逢吉所寢,改絳太子少師分司。遷播工部侍郎,其弄權恃寵如此。(卷一四《左右僕射》引《唐記》)

【考釋】據《通鑑》卷二四三,事在寶曆元年(825)十二月,又見《舊唐書》卷一九六《王播傳》。

太常習《霓裳羽衣舞曲》成,少卿馮定領樂工閱於廷殿。定端凝若植,上問姓氏,李珏曰:"此馮定也。"上喜曰:"非好爲古章句者耶卷三一《詩》作"非好古博洽者耶"?"召昇階上,自吟定《送客西江詩》,因賜禁中瑞錦,令録所著古詩以獻。(卷二一《帝賞其文》、卷三一《詩》引陳公《唐紀》)

【考釋】馮定爲太常少卿在大和九年(835)八月,事又見《舊唐書》卷一六八《馮定傳》。

太子太傅蕭俛致仕,居濟源。俛弟楚州刺史俶朝辭,文宗謂之曰:"蕭俛先朝名相,筋力未衰,可一來京都,朕賜俛詔書,卿便賫至濟源,道吾此意。"俛竟不起。(卷二五《致仕上》引《唐紀》)

【考釋】事在開成二年(837),又見《舊唐書》卷一七二《蕭俛傳》。

成德軍節度使王元[逵](達)自秉節鉞,頓革交風,職員結轍於途,文宗詔尚壽安公主,元[逵](遠)遣段氏姊詣闕迎之,進食千牙盤,公主之行,其從如雲,朝以爲樂。(卷一一《駙馬》引陳公《唐紀》)

【考釋】據《舊唐書》卷一七下《文宗紀》下,王元逵尚壽安公主在開成二年(837)六月,事又見《册府元龜》卷三〇〇,訛字據之改。

裴度病,文宗賜詩,御[札](禮)曰:"朕詩集中要有卿唱和詩,疾恙未痊,固無心力。"詩及門而卒。(卷二一《應制》引《唐紀》)

【考釋】裴度卒於開成四年(839)三月四日,事及文又見《舊唐書》卷一七〇《裴度傳》,訛字據之改。

第三章　《類要》中的傳記

《汝南先賢傳》五卷，魏周斐撰，《隋志》、《新志》雜傳類著録。《舊志》雜傳類載三卷，作者訛作"周裴"。又見《御覽經史綱目》。周斐，汝南人，漢汝南侯周仁六代孫，晉周顗曾祖。① 佚，有重編《説郛》本，王仁俊《補編》收二條。

《類要》引二條，其中黄憲(卷二六《鄉閭高士》)一條，見《御覽》卷四〇二，《説郛》本收入；另一條，未見引録，《説郛》本無：

> 陳蕃讓曰："不僭不忘，率由舊章，臣不如太常胡廣；齊七政，訓五典，臣不如議郎王[暢](陽)；文武兼資，爲國爪牙，折衝萬里，臣不如弛刑徒李膺。"(卷一四《太尉》引《汝南先賢傳》)

【考釋】此條文字又見《後漢紀》卷二，小異，訛字據之改。

《楚國先賢傳》十二卷，晉張方撰，②兩《唐志》雜傳類著録，《隋志》雜傳類作"楚國先賢傳贊"。張方，事迹不詳。佚，有陳運溶輯本。

《類要》引二條，一爲鄭産爲民出口錢事(卷二《荆湖南路・永・零陵縣》)，沿《寰宇記》卷一一六之舊誤，實爲《零陵先賢傳》之文；另一條，未見引録，輯本未收：

> 王逸字師重，東游齊國，徘徊泗上社科院本作"洙泗"，怪靈光之崇

---

① 《古今姓氏書辯證》卷一八引《元和姓纂》，江西人民出版社，2006年，第264頁。

② 《隋志》、《新志》雜傳類作皆張方，《舊志》雜傳類作"楊方"，但自《文選》卷二一應璩《百一詩》注以下皆引作"張方賢"，疑唐初以前本題"張方撰"，後出本題"張方賢撰"。

麗，遂作賦。（卷三一《賦》引《楚國先賢傳》）

【**考釋**】此條下有按語曰："按此賦逸子延壽所作，此誤矣。"

《羅含别傳》，撰人不詳，史志不著録，見《御覽經史綱目》。羅含，事迹具《晉書》卷九二《文苑傳》。《類聚》、《御覽》所引數事皆見《晉書》本傳，則《别傳》大抵保存於本傳。佚，有陳運溶輯本。

《類要》引一條，未見引録，輯本未收：

含爲荊州别駕，銓藻群才。（卷一五《吏部》引《羅含别傳》）

《狄梁公家傳》，又名《狄梁公傳》、《狄仁杰傳》，三卷，唐李邕撰。《新志》雜傳類，《崇文》、《直齋》傳記類著録，《宋志》傳記類載一卷。又見《遂初目》，不著撰人、卷數。李邕，事迹具《舊唐書》卷一九〇、《新唐書》卷二〇二本傳。《通鑑》二〇六引《考異》曰："世有《狄梁公傳》，云李邕撰，其辭鄙誕，殆非邕所爲。"[①]按《舊唐書》卷八九《狄仁杰傳》曰："仁杰前後匡復奏對，凡數萬言，開元中，北海太守李邕撰爲《梁公别傳》，備載其辭。"[②]《文苑英華》卷七八〇吕温《狄梁公立廬陵王傳贊》曰："客有以李北海所傳示予者，述廬陵王廢立之際，見公如生。"[③]則唐人述《狄梁公傳》皆以爲李邕撰。此書之内容，除《通鑑考異》所録其勸諫武后復立中宗之事外亦載奏對及狄仁杰墓誌。[④] 范仲淹所撰《狄梁公碑》、[⑤]《新唐書》本傳、[⑥]《通鑑》皆用其書。佚，未見輯本。

《類要》所六條，未見引録：

---

① 《資治通鑑》卷二〇六，第6527頁。

② 《舊唐書》卷八九，第2895頁。

③ 《文苑英華》卷七八〇，第4121頁。

④ 見《舊唐書》卷八七《狄仁杰傳》及《類要》卷二四、卷三〇引。

⑤ 見《范文正公集》卷一二，其作碑時間見《范文正公集》補編所載元柳貫題跋。碑文所據大部分本於《舊唐書·狄仁杰傳》，但有不見於《舊書》者，而與《通鑑考異》所引《狄梁公家傳》合，文中又提及李邕所撰此書，故可以肯定范仲淹曾用此書。

⑥ 《新唐書·狄仁杰傳》大部分本於《舊書》本傳，然議定太子事，雜取《家傳》與李繁《大唐説纂》而成，見《容齋四筆》卷八，第707頁。

援自赭裾，班乎墨綬。（卷二五《宥罪》引《狄梁公家傳》）

【考釋】此條疑爲狄仁杰出獄授彭澤令後謝表。

授平章事，□邊郡，上與文武官、羽林騎萬餘人祖道於老君廟。上親賦詩。（卷二四《餞送》引《狄梁公家傳》）

【考釋】此條所記當爲聖曆元年(698)七月狄仁杰爲河北道行軍元帥事，見《舊唐書》卷六《則天紀》。

閉門懸車，栖遲養老；脱簪公府，歸杖私門。採羅含致仕之蘭，餌胡廣延年之菊。（卷二五《致仕上》引《狄梁公家傳・告老表》二條）

臣聞《易》曰："日昃之離，不鼓缶而歌，則大耋之嗟。"臣之嘆憤，盈於隤暮，浚波危漏，實不臣待，急景遄年，而臣見迫。（卷二六《老耄》引《狄梁公家傳・告老表》）

伏乞流骸養之仁，假發生之澤。瘣本施草，憫其病深；螻蟻蟪蛄，矜其命淺。（卷三〇《微疴》引《家傳・告老表》）

與施草而同榮；將瘣本而俱病。（卷三〇《微疴》引《狄梁公家傳・表》）

舊患齊踵，近頗吐血，王昶之手足風痹，屈伸頗難；管寧之心胸弦急，轉側無所。（卷三〇《微疴》引《狄梁公家傳・疏》）

【考釋】《通鑑》卷二〇七曰："仁杰屢以老疾乞骸骨，太后不許。"所上蓋以上諸表疏。

降鄭侯之昴宿，挺申伯之岳神。（卷二二《稟靈上》引《狄梁公家傳》）

卧龍見許，非止白沙；孺子出遊，自逢黄石。（卷二二《幼德》引《狄梁公家傳・志》）

其臨郡也，察存於獄，惠遺於人，元城有主祀之廟，上蔡無已斃之刑。（卷三三《能政上》引《狄梁公家傳》）

陰施陽報。（卷二四《福禄語》引《狄梁公[家傳]・志》）

三司爲錫，庶佇趙鞅之還；千金募醫，莫赦吕蒙之游。（卷三〇《帝憂恤其疾》引《狄梁公[家傳]·志(諾之)》）

【考釋】上五條以駢文叙狄仁杰生平，當爲其墓誌。

《郭子儀家傳》，又名《汾陽家傳》、《汾陽王家傳》、《郭公家傳》、《郭令公家傳》，八卷，唐陳翃撰。《新志》雜傳類、《崇文目》傳記類著録，《郡齋》傳記類、《中興書目》、《宋志》傳記類載十卷，又見《遂初目》，不著撰人、卷數。陳翃，郭子儀寮屬，約於興元元年(784)後從事渾瑊河中幕，①居河中，②在河中作《王公城河中頌》，③《新鸛鵲樓記》等文章。④ 書唐至北宋僅八卷，宋人以單行之《忠武公將佐略》與《行狀》附於八卷本《家傳》之後，乃成南宋以下之十卷本。⑤《忠武公將佐略》，陳翃撰，《宋志》著録一卷，原刻石單行，胡證八分書，貞元十二年(796)六月立，⑥載郭子儀將佐六十人。⑦ 據《類要》所引，書編年紀事，亦載郭子儀表奏。⑧ 佚，未見輯本，《通鑑考異》頗引之，《玉海》亦有引用。

《類要》引十一條，皆未見引録：

公少秀異，及長而瓌聳，長七尺二寸，鬚髮眉宇風姿若神，人望之岩嵩如華山，終日不厭，時亦謂華山降神以輔唐中興。（卷二二《風采上》引《家傳》）

公姿容煒異，長七尺二寸，單於常畏曰："漢丞相顧盼煒如，天子

---

① 見《新唐書》卷五八《藝文志》注，第 1484 頁。

② 《文苑英華》卷二四三有盧綸《酬陳翃郎中冬日携柳郎竇郎歸河中舊居見寄》，第 1226 頁；卷二八五有盧綸《陳翃郎中北亭送劉侍御賦得帯冰冰流歌》，第 1451 頁。興元初，渾瑊鎮河中，辟綸爲元帥判官，參《唐才子傳校箋》第二册，中華書局，1987 年，第 7 頁。

③ 見《金石録》卷七，上元元年十月立，上海書畫出版社，1985 年，第 137 頁。

④ 見《金石録》卷九，貞元九年十一月立，第 169 頁。

⑤ 《郡齋讀書志校證》卷九曰："《汾陽王家傳》十卷……第九卷録行狀，第十卷録副佐三十三人，大將二十七人，曰《忠武將佐略》。"第 370 頁。

⑥ 見《金石録》卷九，第 170 頁。

⑦ 見《郡齋讀書志校證》卷九，第 370 頁。

⑧ 《容齋隨筆》四筆卷四"李郭詔書"條曰："唐代宗即位，郭汾陽爲近昵所摇，懼禍之及，表上自靈武、河北至於絳州兩朝所貽詔書一千餘卷。《家傳》載其表語，其多如是。"第 659 頁。驗之《類要》所引文字，是。

目送，堂堂魏舒。"(卷二二《容貌上》引《郭子儀家傳》)

【考釋】此條又見《記纂淵海》卷五〇引《郭子儀家傳》，無加點字。

公築橫塞軍城六，扼其塞冲，横斷飛鳥。(卷三二《雜句》引《郭子儀家傳》)

【考釋】《册府元龜》卷九九二曰："天寶八載(749)六月……於木剌山置横塞軍城……命郭子儀領其役。"本條所記當爲此事。

大曆四[年]，賜公成都酒兩瓶，踏裂茶五十劑。(卷二八《茶》引《子儀家傳》)

大曆八年春正月晦日，賜郭子儀桑落火炙酒八瓮，灞水酒兩榼。(卷二八《酒》引《子儀家傳》)

大曆九年，公以吐蕃數犯邊，乃上表，直言備戎之急曰："朔方，國之北門，西御犬戎，北虞獯狁，五城相去三千餘里。開元、天寶中，戰士一十萬，戰馬三萬，統敵一隅。自先皇帝龍飛靈武，戰士從陛下復兩京，東西南北曾無寧歲，中年以僕固之役，又經耗散，人亡三分之二，比其天寶中有十分之一。今吐蕃充斥，勢强十倍，兼河隴之地，擁羌渾之衆，每歲來寇近郊。以朔方减十倍之軍，當吐蕃加十倍之騎，欲求制勝，豈易爲力？近入内地，稱四節度，每將盈萬，賊兼乘數四，[臣](乘)所統將士不當賊四分之一，所有征馬不當賊百二之一，誠合相固守，不宜與戰。得馬璘報，賊擬涉渭而南，臣若堅壁，恐過畿甸，國人大恐，諸道易摇，外有吐蕃之强，中多易摇之衆，外畏之，内懼之，將何以安之？臣伏以縱横制勝之術，力非不足，但患其揀練不精，進退之不一，時淹師老，地闕勢分，願陛下更詢讜議，慎擇名將，俾之統軍，於諸道各抽拔取其精卒四五萬，則制勝之道必矣。臣又料河南、河北、山南、江淮小鎮數千，大數萬，空耗月餼，曾不習戰，臣請抽拔赴關右，教之戰陣，則全軍聲振，攻守必全，亦爲長久之計也。"(卷三六《總

敘邊情》引《郭子儀家傳》)

【考釋】此條又見《玉海》卷一七四注引《家傳》,無加點字。郭子儀上表又見《舊唐書》卷一二〇《郭子儀傳》、《新唐書》一三七《郭子儀傳》、《册府元龜》三六六。

詔以公弟爲左庶子,公上讓表曰:"[况](兄)儲官命職,中庶爲重。"(卷一九《左右庶子》引《郭子儀家傳》)

公上表讓男授左散騎曰:"塵忝貂冠,猥登鵷署。"(卷一六《門下省》引《郭子儀家傳》)

【考釋】樂史《廣卓異記》卷九"弟男七人同日拜官"條曰:"右按《唐書》,郭汾陽弟男七人同日有制拜官。弟幼冲左庶子,子曜太子少保兼判詹事,晞檢校工部尚書判秘書省事,晤兵部郎中,曖左散騎常侍,曙司農少卿,暎太常丞。汾陽有謝表曰:'同日而拜,前古未聞。青紫照庭,冠蓋成里。'"據《舊唐書》卷一二〇《郭子儀傳》附郭曜、郭晞、郭曖傳,郭氏弟男拜官在德宗建中初。前條又見《翰苑新書》前集卷二九、《古今合璧事類備要》後集卷四六引《家傳》。

公奏趙復、石廣子兼中書,依舊朔方行軍司馬,孫宿爲中書舍人、判關内副元帥書。(卷一六《中書舍人》引《郭子儀家傳》)

公雪安恩順等是赤暈之冤,伸於知己也。(卷三〇《冤魄》引《郭子儀家傳》)

寢疾。上詔曰:"昔漢成幸張禹之家。齊桓問仲父之疾。"三言問疾也。(卷三〇《壽數》引《郭子儀家傳》)

刻於文琰。(卷三一《碑》引《郭子儀家傳》)

【考釋】此條疑出盧杞《郭子儀碑》。①

① 《宋會要輯稿·禮》五八之八〇張洎文引盧杞《郭子儀碑》"居亢無悔,其心益降"(見陳尚君師《全唐文補編》,第633頁),則《碑》盧杞所撰。

咸秦失險，河洛爲戎。(卷三七《喪亂》引《郭子儀傳》)

【考釋】此即《贈郭子儀太師陪葬建陵制》，又見《舊唐書》卷一二〇《郭子儀傳》、《册府元龜》卷三一九、《唐大詔令集》卷六三。

《鄴侯家傳》，又名《相國鄴侯家傳》、《李鄴侯家傳》，十卷，唐李繁撰。《新志》雜傳類，《崇文》、《中興書目》、《郡齋》、《直齋》、《宋志》傳記類著録。又見《遂初目》，不著卷數、撰人。李繁，[①]李泌子，元和十三年(818)爲處州刺史，元和末爲吉州刺史，長慶二年(822)爲遂州刺史，又爲和州刺史、隨州刺史。[②] 事迹附見《舊唐書》卷一三〇、《新唐書》卷一三九《李泌傳》，另撰有《北荒君長録》三卷、《玄聖蘧廬》一卷、《説纂》一卷。[③] 書原有柳玭《後序》，稱"兩京復，泌謀居多，其功乃大於魯連、范蠡"，[④]《直齋》所載本已無《後序》。[⑤]《郡齋讀書志》卷九載李繁撰此書之緣起曰："繁……大和中以罪繫獄當死，恐先人功業不傳，乞廢紙拙筆於獄吏，以成傳稿，戒其家求世間人潤色之，後竟不果。"[⑥]疑李繁獄中撰《家傳》事亦爲柳玭《後序》中文字，故及李繁身後事。

此書北宋已有二個文本系統。一本題"李繁撰"，紀事始於李泌幼時，即《類要》及《新唐書》、《通鑑》所用者。[⑦]《郡齋》、《直齋》所載，《類説》、《紺珠集》等所引用及明朱右撰《新修李鄴侯傳》所據之本亦源出這一系統。[⑧] 另一本題"李蘩撰"，"起天寶被召，中間遷謫，迄貞元中終於相位"，[⑨]此本

---

① "繁"自北宋以後有誤作"蘩"者(如北宋《蘇魏公文集》卷七二《題鄴侯家傳後》即言"《相國鄴侯家傳》，唐亳州刺史李蘩撰述其父泌之事迹。"中華書局，1988年，第1095頁)，今《説郛》本《鄴侯外傳》、《龍威秘書》本《李泌傳》即題作"李蘩撰"。

② 見郁賢浩：《唐刺史考全編》，安徽大學出版社，2000年，第908、1726、2136、2349、2635、3045頁。

③ 分别見《新唐書·藝文志》，第1508、1530、1541頁。

④ 《新唐書》卷一三九《李泌傳》，第4638頁。

⑤ 《直齋書録解題》卷七，第198頁。

⑥ 《郡齋讀書志》卷九，第372頁。

⑦ 蘇頌：《蘇魏公文集》卷七二《題鄴侯家傳後》，第1095頁。

⑧ 宋濂：《翰苑别集》卷三《題新修李鄴侯傳》(見《宋濂全集》，浙江古籍出版社，1999年，第1002頁)曰："晉王府長史朱君……因據泌之子繁所録《家傳》十卷，參考群書，仿前賢删正陶潛、諸葛亮二傳，芟繁摭華，重爲《泌傳》一通。"王世貞《讀書後》卷三《書李鄴侯傳後》言朱右《傳》之内容有"七歲而以童子薦入禁中，與宰相張九齡諸公善"語，知朱所據爲題"李繁"之本，紀事始於李泌幼年。

⑨ 蘇頌：《蘇魏公文集》卷七二《題鄴侯家傳後》，第1095頁。

以“大類抄節”的五卷本崇文本爲底本，校以蘇頌“私本”，增補萬言而成。①這一系統後世流傳不詳，但王世貞《書鄴侯家傳後》及今本《鄴侯外傳》皆題“李蘩撰”，則已受其影響。

佚，未見輯本。《類説》卷二引二十五條，《紺珠集》卷二引二十二條，去其復重，得三十事。《通鑑》李泌事皆用《家傳》，②而《考異》中多存原文。另外《玉海》亦頗有引録，卷一三八所引有關兵制之文，計二千五百餘言，可補他書之未備。又重編《説郛》收入《鄴侯外傳》一卷，實即《太平廣記》卷三八《李泌》條。《外傳》記事起李泌幼時，多涉李泌受諸帝恩遇及神異事迹，而無《通鑑》所載李泌参議國事之内容，其文字與其他文獻所引《家傳》多有重合，故《外傳》應爲唐人删取《家傳》而成，除删略部分稍有改寫外，其他皆是《家傳》原文。

《類要》引十八條，其中有十一條未標出處，但證以其他文獻可知爲《鄴侯家傳》原文，此十八條皆未見引録：

李泌字深源，後曰鄴侯，年七歲，玄宗召入。上謂燕公曰：“此童長成，乃國器耳。”(卷二二《幼德》)

天寶中，明皇遣人訪李泌於嵩華、終南。泌因獻《唐明堂九鼎議》，召入，説道經稱旨，令與太子、諸王爲布衣之交，三□一許歸。(卷二七《聘隱士》)

李泌三月三日落城，將歸别墅，忽驟入東門，遇全家將出，忽留住問。曰：“竇[庭芝](挺之)家也。以某鬼神之職筮者瓠蘆先生云：‘不出三年，當有□族憂，須求見鬼谷子，見黄中君方免。’”問鬼谷子，言姓名是也。後禄山敗，收使州，庭芝爲新文，肅宗將殺之，泌言其事，乃免。(卷三五《總叙卜筮》)

① 蘇頌：《蘇魏公文集》卷七二《題鄴侯家傳後》，第1096頁。
② 《容齋四筆》卷一一曰：“《資治通鑑》……李泌事用《鄴侯家傳》。”第743頁。

【考釋】上三事又見《鄴侯外傳》，訛字據之改。據《舊唐書》卷二〇〇《安禄山傳》及《册府》卷四五〇，封常清戰敗，陝郡太守竇庭芝棄郡走。《鄴侯外傳》謂朱泚之亂，竇庭芝陷賊，故德宗欲殺之，誤。

肅宗即位於靈武，使人求泌。泌至，欲拜爲相，因辭，願以客從，曰："陛下待以賓則貴於宰相，何必屈其志。"(卷二七《聘隱士》)

【考釋】此條又見《通鑑》卷二一八《考異》引《家傳》，《新唐書》卷一三九本傳載其事。

又受詔爲持謀軍國兵馬元帥府行軍長史，[判]行軍事，禁中安置，持謀軍國。(卷二七《聘隱士》)

【考釋】事又見《鄴侯外傳》及《通鑑》卷二一八。

明皇自蜀，令使賜泌馬蹄金、枕被、□□、馬鞭。(卷二七《聘隱士》)

肅宗在彭原，廨至隘狹，上與張良娣博打子，聲聞於外，鄴侯因言及諸軍奏報停擁。上遂潛令刻乾樹鷄爲子，不欲有聲。良娣尤怨。(卷一〇《總叙衆嬪》引《鄴侯傳》)

【考釋】此條又見《記纂淵海》卷八八引《家傳》，無加點字。

李泌謂肅宗曰："臣爲陛下帷幄運籌，[收京]師後但枕天子膝睡一覺。[使有]司奏客星犯帝坐，動天文足矣。"上大笑。(卷二七《聘隱士》)

【考釋】此條又見《類説》卷二及《紺珠集》卷二所引《家傳》，訛奪字據之改補。《鄴侯外傳》載其事。

李[泌](秘)從肅宗西巡，時皇孫奉節王好文章，每至必□求爲煎茶賦詩，飲茶皆加蘇椒之類，故賦中句云："旋沫翻成碧玉池，添蘇散出瑠璃眼。"常曰："奴占取先生得求。"奉節即德宗也。(卷二八《茶》)

【考釋】此條又見《類説》卷二及《紺珠集》卷二引《鄴侯家傳》，無加點字，訛字據之改。

李泌赴衡岳，肅宗詔衡州於岳中擇形勝造隱居所，賜名曰“獨行君子端居室”，令給三品料及藥僮二人，號曰“紫陽隱士”，服若高品。（卷二七《總叙隱士》）

【考釋】此條又見《類説》卷二及《紺珠集》卷二引《家傳》，無加點字。

李泌隱南岳，採松瘦枝，持以隱背，目爲養和，得一狀如龍者，因作《養和篇》，因宣慰使獻於肅宗，自是山中皆效(未)用，遂遍於四海，今不絶。（卷二七《總叙隱士》）

【考釋】事又見《鄴侯外傳》。

代宗徵李泌[於]南岳，既至，命於蓬萊進止，乃修蓬萊殿書閣院，修成，□□門於長廊自北數千步，謂之“索底”，御車馬，□□□□，進狀跌穴，持至索底，内人受之。上出多履□□□□時立馬。郎一二從，皆内人也。史五人已上方行，蓋舊儀也。隔墻乃少陽院，上受朝□出，必從院門而過。（卷二七《聘隱士》）

【考釋】《鄴侯外傳》、《通鑑》卷二二四繫其事於大曆三年(768)四月僅載代宗徵李泌，舍蓬萊殿事。

李叔明爲太子太傅，代宗議與其子昇除一朝中好官。李泌曰：“叔明見爲太子太傅，詹事是正三品職事清官，叔明必以爲榮。”又免昇當上宿直，得以奉侍其親者也。（卷一九《詹事府》引《鄴侯傳》）

【考釋】《舊唐書》卷一二《德宗紀》，李叔明爲太子太傅在貞元二年(786)，事當在其後不久。又此條“代宗”乃“德宗”之誤，疑原書作“上”，轉録改寫致誤。

代宗謂李泌曰：“今征討之謀，國諸事食，卿須專主持之，禮部之事委之延賞、刑法委於柳[渾](運)。”泌曰：“宰相之職，不可分也，至於給、舍乃分司押事，故舍人謂之六押，給事謂之吏過兵過。”（卷一六《給事中》引《鄴侯傳》）

【考釋】事在貞元三年六月李泌平章事之後，“代宗”乃“德宗”之誤，《通鑑》卷二二四貞元三年(787)六月載此事，訛字據之改，“征討之謀，國諸事食”作“軍旅糧儲”。

上怒柳渾,令罷相,授王府長史。泌曰:“國朝以來,都無此例,賓客亦甚閑冷,近盧翰罷相爲之。”後又云以常侍罷。(卷一九《太子賓客》引《鄴侯傳》)

【考釋】據《舊唐書》卷一二《德宗紀》上,柳渾罷相改散騎常侍在貞元三年(787)八月。

今回紇衙帳精騎五萬餘,若使入寇,以新而之焉,自西城渡河,三日而至渭橋,則安危無日矣。(卷三六《北狄》引《鄴侯傳》)

【考釋】據《通鑑》卷二三三貞元三年(787)九月,回紇求親,德宗不許,李泌有論回紇事十五餘對,此蓋其中之一。

“李勉位崇將相,以疾致仕,爲太子太師,且其爲人朝廷之儀表也。近聞疾已稍退,况是宗室大賢。古有父師,又西魏廣陵王欣爲[大宗師](太師宗),若疾退可出,伏望陛下特寵異之,以爲宗師,平章軍國重事。陛下令其版舁升殿,訪以理道,必有弘[益](蓋),三數日一至中書,臣得以諮詢樞務,亦陛下禮重舊臣,得竭其能也。”上曰“善,用令領都宗正之務可也。”(卷一一《宗室德美》引《鄴侯傳》)

【考釋】此條又見《玉海》卷一三〇引《鄴侯傳》,無加點字。李勉薨於貞元四年(788)八月,所述蓋此前不久事。

八月望夜,月蝕於東壁。先公見之曰:“吾當之矣。東壁,圖書之府也,且《占》云:大臣負文章當之。今吾獨爲相,又兼集賢之職者。開元中,燕公罷相爲左丞相、集賢學士,將薨而月蝕東壁,况爲王爲相而近日覺心力陡耗乎?”(卷三〇《咎徵》引《鄴侯傳》)

【考釋】又見《紺珠集》卷二引《家傳》,無加點字。《新唐書》本傳亦載其事。

《道學傳》,又名《學道傳》,二十卷,陳馬樞撰。《舊志》雜傳類著録;《隋志》雜傳類不題撰人;《新志》神仙類同,誤作十二卷;又見《御覽經史綱目》,不著撰人、卷數。佚,近人陳國符有輯本。[①]

《類要》録二條,其一爲許長史宅東起精舍事(卷五《歷代宫觀》、《道士恩遇》),見《上清道類事相》卷一《仙觀品》,陳輯本收入。另一條未見引録,輯本未收:

嘉興道士,得數卷書史,就隱齋作法修讀。(卷五《總叙道士》引《道學傳》)

《黄帝内傳》一卷,撰人不詳。《中興書目》、《秘書省闕書目》、《郡齋》、《直齋》傳記類,《宋志》神仙類著録。《直齋書録解題》卷七曰:"《序》云:'籛鏗游衡山得之石室,劉向校中秘書傳於世。'誕妄不經,方士輩所托也。"[②]按此書宋代始見著録,《類要》爲最早引録此書之文獻,或爲唐末宋初人所僞託。佚,未見輯本。

《類要》引二條,未見引録:

五靈旗五,凡五色,上有交龍。五雲旗工十五名。五色相風鳥。(卷一二《旌旗》引《黄帝内傳》)

制玄纛十二以主兵,用二十有四,以主警衆。(卷一二《兵仗》引《黄帝内傳》)

《廣成先生劉玄静傳》,又名《廣成先生劉天師傳》、《廣成先生傳》,一卷,唐趙櫓撰,見《通志·藝文略》、《寶刻叢編》卷五。趙櫓,河東人,趙璘宗侄,盧弘宣、盧簡辭、盧弘正、盧簡求姑表兄弟,進士及第,著有《鄉籍》一篇,盛稱河東人物。[③] 劉玄静,又作"劉玄靖",會昌元年(841)賜號廣成先生,會昌六年(846)五月爲宣宗所誅。[④]《類要》所引《傳》及武宗廟號,知書

① 收入《道藏源流考》下册,中華書局,1963年。
② 《直齋書録解題》,第195頁。
③ 《因話録》卷三,上海古籍出版社,1979年,第83頁。
④ 《舊唐書》卷一八下《宣宗紀》,第615頁。

爲劉死後所撰。《傳》曾刻石,大中七年(853)立。① 佚,未見輯本。

《類要》引四條,題《廣成先生劉玄靖傳》,未見引録:

幼師事道先生道宗,佩明威籙。(卷五《總叙道士》引趙櫓《廣成先生劉玄靖傳》)

師事道士王道宗,道宗物化後葬於東山。先生晴霄遠望,見師之墓上有氣,能於太陰景夜不絶,因改葬之。(卷五《道士羽化》引趙櫓《廣成先生劉玄靖傳》)

武宗召赴闕,問金丹之術,先生對以至靈之物,非深山獨往之士不得。上曰:"師其得之?"師又對曰:"如臣期之得之,今實未有得,得即陛下不可見矣。"上賜縑絹百匹及米麥[飴](貽)蜜,止於太清宫,時召入訪問。每有恩賜,先生立舍與監引敕使及諸門,至望仙門則已空手矣。武宗將授法籙,遂詔入内,居靈符殿。事畢,除銀青光禄大夫、崇玄觀大學士,賜紫,仍號廣成先生,别立崇玄觀,置吏鑄印。先生堅讓不獲,又乞還山。時上亦欲令茅山投龍,遂許。自茅山歸衡岳。(卷五《道士恩遇》引趙櫓《廣成先生劉玄靖傳》)

初,九真觀道士周沌汗在岳,事望亞於先生。朝之未徵先生也,有衡岳道士毛太玄嘗夢真官執籙自天降,云以沌汗爲大羅觀主。太玄因曰:"劉先生曷不先徵乎?"真官曰:"劉君世業未盡,徵即便爲真君,不更爲修行人矣。"果如其説。先生自朝歸山,嘆曰:"吾合爲地仙數百歲,恨不能早脱身,爲二帝所累,今即計不及矣。"蓋敬宗、武宗兩朝並徵赴闕也。(卷五《道士羽化》引趙櫓《廣成先生劉玄靖傳》)

---

① 見《寶刻類編》卷五。

第四章　《類要》中的地志

《晉太康三年地記》，又名《太康土地記》，五卷，撰人不詳，《舊志》地理類著録，《新志》地理類載十卷，又見《御覽經史綱目》。佚，有王謨、黄奭輯本，史注及南宋前地理書多見引録。

《類要》引十條，其中八條見引於此前文獻，分别爲：1. 贛縣（卷一《江南路・虔・贛縣》），2. 大庾嶺（卷一《江南路・虔・大庾縣》），見《寰宇記》卷一〇八；3. 梅根冶（卷一《江南路・池・銅陵縣》），見《寰宇記》卷一〇五；4. 豫州（卷四《京西路・潁》），見《寰宇記》卷一二；5. 青州（卷三《青州》），見《類聚》卷六；6. 銅鞮（卷六《河東路・威勝軍・銅鞮縣》），7. 涂山（卷六《河東路・威勝軍・銅鞮縣》），見《御覽》卷一六三；8. 都安（卷八《益州路・永康・導江縣》），見《寰宇記》卷七三。王輯本失收"梅根冶"一條，黄輯本皆收入。另二條，未見引録，二輯本未收：

> 諸暨境土諸山出第一，厭桑之採如傳棋。詩云諸暨出三如，謂如錦之桑，如拳之栗，如絲之苧。（卷一《兩浙路・越・諸暨縣》引《吴録》、《太康地志》）

> 永寧縣故東海王國治。（卷一《兩浙路・温・永嘉縣》引《太康地[志]（去）》）

《晉永康地理志》，撰人不詳，史志不著録，張國淦《古方志考》未收入。永康，晉惠帝年號，僅一年。佚，未見輯本。

《類要》引一條，未見引録：

襄國有磬冶。(卷七《龍岡縣·沙河縣》引《晉永康地理志》)

《十三州志》十卷,北凉闞駰撰,《隋志》地理類著録,兩《唐志》地理類載十四卷,又見《御覽經史綱目》。闞駰,事迹具《魏書》卷五二本傳。書以兩漢十三州爲基礎,涵蓋全國疆域,詳於北而略於南,[①]於後魏太延三年(473)獻於宋,[②]書當成於此前。原有王謨、張澍輯本,今有朱祖延輯本,集前人之長。

《類要》引二十條,其中十五條見引於此前文獻,分别爲:1. 濟南倡(卷四《京東路·齊》),見《寰宇記》卷一九;2. 蘭陵(卷四《京東路·沂·承縣》),見《寰宇記》卷二三;3. 江陵王(卷六《陝西路·陝·夏縣》),4. 夏禹臺(卷六《陝西路·陝·夏縣》),見《寰宇記》卷六;5. 新興郡(卷六《河東路·忻》),見《御覽》卷一六三;6. 海曲(卷六《淮南路·海·懷仁縣》),見《寰宇記》卷二二;7. 冀州人彪悍(卷三《冀州》),見《寰宇記》卷六三;8. 渤海風俗(卷七《滄》),見《寰宇記》卷六五;9. 共山(卷七《汲縣·共城縣》),見《寰宇記》卷五六;10. 下曲陽(卷七《蒲陰縣·彭城縣》),見《寰宇記》卷六一;11. 鷹田(卷一《兩浙路·越·上虞縣》),見《初學記》卷三〇、《御覽》卷九七;12. 仁水源(卷一《江南路·吉·永新縣》),見《寰宇記》卷一〇九;13. 長沙(卷二《荆湖南路·潭》),見《御覽》卷一七一;14. 犍爲山(卷八《梓州路·戎》),見《寰宇記》卷七九;15. 朐䏰(卷八《夔州路·雲安·雲安縣》),見《寰宇記》卷一四七,皆見於朱氏輯本。另兩條《類要》以後地志有引録,分别爲:1. 武林山(卷一《兩浙路·杭·錢塘縣》),見《方輿勝覽》卷一;2. 平棘(卷七《平棘縣·平棘縣》),見《新定九域志》卷二《趙州》古迹門,朱氏據《水經注》及《路史》輯入,較簡略。另有三條未見引録,輯本未收:

(上虞縣)夏禹與諸侯會計,因相虞樂於此地。(卷一《兩浙路·越·上虞縣》引《十三州志》)

【考釋】此條《太平寰宇記》卷九六引作"郡國志"。

---

① 參王力波:《闞駰及其著作研究》,載《古籍整理研究學刊》2004年第5期。
② 見《宋書》卷九八《大且渠蒙遜傳》,第2416頁。

鉅鹿東北七十里有紂所作沙丘臺。(卷七《龍岡縣·平鄉縣》引《十三州志》)

堂陽城縣有九門城。(卷七《冀·武邑縣》引《十三州志》)

《輿地志》三十卷,陳顧野王撰,《隋志》、兩《唐志》地理類著録,《見在書目》土地家卷數漫涣,又見《御覽經史綱目》。顧野王,事迹具《陳書》卷三〇本傳。《隋志》地理類序曰:"陳時顧野王抄撰衆家之言,作《輿地志》。"[①]《御覽》及《寰宇記》所引頗及隋唐事,疑經後人增補。王謨輯本《叙録》曰:"顧氏此書,實監省陸、任二家書鈔(筆者按,指陸澄《地理書抄》二十卷與任昉《地記》二百五十二卷),集漢、魏以來二百四十家地理書大成。宋初尚有傳本,故《御覽》、樂史《寰宇記》率多采摭,而不著録於《文獻通考》,則其時已無傳矣。"[②]佚,有王謨輯本,王仁俊《補編》自今本《寰宇記》所闕之卷一一三、一一七中輯得二條,張國淦又自《永樂大典》卷三五二六中輯得五條。[③]

《類要》引七十三條,五十二條見引於此前文獻,其中五十條見《寰宇記》,分别爲:1. 陵陽子明放白龍(卷一《江南路·宣·涇縣》),2. 戰鳥圻(卷一《江南路·宣·南陵縣》),3. 孔子井(《江南路·宣·寧國縣》),見卷一〇三;4. 太原郡屬尋陽、5. 梁武帝置天水縣、6. 和城縣、7. 梁武帝立晉陽縣(卷一《江南路·江·彭澤縣》),見卷一一一;8. 孫奮爲齊王(卷一《江南路·洪·南昌縣》),9. 富城縣改豐城縣(卷一《江南路·洪·豐城縣》),見卷一〇六;10. 贛縣石室、11. 覆笥山、12. 虔州上洛山、13. 葛姥祠(卷一《江南路·虔·贛縣》),見卷一〇八;14. 吴置巴丘郡、15. 廢新淦縣、16. 東昌故縣(卷一《江南路·吉·廬陵縣》)、17. 廢安城郡(卷一《江南路·吉·安福縣》),18. 吉陽城(卷一《江南路·吉·永新縣》),見卷一〇九;19. 醮貴谷(卷一《江南路·歙·黟縣》),見卷一〇四;20. 貴池(卷一《江南路·池》),21. 武林城(卷一《江南路·池·貴池縣》),22. 梁置石埭縣(卷一《江南路·池·石埭縣》),23. 牛渚山(卷一

① 《隋書》卷三三《經籍志》二,第988頁。
② 《漢唐地理書鈔》,中華書局,1961年,第186頁。
③ 見《中國古方志考》,中華書局,1962年,第68頁。

《江南路·太平·當涂縣》),見卷一〇五;24. 樂平縣(卷一《江南路·饒·樂平縣》),見卷一〇七;25. 金牛塾(卷一《江南路·興國軍·大冶縣》),26. 大屯戍(卷二《荆湖北路·岳·巴陵縣》),見卷一一三;27. 廣陵城(卷一《兩浙路·潤·丹徒縣》),見卷八九,28. 縉雲堂(卷一《兩浙路·處·麗水縣》),見卷九九,29. 海月嶼(卷二《總叙福建路·福州·候官縣》),見卷一〇〇,30. 馬嶺山(卷二《荆湖南路·郴·郴縣》),31. 熱石(卷二《荆湖南路·郴·臨武縣》),見卷一一七;32. 新蔡(卷四《京西路·蔡·新蔡縣》),見卷一一,33. 籠水(卷四《京東路·淄·淄川縣》),34. 長白山(卷四《京東路·淄·長山縣》),見卷一九,35. 彭城險固(卷四《京東路·徐》),見卷一五,36. 下邽(卷六《陝西路·華·下邽縣》),見卷二九;37. 龍州郡(卷六《淮南路·宿·蘄縣》),見卷一七;38. 巢湖(卷六《淮南路·廬·慎縣》),見卷一二六;39. 白土埭(卷六《淮南路·秦·海陵縣》),見卷一三六;40. 古盧王城(卷六《淮南路·海·朐山縣》),見卷二二;41. 皖公山神(卷六《淮南路·舒·懷寧縣》),見卷一二五;42. 馬頭城(卷六《淮南路·濠·鍾離縣》),見卷一二八;43. 徐君墓(卷六《淮南路·泗·臨淮縣》),見卷一六;44. 望女祠(卷七《保塞縣·保塞縣》),見卷六八;45. 黑水(卷八《梓州路·戎·僰道縣》),見卷七九;46. 溪龍洞(卷八《夔州路·夔·奉節縣》),47. 大昌縣(卷八《夔州路·夔·大昌縣》),見卷一四八;48. 蜀川(卷八《益州路·眉·青神縣》),見卷七四;49. 北陰郡(卷八《利州路·劍·陰平縣》),見卷八四;50. 石門(卷八《利州路·興·褒城縣》),見卷一三三。又 51. 石城(卷一《江南路·興國軍·永興縣》),見《御覽》卷四八;52. 石紐(卷六《陝西路·秦》),見《御覽》卷一六五。上五十二條,王仁俊《補編》收入第 26 條,王謨輯本收入第 1、2、4—7、9—14、18—21、23、30—33、38、39、41、42、47、50—52,共 29 條。另二十一條,其中徐福率童男女采藥(卷七《滄·鹽山縣》),見《明一統志》卷二注,其餘未見引録,王謨輯本皆未收。

(天目山)郭文宅墓在此。(卷一《兩浙路·杭·仁和縣》引《輿地志》)

怪山斗絶。望雲樓,勾踐游臺也。(卷一《兩浙路·越·會稽縣》引《輿地志》)

山陰縣西有亭曰蘭亭，晉時太守王羲之所立，以爲曲水。（卷一《兩浙路·越·山陰縣》引《輿地志》）

（千秋亭）蔡邕嘗避難，宿於此亭，仰見椽竹，知有奇音北大本、社科院本作"響"，因取以爲笛，遂爲寶器。（卷一《兩浙路·越·山陰縣》引《輿地志》）
【考釋】此條《寰宇記》卷九六引作"會稽地記"。

諸暨縣羅山，越（月）時西施鄭旦所居，有方石存，云是西施曬紗之處。（卷一《兩浙路·越·諸暨縣》引《輿地志》）
【考釋】此條《御覽》卷四七引作"孔曄會稽記"，訛字據之改。

（葛仙翁丹竈）葛弘栖隱所。（卷一《兩浙路·越·上虞縣》引《輿地志》）

京口出酒，號曰"京清"，埒於曲阿。（卷一《兩浙路·潤》引《輿地志》）

（芙蓉樓）俗傳此樓[欲]（玉）飛向江外，以鐵鏁縻之，方止。顧野王云：平望江山極目。（卷一《兩浙路·潤·丹徒縣》引《輿地志》）
【考釋】此條又見《寰宇記》卷八九，無加點字。

宋武帝所作積弩堂在唐頹山西。（卷一《兩浙路·潤·丹徒縣》）

射堂北有冬夏堂社科院本作"東夏堂"，乃謝玄立爲游踐之所。（卷一《兩浙路·潤·丹徒縣》引《輿地志》）

古人言曲阿出好酒，皆謂以後湖水所釀也。（卷一《兩浙路·潤·丹陽縣》引《輿地志》）

平陽縣有仙壇，陬有一繭竹，凡有四竹，篟娟青翠，風來動音，自成宫徵。石上常净，了無塵箨。相傳曾有道人却粒，於此羽化，故又

謂之仙石也。(卷一《兩浙路·温·平陽縣》引《輿地志》)

海鹽縣南三里爲里村,晋何準寧居焉。一夕群鳥啼噪,乃生女。他日復夜啼,後人推之,乃穆帝立準女爲後之驗也。(卷一《兩浙路·秀·海鹽縣》引《輿地志》)

晋明帝太寧元年分臨海嶠南永寧、安固、松陽、横陽及晋安之羅江,凡五縣立永嘉郡,屬揚州。(卷一《兩浙路·處》引《輿地志》)

【考釋】此條又見《御覽》卷一七一引録,無加點字。

宋元徽二年分益陽、羅、湘西三縣之界縣[巴](邑)峽流人,因置今縣。(卷二《荆湖南路·潭·湘陰縣》引《輿地志》)

【考釋】此條文字又見《資治通鑑》卷二八九注引“宋白曰”,訛字據之改。

(故人城)魯陽文子所封之邑。文子與韓戰,揮戈回日處。(卷四《京西路·許·陽翟縣》引《輿地志》)

漢成帝時,陂溢,翟方進奏罷之。帝夢上天,天帝怒曰:“何以壞我濯龍池?”(卷四《京西路·許·郾城縣》引《輿地志》)

【考釋】此條内容見《寰宇記》卷一一,未標出處。

朝邑縣即古大荔戎國,在今縣東三十步,故王城是也。漢爲臨晋故[地](記)。(卷六《陝西路·同·朝邑縣》引《輿地志》)

【考釋】此條文字見《寰宇記》卷二八,未標出處,訛字據之改。

婿水鎮,因仙人唐公望之婿所居得名。(卷八《利州路·洋·興道縣》引《輿地志》)

(丙穴)穴口廣五六尺,去平地七八尺,泉源垂注,有嘉魚,常以三月五日穴下透入水，穴口向丙，故曰丙穴。其水東流注褒水，故左思《蜀都賦》稱嘉魚出於丙水也。（卷八《利州路·興·順政縣》引《輿地志》）

【考釋】此條文字見《水經注》卷二七，未標出處。

《括地志》，又名《坤元録》、《貞觀地志》，[①]五百五十卷，唐李泰撰，《新志》地理類著録。《中興書目》、《宋志》地理類載《坤元録》十卷；又見《遂初目》，不著撰人、卷數，即《括地志》。李泰，太宗第四子，事迹具《舊唐書》卷七六、《新唐書》卷八〇本傳。貞觀十二年(638)，李泰根據蘇勗的建議開始編撰此書，[②]參與者有蕭德言、顧胤、蔣亞卿、謝偃等，[③]至十六年(642)正月奏上。[④] 書所據爲貞觀十三年大簿，[⑤]“分道計州”，[⑥]與《通典》、兩《唐書》地理志所載頗有異同，可見唐初之地理沿革。[⑦] 佚，日本東京大學史料編纂處尚存大正三年(1914)影寫殘卷數紙，係兖州曲阜縣沿革。[⑧] 舊有王謨、孫星衍輯本。今人王恢、賀次君別作新輯，分別撰有《括地志新輯》及《括地志輯校》。

《類要》引六條，其中一條引作“括地圖”，一條作“貞觀地志”，三條引作“坤元録”，分别爲：1. 龍洲（卷八《益州路·眉·彭山縣》），見《寰宇記》卷七四；2. 茶溪（卷二《荆湖南路·衡·衡陽縣》），見《御覽》卷八六七；3. 將樂山（卷二《福建路·福州·將樂縣》），見《寰宇記》卷一〇〇；4. 李奇殺蛇（卷二《福建路·邵武·邵陽縣》），見《寰宇記》卷一〇一；5. 龍宫（卷七《頓丘縣·濮陽縣》），見《寰宇記》卷五七。賀輯本失收“將樂山條”，另一條，未見引録，諸家輯本未收：

---

① 《括地志》之異名參賀次君《括地志輯校》前言，中華書局，1980 年，第 6 頁。
② 見《舊唐書》卷七六《濮王泰傳》，第 2653 頁。
③ 同注②。
④ 《唐會要》卷三六記上書在十五年正月，《舊唐書》卷七六本傳從之，按《唐大詔令集》卷四〇有《魏王泰上〈括地志〉賜物詔》，時間在十六年正月，《通鑑》卷一九六從之，是。
⑤ 見《括地志序略》，《括地志輯校》，第 2 頁。
⑥ 見《新唐書》卷八〇《濮王泰傳》，第 3570 頁。
⑦ 參賀次君：《括地志輯校》前言，第 1—2 頁。岑仲勉：《〈括地志序略〉新詮》，收入《岑仲勉史學論文集》，中華書局，2004 年，第 519—561 頁。
⑧ 圖録及金程宇跋文刊《域外漢籍研究集刊》第二輯，中華書局，2006 年，第 495—523 頁。

其山上往往有仙人及龍迹,西麓有一穴,大如龍,春則風出[東](冬),夏則出南,秋則出西,冬則出北。昔有沙門法猛以夏日入其南穴,見有石堂、石人,[欲](玉)窮諸穴,[忽](息)有人厲聲曰:"法猛師,有滯三穴,皆如南者,不宜更來。"法猛不息,不覺[忽](息)在穴外。(卷七《遂城縣·遂城縣》引《括地志》)

【考釋】此條《寰宇記》卷六七、《御覽》卷四五引作《隋圖經》,訛字據二書改。

《十道志》,又名《十道四蕃志》,十六卷,唐梁載言撰,《新志》地理類著録,《見在書目》載十二卷,《崇文目》、《郡齋》地理類載十三卷,《中興目》、《直齋》地理類載十卷,《秘書省闕書目》地理類載三卷,《宋志》地理類載十五卷。又見《御覽經史綱目》、《遂初目》,不著撰人、卷數。梁載言,事迹附見《舊唐書》卷一九〇《劉憲傳》,約卒於開元前期。① 本傳載其作《具員故事》十卷、《十道志》十六卷,書"以十道爲本,而以州縣圖志附列其下"。② 另外韓國高麗時代的唐詩選本《夾注名賢十抄詩》所引《十道志》保存了其一部分舊注,可知原書亦有注文。③ 陳振孫所見本已"多稱咸通中沿革",④則宋以後流傳之本當已經唐末人增補,不復原書之舊。⑤ 就今存佚文觀之,該書絶大多數以"某州某某郡,《禹貢》某州之域"起首,後敘秦漢之歸屬與沿革,而後載一方之名勝古迹及風俗異聞。敦煌遺書中有《諸道山河地名要略》第二殘卷(P. 2511),⑥體例與《十道志》略同。考《東觀奏記》卷中曰:"上……一日密召學士韋澳,盡屏左右,謂澳曰:'朕每便殿與節度、觀察使、刺史語,要知所委州郡風俗、物産,卿宜密採訪,撰次一文書

---

① 《太平廣記》卷三六一引《朝野僉載》曰:"唐懷州刺史梁載言晝坐廳事,忽有物如蝙蝠從南飛來,直入口中,翕然似吞一物,腹中遂絞痛,數日而卒。"中華書局,1961 年,第 2867 頁。張鷟約卒於 730 年(參李劍國《唐五代志怪傳奇敘録·遊仙窟》條,第 127 頁),既見其卒,則梁載言當卒於開元前期。

② 《玉海》卷一五引《中興書目》,第 325 頁。

③ 参岡田千惠:《〈十抄詩〉及其注本的文獻價值》,載《域外漢籍研究輯刊》第一輯,中華書局,2005 年,第 73—90 頁。

④ 見《郡齋讀書志校證》卷八,第 341 頁。

⑤ 參查屏球:《新見最早〈梁山伯與祝英臺傳〉》,《中國古代文學研究高層論壇論文集》,中華書局,2004 年,第 75 頁。

⑥ 録文見王仲犖:《敦煌石室地志殘卷考釋》,上海古籍出版社,1993 年,第 90—108 頁。

進來,雖家臣輿老不得漏洩。'澳奉宣旨,即採《十道四蕃志》,更博探訪,撰成一書,題曰《處分語》,自寫面進。"①《處分語》即《諸道山河地名要略》,②而此書以《十道四蕃志》爲藍本,故頗可窺見《十道志》之體例概貌。佚,有王謨輯本。另外,近年發現的朝鮮刻本《樊川文集》夾注中引有《十道志》五十八條,多爲道、州中地名古迹,爲他書所無。③

《類要》引《十道志》八十七條,其中一條引作"十道圖",④其中七十一條見引於此前文獻,分别爲:1. 江州(卷一《江南路·江》),2. 洪州(卷一《江南路·洪》),3. 虔州(卷一《江南路·虔》),4. 吉州(卷一《江南路·吉》),5. 袁州(卷一《江南路·袁》),6. 饒州(卷一《江南路·饒》),7. 泉州(卷二《福建路·泉》),8. 漳州(卷二《福建路·漳》),見《御覽》卷一七〇;9. 上饒縣(卷一《江南路·信·上饒縣》),見《寰宇記》卷一〇七;10. 潭州(卷二《荆湖南路·潭》)(卷二《福建路·漳》),11. 衡州(卷二《荆湖南路·衡》),12. 郴州(卷二《荆湖南路·郴》),13. 道州(卷二《荆湖南路·道》),14. 永州(卷二《荆湖南路·永》),15. 邵州(卷二《荆湖南路·邵·邵陽縣》),見《御覽》卷一七一;16. 曹州(卷四《京東路·曹》),見《御覽》卷一五九;17. 濟州(卷四《京東路·濟》),18. 沂州(卷四《京東路·沂》),19. 淄州(卷四《京東路·淄》),20. 密州(卷四《京東路·密》),21. 濮州(卷四《京東路·濮》),22. 齊州(卷四《京東路·齊》),23. 兖州(卷三《兖州》),24. 徐州(卷三《徐州》),見《御覽》卷一六〇;25. 彭城(卷四《京東路·徐》),見《寰宇記》卷一五;26. 苦泉(卷六《陝西路·同·馮翊縣》),27. 合陽縣地(卷六《陝西路·同·夏陽縣》),見《寰宇記》卷二八;28. 陝州(卷六《陝西路·陝》),見《御覽》卷一五八;29. 華州(卷六《陝西路·華》),30. 鄜州(卷六《陝西路·鄜》),見《御覽》卷一六四;31. 秦州(卷六《陝西路·秦》),32. 渭州(卷六《陝西路·渭》),見《御覽》卷一六五;33. 虢州(卷六《陝西路·虢》),見《御覽》卷一

---

① 《東觀奏記》,中華書局,1994 年,第 110 頁。"蕃",《新唐書》卷一六九《韋澳傳》作"方"。

② 參羅振玉:《敦煌本〈諸道山河地名要略〉跋》,收入《羅振玉校刊群書叙録》,江蘇廣陵古籍刻印社,1998 年,第 281—285 頁。

③ 見郝艷華:《朝鮮刻本〈樊川文集夾注〉中所輯〈十道志〉佚文》,載《文獻》2004 年第 1 期,第 108—117 頁。

④ 據《玉海》可知,書原附圖,非僅記郡縣沿革。

五九;34. 鳳州(卷六《陝西路・鳳》),35. 果州(卷八《梓州路・果》),36. 夔州(卷八《夔州路・夔》),37. 忠州(卷八《夔州路・忠》),38. 開州(卷八《夔州路・開》),39. 利州(卷八《利州路・利》),40. 興州(卷八《利州路・興》),41. 文州(卷八《利州路・文》),見《御覽》卷一六七;42. 忻州(卷六《河東路・忻》),43. 汾州(卷六《河東路・汾》),44. 澤州(卷六《河東路・澤》),見《御覽》卷一六三;45. 廬州(卷六《淮南路・廬》),見《御覽》卷一六九;46. 通州(卷六《淮南路・通》),47. 渠州(卷八《梓州路・渠》),48. 涪州(卷八《夔州路・涪》),49. 洋州(卷八《利州路・洋》),50. 集州(卷八《利州路・集》),51. 壁州(卷八《利州路・壁》),見《御覽》卷一六八;52. 梓州(卷八《梓州路・梓》),53. 廣漢(卷八《梓州路・梓》),54. 榮州(卷八《梓州路・榮》),55. 資州(卷八《梓州路・資》),56. 遂州(卷八《梓州路・遂》),57. 瀘州(卷八《梓州路・瀘》),58. 瀘州漢江陽地(卷八《梓州路・瀘》),59. 普州(卷八《梓州路・普》),60. 彭州(卷八《益州路・彭》),61. 茂州(卷八《益州路・茂》),62. 蜀州(卷八《益州路・蜀》),63. 邛州(卷八《益州路・邛》),64. 眉州(卷八《益州路・眉》),65. 嘉州(卷八《益州路・嘉》),66. 陵州(卷八《益州路・陵》),67. 雅州(卷八《益州路・雅》),68. 簡州(卷八《益州路・簡》),69. 綿州(卷八《益州路・綿》),見《御覽》卷一六六;70. 覆舡山(卷八《梓州路・梓・郪縣》),見《寰宇記》卷八二;71. 牢固冢(卷八《益州路・陵・仁壽縣》),見《寰宇記》卷八五。王謨輯本失收"普州"條。另十六條,其中微子城(卷七《高唐縣・堂邑縣》引《十道志》),見《新定九域志》卷二《棣州古迹門》;其餘十五條未見引録,王輯本或未收,或收而不全。

英巨山東有石倉廩。(卷一《江南路・撫・臨川縣》引《十道志》)

歙州新安郡,《禹貢》揚州之域,春秋時其地屬吴,後屬楚,秦屬鄣郡地,漢隸丹陽郡。成帝封其孫雲客爲廣德王,與之黟、歙,即其地也。晉平吴爲新安郡。宋、齊、梁、陳並因之。隋平陳置歙州。唐武德四年置總管,管歙、睦、衢三州。(卷一《江南路・歙》引《十道志》)

【考釋】《御覽》卷一七〇引《十道志》曰:"歙州新安郡,禹貢揚州之域,春秋時屬越,秦屬丹陽郡。"與此不同。

伍相子胥所築，故名胥城也。（卷一《兩浙路・常・晉陵縣》引《十道志》）

（象骨山）谷象曝骨於此。（卷二《荆湖北路・岳・臨湘縣》引《十道圖》）

周武建德十六年，改杞州爲滑州，取滑臺名。（卷四《京西路・滑》引梁載言曰）

（高陽里）在州城西門内。（卷四《京西路・許・長社縣》引《十道志》）

（陽翟縣）鄭之櫟邑也。（卷四《京西路・許・陽翟縣》引《十道志》）
【考釋】上二條文字又見《寰宇記》卷七，未標出處。

登州文登郡，漢牟平縣，屬東萊郡，《禹貢》青州之域，古萊子之國。（卷四《京東路・登》）
【考釋】此條又見《御覽》卷一六〇，無加點字。

（温泉）冬月有素氣如煙，相傳有三女乘車入於此泉。（卷四《京西路・郢・京山縣》）

後漢改泥陰爲富平，後魏文帝改爲定平。（卷六《陝西路・寧》引《十道志》）

義渠道，屬北郡，莽曰義溝。（卷六《陝西路・寧》引《十道志》）
【考釋】此條《御覽》一六四引作“漢志”。

戎州南溪郡，《禹貢》梁州之域，春秋爲僰侯國。秦惠王破［滇］（須）池，此地始通五尺道，漢武開置，故使唐蒙理道於此而破牂牁、夜郎，立犍爲郡。（卷八《梓州路・戎》）

維州維川郡，蓋古冉駹國。（卷八《益州路·維》引《十道志》）

【考釋】上二條又見《御覽》卷一六六，無加點字。

蓬州咸安郡，《禹貢》梁州之域，古巴國之地，土地所屬與通州同。漢爲宕渠縣，即益州巴郡地，晉又爲巴西郡地，梁置伏虞郡。（卷八《利州路·逢》引《十道志》）

巴州古巴國，土地所屬與通州同。在漢即巴郡宕渠縣地，後漢分宕渠縣北界置漢昌縣，即今州理也。（卷八《利州路·巴》引《十道志》）

【考釋】上二條又見《御覽》卷一六八，無加點字。

《郡國志》十卷，撰人不詳，《新志》、《崇文目》地理類著録。《玉海》卷一五引《中興書目》載唐曹大宗《郡國志》二卷，“始於關内，終於嶺南”。[1]《宋志》地理類同，未知與十卷本是否爲一書。此書《寰宇記》、《御覽》多有引録，載陸羽事，羽貞元末卒，[2]書成當在其後，今存佚文多記某地掌故異聞。佚，未見輯本。

《類要》引一百二十條，八十四條見引於此前文獻，分别爲：1. 敬亭山（卷一《江南路·宣·宣城縣》），見《寰宇記》卷一〇三；2. 白鶴吊陶侃母、3. 彭蠡湖（卷一《江南路·江·德化縣》），4. 匡氏兄弟（卷一《江南路·南康軍·星子縣》），見《寰宇記》卷一一一；5. 木客鳥、6. 木山廟（卷一《江南路·吉·廬陵縣》），7. 大漳樹（卷一《江南路·吉·安福縣》），8. 温水（卷一《江南路·袁·宜春縣》），見《寰宇記》卷一〇九；9. 饒州名、10. 鄱陽土出金（卷一《江南路·饒》），11. 陸羽（卷一《江南路·信·上饒縣》），見《寰宇記》卷一〇七；12. 桓岩繫書（卷一《兩浙路·越·山陰縣》）、（卷二六《鄉閭高士》），13. 蘭穹山（卷一《兩浙路·越·上虞縣》），見《寰宇記》卷九六；14. 石城山（卷一《兩浙路·蘇·吴縣》），見《寰宇記》卷九一；15. 湖州名（卷一《兩浙路·湖》），16. 烏程（卷一《兩浙路·湖·烏程縣》），見《御覽》卷一七〇；17. 金華縣臨溪水（卷一《兩浙路·婺·金華縣》），見《寰宇記》卷九七；18. 閩越（卷二《福建路·福州》），19. 神人

① 《玉海》卷一五，第325頁。
② 見《新唐書》卷一九六《陸羽傳》，第5611頁。

修真、20. 訾頭戍（卷二《福建路·福州·候官縣》），見《寰宇記》卷一〇〇；21. 候官（卷二《福建路·福州·候官縣》），見《御覽》卷一七〇；22. 漳浦水（卷二《福建路·漳》），23. 鬼侯山、24. 蠟湖有有水豹水人（卷二《福建路·漳·龍溪縣》），見《寰宇記》卷一〇二；25. 沙羨（卷二《荆湖南路·潭》），見《御覽》卷一七一；26. 楚王城、27. 楚平王獲白猿（卷二《荆湖北路·復·沔陽縣》），見《寰宇記》卷一四四；28. 單父城（卷四《京東路·濟》），見《御覽》卷一六〇；29. 青陵臺（卷四《京東路·濟·鄆城縣》），見《寰宇記》卷一四；30. 百脈水（卷四《京東路·淄·長山縣》），見《寰宇記》卷一九；31. 樊仲皮國（卷四《京東路·兖·瑕丘縣》），32. 大庭阪、33. 少昊（卷四《京東路·兖·曲阜縣》），34. 邾婁國（卷四《京東路·兖·鄒縣》），35. 廟前柏樹（卷四《京東路·兖·豐符縣》），見《寰宇記》卷二一；36. 不夜城海牛（卷四《京東路·登·文登縣》），37. 中郎城（卷四《京東路·登·黄縣》），38. 大勞山、39. 古冢（卷四《京東路·登·即墨縣》），見《寰宇記》卷二〇；40. 節女山（卷四《京東路·濰·北海縣》），見《寰宇記》卷一八；41. 沛縣（卷四《京東路·徐》），見《寰宇記》卷一五；42. 廣陵城（卷三《揚州》），見《寰宇記》卷一二三；43. 古莘國地（卷六《陝西路·同·合陽縣》），見《寰宇記》卷二八；44. 三輅山、45. 涉丘（卷六《陝西路·河中府》），見《寰宇記》卷四六；46. 角弩谷（卷六《陝西路·階》），見《寰宇記》卷一五四；47. 介子推冢、48. 阪橋城（卷六《河東路·汾·介休縣》），49. 靈泉（卷六《河東路·汾·靈石縣》），見《寰宇記》卷四一；50. 静岩山（卷六《河東路·汾·靈石縣》），見《御覽》卷四五；51. 孤谷亭（卷六《河東路·晉·臨汾縣》），見《寰宇記》卷四三；52. 城陷爲河（卷六《河東路·大通監》）、（卷六《淮南路·和·歷陽縣》），見《寰宇記》卷一二四；53. 濡須水（卷六《淮南路·廬·合肥縣》），54. 白狗仙人得道處、55. 監鄉（卷六《淮南路·廬·慎縣》），見《寰宇記》卷一二六；56. 盤石山（卷六《淮南路·泗·臨淮縣》），見《寰宇記》卷一六；57. 松湖（卷六《淮南路·黄·麻城縣》），見《寰宇記》卷一三一；58. 劉平爲彭城令（卷六《淮南路·滁·全椒縣》），見《寰宇記》卷一二八；59. 鬼市（卷六《淮南路·海·朐山縣》），見《寰宇記》卷二二；60. 干城（卷七《頓丘縣·頓丘縣》），見《寰宇記》卷五七；61. 箕星散爲幽州（卷七《保定軍》），見《寰宇記》卷六九；62. 車騎崖（卷八《梓州路·果·南充縣》），63. 將池（卷八《利州路·閬·閬中縣》），見《寰宇記》卷八六；

64. 段醫宅(卷八《梓州路・懷安・金水縣》),65. 環溪(卷八《梓州路・資・資陽縣》),66. 内江縣水(卷八《梓州路・資・内江縣》),67. 甚岡(卷八《益州路・綿・魏城縣》),見《寰宇記》卷七六;68. 獬猢(卷八《梓州路・戎》),69. 玉女冢(卷八《梓州路・戎・僰道縣》),見《寰宇記》卷七九;70. 巴蜀界(卷八《梓州路・遂・蓬溪縣》),見《寰宇記》卷八七;71. 細村(卷八《益州路・茂・汶山》),見《寰宇記》卷七八;72. 青神縣(卷八《益州路・眉・青神縣》),73. 三石關(卷八《益州路・嘉・龍游縣》),見《寰宇記》卷七四;74. 鼎鼻山、75. 朝女山(卷八《益州路・陵・仁壽縣》),76. 梓潼四接之地、77. 巴渝舞(卷八《益州路・綿》),見《寰宇記》卷八五;78. 離崖(卷八《益州路・雅》),見《寰宇記》卷七七;79. 搗衣山、80. 白馬山、81. 靈台山桃、82. 蕨山(卷八《益州路・綿・巴西縣》),見《寰宇記》卷八三;83. 褒斜(卷八《利州路・洋・真符縣》),見《寰宇記》卷一三八;84. 西子昔(卷八《利州路・劍・梓潼縣》),見《寰宇記》卷八四。另三十五條,六條見引於《類要》以後文獻,分别爲:1. 神龜臺(卷四《京西路・汝・葉縣》),見《明一統志》卷三一;2. 厲山井(卷四《京西路・隨・隨縣》),見《海録碎事》卷三下;3. 臨蒸縣得名(卷二《荆湖南路・衡・衡陽縣》),見《方輿勝覽》卷二四;4. 鰲山口(卷二《荆湖南路・衡・耒陽縣》),見《通鑑》卷六六胡注;5. 桃花源(卷二《荆湖南路・邵・邵陽縣》),見《明一統志》卷六三;6. 鴨欄山(卷二《荆湖北路・岳・臨江縣》引《郡國志》),見《明一統志》卷六二。其餘二十九條,未見引録:

楚爲菇城,春申君之邑。秦始皇滅楚,以其地置烏程縣,屬會稽郡。漢屬吴郡。吴孫皓始置吴興郡,領縣九。梁改爲震州。陳復爲吴興郡,隋平陳,郡廢。仁壽二年復置,始曰湖州,因太湖爲名。五湖之表,州以爲名。(卷一《兩浙路・湖》引《郡國志》)

縣界有長樂溪,即昔葛洪所游之處。(卷一《兩浙路・婺・金華縣》引《郡國志》)

漳浦蠟湖,隨潮之盈縮。(卷二《福建路・漳・龍溪縣》引《郡國志》)

宋泰始元年，白芒村人於湘水側夜見赤光，遂得銅鼎三百口，莫測其所自來。（卷二《荆湖南路·潭·湘陰縣》引《郡國志》）

（翻石山）[耒]（來）陽與湘潭争界，立郡爲志，翻復偷送，因名之。（卷二《荆湖南路·衡·耒陽縣》引《郡國志》）

[耒]（來）陽縣有歷水，池水中有大歷，可容百斛。（卷二《荆湖南路·衡·耒陽縣》引《郡國志》）

【考釋】此條下有"其字應作高，鼎鑊類也"一句，與《郡國志》體例不合，疑係晏殊自注。

邵陽有仙人石室，到則往往聞談誦之聲。（卷二《荆湖南路·邵·邵陽縣》引《郡國志》）

【考釋】事又見《水經注》卷三八載其事，未標出處。

後漢武陵蠻爲漢所伐，來保此岡，武陵因以得名也。（卷二《荆湖南路·邵·武岡縣》引《郡國志》）

【考釋】此條文字又見《通鑑》卷二六七胡注，未標出處。

李陵爲臨洮令，後没匈奴，邑人思而立廟。（卷二《荆湖南路·邵·武岡縣》引《郡國志》）

晉穆二年，鳳將九子來此。（卷二《荆湖北路·安·安陸縣》）

洞庭山，堯二女居之，内有君山，潛通吴會，苞山乃湘君之所游，故曰君山。（卷二《荆湖北路·岳·巴陵縣》引《郡國志》）

當陽縣青溪山有石室，云鬼谷子居處。（卷二《荆湖北路·荆門軍·當陽縣》引《郡國志》）

湛水、濮水、潁水入長鳴溝，入白雁陂。（卷四《京西路・許・長社縣》引《郡國志》）

長葛，燭之武所封邑也。（卷四《京西路・許・長葛縣》引《郡國志》）

襄城君始封之日，作翠衣玉珮，從騎於潕水之上。（卷四《京西路・許・臨潁縣》引《郡國志》）

【考釋】此條《御覽》卷五七二、《水經注》卷二一等引作"説苑"。

葉公子高好龍，冢古傳往往刻作龍立者，是其驗也。（卷四《京西路・汝・葉縣》引《郡國志》）

（武當山）蓋五嶽之流亞，漢武遣將軍戴生之於此採藥，遂得道不返，有岩泉澗凡三百七十，皆在山内。（卷四《京西路・均・武當縣》引《郡國志》）

隨侯見傷蛇，與藥，蛇後銜明珠報之，此地也。（卷四《京西路・隨・隨縣》引《郡國志》）

【考釋】此條《類聚》卷八四、《御覽》卷八〇三、九三四皆引作"搜神記"。

懸鼓山。（卷四《京西路・房・房陵縣》引《郡國志》）

蜀將孟達見城嘆曰：金城千里。（卷四《京西路・房・竹山縣》引《郡國志》）

【考釋】《寰宇記》卷一四三引作"荆州記"。

（南北兩郜）文王庶子所封。（卷四《京東路・單・成武縣》引《郡國志》社科院本作"國都城記"）

【考釋】此條《寰宇記》一四引作"國都城記"。

發干城，在堂邑西南。（卷七《高唐縣·堂邑縣》引《郡國志》）

（永年縣）《春秋》鷄澤之會，晉侯弟揚干亂行於曲梁，魏絳戮其僕，即此地也。（卷七《永年縣·永年縣》引《郡國志》）

（安平）縣北有臺路，謂之神女樓。（卷七《静安縣·安平縣》引《郡國志》）
【考釋】此條《寰宇記》卷六三載其事，未標出處。

（瀛州）以地帶瀛海，又以人物北大本、社科院本作"物色"滋瀛爲名。（卷七《瀛》引《郡國志》）

秦始皇東游築此臺，以望江海，臺下有蒲，蒲蒙而生，可以繫馬，謂之繫馬蒲，今池水已涸，蒲亦不生。（卷七《渤海縣·渤海縣》引《郡國志》）
【考釋】《寰宇記》卷六四載其事，未標出處。

（枉人山），紂殺比干於此山，因以爲名焉。（卷七《黎陽縣·黎陽縣》引《郡國志》）

（黎陽）縣界有紫泥可以封書，漢鄧常取用之。（卷七《黎陽縣·黎陽縣》引《郡國志》）

（陵井）昔東漢張道陵所開，有毒龍藏井中，及鹽神、玉女十二爲祟。天師以道力驅出毒龍，禁玉女於井下，然後人獲鹽泉之利。（卷八《益州路·陵·仁壽縣》引《郡國志》）

《唐國要圖》五卷，唐賈耽撰，褚璆重修，[1]《新志》職官類、《崇文目》地

---

① 《新唐書》卷五八《藝文志》注稱是書賈耽撰，侍御史褚璆重修，第1478頁。按據《文苑英華》三九四有蘇頲《授褚璆侍御史制》，第2004頁，則褚璆當爲玄宗時人，年輩早於賈耽，不當重修賈耽所撰之書，疑有誤。

理類著録。宋《國史志》載一卷，題“國要圖”。① 佚，未見輯本。

《類要》引二條，未見引録：

貢絲布、絲、綿布、八蠶絲。(卷一《兩浙路・蘇》引《唐國要圖》)

(鴻溝城縣)鹿臺在東，高五十尺。(卷四《京西路・鄭州・鴻溝城縣》引《唐國要圖》)

《方輿記》一百三十卷，南唐徐鍇撰，《崇文目》、《宋志》地理類著録。宋《國史》本傳載一百二十卷，②又見《御覽經史綱目》。徐鍇，事迹附見《宋史》卷四四一《徐鉉傳》。《玉海》卷一五稱其書“紀郡國事迹及程途遠近甚詳”。③《寰宇記》多用其文而不注出處。佚，未見輯本，《御覽》、《海録碎事》、《新安志》、《玉海》、《新定九域志》古迹門等多引之。

《類要》引二十二條，其中牽渠(卷四《京西路・鄭州・鴻溝城縣》引《方輿記》)見《新定九域志》卷一《鄭州古迹門》，其餘二十一條未見引録：

(官亭廟)周武王十五年置。(卷一《江南路・南康軍・星子縣》引《方輿記》)

【考釋】此條《寰宇記》卷一一一引作“州圖經”。

晉永和年中，有蛇長三十餘丈，斷道，以氣吸人。彼夭噬者蓋百數。時吴猛有神術，弟子往殺之，聚骨成[洲](州)。有[小蛇](水地)走[脱](蛇)。猛乃[云蛇](大地)是蜀之精，故蛇死，賊杜弢滅矣。(卷一《江南路・南康軍・建昌縣》引《方輿記》)

【考釋】事又見《御覽》卷八八六引雷次宗《豫章記》，稍簡，《寰宇記》卷一一一與此

① 見《玉海》卷一四，第303頁。
② 《玉海》卷一五注引《本傳》稱一百二十卷，《宋史》卷四四一未載此書卷數，《玉海》所指當爲宋國史。
③ 《玉海》卷一五，第325頁。

條略同而未標出處，訛字據之改。

(吴猛泉)人有瘡疾者，或飲或洗，悉愈。時人以寒食或三月[三日](二月)、九月九日就此祈福，多有徵驗云。是吴猛迹息之處，其泉清冷，異於他水。泉之側有臺，人謂之冷水臺。(卷一《江南路・南康軍・建昌縣》引《方輿記》)

【考釋】此條文字又見《寰宇記》卷一一一，未標出處。

(齊庾臺)在縣東三里當湖中。(卷一《江南路・南康軍・建昌縣》引《方輿記》)

【考釋】此條文字又見《寰宇記》卷一一一"庾齊臺"條，較詳，未標出處。

仙人羨門子於此得道，爲名。(卷一《江南路・南康軍・建昌縣》引《方輿記》)

安陸縣□□十里，南有鳳凰同居。晉永和四年，鳳産其上。(卷二《荆湖北路・安・孝感縣》引《方輿記》)

【考釋】此條《寰宇記》卷一三二引作"任譽荆州記"，較詳，闕文作"東四"，"同居"作"崗"。

佛寺松林嶺下有雲母泉，引流分渠，周遍庭宇，源發乳泉，[大](不)浸不盈，大旱不竭，自墨山西北至石門，廣二十里，盡生雲母。(卷二《荆湖北路・岳・華容縣》引《方輿記》)

【考釋】此條即李華《雲母泉詩序》，又見《文苑英華》卷七一六、《御覽》卷七〇，訛字據之改。

陸遜破劉備還，屯夷陵，守西陵峽口，備蜀。(卷二《荆湖北路・峽・夷陵縣》引《方輿記》)

【考釋】此條《寰宇記》卷一四七引作《吴志》。

(爾雅臺)郭璞注《爾雅》於此,臺上見有郭先生塑像、廟宇,春秋祠祭。(卷二《荆湖北路·峽·夷陵縣》引《方輿記》)

【考釋】此條文字又見《寰宇記》卷一四七,略簡,未注出處。

(武溪)有小酉山,山有石穴,中有書千卷,相傳秦人於此□筆,因留之。故梁湘東王云"訪酉陽之逸[典](輿)"是也。(卷二《荆湖北路·辰·沅縣》引《方輿記》)

【考釋】此條《御覽》卷四九引作"荆州記","□筆"作"而學"。

(辰溪縣)在辰水之陽。隋平陳,改辰陽爲辰溪縣。(卷二《荆湖北路·辰·辰溪縣》引《方輿記》)

【考釋】此條文字又見於《水經注》卷三七、《元和郡縣志》卷三一,未注出處。

(沈丘縣),司馬宣王面縛魏王陵於丘頭,因改曰武丘。(卷四《京西路·潁·沈丘縣》引《方輿記》)

《淮南子》曰:本羅山,即宜陀之基,九塞之一也。(卷四《京西路·信陽軍·羅山縣》引《方輿記》)

(抱犢)一名林慮山,蓋徙縣而改也。有三峰石、仙人樓,高五十丈,下有黄花谷,北岩出瀑布,水下注成池。黄花谷西北洞穴去地有十餘仞,下有小山孤竦,謂之玉女樓。其第二峰南名玉女臺,高九十丈。其山北第一峰名魯班門,其門竦闕昂藏,石壁霞舉。北有偏橋,即抱犢也,南接太行,北連常岳。(卷七《安陽縣·林慮縣》引《方輿記》)

邢州、廣平、清河,入昴三度。(卷七《邢》引《方輿記北大本作"輿地記"》)

(鴛鴦水)在河内縣,二水並流。(卷七《河内縣·河内縣》引《方輿經》)

（嵇康鍛竈）在河内縣北，康即晉之七賢云，有竹林在鍛竈之側。（卷七《河内縣・河内縣》引《方輿記》）

【考釋】此條文字又見《寰宇記》卷五三，未標出處。

（邗臺）在河内古縣，邗國之臺。（卷七《河内縣・河内縣》引《方輿記》）

（布鼓城）傳曰或謂之布鼓[城]（成），石勒時築在大河之曲。（卷七《博・聊城縣》引《方輿記》）

【考釋】此條《寰宇記》卷五四引作"隋圖經"，訛字據之改。

（安平縣）在縣西十五里有穀丘城，漢爲縣也。（卷七《静安縣・安平縣》引《方輿記》）

【考釋】此條《寰宇記》卷六三略同，未標出處。

今郡有毛萇宅北大本作"冢"尚存。（卷七《河間縣・河間縣》引《方輿記》）

【考釋】此條文字又見《寰宇記》卷六六，未標出處，"毛萇宅"作"宅冢"。

《地名志》，撰人不詳，史志不著録，《寰宇記》引有《古今地名記》二條，疑即此書。佚，未見輯本。

《類要》引二條，一條記蘄春得名（卷六《淮南路・和・歷陽縣》），見《寰宇記》卷一六九；另一條，未見引録：

望煙山無峰岫，昔高岳圍王思政於此，置烽候焉。（卷四《京西路・許・許由縣》引《地名志》北大本作"地里志"）

【考釋】此條文字又見《太平寰宇記》卷七，未標出處。

《應天府圖經》，撰人不詳，史志不著録。景德三年二月甲申（17日）改宋州爲應天府，[1]《圖經》成於此後。佚，未見輯本。

---

① 見《續資治通鑑長編》卷六二，第1387頁。

《類要》引一條，未見引録：

小蒙城在縣北十三里，援《史記》，莊周本邑也。《西征記》曰：莊爲蒙之漆園吏，悼惠施之没，杜門於此(足)矣。(卷三四《恬於名位》)

【考釋】此條文字又見《水經注》卷二三，衍字據之删。

《宜陽記》，魏阮籍撰，見《御覽經史綱目》。佚，劉緯毅輯本僅一條。《類要》引一條，有溢出傳世文獻之文字，輯本收而未備：

金門之竹爲律管，可以調氣，後有人移植於潁川，故曰宜陽村，至今産美竹。(卷四《京西路・許・陽翟縣》引《宜陽記》)

【考釋】此條又見《御覽》卷四二引阮籍《宜陽記》，無加點字。

《濟源縣舊圖經》，撰人不詳，史志不著録。佚，未見輯本。

《類要》引一條，未見引録：

(太行山)或云女媧山，上有女媧祠。(卷四《京西路・孟・濟源縣》引《舊經》)

《郾城縣舊圖經》，撰人不詳，史志不著録。佚，未見輯本。

《類要》引一條，未見引録：

王尊爲東郡太守，河水盛，浸瓠子金堤。尊沉白馬，使巫祝，請以身填金堤。後人立河瀆神祠於白馬津，廟因斯立名。(卷四《京西路・許・郾城縣》引《舊經》)

【考釋】事又見《寰宇記》卷九，未標出處。

《曹州記》，撰人不詳，史志不著録。佚，未見輯本。

《類要》引一條，未見引録：

(堯溝)曹即堯後,[昔](皆)帝堯嘗於此開溝也。(卷四《京東路・曹・濟陰縣》引《曹州記》)

《冀州記》,有晉裴秀、荀綽、喬潭所撰三種,所引未標主名,不知爲何人書。史志不著録。佚,劉緯毅輯有荀綽、裴秀兩種《冀州記》。

《類要》引一條,未見引録,輯本未收:

黄龍木以燒作灰,出木還成好木,故名不灰木也。(卷三五《方外奇物》引《冀州記》)

《三郡記》,邢子勵(一作"顒")撰,史志不著録,見《御覽》、《寰宇記》等引録。邢子勵,事迹不詳。《新定九域志》卷二《古迹門》引邢子勵《高陽記》,《史記》卷四三《趙世家》正義引邢子勵《趙記》,當即指三郡中高陽、趙二郡,另一郡不詳。佚,有劉緯毅輯本。

《類要》引四條,一條記聖姑祠(卷七《高陽縣・高陽縣》),見《寰宇記》卷六六,輯本失收;另三條未見引録,輯本未收:

(神柳)瀫東南有柳十株,輪囷盤屈,與諸柳異,因以爲名。(卷七《河間縣・河間縣》引《三郡記》)

永嘉四年十月十日,晝及昏方解,此冢坑忽成,左右百里,牛皆疲汗,車皆土復而無較,時人莫詳悟,因名疑冢,冢疑是坑。(卷七《河間縣・河間縣》引邢子勵《三郡記》)

(鳳凰臺)趙石勒元祠四年鳳凰見北大本作"集"於此,因築此臺。(卷七《永清縣・大城縣》引《三郡志》)

《趙記》八卷,李公緒撰,見《北史・李靈傳》。《隋志》地理類載十卷,不著撰人;又見《御覽經史綱目》。李公緒,事迹具《北齊書》卷二九、《北史》卷三三本傳。《太平御覽》多引之，叙趙地地理及風俗。佚，有朱祖延、劉緯毅輯本。

《類要》引七條，其中二條見引於此前文獻，分别爲：1. 信都（卷三《冀州》），見《御覽》卷一六一；2. 干山、言山（卷七《龍岡縣・堯山縣》），見《寰宇記》卷五九，二輯本皆收入。另五條，未見引録，二輯本未收：

（佛圖）澄先造生墓在紫陌，卒葬焉。（卷七《滏陽縣・滏陽縣》引《趙記》）

（鬥鷄臺）簡子冢。（卷七《滏陽縣・邯鄲縣》引《趙記》）

（五輅山）武靈王乘五輅車登此山。（卷七《滏陽縣・邯鄲縣》引《趙記》）

平棘縣故城内有莒臺。（卷七《平棘縣・平棘縣》引《趙記》）

（高邑縣）惠文王四年城之是也。（卷七《平棘縣・高邑縣》）

【考釋】此條《寰宇記》卷六〇引作《史記》。

《衛州圖經》，撰人不詳，史志不著録。佚，未見輯本。

《類要》引一條，未見引録：

州有共山。（卷二五《致仕上》引《衛州圖經》）

《頓丘縣舊圖經》，撰人不詳，《見在書目》載一卷，未知是否即此書。佚，未見輯本。

《類要》引一條，未見引録：

按孫盛《[雜]（難）語》：五郡孝子，中山、魏郡、鉅鹿、趙國人也，並少去鄉里，無父母所怙，相遇於衛，因結爲兄弟。朝夕相事，則積金數

萬,於空城見一老母,以掃糞爲事,兄弟拜以爲母。(卷七《頓丘縣・頓丘縣》引《舊經》)

【考釋】此條文字又見《寰宇記》卷五七,未標出處,訛字據之改。

《濮陽縣圖經》,撰人不詳,史志不著録。佚,未見輯本。

《類要》引一條,未見引録:

(樊城)樊噲爲築浦,擊章邯,遂於此城。(卷七《頓丘縣・濮陽縣》引《圖經》)

《臨漳縣舊圖經》,撰人不詳,史志不著録。佚,未見輯本。

《類要》引一條,未見引録:

(鄴城)南有三門,東曰廣陽門,中曰高陽門,西曰鳳陽門。(卷七《安陽縣・臨漳縣》引《舊經》)

【考釋】此條文字又見《水經注》卷一〇,未標出處。

《任縣舊圖經》,撰人不詳,史志不著録。佚,未見輯本。

《類要》引一條,未見引録:

(鄭公河)故長史鄭利涉所開。(卷七《龍岡縣・任縣》引《舊經》)

《清池縣圖經》,撰人不詳,史志不著録。佚,未見輯本。

《類要》引一條,未見引録:

(大宗祠)即漢河宗祠也。漢武建元元年詔曰:"河海潤千[里](已),其令祠官修山川之祠,爲年事[曲](曾)加禮。"(卷七《滄・清池縣》引《圖經》)

【考釋】詔又見《漢書》卷六《武帝紀》,訛字據之改。

《南皮縣舊圖經》，撰人不詳，史志不著録。佚，未見輯本。
《類要》引一條，未見引録：

(寒水井)魏文帝沉李井也。(卷七《滄・南皮縣》引《舊經》)

《獲嘉縣舊圖經》，撰人不詳，史志不著録。佚，未見輯本。
《類要》引一條，未見引録：

(同盟山)武王伐紂，諸侯同盟於此山。(卷七《河内縣・獲嘉縣》引《舊經》)

《堂邑縣舊圖經》，撰人不詳，史志不著録。佚，未見輯本。
《類要》引一條，未見引録：

(古戰場)孫臏與龐涓戰處。(卷七《高唐縣・堂邑縣》引《舊經》)

《滏陽縣舊圖經》，撰人不詳，史志不著録。佚，未見輯本。
《類要》引二條，未見引録：

(東魏二陵)即大司馬孝[静](青)帝[父亶]及静帝陵。(卷七《滏陽縣・滏陽縣》引《舊經》)

【考釋】此條文字又見《寰宇記》卷五六，未標出處，訛奪字據之改補。

(佛圖)澄，南天竺國沙門，右脅有孔能出[納](結)腸胃。石氏尊事之，後趙建武四年卒。(卷七《滏陽縣・滏陽縣》)

《邯鄲縣舊圖經》，撰人不詳，史志不著録。佚，未見輯本。
《類要》引一條，未見引録：

郭公者,齊處士也,家千金,築臺於此,臺成而歌曰:“邯鄲郭公九十九,伎倆[漸盡](漸書)[入]騰[口],[大](吳)兒懸高[崗],稚子東南走,不聽吾語時,應看歲在酉。”(卷七《滏陽縣·邯鄲縣》引《舊經》)

【考釋】詩又見《樂府詩集》卷八,訛字據之改。

《昭德縣舊圖經》,撰人不詳,史志不著録。佚,未見輯本。

《類要》引一條,未見引録:

北齊末,此鼓鳴,未幾,鄴城有兵,北齊滅。(卷七《滏陽縣·昭德縣》引《圖經》)

【考釋】此條文字又見《寰宇記》卷五六,未標出處。

《鷄澤縣舊圖經》,撰人不詳,史志不著録。佚,未見輯本。

《類要》引一條,未見引録:

(犁堤城)燕慕容主遣南犁堤北鎮,因築此城,遂爲名也。(卷七《臨洺縣·鷄澤縣》引《舊經》)

《深澤縣舊圖經》,撰人不詳,史志不著録。佚,未見輯本。

《類要》引一條,有溢出於傳世文獻之文字:

(李相口)一名危渡,蓋後漢光武爲赤眉所追,南馳至滹沱河,冰合而渡,因名爲危渡。(卷七《蒲陰縣·深澤縣》引《舊經》)

【考釋】此條《寰宇記》卷六〇引作“范曄漢書”。“李相口”,《新定九域志》卷二《祁州古迹門》引《圖經》作“孝相口”,無加點字。

《隆平縣舊圖經》,撰人不詳,史志不著録。佚,未見輯本。

《類要》引一條,未見引録:

（唐建初陵）隋義寧年中，陵上瑞氣五色，焕然騰空四照，遠近皆見，七日止。至開元二年，改號建初啓運，並加陵寢，置設陵官，每歲春秋，公卿巡謁，兼置羽儀二部。天寶初載四月十一日，迎真容至昭慶縣明真觀，其日又有紫白鴿兼五色慶雲見陵上，有紅色貫天。其月，州使重修陵寢，慶雲於陵上見，直陵觀壇社科院本作“直貫天”，白鶴聯飛，翔空而至。（卷七《平棘縣・隆平縣》引《舊經》）

《莫縣圖經》，撰人不詳，史志不著録。佚，未見輯本。
《類要》引一條，未見引録：

虞丘壽王於□□南築小臺，休息之暇以讀詩書。（卷七《莫縣・莫縣》引《圖經》）

《黎陽縣舊圖經》，撰人不詳，史志不著録。佚，未見輯本。
《類要》引一條，未見引録：

（伯邑考冢　伯邑考）爲紂所殺，文王收葬於此。（卷七《黎陽縣・黎陽縣》引《舊經》）

《東光縣舊圖經》，撰人不詳，史志不著録。佚，未見輯本。
《類要》引二條，未見引録：

唐貞元十八年，因官建穿井過，古井忽有烟雲，須臾有聲若雷，即有白龍飛出，又有黄龍出，白龍次出，有黄雲、黑雲，須臾大陰晦，龍遂去，即見井泉泓澄甘美，尋□□，畫圖以進，敕造龍堂，用[旌]（精）靈異。（卷七《東光縣・東光縣》引《舊經》）

趙簡子所築，故今名簡子城。（卷七《東光縣・東光縣》引《舊圖經》）
【考釋】此條《新定九域志》卷二《永静軍・古迹門》引作《隋圖經》。

《遂城縣舊圖經》，撰人不詳，史志不著録。佚，未見輯本。

《類要》引一條，未見引録：

隋煬帝東征至遂城山，東見曹世叔之妻於其墓前，坐而不起。帝怒，令平其墓。行十餘里，回望山上有美女十餘人奏管弦聲，遥語帝曰："妾是漢臣曹世叔妻，陛下何不平遼而平古人墓？"帝慚，乃於山上置北大本作"立"班姬廟。諱姬，改爲妃。（卷七《遂城縣·遂城縣》引《舊經》）

《甘州記》，撰人不詳，史志不著録。佚，未見輯本，《文選》卷二六謝靈運《七里瀨》注引一條，記桐廬七里瀨，與甘州無涉。

《類要》引一條，未見引録：

崇禮闥在東掖門内路西，即尚書省。（卷一四《侍中》引《甘州記》）

【考釋】本條文字與甘州無涉，文字又見《太平御覽》卷二一〇引《世説》，疑"甘州記"係"世説"之訛。

《同州白水縣圖經》，撰人不詳，史志不著録。佚，未見輯本。

《類要》引一條，未見引録：

石崇在縣西北。案《淮南子》云：禹得苑曲委書，知龍名水要，理漆沮，有黄龍慢期焉，禹奪其水，因棄之漆沮，則有洛水也。今此溪正在洛水南，豈禹所棄龍處。（卷九《帝雜著撰》引《同州[白]水縣圖經》）

《豫章記》一卷，劉宋雷次宗撰，《隋志》、《新志》地理類著録。《崇文目》地理類載三卷，又見《御覽經史綱目》。雷次宗，事迹具《宋書》卷九三、《南史》卷七五本傳。書作於元嘉六年(429)，[①]記豫章風物、土俗。佚，有劉緯毅輯本。

---

① 重編《説郛》弓六七上引《豫章古今記》曰："雷次宗……元嘉六年撰《豫章記》。"

《類要》引十一條，其中十條見《寰宇記》，分別爲：1. 廣陵天子氣（卷一《江南路・洪》），2. 豫章（卷一《江南路・洪》、卷一《江南路・南康軍》），3. 城東大湖（卷一《江南路・洪・南昌縣》），4. 龍沙堆（卷一《江南路・洪・南昌縣》），5. 鶴嶺（卷一《江南路・洪・南昌縣》），6. 昌邑築城（卷一《江南路・洪・南昌縣》），7. 許子將墓（卷一《江南路・洪・南昌縣》），8. 豫章寶劍（卷一《江南路・洪・豐城縣》），見卷一〇六；9. 諶氏墓（卷一《江南路・撫・臨川縣》），見卷一一〇；10. 漢置二郡（卷一《江南路・吉》），見卷一〇九。劉輯本皆收入。另一條，未見引録，劉輯未收：

上[繚]（遼）西五里有地名石姥官，漢昌邑王所立。（卷一《江南路・南康軍・建昌縣》引《豫章記》）

【考釋】此條《江西通志》卷三八引作《古今記》。

《尋陽記》，有劉宋張僧監、山謙之、王繚之所撰三種，所引皆未標主名，不知爲何人書。劉緯毅輯有不標主名《潯陽記》一種。

《類要》引五條，其中兩條見引於此前文獻，分別爲：1. 尋陽沿革（卷一《江南路・江》），見《御覽》卷一七一；2. 九江（卷一《江南路・江・德化縣》），見《寰宇記》卷一一一。劉輯本收入。另三條未見引録，輯本未收：

（上霄峰）秦始皇曾□□□□漢，因而名焉。（卷一《江南路・南康軍・星子縣》引《尋陽記》）

【考釋】《輿地紀勝》卷二五引《尋陽記》作"秦始皇曾登之，謂其與霄漢相接"。

桓伊爲江州刺史，常遣人尋山之興，見太湖之側有一褊槽，崇山峻極，舟楫之所不到也。傳云吴猛避難攝舟於此，追者但見龍負其舟，舟人遂委於此。又有蓮池，在廬山之絶頂，杳冥懸絶，人所希到。又有青牛谷，在五峰，皆傳云老君隱佚之所，故號青牛谷。又有康王泉，源出廬山。（卷一《江南路・南康軍・星子縣》引《尋陽記》）

有星墜水而化爲石，高五丈，周至一百五十步。（卷一《江南路・南康軍・金溪縣》引《尋陽記》）

《吉州圖經》九卷，撰人不詳，見《通志略》四。佚，未見輯本。

《類要》引一條，未見引録：

（吉州）以界内吉陽水爲郡名。（卷一《江南路・吉》引《圖經》）

【考釋】此條内容又見《寰宇記》卷一〇九，未標出處。

《南康舊圖經》，撰人不詳，見《御覽經史綱目》。佚，有劉緯毅輯本，《御覽》卷四八引一條，輯本僅收此條。

《類要》引四條，未見引録：

（簡寂觀）宋朝陸先生修養之所，先生名修静，字簡寂，吴興人也。少懷虚素之道，入隱於此地静修焉，後人以其字名觀。（卷一《江南路・南康軍・星子縣》引《圖經》）

（三峽橋寺）南齊永[明]七年諮議參軍張希奏置於尋陽城西南隅二十里。唐寶曆初，江州刺史李毅奏後於廬山五老峰南。有龍潭水、三峽橋，不北大本、社科院本作"無"爲此山之佳致。（卷一《江南路・南康軍・星子縣》引《經》）

（黄石岩）黄石公遊息之所。上下二岩，非人所及。又紫宵峰在北三十里，上有耶舍塔。又有上宵峰，在西。（卷一《江南路・南康軍・星子縣》引《舊經》）

（陶公醉石）陶淵明醉後曾憩於此，故以爲號。（卷一《江南路・南康軍・星子縣》引《舊經》）

《湘州記》，劉宋甄烈撰，見《御覽經史綱目》。甄烈，事迹不詳。佚，舊有陳運溶輯本，收三條，劉緯毅重輯本僅一條。

《類要》引七條，五條見《寰宇記》，分别爲：1. 秦立長沙郡（卷二《荆湖南路》），2. 銅官山（卷二《荆湖南路・潭・長沙縣》），見卷一一四；3. 湘東天子氣（卷二《荆湖南路・衡》），見卷一一五；4. 九疑山、5. 萬歲山（卷二《荆湖南路・郴・臨武縣》），見卷一一七。二輯本僅收"湘東天子氣"一條。另二條，未見引録，二輯本皆未收：

（王喬）山中有仙石、爐竈，煉丹處尚存。（卷二《荆湖南路・潭・醴陵縣》引甄烈《湘州記》）

屈潭之左有玉笥山，屈平放棲於此山，而作《九歌》焉。（卷二《荆湖南路・潭・湘陰縣》引甄烈《湘州記》）

《湘中山水記》三卷，晉羅含撰，盧拯注，《崇文目》、《直齋》、《宋志》地理類著録。又見《御覽經史綱目》、《遂初目》，不著撰人、卷數。羅含，事迹具《晉書》卷九二本傳。陳振孫所見本已及隋唐後事，①《類要》所引亦有唐事，知宋以來所傳本已經後人增補。舊有陳運溶輯本，收八條，未用《寰宇記》；劉緯毅重輯本僅收一條。

《類要》引十條，七條見引於此前文獻。六條見《寰宇記》，分别爲：1. 譚州俗（卷二《荆湖南路・潭》），2. 衡山、3. 青壇（卷二《荆湖南路・潭・湘潭縣》），見卷一一四；4. 九疑山（卷二《荆湖南路・道・寧遠縣》），5. 吴望山（卷二《荆湖南路・道・江華縣》），6. 舜廟（卷二《荆湖南路・永・零陵縣》），見卷一一六。另一條記湘水（卷二《荆湖南路・潭・湘陰縣》），見《類聚》卷八。二輯本僅收入"湘水"一條。另三條，未見引録，輯本未收：

汨羅水，屈原沉處也。又有屈潭。羅州亦有屈原懷沙處。（卷二

① 見《直齋書録解題》卷八，第262頁。

《荆湖北路・岳・平江縣》引《湘中山水記》)

潭州之北四十里爲白露浦，浦之内有山，山中有楓木，每年常有楓子，旱，土人縛之，必降甘雨。(卷二《荆湖北路・岳・平江縣》引《湘中山水記》)

衡山臨蒸[縣](懸)有何氏之廟，唐龍朔二年，敕道士邪行真來邳南岳府《老子明威法》，赤天將吏此廟也。(卷五《訣籙》引《湘中山水記》)

《道州記》，撰人不詳，史志不著録。《類要》所引載唐陽城爲道州刺史事，則其成書當在中唐以後。佚，未見輯本。

《類要》引一條，未見引録：

地産[民]多矮，[每](與)年常配鄉户貢其男，[號]爲矮奴。唐陽城爲刺史，不平以良爲賤，又憫其編[甿]歲有離異之苦，乃抗疏，[論](俞)而免之，自是乃停其貢，屬民皆賴之，無不泣。(卷二《荆湖南路・道》引《道州記》)

【考釋】此條又見《寰宇記》卷一一六，未標出處，訛字據之改。

《南雍州記》三卷，劉宋郭仲産撰，《隋志》地理類著録，又見《御覽經史綱目》。郭仲産，宋尚書庫部郎，①又爲南郡王從事。元嘉末於江陵城東起宅，定居於是，尋因同劉義宣之謀，被誅。② 又著有《秦州記》、《湘州記》等。③ 佚，有劉緯毅輯本。

《類要》引二條，皆未見引録，輯本未收：

岵山側有陟岵先生墓及碑。先生姓邢，不知名字，博學稽古，棄官養素於岵之山陽。(卷四《京西路・鄧・淅川縣》引郭仲産《南[雍](陽)州記》)

---

① 見《史通通釋・古今正史》，第358頁。
② 見《太平寰宇記》卷一四六引《渚宫舊事》。
③ 見《太平御覽》、《太平寰宇記》等引。

(蒙山)老萊子去楚,携室逃禄,隱於此山。(卷四《京西路·鄧·淅川縣》引《南雍州記》)

《江夏記》,見《御覽經史綱目》。最早見引於《御覽》,當爲宋以前書。張國淦自《永樂大典》輯得一條,劉緯毅有輯本。

《類要》引一條,未見引録,輯本未收:

江夏郡地名:夏口、魯口、沙陽、夏汭、鄂渚、新興、釣渚。(卷二《荆湖北路·鄂》引《江夏記》)

《武陵記》,梁伍安貧撰,史志不著録。伍安貧,字子素,武陵漢壽人,晉伍朝之後,梁朝累降玄纁之禮,辭以疾,撰此書及《晉黄門沅川記》。[①]佚,舊有陳運溶輯本,劉緯毅有重輯本。

《類要》引四條:1. 鼎州人氣和柔(卷二《荆湖北路·鼎》),見《方輿勝覽》卷三〇,陳輯本收入;2. 三雅池(卷二《荆湖北路·鼎·武陵縣》),《輿地紀勝》卷六八據《類要》轉引,陳輯本據此收入。另兩條未見引録,陳輯未收。劉輯本四條皆未收:

(司馬)錯,秦之將,定楚、黔中,夾水谷據一城,以扼五溪之要。馬援征五溪,嘗理而居之。(卷二《荆湖北路·鼎·武陵縣》引《武陵記》)

齊永明中,樂藹爲此令,於此園種桃李,其後不時剪伐,故名之。(卷二《荆湖北路·鼎·武陵縣》引《武陵記》)

《荆州圖副》,撰人不詳,史志不著録。佚,舊有王謨、陳運溶輯本,劉緯毅有重輯本。

《類要》引二條,分别爲:1. 菊水(卷四《京西路·汝》),《寰宇記》卷一四

① 見《輿地紀勝》卷六八。

二引作《荆州記》;2. 八陣圖(卷八《夔州路》、《夔州路・夔・奉節縣》),見《寰宇記》卷一四八,引作《荆州圖記》。劉輯本皆未收,王謨、陳運溶輯本收入“八陣圖”一條。另一條,未見引録,諸輯本未收:

清江水所經皆石山,無土岸,十丈見底。(卷八《夔州路・施・清江縣》引《圖副》)

《襄州圖經》,撰人不詳,史志不著録。佚,未見輯本。

《類要》引一條,未見引録:

(宜城)縣出美酒,俗號爲宜城。(卷二八《酒》引《襄州圖經》)

《武昌縣記》,撰人不詳,史志不著録。佚,未見輯本。

《類要》引一條,未見引録:

朔山之上有大竹,約長一十餘丈,圍數十尺社科院本作“數尺”,常有聲。天將雨,此竹鳴焉,而今亡矣。在州西,去州西五百七十里。(卷一《興國軍・永興縣》引《武昌縣記》)

《辰州圖經》,撰人不詳,史志不著録。佚,未見輯本。

《類要》引辰州門屋(卷二《荆湖北路・辰》引《圖經》)一條,見《方輿勝覽》卷三〇。

《歸州舊圖經》,撰人不詳,史志不著録。佚,未見輯本。

《類要》引四條,未見引録:

周成王封楚熊繹,初都丹陽,今東南有故城,後移□□。(卷二《荆湖北路・歸》引《舊經》)

【考釋】此條《寰宇記》卷一四八引作“郡國志”。

屈原,郡人。(卷二《荆湖北路·歸》引《舊經》)

(翰林亭)唐翰林學士李耳北大本、社科院本作"聶"默爲刺史,因建斯亭,嘗游宴於此。(卷二《荆湖北路·歸·秭歸縣》引《舊經》)

【考釋】此條見《方輿勝覽》卷五八,未標出處,"李耳默"作"李矗"。北宋劉延世録孫昇語所作《孫公談圃》卷中云:"公晚謫歸州,遂得唐翰林學士李矗事。矗嘗謫知此郡,唐史即不載,獨見於《圖經》。今郡宅有翰林堂,公至,歸生男子遂以矗名之。公在歸尤多詩什,有'北扉西掖青雲士,千載飄零只兩人'謂此也。蓋公爲紫微日嘗兼權直學士院。"

(玉虛洞)唐天寶五載,有人遇白鹿於此山,薄而窺之,乃有洞門初辟,清氣上屬,素煙四幕,有若虛堂,可容千人,周圍石壁,映出異物,成龍虎之形、花木之狀,居左而圓月,居右而冷鐵,如磨如琢,宛然若畫,顔色鮮麗,不可備述。中有石座者三,瑩然明白,有石乳自上瀉下,結成物象,列之前後,宛如幢節,皆温潤如玉,俗亦謂之玉空洞,三伏之際,凉若九秋。郡守以其狀奏。詔曰:"巴東郡與山縣新開玉虛洞,一應雕刻咸備,自宜建福廷,以答靈應,宜立玉虛觀於洞側。"乃御書匾額賜焉,又度道士七人以供奉。(卷二《荆湖北路·歸·秭歸縣》引《舊經》)

《江夏縣圖經》,撰人不詳,史志不著録。佚,未見輯本。

《類要》引一條,未見引録:

費禕登山,駕黄鶴臨於此地。(卷二《荆湖北路·鄂·江夏縣》引《圖經》)

《南徐州記》二卷,劉宋山謙之撰,《隋志》、兩《唐志》地理類著録,又見《御覽經史綱目》。山謙之,秣陽令,好學多著述,續成何承天《宋書》,另著有《吴興記》、《丹陽記》、《南徐州記》等。[1] 佚,有劉緯毅輯本。

《類要》引二條,一條記北固山(卷一《兩浙路·潤·丹徒縣》),見《寰宇記》

① 見《宋書》卷九四《徐爰傳》、《吴興備志》卷二三。

卷八九；另一條記慧山井（卷一《兩浙路・常・無錫縣》），見《新定九域志》卷五常州古迹門。劉輯本未收後一條。

《風土記》，又名《陽羨風土記》，[1]三卷，晉周處撰，《隋志》地理類著録，兩《唐志》載十卷。周處，事迹具《晉書》卷五八本傳。書作於吴時，分正文、注文，正文協韵，注文載故實。[2] 佚，舊有嚴可均、黄奭、王謨輯本，[3]日本守屋美都雄有《周處〈風土記〉輯本》，[4]在前人基礎上續補考訂。

《類要》引四條，三條見引於此前文獻，分别爲：1. 雷澤（卷一《兩浙路・湖・烏程縣》），見《寰宇記》卷九四；2. 周武封少子於安陽（卷一《兩浙路・常・無錫縣》），見《寰宇記》卷九二；3. 藏彄（卷一三《總叙宫掖》），見《荆楚歲時記》。另一條記餘姚得名（卷一《兩浙路・越・餘姚縣》），見《方輿勝覽》卷六、《通鑑》卷二五胡注引《風土記》，皆收入守屋美都雄輯本。

《江陰軍舊圖經》，撰人不詳，史志不著録。佚，未見輯本。

《類要》引一條，未見引録：

（申浦）春申君所開，故號申浦。（卷一《兩浙路・江陰軍》引《舊經》）

《丹徒縣舊圖經》，撰人不詳，史志不著録。《類要》已及李德裕、張祐，當作於晚唐以後。引文，佚，未見輯本。

《類要》引三條，未見引録：

（秦始皇鑿長壟）鑿處今在縣西北六里，名曰龍目湖。丹徒峴山

---

① 見《史通通釋・書志》，第 74 頁。

② 《史通通釋・補注篇》曰："周處之《陽羨風土》、常璩之《華陽士女》，文言美辭，列於章句；委曲叙事，存於細書。"第 132 頁。姚振宗《隋書經籍志考證》"風土記"條引嚴可均輯本曰："其正文協韵如古賦，而故實皆載於注，即子殷自撰，徵用者多取注而略正文。……其書撰於吴時，故曰大吴。"《二十五史補編》第四册，第 5389 頁。

③ 王謨輯本由金武祥校勘並補輯，收入《粟香室叢書》，參孫啓治、陳建華《古佚書輯本目録》，第 189 頁。

④ 刊《東洋學報》第四十四卷，第 538—551 頁。

東南連亘有似龍形，秦所鑿處正當龍目。（卷一《兩浙路・潤・丹徒縣》引《舊經》）

（招隱寺）宋戴顒嘗居於此，後以宅爲寺。詩人張祜有留題詩。有鹿跑泉，唐蔣防爲泉銘，見存寺内。有李德裕《玉蕊樹》詩刊於石，亦在焉。（卷一《兩浙路・潤・丹徒縣》引《舊經》）

招隱寺有戴顒亭。梁昭明太子曾於此讀書，因以招隱爲名。（卷一《兩浙路・潤・丹徒縣》引《舊經》）

《吴縣舊圖經》，撰人不詳，史志不著録。佚，未見輯本。
《類要》引四條，未見引録：

茅山，名山大川有洞天三十六，皆有羽客游者，金庭玉柱以隔凡。（卷一《兩浙路・蘇・吴縣》引《舊經》）

按《異聞集》云：唐儀鳳中有儒生柳毅與龍女靈姻。（卷一《兩浙路・蘇・吴縣》引《舊經》）

（陸羽泉）陸羽字鴻漸，嘗烹茶於此。（卷一《兩浙路・蘇・吴縣》引《舊經》）

（鴨城）吴王養鴨城也。（卷一《兩浙路・蘇・吴縣》引《舊經》）

闔閭之葬，銅槨三周，水銀爲池，葬三日，金精爲虎，蹲踞其上。秦皇得吴王劍，虎復蹲焉，遂西走二十五里而失。因名其地曰虎嘐音留。翻劍不能得，其地忽裂爲池。（卷一《兩浙路・蘇・吴縣》引《舊經》）

《華亭縣舊圖經》，撰人不詳，史志不著録。佚，未見輯本。
《類要》引一條，未見引録：

太湖側北陸錡宅。(卷一《兩浙路·秀·華亭縣》引《舊經》)

《會稽地志》,夏侯曾先撰,史志不著録,見《御覽經史綱目》。夏侯曾先,事迹不詳。書初見引於《寰宇記》,爲宋以前書。佚,有魯迅輯本。

《類要》引二條,《類要》以後地志有引録,分别爲:1. 謝康樂采藥處(卷一《兩浙路·明·慈谿縣》),見《新定九域志》卷五明州古迹門;2. 仙鷄山(卷一《兩浙路·明·慈谿縣》),見《寶慶四明志》卷一六。輯本皆收入。

《州僚記》,撰人不詳,史志不著録。佚,未見輯本。

《類要》引一條,未見引録:

越王作土城以貯西施,山邊有石即西施浣紗處。(卷一《兩浙路·越·會稽縣》)

【考釋】宋施宿《會稽志》卷九引作《舊經》。

《吴興山墟名》,晉張玄之撰,史志不著録,《浙江通志》卷一二載二卷,未知所據。張玄之,字祖希,吴郡人,澄之孫,顧和外孫,封晉陵侯,歷吏部尚書,出爲冠軍將軍、吴興太守,與謝玄並稱二玄。① 佚,有范鍇、繆荃孫輯本。

《類要》引七條,五條見《寰宇記》卷九四,分别爲:1. 杼山(卷一《兩浙路·湖·烏程縣》);2. 三山(卷一《兩浙路·湖·歸安縣》);3. 藝香山、4. 南嶼山、5. 紫花澗(卷一《兩浙路·湖·長興縣》)。范輯本失收 2、3、4 條,繆輯本皆收入。另外,卞山、九乳山(卷一《兩浙路·湖·烏程縣》)二條見引於《輿地紀勝》卷四,范輯本據《湖録》收入,繆輯本據《輿地紀勝》收入。

《吴興記》三卷,劉宋山謙之撰,《隋志》地理類著録,又見《御覽經史綱

① 見《世説新語箋疏·言語》注引《續晉陽秋》,第 110 頁;《晉書》七九《謝玄傳》,第 2085 頁;《隋書》卷三五《經籍志》注,第 1069 頁。

目》。書兼吴興郡所領十縣。[①] 佚,《吴興備志》卷二三存二十一條,有繆荃孫、劉緯毅輯本。

《類要》引三條,兩條見於《寰宇記》卷九四,分別爲:1. 菇城(卷一《兩浙路·湖·菇城縣》);2. 上下箬(卷一《兩浙路·湖·長興縣》)。二輯本收入。另外吴嵺山(卷一《兩浙路·湖·烏程縣》)條,見《輿地紀勝》卷四,二輯本據之收入。

《吴興雜録》七卷,唐張文規撰,《新志》地理類著録,《文獻通考》卷二〇四《經籍考》三一引"陳氏曰"同,《宋志》地理類不著撰人。張文規,延賞孫,弘靖子,彦遠父,會昌二年(842)刺吴興,[②]事迹具《舊唐書》卷一二九、《新唐書》卷一二七本傳。據《類要》所引佚文,其書多據前代文獻鈔録吴興人物、地理之軼事,並在部分條目後自注出處,"末載義興造茶及風物雜占甚詳"。[③] 佚,未見輯本。

《類要》引十四條,其中卞山(卷一《兩浙路·湖·烏程縣》),見《石柱記箋釋》卷三。另十三條,未見引録:

天目山,故鄣縣,高七千丈,廣三千里。(卷一《兩浙路·湖·烏程縣》引《吴興雜録》)

秦時程林、烏中二家以釀酒美,以此得名。始皇二十六年社科院本作"三十六年",以菇城縣附之,屬會稽郡。縣有烏亭,則古之烏鄉,烏氏所居之鄉也。今亦有烏林。漢梁孝王兔園會招文士鄒、枚、司馬相如之徒賦吴鄉酒。故張景陽□《七命》云"酒則荆南烏程"謂此也。(卷一《兩浙路·湖·烏程縣》引《吴[興雜](越新)録》)

沈景,吴興人,爲河間太守,居守清約,常食干糒充飢。見《後漢

① 見姚振宗:《隋書經籍志考證》引嚴可均輯本序,《二十五史補編》第四册,第5389頁。
② 《文獻通考》卷二〇四《經籍考》三一引"陳氏曰",第1699頁。
③ 同注②。

書》。(卷二〇《守德美》引《吴興雜録》)

【考釋】此條見《書鈔》卷一四七、《御覽》卷八六〇引謝承《後漢書》。

[薊](蘇)子訓,藝明方術,數解分身,王檢系云:子訓漢時隱身於烏程縣之餘不鄉,即今武[康]界也,卒葬烏程湖趺山。(卷二七《神異方士》引《吴興雜録》)

【考釋】薊子訓,《後漢書》卷四二有傳,訛字據之改。

皇象字休明,能書,中國之善書者皆不能及也。(卷二三《工書人》引《吴興雜録》)

嚴武字子卿,圍棋無與爲輩,時人比之葛仙翁。(卷二九《棋》引《吴興雜録》)

宋壽能占夢,十不一失。見《吴書》。(卷三五《夢》引《吴興雜録》)

曹不興善畫,吴王使不興畫屏風,落點素上,就以作蠅。既御,佞以爲真蠅,舉手彈之。見《吴書》。(卷二三《圖畫》引《吴興雜録》)

菇城鄭嫗能相,世稱八絶。見《吴書》。(卷一《兩浙路·越》、卷三五《善相》引《吴興雜録》)

【考釋】上六條皆"吴興八絶"之文,又見《三國志》卷六三《趙達傳》注引《吴録》。

趙達能算,以從漢侍[中](亡)單甫學,用思精密,謂東南有[王者氣](王氣者),可以避難,故脱身[渡](没)江,治一算之術,充其[微旨](徽官)。見《吴書》。(卷三五《星緯天文之學》引《吴興雜録》)

【考釋】事又見《三國志》卷六三《趙達傳》,訛字據之改。

沈珩字仲正,烏程人也,博習經義,善《左氏春秋》,有智謀專對之才,奉使至魏,魏文帝問珩曰:"吴嫌魏之東向乎?"珩曰:"不然。"曰:"何以言之?"曰:"《傳》有舊盟,言歸於好,是以不然也。若魏渝盟,自有預備。"又問:"聞太子當來,豈其然耶?"珩曰:"臣在彼朝,不坐[宴](謙),不與若此之議,無所聞也。"文帝善之,乃引珩直自近,與談語終

日，珩隨應，無所屈服。見《吴志》三北大本作“九”。（卷一八《出使》引《吴興雜録》）

【考釋】此條又見《三國志》卷四七《吴書》二《吴主權傳》注引《吴書》。

沈瑩，武康人也，吴主孫皓末年爲丹陽太守，晉將王濬伐吴，瑩帥衆三萬，號曰“青巾軍”，渡江與濬接戰，身死王事，時議惜之。見《吴書》。（卷二七《節士》引《吴興雜録》）

【考釋】此條原出《三國志》卷四八《吴志》三注引干寶《晉紀》。

姚公仲，武康人，常種瓜園以供食，鄉里崇之，號爲長者，或有餉遺，一無所受，人不得已，受而轉惠。見《吴志》。（卷二七《小隱》引《吴興雜録》）

計昭，吴黄武中爲車騎將軍，至歸命侯，荒乃隱禺上。晉宣帝辟，公車不就，見《吴書》。（卷二七《小隱》引《吴興雜録》）

丘昂字公表，烏程人，家貧就學，不暇就業，乃織畚以自給。（卷二六《貧》引《吴興雜録》）

［丘］（立）昂將之飩舍，見人盜刀，乃潛，久自送。（卷三二《雜句》、卷三七《歷代雜録》引《吴興雜録》）

施續有門生常秉無鬼論，忽有一單衣白袷客至，與之論鬼有無云：“我乃鬼也。”（卷三七《歷代雜録》引《吴興雜録》）

【考釋】此條《類聚》卷八八、《御覽》卷三九六引作“續搜神記”，《太平廣記》卷三二三引作“搜神記”。

太守謝安字安石，在郡無當時［譽］（齊價），去後爲人所思。（卷三三《自敘吏才》引《吴興雜録》）

【考釋】事又見《晉書》卷七九《謝安傳》。

《新安記》，南朝王篤撰，見《御覽經史綱目》。王篤，事迹不詳。佚，未見輯本。

《類要》引四條，其中二條見《寰宇記》卷一〇四，分别爲：1. 靈山、2. 主簿山（卷一《江南路・歙・歙縣》）。另二條，一條記銅官山（卷一《兩浙路・睦・建德縣》），見《新定九域志》卷五睦州古迹門。另一條，未見引録：

> 郡西南度水一里餘有雉山，其形如雉。（卷一《兩浙路・睦・青溪縣》引《新安記》）

《東陽記》一卷，宋鄭緝之撰，兩《唐志》地理類著録，又見《御覽經史綱目》。鄭緝之，官員外郎，另著《孝子傳》五卷。[1] 佚，有劉緯毅輯本。

《類要》引二條，一條記東陽境土（卷一《江南路・婺》），見《寰宇記》卷九七，收入劉輯本。另一條，未見引録，輯本未收：

> （仙都山）昔軒轅氏嘗乘車登此山，其上車轍馬迹獨存。（卷一《兩浙路・處・縉雲縣》引《東陽記》）

《天台記》，撰人不詳，史志不著録。《文苑英華》卷三三七皎然《飲茶歌送鄭客》自注已引《天台記》，其書當出中唐以前。佚，未見輯本。

《類要》引一條，未見引録：

> （石橋）橋頭有小亭，橋長七丈，南頭闊七[尺]（丈），北頭闊二尺，龍形龜背，[架]在壑上。有兩澗合流，千丈下瀉爲瀑布，過者目眩心恐。其橋南有石突起，高丈餘，甚滑難渡。橋旁有澗道，水淺可涉。橋南皆空山林木，謝靈運《山居賦》有云"凌石橋之莓苔，越楢溪之紆縈"是也。（卷一《兩浙路・台・天台縣》引《天台記》）

【考釋】此條又見《新定九域志》卷五台州古迹門，無加點字，訛字據之改。

---

① 見《册府元龜》卷五五五，第6672頁。

《餘杭縣舊圖經》，撰人不詳，史志不著録。佚，未見輯本。
《類要》引一條，未見引録：

劉令政事詳明，臨下清簡，人懷其德，吏畏其威。（卷一《兩浙路・杭・餘杭縣》引《舊經》）

（馬蹄迹）昔秦始皇時［遺迹］（貴鎖）。（卷一《兩浙路・杭・餘杭縣》引《圖經》）

《會稽縣舊圖經》，撰人不詳，史志不著録。佚，未見輯本。
《類要》引一條，未見引録：

（若耶山）葛玄學道於此山，山下有潭，潭下有石，時人號葛仙石。所隱［桐幾］（洞天）化成白鹿三，共得兩頭，各更食。（卷一《兩浙路・越・會稽縣》引《舊經》）

【考釋】此條文字又見《寰宇記》卷九六，未標出處。

《上虞縣舊圖經》，撰人不詳，史志不著録。佚，未見輯本。
《類要》引一條，未見引録：

謝安始寧塾也。（卷一《兩浙路・越・上虞縣》引《舊經》）

《桐廬縣舊圖經》，撰人不詳，史志不著録。佚，未見輯本。
《類要》引一條，未見引録：

昔桐君結廬於此山。（卷一《兩浙路・睦・桐廬縣》引《舊經》）

《縉雲縣舊圖經》，撰人不詳，史志不著録。佚，未見輯本。
《類要》引三條，皆未見引録：

(吏隱山)唐縣令李陽冰退居北□亭以宴居,因名焉。又南十步,陽冰鑿石爲滏鐏。瀑布飛泉直下三百餘尺,上有石井,周回四丈。(卷一《兩浙路·處·縉雲縣》引《縣舊經》)

(隱真洞)昔隱真先生修真之所。先生姓□氏,名處降,彭城人也。(卷一《兩浙路·處·縉雲縣》引《舊經》)

(薰溪)溪上有山岩,岩生四竹,無風自動,拂除岩石,邑人謂神靈所居。(卷一《兩浙路·處·縉雲縣》引《舊經》)

《龍泉縣舊圖經》,撰人不詳,史志不著録。佚,未見輯本。

《類要》引一條,未見引録:

(劍湖)昔日歐冶淬劍之所也。(卷一《兩浙路·處·龍泉縣》引《舊經》)

《臨海縣舊圖經》,撰人不詳,史志不著録。佚,未見輯本。

《類要》引一條,未見引録:

晉成公子安爲章安令,登赤欄橋,以望江,制《雪賦》。(卷一《兩浙路·臺·臨海縣》引《舊經》)

《瑞安縣舊圖經》,撰人不詳,史志不著録。《類要》所録已及宋真宗咸平中事。佚,未見輯本。

《類要》引一條,未見引録:

太平興國元年,縣人伐樹,木中有"天下太平"四字。咸平中,温州饑,縣界竹皆生禾實、緑荳,山谷中民獲其濟。(卷一《兩浙路·温·瑞安縣》引《縣舊經》)

《永嘉縣舊圖經》，撰人不詳，史志不著録。佚，未見輯本。

《類要》引一條，未見引録：

建南之石强真人吹玉簫之地。（卷一《兩浙路·温·永嘉縣》引《舊經》）

《巴漢志》，撰人不詳，史志不著録。佚，未見輯本。

《類要》引一條，未見引録：

涪陵巴郡之南鄙，本與楚商於之地接。（卷八《夔州路·涪》引《巴漢志》）

《黔中記》，撰人不詳，史志不著録。未見輯本。

《類要》引一條，記施地夷落（卷八《夔州路·施》），見《方輿勝覽》卷六〇。

《南越志》八卷，劉宋沈懷遠撰，《隋志》地理類著録。兩《唐志》、《宋志》地理類，《中興書目》載五卷；《崇文目》、《直齋》地理類載七卷；又見《遂初目》、《御覽經史綱目》。沈懷遠，事迹附見《宋書》卷八二《沈懷文傳》。書"載三代至晉南越疆域事迹"，[①]陳振孫稱其爲"五嶺諸書之最在前者"。[②] 佚，舊有重編《説郛》本，僅十四節，陶棟在《説郛》之外輯得數條，遠非佚文之全部。

《類要》引一條，未見引録，陶輯本未收：

諸葛恪做鴨頭舡、青雀舡、晨凫船，以鳥爲名，取其凌波辟水，則舡有[隼]（集）凫之名也云耳。（卷一三《臺榭》）

《名山志》一卷，劉宋謝靈運撰，《隋志》著録謝靈運《游名山志》與《居名山志》二種，《見在書目》著録謝靈運《游名山志》一卷，《類要》所引未知爲何書。謝靈運，事迹具《宋書》卷六七本傳。佚，嚴可均輯有《游名山志》

① 《玉海》卷一六引《中興書目》，第 336 頁。
② 《直齋書録解題》卷八，第 259 頁。

一種。

《類要》引一條，未見引録，輯本未收：

縉雲山旁有孤石屹然干雲，高二百丈，三面臨水，周圍一百五十步，頂有湖，生蓮花，北有岩相近，名曰步虚山。遠而望，即低於步虚山；逼而視之，步虚山乃居其下。二山相去一里。（卷一《兩浙路・處・縉雲縣》引謝靈運《名山記》）

峰高數十丈，或如羊角，古老相傳云：黄帝嘗煉丹於此。（卷一《兩浙路・處・縉雲縣》引謝靈運《名山記》）

《名山記》，有丹壺、謝靈運、佚名所撰數種，所引未標主名，不可考爲誰氏書。佚，王謨據《路史》輯得丹壺《名山記》一節，與《類要》所引不類。

《類要》引三條，二條未見引録，另一條較文獻所引稍詳：

（羅浮山）晉羅浮仙人所居，故名之，連亘入南海。（卷八《夔州路・涪・涪陵縣》引《名山記》）

【考釋】此條又見《寰宇記》卷一二〇引録，無加點字。

閬中山多仙聖所游集焉。（卷八《利州路・閬・閬中縣》引《名山志》）

華蓋山乃容城太王之洞天，三十六洞天中是第十八洞天也。（卷一《兩浙路・温・永嘉縣》引《名山記》）

《武夷山記》一卷，晏殊可見者有唐杜光庭與宋劉夔所撰二種，①所引未標主名，不知爲何人書。佚，未見輯本。

《類要》引一條，未見引録：

---

① 二書見《宋志》、《直齋書録解題》地理類著録。據《宋史》卷二九八《劉夔傳》，劉卒於英宗即位之初，年八十三，第9914頁，晏殊可見其所撰書。

山下聞靈刍瓊樹，空中鼓歌，步虚朝贊之聲。(卷五《法事科儀》引《武夷山記》)

《頤山録》一卷，唐陸希聲撰，《宋志》小説類著録。《新志》别集類又載陸希聲《頤山詩》一卷，《宋志》别集類作"頤山録詩"一卷，疑此書中附有詩歌。陸希聲，陸元方五世孫，仕至右拾遺，大順中棄官居常州，自號君陽遁叟，①事迹附見《新唐書》卷八八《陸元方傳》。此書"取《易》卦以名"。②佚，未見輯本。

《類要》引一條，未見引録：

[頤](顧)山之前百餘步，衆水合而東流，名曰東花溪，岸多朱藤花，花水相映，光碧交灼，故俗呼爲罨畫溪。唐刺史李(吕)相栖筠於溪南置貢茶舍，俗亦謂之東花溪舍，又名五雲溪，故獨孤及有《五雲溪新詩》凡十首。(卷一《兩浙路・常・宜興縣》)

《洞庭記》，撰人不詳，史志不著録。佚，未見輯本。

《類要》引一條，未見引録：

明月灣、銷暑灣，並在洞庭山，昔吴王玩月、消暑之所也。(卷一《兩浙路・蘇・吴縣》引《洞庭記》)

《漢水記》五卷，劉宋庾仲雍撰，《隋志》、兩《唐志》地理類著録，又見《御覽經史綱目》。庾仲雍，事迹不詳，又著有《江記》、《荆州記》、《湘州記》、《尋江源記》等。③ 佚，未見輯本。

《類要》引四條，其中二條見《寰宇記》：1. 石門山(卷八《益州路・龍・江游縣》)見卷七四；2. 白馬山(卷八《利州路・興[元府]・西縣》)，見卷一三三。

---

① 《郡齋讀書志校證》卷一《周易微旨》解題，第22頁。
② 《類要》卷一《兩浙路・常・宜興縣》頤山條。
③ 見《玉海》卷二〇、《太平御覽經史綱目》及《太平御覽》、《太平寰宇記》引録。

另二條,未見引録:

過順陽郡有白口通長安清净谷口是也。(卷四《京西路·鄧·淅川縣》引庾仲雍《漢水記》)

(信陵)城周回數里,累石數十重,即木蘭寨也。蜀軍救孟達之所。(卷四《京西路·金·洵陽縣》引庾仲雍《漢水記》)

《當白湖經》,撰人不詳,史志不著録。佚,未見輯本。

《類要》引一條,未見引録:

(齊庾臺)庾肩吾築,齊永明二年置,今廢。(卷一《江南路·南康軍·建昌縣》引《湖經北大本、社科院本作"湖舊經"》)

【考釋】此條文字又見《寰宇記》卷一一一,作"庾齊臺","二年"作"三年",未標出處。

《鄴都故事》,北齊楊楞迦撰,史志不著録,見《御覽》卷二一三、卷二二五,《寰宇記》卷五五及《類要》引録。楊楞迦,事迹不詳。《御覽經史綱目》又載《鄴城故事》一種,南宋周南亦稱楊書爲《鄴城故事》,①未知二者是否一書。佚,未見輯本。

《類要》引四條,一條題"鄴城故事",爲西門豹決漳水以溉民田事(卷七《安陽縣·臨漳縣》),見《寰宇記》卷五五。另三條未見引録:

(萬金渠),魏[都](都)鄴後起石塞堰,南引洹水入鄴,其水自堰口東流十五里至草橋,齊人溉灌有萬金之利,故名。(卷七《安陽縣·安陽縣》引楊楞伽《鄴都故事》)

【考釋】《行水金鑒》卷一六三引此條,訛字據之改。

---

① 見南宋周南《山房集》卷五《題跋·鄴城雜事記》。

三臺相去各六百步，上以複道相通，中央懸絶，鑄一銅雀，高一丈五尺，置之樓頂，臺上又起樓五重，去地三百七十尺。（卷七《安陽縣·臨漳縣》引《鄴都故事》）

在西北二里有重岡，魏文帝《校獵賦》："陵重岡，歷武城。"是也。（卷七《滏陽縣·滏陽縣》引《鄴都故事》）

《兩京新記》五卷，唐韋述撰，《新志》、《中興書目》、《宋志》地理類著録。《見在書目》土地家載四卷，又見《遂初目》，不著撰人、卷數。韋述，事迹具《舊唐書》卷一〇二、《新唐書》卷一三二本傳。書完稿於開元十年(722)，至開元末年續有增訂。① 日本殘卷第三卷止於長安城西諸坊，蓋其前三卷記西京，後二卷記東京。② 書"西京始於開皇，東都起於大業"，③詳載開元時期寺院、道觀、官廳、官人邸宅之位置、沿革及傳説，宋敏求《長安志》及《河南志》述唐代長安及洛陽坊里、建築沿革皆襲此書，而删略其神鬼故事。④ 佚，日《金澤文庫》本存第三卷，爲原本的節鈔本，省略了與寺院無關的記述及注文。⑤ 舊有曹元忠輯本，平岡武夫續拾。⑥ 近年辛德勇教授重作新輯，續有增補。⑦《類要》所引《兩京新記》佚文及考釋見《〈兩京新記〉新見佚文輯考——兼論〈兩京新記〉復原的可能性》，收入拙著《金匱探賾：唐宋文獻叢考》。

《城冢記》二卷，唐皇甫鑒撰，《郡齋》類書類著録。《秘書省闕書目》、

---

① 參妹尾達彦：《韋述的〈兩京新記〉與八世紀前葉的長安》，刊《唐研究》第九卷，北京大學出版社，2003 年。
② 見岑仲勉：《〈兩京新記〉卷三殘卷復原》，收入《岑仲勉史學論文集》，第 711 頁。
③ 《玉海》卷一六引《中興書目》，第 351 頁。
④ 參福山敏男：《兩京新記解説》，載辛德勇《兩京新記輯校》，三秦出版社，2006 年，第 4—5 頁；妹尾達彦《韋述的〈兩京新記〉與八世紀前葉的長安》，第 14—15 頁；唐雯《〈兩京新記〉新見佚文輯考——兼論〈兩京新記〉整體復原的可能性》，刊《唐研究》第十五卷，北京大學出版社，2009 年。
⑤ 見岑仲勉：《〈兩京新記〉卷三殘卷復原》，第 711 頁。
⑥ 平岡武夫編：《唐代的長安與洛陽·資料》，上海古籍出版社，1989 年。
⑦ 辛德勇：《兩京新記輯校》，三秦出版社，2006 年。

《宋志》地理類載一卷，不著撰人；又見《遂初目》，不著撰人、卷數。皇甫鑒，事迹不詳，書僅載古城所築人之姓名，未及於冢墓，①《宋志》注引其《序》稱"魏文帝三年，劉裕得此記"。② 陳樂素已指其年代不倫。③ 佚，未見輯本，《寰宇記》多有引録。

《類要》引二條，未見引録。

鯀造城門也，以其開九道，故名九門城。(卷七《冀・武邑縣》引《城冢記》)

狄滅邢、衛，齊桓公築鄴城以衛諸侯。六國時魏邑。(卷七《安陽縣・臨漳縣》引《城冢記》)

《述征記》二卷，劉宋郭緣生撰，《隋志》、兩《唐志》地理類著録。郭緣生，武昌天門太守，④隨劉裕入長安，⑤另有《武昌先賢志》二卷。⑥ 書記其入長安沿途地理風俗。⑦ 當作於晉宋之間。佚，有葉昌熾輯本，未見。

《類要》引七條，六條見引於此前文獻，分別爲：1. 君山(卷四《京東路・沂・承縣》)，見《寰宇記》卷二三；2. 汶水(卷四《京東路・兖・豐符縣》)，見《寰宇記》卷二一；3. 印頰魚；4. 渭南(卷六《陜西路・華・渭南縣》)，見《寰宇記》卷二九；5. 堯母墓(卷一〇《母后》)，見《後漢書》卷三《章帝紀》注；6. 太行山(卷七《河内縣・河内縣》)，見《寰宇記》卷五三。另一條，未見引録：

(天門山)此山東十五里有嵇康鍛竈遺迹。(卷七《汲縣・共城縣》引《述征記》)

《廣北大本作"稟"**宗記》**，撰人不詳，史志不著録。佚，未見輯本。

---

① 見《郡齋讀書志校證》卷一四，第657頁。
② 《宋史》卷二〇四《藝文志》三，第5152頁。
③ 見陳樂素：《宋史藝文志考證》，廣東人民出版社，2002年，第136頁。
④ 見《册府元龜》卷五五五，第6671頁。
⑤ 見《雍録》卷七，中華書局，2002年，第143頁。
⑥ 見《隋書》卷三三《經籍志》，第975頁。
⑦ 見《雍録》卷七，第143頁。

《類要》引一條,未見引録:

鮒鰅山,今名廣陽山。(卷七《頓丘縣·清豐縣》引《廣北大本作"稟"宗記》)

【考釋】此條文字又見《寰宇記》卷五七,未標出處。

第五章　《類要》中的詔令奏議、律令職官與典故類史書

第一節　詔令奏議

《魏名臣奏事》四十卷，晉陳壽撰，《隋志》刑法類著録。《舊志》刑法類載陳壽撰《漢名臣奏》三十卷，又二十九卷；《新志》故事類載三十卷，不題撰人。陳壽，事迹具《晉書》卷八二本傳。佚，未見輯本。

《類要》引一條，題《魏名臣表》

胡質字文德，爲荆州，加振威將軍，賜爵關内侯，還假節督青、徐諸軍事，廣農積穀，有兼年之儲。及亡，家無餘財，惟有賜衣、書篋而已。（卷二〇《郡守總事》）

【考釋】此條與《三國志》卷二七《胡質傳》同，疑是《名臣奏事》所附諸臣傳。

《王言會最》五卷，唐馬文敏集，《新志》起居注類詔令家、《崇文目》總集類著録，《宋志》總集類題"王言會最抄"。馬文敏，事迹不詳。《文苑英華》標明出於此書者二十三篇，最早爲《唐王以相國總百揆並九錫詔》，時間在義寧元年（617）十一月，①最晚爲光化元年（898）十一月之《册雅王

① 據《舊唐書》卷一《高祖紀》，李淵加九錫在義寧二年，第5頁。

文》，則書成當在唐末以後，而其收録詔命範圍與唐相終始。總《英華》及《類要》所録共得三十八篇，所存者皆册文，内容包括：皇帝繼位册文、册后文、册太子文/詔、册諸王文。這些僅僅是“王言”之一小部分，其原書内容當不止於此，《宋志》題作“王言會最抄”似較近真。另外《類要》卷一一《諸王總叙》引此書《嗣虢王爲汴王制》，標出蘇頲之名，故其書當有部分篇章標明作者姓名。佚，未見輯本。

《類要》引二十二篇，皆係殘句，其中十五篇《文苑英華》載全文，分别爲：1.《立忠王璵爲太子詔》(卷一一《儲才藝》)，見卷四四三；2.《册洺州刺史鄭王惲改封蔣王文》、3.《册雍州牧左武侯大將軍越王泰改封魏王文》、4.《册岐州刺史許王元祥改封江王文》、5.《册梁州都督漢王元昌文》、6.《封周王詔》、7.《册詔殷王旭輪文》、8.《詔册虢王鳳爲青州刺史文》、9.《詔册江王元祥爲鄜州刺史》、10.《册殷王旭輪單於大都護文》、11.《册汴王邕文》(卷一一《諸王總叙》)，見卷四四四；12.《册景王文》、13.《册輝王文》、14.《册祁王文》、15.《册雅王文》(卷一一《諸王總叙》)，見卷四四五。另六篇《唐大詔令集》載全文，分别爲：1.《授鄶王元裕等官制》、2.《荆王元景等子孫世襲刺史制》(卷一一《諸王總叙》)，見卷三五；3.《虔王諒申光節度制》(卷一一《諸王總叙》)，見卷三六；4.《册趙王孝恭改封河間郡王文》、5.《加嗣陳王實封制》、6.《册嗣澤王文》(卷一一《諸王總叙》)，見卷三八。《全唐文》皆收入。另一篇，《全唐文》及其續補諸書未收：

《肅宗立淑妃爲后册文》：自總紳清禁，執瓚彤闈，柔儀冠於六列，惠問光於四海，况經織之始，克保朕躬，允諧壺則，中參鶴鼎，常親主饋之勞；外當熊[檻](盤)，[每](海)狥忘軀之節。猷密資於帝幄，針管下逮於戎衣。佐定天下，漢后之功高；輔興王業，敢華之德善。令遣某官持節[賫](貴)璽綬袆褕，册命爲王后，某恭修玄紞，二配呈圖。(卷一〇《總叙后》引《王言會最》)

【考釋】此文《古今合璧事類備要》前集卷二一引作“唐書”，無加點字。據《舊唐書》五二《后妃傳》下，張氏，肅宗即位册爲淑妃，乾元元年(758)四月册爲皇后。

《元和制誥集》，又名《元和制集》、《元和制誥》，十卷，撰人不詳。《新志》起居注類詔令家，《崇文目》、《宋志》總集類著録。《類要》及《古今事文類聚》等宋代類書所引殘文多爲除官制。佚，未見輯本。

《類要》引十篇，其中四篇見引於後世類書，與《類要》所引文字一致，或即從《類要》抄出，分别爲：1.《除兵部郎中制》(卷一五《兵部郎中》)，見《記纂淵海》卷二八；2.《除禮部員外郎張賈制》(卷一五《禮部郎中》)，見《古今合璧事類備要》後集卷二九；3.《除國子博士韓愈爲員外》(卷一九《博士》)，4.《除和吐蕃使制》(卷一八《出使》)，見《古今合璧事類備要》後集卷四〇。另六篇，未見引録。所引十篇除《除同州刺史制》、《除和吐蕃使制》二篇，陳尚君師《全唐文補編》據《類要》收入外，其餘皆未收入《全唐文》及其續補諸書。

《司膳部員外兼侍御史知雜事》：御史之首，有以副綜綱目，關决衆士，率其等輩，條察非度，使中外向仰，無有不則，歷稽前服，爾實宜之，兼榮省署，其選唯重。(卷一六《知雜御史》引《元和制》)

《除同州刺史制》：朱博之綱絡，薛宣之密静，皆能著稱，以便斯人，酌其忠節，時乃之事，逮鰥振弊，副予所期。(卷二〇《守政績》引《元和制誥》)

【考釋】據《漢書》卷八三《薛宣、朱博傳》，朱博、薛宣皆曾任丞相，並守左馮翊。漢之左馮翊即唐之同州，《制》用朱、薛，則當是以宰相出守同州。考憲宗一朝，官宰相而後刺同州者僅鄭絪一人，①故疑此篇爲除鄭絪同州刺史制。

延壽之志必勵善，何武之遺愛在人。(卷二〇《守政績》引《元和制誥》)

【考釋】此條闕題，出《守政績》門，疑爲自刺史遷某官制。

《刺史制》：適其全器，俾領瑞符。(卷二〇《郡守總事》引《元和制誥》)

---

① 參《唐刺史考全編》第一册，第130—132頁。

解綬退藩。(卷二〇《郡守總事》引《元和制誥》)

【考釋】此條原文"解綬退藩"下有晏殊自注曰:"謂前任節度營田副使。"

《除刺史制》:振業遺黎,訓我之事。(卷三三《能政中》引《元和制詔》六)

《除太子賓客大都督府司馬》:猶籍護儲之貴,是兼半刺之榮。(卷一九《太子賓客》引《元和制誥》)

《玉堂遺範》三十卷,後梁李琪集,《崇文目》總集類、《宋志》總集類著録。李琪,事迹具《舊五代史》卷五八、《新五代史》卷五四本傳。《通志略》八"玉堂遺範"條注曰:"梁李琪纂唐以來禁林書詔。"①《文苑英華》標明出於此書者五十四篇,包括赦文、德音、册文、制(命相、授節度),最早爲貞元二十一年(805)五月的《授范希朝神策軍節度使制》(卷五五二),②最晚爲咸通四年(863)《楊收加恩制》(卷四四九),疑此書所收大抵皆唐後期詔敕。

《類要》引《韓弘自司徒平章事加兼侍中制》(卷一六《侍中》引《玉堂遺範》)一篇,文見《文苑英華》卷四五二,題"授韓弘宣武軍節度使制"。

第二節　律令職官類史書

《漢官儀》十卷,東漢應劭撰,《隋志》、兩《唐志》職官類,《見在書目》儀注家著録,《崇文目》、《中興書目》、《直齋》職官類,《宋志》儀注類載一卷;又見《御覽經史綱目》、《遂初目》,不著撰人、卷數。應劭,應奉子,事迹具《後漢書》卷四八本傳。《後漢書》本傳曰:"乃綴集所聞,著《漢官禮儀故

---

① 《通志·藝文略》八,第1789頁。
② 據《舊唐書》卷一四《順宗紀》,范希朝爲神策軍節度使在順宗即位之初之貞元二十一年(805)五月,第407頁。

事》，凡朝廷制度、百官典式，多劭所立。”①據唐宋類書所引，此書詳載東漢官制，故《南齊書》稱“應劭《官典》，殆無遺恨”。② 南宋流傳一卷，載東漢光武以來三公百官名氏及州里，③原書規模已然盡失。佚，有孫星衍、嚴可均輯本。

《類要》引二十五條，其中二十四條見於此前文獻，分别爲：1. 豫章郡得名(卷一《江南路·洪·南昌縣》)，見《類聚》卷六；2. 戊己校尉(卷三《東極》)，見《後漢書》卷八八《西域傳》注；3. 太史令(卷九《總叙帝文》)，見《御覽》卷二三五；4. 帝祖母(卷一〇《母后》)，見《後漢書》卷一〇下《皇后紀》注；5. 皇后(卷一〇《總叙后》)，見《御覽》卷九五八；6. 虎賁(卷一二《武士之屬》)，見《御覽》卷六八五；7. 一柱飛來(卷四《京東路·沂·臨沂縣》、卷一三《諸殿》)，見《寰宇記》卷二三；8. 太后詔太師孔光(卷一四《太師》)，見《書鈔》卷五二；9. 太傅(卷一四《太傅》)，10. 趙峻二掌銓衡(卷一四《三公》)，見《類聚》卷四六；11. 三公(卷一四《三公》)，見《御覽》卷二〇七；12. 百寮避尚書車(卷一四《令》)，13. 郎中滿歲爲侍郎(卷一五《總叙侍郎》)，14. 尚書郎職責(卷一五《總叙郎官郎中》)，15. 散騎常侍職掌(卷一六《散騎常侍》)，見《初學記》卷一一；16. 左右曹受尚書事(卷一六《門下省》)，見《御覽》卷二二〇；17. 黄門(卷一六《門下省》)，見《初學記》卷一二；18. 侍中職掌(卷一六《侍中》)，見《文選注》卷五九；19. 侍御史(卷一六《總載御史》)，見《御覽》卷二二七；20. 御史大夫(卷一六《御史大夫》)，見《書鈔》卷六四；21. 太學學生習鄉射禮(卷一九《國子監》)，見《後漢書》卷七九上《儒林傳》上注；22. 尚書官員月賜墨(卷二三《墨》)，見《初學記》卷二一；23. 崔瑗表許鴻卿(卷二六《老耄》)，見《真誥》卷二〇；24. 公車令(卷二七《徵隱士》)，見《後漢書》卷四《和帝紀》注。二輯本皆收入。另一條，未見引録，二輯本未收：

侍中有李尋爲之日久。注云：玉堂署。(卷一六《侍中》引《漢官儀》)

---

① 《後漢書》卷四八，第1614頁。
② 《南齊書》卷一六《百官志》序，第311頁。
③ 見《直齋書録解題》卷六，第171頁。

《晉令》四十卷，晉賈充等撰，兩《唐志》刑法類著録，《隋志》刑法類不題撰人，又見《御覽經史綱目》。賈充，事迹具《晉書》卷四〇本傳。《晉書》卷二《景帝紀》載咸熙元年(271)七月，奏令賈充正法律，"就漢九章增十一篇，仍其族類，正其體號，改舊律……合二十篇，六百二十條，二萬七千六百五十七言，……其餘未宜除者，若軍事、田農、酤酒，未得皆從人心，權設其法，太平當除，不入律，悉以爲令，……凡《律》、《令》合二千九百二十六條，十二萬六千三百言，六十卷，《故事》三十卷，泰始三年(467)事畢表上"。① 佚，今存文字多叙官員職掌，張鵬一有《晉令輯存》，今人徐清廉據之校補②。

《類要》引七條，其中三條見引於此前文獻，分别爲：1. 飛雲蒼隼船事(卷一三《外苑囿》)，見《御覽》卷七七〇；2. 著作郎掌起居集注事(卷一六《總叙起居》)，見《史通・史官建置》；3. 著作郎初至撰名臣傳事(卷一六《監察御史》)，見《史通・核才》，輯本收入。另四條，未見引録，輯本未收：

鄭袤字林叔，爲右丞。劉嗷字長叔，爲左丞，正色在朝，三臺肅清。(卷一四《總叙左右丞》引《晉令》)

蘭臺令史月各一行署。(卷一六《侍御史》引《晉令》)

刺史領兵者，品第四；不領兵者爲單車刺史，品第五。(卷二〇《郡守總事》引《晉令》)

刺史朝服進賢、兩梁冠，單衣介幘。(卷二〇《郡守總事》引《晉令》)

《晉官品令》，撰人不詳，史志不著録。《魏書・禮志》載劉芳議曰："《晉官品令》所制九品皆正無從，故以第八品準古下士。"③佚，有黄奭

① 見《晉書》卷三〇《刑法志》，第927頁。
② 《晉令輯存》，三秦出版社，1989年。
③ 《魏書》卷一〇八之四《禮志》，第2795頁。

輯本。

《類要》引二條，一爲三公緑綟綬事(卷一四《三公》)，見《初學記》卷一一，輯本收入；另一條，未見引録，輯本未收：

大駕出則次直，侍中護駕，正直侍中負[璽](重)陪乘。(卷一六《侍中》引《晉官品令》)

【考釋】此條文字又見《晉書》卷二四《職官志》，訛字據之改。

《齊職儀》，又名《齊職官儀》，五十卷，南齊王珪之撰，《隋志》、《新志》職官類著録。《舊志》職官類題范曄撰，誤；又見《御覽經史綱目》。王珪之，事迹具《南齊書》卷五二、《南史》卷二四本傳。書撰於元徽二年(474)，"凡在墳策，必盡詳究，是以等級掌司，咸加編録；黜陟遷補，悉該研記，述章服之差，兼冠佩之飾"，①後因王珪之被禍而未最後刊定，至永明九年(491)其子中軍參軍顥上啓以後方才入藏秘閣。②《御覽》等引録多條，其叙官制上及秦漢，不止於齊一朝。佚，未見輯本。

《類要》引六條，其中四條見引於此前文獻，分别爲：1. 尚書令佩水蒼玉(卷一四《令》)，見《初學記》卷一一；2. 侍中護駕(卷一六《侍中》)，見《御覽》卷二一九；3. 秦置諫議大夫(卷一六《諫議大夫》)，見《初學記》卷一二；4. 太倉令事(卷一九《太倉》)，見《御覽》卷二三二。另二條，一條有溢出文獻引録之文字，一條未見引録：

(給事中)齊、梁、陳皆隸集書省，與散騎同，掌侍從左右獻納。(卷一六《給事中》引《齊職儀》)

【考釋】此條又見《初學記》卷一二引録，無加點字，《齊職儀》不當言梁陳事，俟考。

(散騎常侍)與給事中同，掌侍從左右獻納，省讀文奏。(卷一六《散騎常侍》引《齊職儀》)

① 《南齊書》卷五二《王珪之傳》，第903頁。
② 同注①。

《後齊職品令》，撰人不詳，史志不著録。佚，未見輯本。《職官分紀》卷一四引有《北齊職品令》一條。

《類要》引三條，其中二條題作"齊職員令"、"後齊職令"，當皆指此書；其中三師（卷一四《三師》引《後齊職品令》）一條，見《翰苑新書》前集卷一。另二條未見引録：

諫臣七人，此則其任。（卷一六《諫議大夫》引《後齊職令》）

中書郎必須敏同宿才，妙極雕龍者爲之。（卷一六《中書侍郎》《齊職員令》）

《百官春秋》五十卷，王道秀撰，《隋志》職官類著録，兩《唐志》職官類載十三卷。王道秀，事迹不詳。佚，未見輯本。

《類要》引一條，未見引録：

漢之人曹主吏民上書，漢末公爲吏曹，掌選舉、齋祠之事。（卷一五《吏部》引王道秀《百官春秋》）

《唐職員令》，即《唐令》中一部分，《類要》引作"職員令"，所載皆唐代官員執掌，其録文及考證見《唐職員令復原與研究——以北宋前期文獻中新見佚文爲中心》一文，收入拙著《金匱探賾：唐宋文獻叢考》。

《具員故事》，又名《職總聯珠》，[1]十卷，唐梁載言撰，《見在書目》職官家，《新志》、《直齋》職官類著録。《崇文目》、《中興書目》載七卷，《宋志》職官類載十七卷，又見《遂初目》，不載撰人、卷數。《直齋書録解題》卷六曰："以唐官具員附之歷代事迹，蓋後人《職林》、《職官分紀》之類所從始也。"[2]《類要》卷一九《詹事府》所引稱詹事府爲宫尹府，按據《唐會要》

---

① 見《直齋書録解題》卷六，第 173 頁。
② 見《直齋書録解題》卷六，第 173 頁。

卷六七，武后光宅元年(684)改詹事府爲宫尹府，神龍元年(705)復舊，則書當作於武后時。佚，未見輯本。

《類要》引五條，未見引録：

魏明游宴在内，選女子六人爲女尚書，典省外奏事。(卷一〇《總叙衆嬪》引《具員故事》三)

【考釋】事見《御覽》卷九四引《魏書》、卷一四五引《魏略》，《册府元龜》卷一八〇。

晉太康中，以臺郎、御史，萬邦之俊茂，若出宰牧，頌聲興矣。(卷一五《總叙郎官郎中》引《具員故[事](制)》)

按《令·職員令》：掌總知御膳，進食先嘗，分别判局事。其局有醫十人，掌食二十人。魏、晉、宋爲尚食監，後魏爲嘗食典御，後齊至隋開皇隸門下省，大業三年分置殿内省，爲尚典御。餘奉御准此。(卷一九《尚食局》引《具員故事》)

宫尹府即詹事府，宫尹府有此名也。(卷一九《詹事府》引《具員(之)故事》)

【考釋】據《唐會要》卷六七，武后光宅元年(684)改詹事府爲宫尹府，神龍元年(705)復舊，事又見《舊唐書》卷四二《職官志》。

陳壽字永祚，師事同郡譙周，周誡曰："君雖有名，當中損折，亦非不幸也，宜深自謹慎。"平蜀後，歷十年不調。張華愛其才，以爲不致敗廢，乃爲著作郎之職。(卷二五《謫官退》引《具員故事》)、(卷三四《官未達》引《具員故事》)

【考釋】事見《晉書》卷八二《陳壽傳》。

《職林》二十卷，宋楊侃撰，《郡齋》類書類、《直齋》職官類著録。《宋志》職官類誤作三十卷，又見《遂初目》，不載撰人卷數。楊侃，後改名大雅，事迹具《宋史》卷三〇〇本傳。書作於咸平中，總一百五十二門，①因

① 《玉海》卷一一九"咸平職林"，第2276頁。

《通典》職官門增廣，①“集歷代沿革，自三公至東宫官，善惡成敗，各編其事”，②斷自五代以前，不及宋事，③明道中，“胡昉又採唐事七百四十五條附於末”。④ 元豐中，孫逢吉以此書爲藍本，增以宋朝官制，並補原有門目之闕，成《職官分紀》五十卷，故書實存於《分紀》之中。⑤ 佚，未見輯本，

《類要》引一條，未見引録：

唐至德之後，制依漢家立吏監郡故事，合天下諸州，分置二十四都督府，各依本道，糾察所管刺史以下官吏善惡，議者以爲權重，所授多非精選，請罷。其議竟不行。（卷二〇《方鎮總事》引《職林》）

【考釋】事見《通典》卷一七二《州郡》二序。《職官分紀》卷四六《采訪使》載此事，文有異同。

《王百官唐紀》，撰人不詳，史志不著録，《類要》所引涉及中唐官制，故附此節。佚，未見輯本。

《類要》引一條，未見引録：

貞元中，齊抗奏罷諸州别駕，凡百司當入别駕者，多處之於朝列。元和之後，乃偏[裨]（祖）立功者，往往多擢授儲宲之職。（卷一九《總叙東宫官》引《王百官唐紀》）

【考釋】此條文字又見《舊唐書》卷一五九《韋處厚傳》，訛字據之改。

《翰林盛事》一卷，唐張著撰，《崇文目》傳記類、《中興書目》故事類、《郡齋》職官類、《直齋》典故類、《宋志》職官類著録，又見《遂初目》，不著卷

---

① 見《郡齋讀書志校證》卷一四，第662頁。
② 同注①。
③ 秦觀：《職官分紀序》。
④ 同注①。
⑤ 見秦觀《職官分紀序》。按，《四庫總目提要》稱孫逢吉南宋人，故否定元祐七年秦觀所作之序，實則孫爲北宋富春人，秦觀之序亦見於《郡齋讀書志校證》卷五、《直齋書録解題》卷六，其結銜亦與當時所官合，故其序確出秦觀之手，其内容屬實。參羅禕楠：《孫逢吉〈職官分紀〉成書史事考略》，刊《史學月刊》2002年第9期。

數。張著，深州陸澤人，①張鷟孫輩，②德宗時人，③曾任剡尉，④又以殿中侍御史宣諭梁崇義。⑤ 書"記唐朝儒臣美事凡三十八人"，⑥"自武德中迄於天寶，首載張文成七登科者，即著之祖也"。⑦ 佚，未見輯本。

《類要》引三條，記開元前諸學士事，包括張鷟一條，題"翰林故事"。按《翰林故事》，韋執誼撰，收入《翰苑群書》中，所載皆翰林院掌故及開元後學士名録，與此不同。所引高宗征田游岩（卷二六《旌表門閭》引《翰林故事》），《廣記》注出《翰林盛事》，知此"故事"乃"盛事"之誤，或宋初有本題"翰林故事"者。另二條未見引録：

張鷟文成負天下重名而王命爲尉，因著《才命論》以自明。（卷三四《官未達》引《翰林故事》）

吴兢歷崇文、弘[文、集]（集文）賢三學士，修國史，奉詔撰《唐春秋》三十卷。二十餘[年]（面）柬史館，優詔以年老[特]（侍）許於私第修史，凡所縭録善惡必善，稱爲直筆。（卷一七《修史》引《翰林故事》）

《集賢注記》三卷，唐韋述撰，《新志》、《崇文》、《直齋》職官類著録。《中興書目》故事類、《郡齋》職官類載二卷，又見《遂初目》，不著撰人、卷數。韋述，事迹具兩《唐書》本傳。書作於天寶十五載，記"自開元十三年(725)四月迄天寶十五載(755)二月，集賢院修撰校理待制及文學直等總五十九人，開元十三年四月至天寶十四載，集賢院學士直學士三十三人"，又"隨文注釋"，⑧有天寶十五二月韋述自序，《玉海》卷四八引《中興書目》

---

① 《舊唐書》卷一四九《張薦傳》，第 4023 頁。
② 見《直齋書録解題》卷五，第 159 頁。
③ 據《舊唐書》卷一四九《張薦傳》，張薦，亦鷟孫，二人同輩兄弟，薦卒於貞元末，著當亦同代之人。
④ 同注②。
⑤ 見《唐大詔令集》卷一一八楊炎《諭梁崇義詔》。
⑥ 《郡齋讀書志校證》卷七，第 313 頁。
⑦ 同注②。
⑧ 《玉海》卷四八引《中興書目》，第 965 頁。

載之。此書南宋有二卷本，乾道九年(1173)六月洪遵校以太清樓本，遂成善本。① 佚，《玉海》存遺文甚多。有張貴祥和陶敏輯本。②

《類要》引三條，其中二條見《玉海》，分别爲：1. 玄宗撰《游儀銘》並八分書(卷九《帝雜文》)，見卷三一；2. 玄宗制《鼎實》、《酒醴》二章詩(卷九《帝歌詩》)，見卷二九。另一條，未見引録：

燕公曰："李嶠、崔融、薛稷、宋之問，皆如良金美玉，無施不可。富嘉謨之文如孤峰絶岸，壁立萬仞，叢雲蔚興，震雷俱發，誠可畏乎！若[施](試)於廊廟，則可駭矣。麗服净妝，衣之綺綉，燕歌趙舞，觀者忘憂，然類之《雅》、《頌》，則爲罪矣。"(卷二一《名臣之文》引《集賢注記》)

【考釋】事又見《大唐新語》卷八《文章》、《舊唐書》卷一九〇上《文苑傳》、《新唐書》卷二〇一《文藝傳》，"麗服净妝"云云指閻朝隱之文。

第三節 典故類史書

《魏晉儀注》，撰人不詳，史志不著録。《左傳注疏》哀公二十五年《正義》引一條，則書作於唐以前。佚，未見輯本。

《類要》引二條，其中魏有農部郎中(卷一五《户部郎中》)，見《古今合璧事類備要》後集卷二八；另一條，未見引録：

魏有考功郎。(卷一五《考功》引《魏晉儀注》)

《景龍文館記》十卷，唐武平一撰，《新志》、《崇文》傳記類，《中興書目》、《宋志》故事類著録。《直齋》傳記類載八卷，又見《御覽經史綱目》、《遂初目》，不著撰人卷數。武平一，事迹具《新唐書》卷一一九本傳。《文

① 《玉海》卷四八引《中興書目》，第965頁。
② 前者收入氏著《宋代文獻散論》，青島海洋大學出版社，1993年。後者有中華書局2015年版。

館記》之成書約在710—741年之間,①此書前七卷記修文館二十四學士與修文館掌故以及歷次文學活動,並録歷次集會唱和詩文,後三卷爲二十九學士之傳記。② 據賈晉華考證,《文館記》最晚之記載爲景龍四年(710)五月,中宗下月即崩逝,③但《類要》所引載有睿宗所作《紀聖頌》,時間在景雲元年(710)十一月,④然則書之記載及於中宗崩後。書之前七卷編年並録詩文,後三卷紀傳,⑤南宋已佚去兩卷。⑥ 佚,有賈晉華《景龍文館記輯考》。⑦

《類要》引六條,其中館中文具條(卷九《神翰》引《景龍文館集》),見《文房四譜》卷一,《輯考》收入;另五條,未見引録,《輯考》未收:

劉憲《頌》:土事不飾,木功不雕。(卷九《帝省費》引《景龍記》)

【考釋】劉憲嘗預景龍文館之游,《文館記》中多有劉憲唱和詩文,故其頌載入此書。

《祭韋滑文》:含章[挺](梃)淑,率禮道和,洽陽生德,元城啓。(卷一〇《後德美》引《景龍記》)

【考釋】此條下有注文曰:"滑,后從父兄也。"或爲《文館記》原注。韋滑,韋温弟,《新唐書》卷二〇六《韋温傳》曰:"滑初兼修文館大學士時,熒惑久留羽林,后惡之,方滑從至温泉,后毒殺之以塞變。"據《輯校》,中宗等幸温泉在景龍三年(709)十二月,韋滑之卒大約即在其時。

---

① 陶敏《景龍文館記考》(載《文史》48期,第221—236頁)認爲《舊唐書·經籍志》未收此書,則開元中修《群書四部録》、《古今書録》之時書尚未成,故推測書成在開元中後期。賈晉華進一步據《新唐書·武平一傳》載武卒於開元末,斷此書修成時間之上下限,見賈晉華《唐代集會總集與詩人群研究》,北京大學出版社,2001年,第45頁。

② 《玉海》卷五七:"中宗景龍二年,詔修文館置大學士、學士、直學士凡二十四員,賦詩賡唱,是書咸記録,爲七卷;又學士二十九人傳,爲三卷。"第1144頁。參賈晉華:《唐代集會總集與詩人群研究》,第46頁。

③ 見賈晉華:《唐代集會總集與詩人群研究》,第45頁。

④ 《册府元龜》卷三〇曰:"(景雲元年十一月己酉)帝思中宗之德,乃爲《紀聖頌》以揚其徽範,命有司刻之於石。"第324頁。

⑤ 參賈晉華:《景龍文館記輯校》(下簡稱"輯校"),收入《唐代集會總集與詩人群研究》,第181—278頁。

⑥ 見《直齋書録解題》卷七,第196頁。

⑦ 收入氏著《唐代集會總集與詩人群研究》,北京大學出版社,2001年。

《早朝詩》曰：珮玉朝三陛，鳴珂度九門。（卷一三《總叙皇居》引《景龍記》）

【考釋】詩韋元旦所作，名《早朝》，又見《文苑英華》卷一九〇，韋詩後有鄭愔、徐彦伯、沈佺期同題詩三首，當是一時唱和，疑皆出《文館記》。

□憲《中宗紀聖頌》曰：常令公卿從臣於殿内酣燕，奏□藝，以爲笑樂。儒士郭山惲頌《鹿鳴》而諷焉，既沮其情，衆爲之□□。明晨，山惲被召見，宣制嘉美，賜衣一襲，仍付史官。（卷一八《諷諫》引《景龍記》）

【考釋】此頌《全唐文》及其續補諸書未收。《册府元龜》卷三〇曰："（景雲元年十一月己酉）帝思中宗之德，乃爲《紀聖頌》以揚其徽範，命有司刻之於石。"《新唐書》卷一八九《郭山惲傳》、《資治通鑑》卷二〇九景龍三年（709）二月載其事。

李嶠字巨山，終年七十，前與王勃、楊炯相接，中與崔[融]、蘇味道齊名。時先輩諸公並殂，獨李嶠凡在金門。[學者]（昔）取則焉。（卷二一《大臣之文》引《景龍記》）

【考釋】此條當在《文館記・文士傳》中，"凡在金門"下當有闕文。事又見《新唐書》卷一二三《李嶠傳》，訛奪字據之改。

《大唐故事稽疑》十卷，唐崔立撰，《崇文》雜史類著録，《宋史》舊事類題"故事稽疑"。崔立，事迹不詳，《册府元龜》卷五九二有太常博士崔立，未知是否即撰此書者。佚，未見輯本，《施注蘇詩》卷三〇《書渾令公燕魚朝恩圖》注引一條，

《類要》引一條，未見引録：

天寶七載，吏部尚書韋緡奏："御案褥床帳，望去紫用赭黄。"制可。（卷九《帝儀服》引崔立《大唐故事稽疑》）

第六章　《類要》中的類書

《圖書會粹》六卷，撰人不詳，見《通志略》二《法書類》。《宋志》經部小學類題王僧虔撰，不知所據，亦與論書著作歸於一處。《太平廣記》卷二〇七引二條，乃王羲之、王獻之父子事，《類要》所引亦見於《法書要録》中，或是論書著作。佚，未見輯本。

《類要》引一條，出此書卷四，未見引録：

> 調雖苦澀，亦猶夫文王嗜菖蒲菹，孔子蹙頞而食之，三年然後得其味。一覽未察，沈研始精。（卷三二《譬喻語》、卷二八《蔬膳》引《圖書會粹》四）

【考釋】此條文字又見《法書要録》卷八所收張懷瓘《書斷》。

《百葉書抄》，唐元寬撰，史志不著録，見元稹撰《元君墓誌銘》及《元氏墓誌銘》。元寬，元稹父，事迹見上述元稹所作兄、妹墓誌銘。《元氏墓誌銘》曰："我府君……嘗著《百葉書要》以萃群言，秘牒一開，則萬卷皆廢，由是懼夫百氏之徒，一歸於我囿，所不樂也，故世莫得傳焉。"①《元君墓誌銘》曰："先府君叢集群言，裁成《百葉書抄》，君……日……課寫千言，三歲乃卒業。"②則是書曾經其子傳寫。《類要》所引部分標卷數，一則作卷一四，則其書北宋有流傳，篇幅至少十四卷。③ 佚，未見輯本。

《類要》引十四條，未見引録：

---

① 《元稹集》卷五八，第 610 頁。
② 同上書卷五七，第 605 頁。
③ 本節提要參陳尚君師《晏殊〈類要〉研究》，第 312 頁。

主父使李庇視中山。曰:"可攻也。其君好見岩穴之士,布衣之人。"主父曰:"是賢君也。"庇曰:"上顯岩穴之士則戰士怠,尊學者則農夫惰。農夫惰則國家貧,戰士怠則兵弱,不亡何[待](符)!"上使攻之,果滅。(卷三二《聖賢理論》引《百葉書[抄]》四)

【考釋】此條下有按語曰:"此疑出於《後語》,當考。"

《御覽》抄集百家之言,以類集事,並蕭梁南朝撰之,名曰《華林遍略》,將示北齊,欲以相矜衒。齊□□祖孝征令衆工繕寫,一夕而畢,以示南朝,曰:"我皇□於修文殿親覽集,彼何功焉?"乘伏其機變,世稱《修文御覽》焉。(卷九《帝雜著撰》引《百葉書抄》四)

【考釋】北齊文襄一夕繕寫《華林遍略》事見《北齊書》卷三九《祖珽傳》。

《晉書》云:裴頠雖后之戚屬。(卷一一《宗室女》引《百葉書抄》四)

【考釋】事見《晉書》卷三五《裴頠傳》。

《[晉](昔)書》:陳[留](舊)周震,累爲諸府所辟,書既下,公輒喪,士人僉號震爲"殺公掾"。及魏[舒](書)命之,竟無所患焉。(卷一九《總叙官屬》引《百葉書抄》四)

【考釋】此條又見《晉書》卷四一《魏舒傳》,訛字據之改。

《古艷歌》曰:今日良宴會,歡[樂]難[具](其)陳。天公出美酒,河伯出鯉魚。青龍前鋪席,白虎持榼壺。南斗工琴瑟,北斗吹笙竽。(卷二八《飲酒宴》引《百葉書抄》四)

【考釋】《御覽》卷五三九録此詩爲二首:"今日良宴會"二句,題"古詩","天公出美酒"以下題"古艷詩",二詩比鄰排列。

《文選》,梁昭明太子與文儒何遜、劉孝綽選集《風》、《雅》以降文章善者,體格精逸,文自簡舉,古今莫儔,故世傳貴之。(卷二一《總叙文》引《百葉書抄》四)

【考釋】《玉海》卷五四引《中興書目》言《文選》乃昭明太子與何遜、劉孝綽集，①學界認爲不知所據，一般持否定態度，②而由《百葉書抄》此條可知，《中興書目》所載本於唐人舊説。元稹父元寬大抵盛唐時人，其編《百葉書抄》蓋在大曆年間，③故此條所載當是中唐以前之傳説也。關於《文選》撰修之年代，學界多有討論，較早有何融《〈文選〉編撰時期及編者考略》，後又有清水凱夫先生《〈文選〉編輯的周圍》、穆克宏先生《〈文選〉學研究的幾個問題》、④傅剛《〈昭明文選〉研究》都提到這一問題，一般認爲，《文選》編於普通三年(522)以後，時何遜早已亡故。然《類要》卷三一《詩》又引竇常《南熏集序》曰："梁昭明太子撰《文選》，以何水部在世不録；鍾參軍著《詩評》，稱其人既往，斯文克定。"是亦以爲蕭統編撰《文選》之時，何遜尚在世。竇常中唐人，與《百葉書抄》時代相近，可知唐人認爲《文選》修撰之時間在何遜生前。

受縣記，如霹靂；得詔書，[但](擔)掛壁。(卷三三《外任下》引《百葉書抄》第四引"世話")

【考釋】語又見《初學記》卷二四、《意林》卷三、《御覽》卷一三、四九六引崔寔《政論》，"世話"蓋即俚語之意。

鮑昭《飛白》：秋毫精勁，霜素凝鮮，玷此瑶波，染彼松煙。[趣](趨)工八法，奇盡六文，輕如烟霧，重似崩雲。(卷二三《飛白》引《百葉書抄》四)

【考釋】此爲鮑照《飛白書勢銘》，見《鮑明遠集》卷一〇。

晉右將軍山陽郡守徐安子撰《五十六體書勢》一卷。(卷二三《雜書體》引《百葉書抄》四)

【考釋】《玉海》卷四五引《百葉書抄》有"徐安子《五十八體書勢》一卷"。

---

① 《玉海》卷五四，第1066頁。

② 參傅剛：《〈昭明文選〉研究》，第154頁。

③ 《元氏長慶集》卷五七所載《元君墓誌銘》乃元稹兄之墓誌，元稹兄卒於元和十四年(819)，享年六十七，則生於天寶十一載(752)年，《志》載元寬編成是書，是子爲其過録謄清，則此時其子不當小於15歲，若以其子15歲計，其書撰成大抵在大曆初年，所載傳聞，必前於此。

④ 二文皆收入《中外學者〈文選〉學論集》，中華書局，1998年。

蠶書,魯秋胡妻所作,秋胡遠仕,出採桑,閒玩集而爲書。(卷二三《雜書體》引《百葉書抄》四)

【考釋】《墨池編》卷一有類似記載,較略,《百葉書抄》所引較早。

鶴頭書,詔板所用也,在前漢謂之"尺一簡",仿佛鶴頭,故有是名。(卷二三《雜書體》引《百葉書抄》)

偃波書,[亦](示)詔板書也,下其纖,狀若連犄之文。(卷二三《雜書體》引《百葉書抄》)

蚊脚書,尚[書](雲)詔板書也,其纖垂有似蚊脚。(卷二三《雜書體》引《百葉書抄》)

【考釋】上三條見《墨藪》卷一《五十六體書勢》,排列亦同,惟文字有小異,引文訛字據之改。

宣王謂蘇秦曰:"先生不遠千里而臨寡人,[復](役)去,願聞其説(王)。"曰:"楚國之食貴於玉,薪貴於桂也,謁者難得見[如鬼],王難得見於帝。(王)今食玉炊桂,因鬼見帝,何事而不去。"(卷三四《士未遇》引《百葉書抄》四)

【考釋】文又見《戰國策》卷一六《楚策》,訛奪字據之改補。

《集類》一百卷,唐劉綺莊撰,《新志》、《崇文目》類書類、《宋志》類事類著録。劉綺莊,宣宗時人,善樂府,"嘗守藩服,與白敏中、崔元式、韋琮相知",①有集十卷,②今存詩三首,分别爲《揚州送人詩》、《置酒》與《共佳人守歲》,見《全唐詩》卷五六三與卷八八四。佚,未見輯本。

《類要》引一條,出此書卷六七,未見引録:

① 王仲鏞:《唐詩紀事校箋》卷五四,巴蜀書社,1989年,第1462頁。
② 見《通志·藝文略》八,第1769頁。

宏字彦伯，爲文峻疾，嘗作露布，倚馬而成，俄頃之間，遂得七紙有餘。（卷二一《敏贍》引《集類》六十七）

【考釋】此條叙晉袁宏事，又見《世説新語・文學》。

《古今精義》十五卷，唐薛洪撰，《新志》、《崇文目》雜家類、《宋志》類事類著録。薛洪，事迹不詳，許渾有《送薛洪南游訪山習業》詩，未知是否即此人。佚，未見輯本。

《類要》引一條，出此書卷六，未見引録：

吴中書典校吕[壹]事發，尚書郎懷叙面詈辱之。顧雍責叙。徐衆曰："惡不仁者，其爲仁矣。季武子死，曾點倚其門而歌。子晳創發，子産[催](𦋺)令自裁。以此言之，雍不當責叙也。"（卷三〇《咎徵》引《古今精義》六）

【考釋】事又見《三國志》卷五二《顧雍傳》，奪字據之補，"徐衆曰"云云見裴注。

《群書麗藻》一千卷，南唐朱遵度撰，《中興書目》、《宋志》總集類著録。《直齋》總集類載六十五卷，題崔遵度編。朱遵度，青州人，富藏書，號"朱萬卷"，不仕，閒居金陵，著《鴻漸學記》一千卷、《群書麗藻》一千卷及《漆經》數卷。① 《玉海》卷五二引《中興書目》曰："南唐朱遵度撰古今文章，著爲六例，一曰《六籍瓊華》，二百五十卷；二曰《信史瑶英》，一百八十卷；三曰《玉海九流》，三百五十卷；四曰《集苑金鑾》，五十卷；五曰《絳闕蕊珠》四十卷；六曰《鳳首龍編》，一百三十卷，合爲二百六十七門，總雜文一萬三千八百首，勒成一千卷。又別撰爲《目録》五十卷。"②《直齋書録解題》卷一五載此書六十五卷，無《目録》，"合三本共存此卷數，斷續訛缺，不復成書。當其傳寫時，固已如此矣。其目止有四種，無《金鑾》、《蕊珠》二類"。③ 則南宋時所傳書已零落不全。佚，未見輯本。

---

① 見《隆平集》卷一三、《江表志》卷二。
② 《玉海》卷五二，第 1039 頁。
③ 《直齋書録解題》卷一五，第 443 頁。

《類要》引一條，未見引録：

開元二十四年敕云："上封事者言，中秋日月會於壽星，以爲朕生於是月，欲配社而祭，於義不倫。且壽星、角、亢既爲列宿之長，復有福壽之名，豈惟朕躬獨享其應，天下萬姓寧不是懷？蓋秦王時有壽星祠，亦云舊矣，宜令有司置壽星壇，以千秋節日修其祭祀。"是月又敕云："壽星壇宜祭老人星及角、亢七星，著之常式。"（卷九《祝壽》引《群書麗藻》九）

【考釋】前敕見《册府元龜》卷三三。《唐大詔令集》卷七四，題"置壽星壇勅"，時間爲開元二十四年(737)七月。後敕見《册府元龜》卷三三。

《麟角》一百二十卷，撰人不詳，《崇文目》類書類著録，《宋志》類事類題歐陽詢撰。《通志·藝文略》七置於《御覽》、《册府元龜》等後，似以之爲宋人類書。《宋志》及《通志略》又載《麟角抄》十二卷。《御覽》引有一條，則其書最晚成於唐末五代。《類要》所引自卷六至卷八九，體例大致與《御覽》相同，其門類可考知者有《文章門》。佚，未見輯本。

《類要》引十二條，未見引録：

[朱]（宋）超詩云：落照依山盡，浮凉帶雨來。（卷三二《古今佳句》引《麟角》六）

【考釋】詩又見《類聚》卷二、《文苑英華》卷一五三，訛字據之改。

《周·天官》司會職。鄭注曰：會，大計也。司會主天下大計，[計]官之長，若今尚書令。（卷一四《令》引《麟角》十五）

【考釋】此條見《周禮·天官·冢宰》，脱字據之補。

《宋起居注》：元[嘉]（喜）中，劉[禎]（貞）爲[御]史中丞，奏（廣）："風聞[廣]州刺史韋[朗]（即）於州部作白莞三百二十領，[請以]（以請）事追免[朗]（郎）。"（卷一六《御史臺》引《[麟]角》五十六）

【考釋】此條又見《初學記》卷二五、《御覽》卷七〇九引《宋元嘉起居注》，訛字據二書改。

十二聖：帝嚳駢齒；黄帝龍顔；顓頊[戴午](載干)；堯眉八彩，長八尺；舜目重瞳龍顔；禹兩耳三膢，胸有北斗，長九尺；皋陶馬口，臂四肘，長九尺；文王龍顔四乳，長一丈；武王望羊；周公背僂；孔子反[羽](宇)。(卷九《天表》引《麟角》二十一)

【考釋】此條下有晏殊自注曰："已上謂之十二聖，必有所自。"《論衡·骨相篇》引十二聖與此略同，訛字據之改，"臂四肘"作"湯臂再肘"。

《三十國春秋》：秦置左右鎮[郎](郡)及拂蓋郎，[申](甲)香爲拂蓋郎，長一丈九尺。(卷一二《武士之屬》引《麟角》二十三)

【考釋】所引《三十國春秋》又見《錦綉萬花谷》續集卷五，無加點字。《初學記》卷二六引崔鴻《前秦録》曰："苻堅以乞活夏默爲左鎮郎，以護磨那爲右鎮郎，以奄人申香爲拂蓋郎。"本條訛字據之改。

《列女傳》云：大任文王母，耳不聽惡言，口不出放言，以胎教。(卷一〇《母后》引《麟角》二十四)

《[漢]舊儀》：侍臣左右近臣見皇后如見帝，見倢伃行則對壁，坐則伏茵。(卷一〇《倢伃》引《麟角》五十)

【考釋】此條下有晏殊自注曰："《覽》中同此。"《類聚》卷四八、《御覽》卷二一九引《漢舊儀》與此略同。

《列子》云：西極隅之古莽國，陽氣所不交，故寒暑莫辨；日月所不照，故晝夜亡分，人衣食而多睡，五日一覺，以夢中所爲者實，覺所見者妄。(卷三《西極》引《麟角》七十三、卷三五《夢》引《麟角》七十二)

洛陽明光殿前長生樹□株。(卷一三《總叙宫掖》引《麟角》八十九)

陸機《書》：建始殿前植萬年樹每株。《晉宮闕名》云：華林園有萬年樹[十]四株。(卷一三《總叙宫掖》引《麟角》)

【考釋】所引《晉宫闕名》又見《御覽》卷九五九，闕字據之補。

[靈](霧)運常言："天下[才](材)共有一石，曹子建獨得八斗，自古及今共用其二斗。"(卷二一《名士之文》引《麟角·文章門》)

【考釋】此條《佚存叢書》本《蒙求》卷中注引作《魏志》。

《文房百衲》十卷，撰人不詳，見《通志·藝文略》八。《類要》所引乃王涯事與杜正倫奏，書成當在唐末至宋初。佚，未見輯本。

《類要》引二條，未見引録：

杜正綸《彈將軍李子和居喪舉樂奏》曰：臣聞一人向隅而悲，滿堂猶爲不樂；同陰以息，分路尚有慘然。(卷二四《離别》引《文房百衲》)

【考釋】文又見《文苑英華》卷六四九，題作"彈李子和將軍文"。

王涯遷右僕射。故事，僕射入，以僕射端揆崇重，時御史中丞李漢以涯兼使職，屢有不甘其事，涯深爲輕己，乃奏論。上曰："四品官望塵而拜，御史丞道途迴避。"移就散員。(卷一四《左右僕射》引《文房百衲》)

【考釋】事又見《舊唐書》卷一七下《文宗紀》、卷一六七《李程傳》。

第七章　《類要》中的總集與樂府資料

第一節　總　　集

《類文》三百七十七卷，隋庾自直編，兩《唐志》總集類、《見在書目》總集家（雜家載二百十三卷）、《秘書省闕書目》總集類著録。《宋志》類載三百六十二卷，又見《遂初目》，不載撰人、卷數。庾自直，事迹具《隋書》卷七六本傳。周必大《乾道庚寅奏事録》曰："有書號《類文》，隋時集兩漢以來古文，多今時所無，如曹植文尤衆，植集中未嘗載。"①《類要》所引兼具詩文，其中最早爲宋玉《諷賦》，較晚爲王筠《答召陵王箋》與江淹《論隱書》，則《類文》所録範圍，上至先秦，下及隋前，爲通代詩文選集。《類要》所引多注卷數，詩前文後，卷一〇七至一一〇爲詩，卷二二六爲記，卷二六一至二六三爲議，卷三二五爲箋，卷三三〇至三三六爲書。《容齋四筆》卷二曰："予在三館，假庾自直《類文》，先以正本點撿，中有數卷，皆以後板爲前，予令書庫整頓，然後録之。"②則南宋時其版本已有錯訛。佚，未見輯本，《西溪叢語》、《石林詩話》等有引録。

《類要》引詩文十一篇，其中四篇，傳世文獻録全文，已收入逯欽立《先秦漢魏晉南北朝詩》與嚴可均《全上古三代兩漢晉南北朝文》，分別爲：

---

① 周必大：《文忠集》卷一七〇。
② 洪邁：《容齋四筆》卷二，第 635 頁。

1. 沈約《雜詩》(卷二四《書題上》引《類文》一百七)，見《玉臺新咏》卷五，題"少年新婚爲之咏"；2. 王粲《七哀詩》(卷三二《譬喻語》引《類文》百十)，見《古文苑》卷八；3. 蔡邕《鄧太后謚議》(卷一〇《母后》、卷三〇《遺德》引《類文》二百六十三)，見《後漢書》卷一〇下《曹皇后紀》注；4. 江淹《與交友論隱書》(卷二六《老耄》引《類文》三百三十)，見《江文通集》卷三。另七篇，相關總集或未收或收而未全：

宋玉《諷賦》云：主人女爲臣炊雕胡之飯，露葵[之羹](羹之)，來勸臣飯。(卷二八《總叙食》引《類文》□三十二)

【考釋】賦又見《類聚》卷二四，無加點字，訛字據之改。

《新安郡始新縣考□石室記》：内多碧石，與青泥相似，水和之則潮，可以作書，青泥[封](對)書，蓋此類也。(卷二四《書題上》引《類文》二百二十六)

西晉齊王攸《節[省](者)議》云：光武以逋租不上，十守就戮，故能以齊萬邦而重國本也。(卷二五《被罪》引《類文》二百六十一)

【考釋】《晉書》卷三八《齊王攸傳》載節省奏議一篇，《全晉文》卷一六收入，無此句。

梁□山賓等《太子敬少傅議》曰：昔漢惠帝爲太子，常欲省蕭何疾，高祖因敕見蕭及曹、張、陳，同吾時人皆加殊敬。此諸侯正是佐命，唯留侯卧爲傅職。推此知惠帝在東宫，凡見蕭、曹，言必應命明[矣](笑)。(卷一一《儲總叙》引《類文》二百六十一)

【考釋】梁有明山賓，當即此篇之作者，《全梁文》卷五八收明山賓文 9 篇，無此篇。

王筠《答召陵王箋》云：敢陳丹款，以代言覲。(卷二四《書題下》引《類文》三百二十五)

【考釋】《記纂淵海》卷八五録此句。

蘇武《答李陵書》：得所惠書，申之百過，辛苦之辭，使人悲慟。（卷二四《書題上》引《類文》三百三十六）

【考釋】所録蘇武《書》一句當是全文開篇，《藝文類聚》卷三〇録蘇武《報李陵書》一篇，有删節，無此句。

江迪社科院本作“回”《王章女贊》：暐暐季女，奇自嬰齠。（卷二二《幼德》引《類文》）

【考釋】“江迪”疑當作“江逌”，《全晉文》卷二八有江逌文10篇，無此贊。

《續古今詩苑英華》十卷，唐僧慧静編，《見在書目》總集家，《崇文目》、《中興》、《郡齋》、《宋志》總集類著録。兩《唐志》總集類載二十卷，或即合《大唐新語》卷九《著述》所載不著撰人，以類相從之十卷詩篇而成。[①] 慧静，事迹具《續高僧傳》卷三。書續劉孝孫《古今類聚詩苑》而作，[②]“輯梁武帝大同年中《會三教篇》至唐劉孝孫《成皋望河》之作凡一百五十四人，歌詩五百四十八篇，孝孫爲之序”。[③]《續高僧傳》卷三載劉《序》。《類要》卷三一《詩》引《[兩]（西）京記》曰：“貞觀中，有僧惠静，始房氏，傳藻績《英華集》十六卷，盛行於代。纂之際，天下詩什莫不繕畢集，惠静常曰：‘作者非難，鑒者爲貴。吾所搜簡寫，亦《詩》三百之後。’”佚，未見輯本。

《類要》引詩九首，序一條，皆題《古今詩苑英華》，然所引皆梁末至隋之詩，故應指慧静之書。其中五篇見於傳世文獻引録，逯欽立《先秦漢魏晉南北朝詩》與嚴可均《全上古三代兩漢晉南北朝文》收入，分别爲：1. ［劉］孝綽《歸沐呈任中丞昉詩》（卷二一《自叙文》），見《文苑英華》卷二四七；2. 徐陵《同江總應今去》（卷二一《名臣之文》），見《初學記》卷一〇，題“同江詹事登宫城南樓”；3. 江總《還洛山亭》（卷二四《羈旅》），見《初學記》卷四、《御覽》卷三二，題“於長安歸還揚州九月九日行薇山亭賦韵”、“九日至微

① 《大唐新語》卷九：“貞觀中，紀國寺僧慧静撰《續英華詩苑》十卷行於代，……今復有詩篇十卷，與《英華》相似，起自梁代，迄於今朝，以類相從，多於慧静所集，而不題撰集人名氏。”中華書局，1984年，第133頁。

② 見《玉海》卷五四引《中興書目》，第1070頁。

③ 《郡齋讀書志校證》卷二〇，第1059頁。

山亭”;4. 顔之推《神仙詩》(卷二六《老耄》),見《文苑英華》卷二二五;5. 王褒《贈周弘讓書》(卷二六《老耄》),見《周書》卷四一《王褒傳》。另四篇,相關總集未收,全書序與《續高僧傳》所録有異同:

君子不常矜莊,詩書適爲散慮。(卷二四《相逢聚會》引《古今詩苑英華》序)

【考釋】《續高僧傳》卷三引劉孝孫《序》曰:“君子不常矜莊,删詩未爲斯玷。”

學劍不逢知。(卷三四《士未遇》引《古今詩苑英華》)

【考釋】此條下小注曰:“《□今□苑英華》有梁武陵王中録事何思登賦得三二首。”當指何思澄,此蓋即其中一句。

顔之推《咏懷》:種瓜青門外,采蕨首陽岑。(卷二六《退士》引《古今詩苑英華》)

隋光州刺史韋鼎《卧病詩》:長貧與長病,老賤還相追。(卷二六《貧》引《古今詩苑英華》)

隋沈楷《咏碁》:將軍初定位,戰士欲申威。排關出回陣,壞眼入重圍。(卷二九《雜博戲》引《古今詩苑英華》)

《續文選》,《新志》總集類載孟利貞所編十三卷,卜長福所編三十卷,卜書亦見《秘書省闕書目》卷一,《類要》所引未知爲何人書。孟利貞,事迹具《舊唐書》卷一九〇上本傳;卜長福,《新志》注文言其開元十七年(729)上此書,授富陽尉。佚,未見輯本。

《類要》引詩五首,全篇皆見傳世文獻,逯欽立《先秦漢魏晉南北朝詩》與《全唐詩》皆收入,分别爲:1. 劉孝威《遊獵篇》(卷一二《畋獵》),見《樂府詩集》卷六七;2. 劉孝威《烏生八九子》(卷一三《總叙宫掖》),見《文苑英華》卷二〇六、《樂府詩集》卷二八;3. 戴暠《從軍行》(卷三六

《邊塞風景》），見《文苑英華》卷一九九、《樂府詩集》卷三二；4. 戴暠《度關山》（卷三六《邊塞風景》），見《文苑英華》卷一九八、《樂府詩集》卷二七；5. 薛道衡《出塞》（卷三六《邊塞風景》），見《文苑英華》卷一九七、《樂府詩集》卷二一；6. 朱子奢《文德皇后挽歌》（卷一〇《后右》），見《初學記》卷一四。

《玉臺後集》十卷，唐李康成編，《新志》、《崇文目》總集類，《郡齋》樂類，《直齋》、《宋志》總集類著録。① 李康成，天寶間人，與李、杜、高、岑同時，②《文苑英華》卷五四九載其《假蔭判》一首。劉長卿有《嚴陵釣臺送李康成赴江東使》詩一首。③《郡齋讀書志》卷二："右唐李康成採梁蕭子範迄唐張赴二百九人所著樂府歌詩六百七十首，以續陵編。"④劉克莊《後村詩話續集》卷一曰："自陳後主、隋煬帝、江總、庾信、沈、宋、王、楊、盧、駱而下二百九人，詩六百七十首，匯爲十卷，與前集等。"又云康成"自載其詩八首"。⑤ 其《序》曰："昔陵在梁世，父子俱事東朝，特見優遇，時承華好文，雅尚宫體，故採西漢以來詞人所著樂府艷詩，以備諷覽。"⑥"謂名登前集者今並不録，唯庾信、徐陵仕周、陳，既爲異代，理不可遺。"⑦"太清之後以迄今朝，雖直置未簡我古人，而凝艷過之遠矣。"⑧又《類要》引有《鉅鹿公主歌辭》二首，乃北朝樂府，則書不僅録文人詩，亦録梁以後樂府歌辭，並有解題性質之文字。⑨ 劉克莊《後村詩話續集》卷一摘録此集中詩數十首，《永

① 《新志》、《宋志》等誤爲"李康"。
② 見劉克莊：《後村詩話》續集卷一，中華書局，1983 年，第 86 頁。
③ 見《文苑英華》卷三一三，第 1161 頁。
④ 《郡齋讀書志》卷二，第 97 頁。
⑤ 《後村詩話》續集卷一，第 84、86 頁。
⑥ 《郡齋讀書志校證》卷二《玉臺新咏》解題引李康成云，第 97 頁。
⑦ 同注⑥。
⑧ 《類要》卷三一《詩》。
⑨ 《樂府詩集》卷四七曰："唐李康成曰：《黄竹子歌》、《江陵女歌》皆今時吴歌也。"中華書局，1979 年，第 682 頁。《類要》卷二九《雜曲名》引《玉臺新咏》曰："近代雜詩有《如意娘曲》，其詞云言四句，但怨别之意。"

樂大典》亦引之，知書明初尚存。① 佚，有陳尚君師輯本。②

《類要》引詩十七首，序一條，解題一條，其中九首全篇見傳世文獻，逯欽立《先秦漢魏晉南北朝詩》與《全唐詩》收入，分别爲：1. 古神女《宛轉歌》(卷二八《酒》)，見《樂府詩集》卷六〇；2.《鉅鹿公主歌》(卷一二《巡省》、卷二九《善音律》)，見《樂府詩集》卷二五；3. 江總《宛轉歌》(卷二九《雜曲名》)，見《文苑英華》卷二〇七、《樂府詩集》卷六〇；4. 杜易簡《湘州新曲》(卷二《荆湖北路》引《玉臺後集》二)，見《樂府詩集》卷九〇；5. 吴少微《古怨歌》(卷一〇《妃》)，見《文苑英華》卷二一一、《樂府詩集》卷四二；6. 丁仙芝《江南曲》(卷二四《水行》)，見《樂府詩集》卷二六；7. 崔顥《相逢行》(卷一三《總叙宫掖》)，見《樂府詩集》卷三四；8. 崔顥《盧女曲》(卷二九《雜曲名》)，見《樂府詩集》卷七三；9. 王翰《飛燕篇》(卷一一《總叙外戚》)，見《文苑英華》卷三四六；10. 衛萬《吴宫怨》(卷三七《雜事》)，見《樂府詩集》卷九一。其餘六首或未收入相關總集，或文字有所增益。除衛萬一首外輯本皆未及收。

太清之後以迄今朝，雖直置未簡我古人，而凝艷過之遠矣。(卷三一《詩》引李康成《玉臺後集序》)

近代雜詩有《如意娘曲》，其詞云言四句，但怨別之意(卷二九《雜曲名》引《玉臺後集》)

【考釋】此條似樂府之解題文字，《樂府詩集》卷四七曰："唐李康成曰：《黄竹子歌》、《江陵女歌》皆今時吴歌也。"與此類同。

《白符鳩》曰：石頭龍尾灣，新亭送客渚。(卷一《江南路·昇·溧水》引《玉臺後集》)

【考釋】詩又見《樂府詩集》卷四九，宋本未題作者，汲古閣本作"吴均"，中華書局點校本據之補。《先秦漢魏晉南北朝詩》未收，駱玉明、陳尚君師《〈先秦魏晉南北

① 陳尚君：《唐人編選詩歌總集叙録》，收入《唐代文學叢考》，中國社會科學出版社，1997年，第187頁。
② 輯本收入《唐人選唐詩新編》，陝西人民教育出版社，1996年。

朝詩〉補遺》據《樂府詩集》補入。① 《類要》所引未題作者，當以爲古辭，與宋本《樂府詩集》合。

隋煬帝云："歡情良未已，獨命車渠杯。"(卷二八《飲酒宴》引《玉臺後集》)

吴少微《古意》云：可憐窈窕女，不問自何人。□曰邯鄲艾，下作邯鄲倡。(卷二九《私樂》引《玉臺後集》)

【考釋】詩又見《文苑英華》卷二〇五，無加點字。

崔顥《漢宫春》云：花枝臨太液，燕語入披香。眉從城里人，彩自主家長。(卷一三《總叙宫掖》引《玉臺後集》)

【考釋】《詩人玉屑》卷載前兩句，未題作者。

《麗則集》五卷，唐李吉甫編，《新志》、《崇文目》、《中興書目》、《宋志》總集類著録，《郡齋》題李氏撰。李吉甫，事迹具《舊唐書》卷一四八、《新唐書》卷一四六本傳。書"集文選以後至唐開元詞人詩，凡三百二十首，分門編類。貞元中鄭餘慶爲序"。② 佚，未見輯本。

《類要》引一首，即顔之推《神仙詩》(卷三四《官未達》)，全篇見《文苑英華》卷二二五，逯欽立《先秦漢魏晉南北朝詩》收入。

《南薰集》三卷，唐竇常編，《新志》、《崇文目》、《郡齋》、《宋志》總集類著録。竇常，竇群兄，事迹具《舊唐書》卷一五五、《新唐書》卷一七五本傳。《郡齋讀書志》卷二〇："竇常集韓翃至皎然三十人，約三百六十篇，凡三卷。"③《序》云："梁昭明太子撰《文選》，以何水部在世不録；鍾参軍著《詩評》，稱其人既往，斯文克定。"(《類要》卷三一《詩》)"欲勒上中下則近於褒貶，題一二三則有有等衰，故以西掖、南宫、外臺爲目，人各繫名繫贊。"④顧陶

① 駱玉明、陳尚君：《〈先秦魏晉南北朝詩〉補遺》，刊《文學遺産》1987 年第 1 期。
② 《郡齋讀書志校證》卷二〇，第 1060 頁。
③ 《郡齋讀書志校證》卷二〇引《南熏集》解題，第 1061 頁。
④ 同注③。

《唐詩類選序》將此集與《正聲》、《英靈》、《間氣》並列。[①] 佚，未見輯本。

《類要》録其序一句（見上），《郡齋讀書志》卷二〇“文選”解題曰：“竇常謂統著《文選》，以何遜在世，不録其文，蓋其人既往，而後其文克定。”[②]即本於此《序》。

《唐詩類選》二十卷，唐顧陶編，《新志》、《崇文目》、《中興書目》、《宋志》總集類著録，又見《遂初目》，不著撰人、卷數。顧陶，大中時官太子校書郎，[③]晚家錢塘。[④]《文苑英華》七一四録顧陶二序，其前序作於大中十年(856)，曰：“始自有唐，迄於近歿，凡一千二百三十二首，分爲二十卷，命曰《唐詩類選》。”[⑤]《後序》則指出書所未録之二十二人，微存褒貶之意。《後序》言其編此書歷三十年，則書約始編於文宗之初。佚，未見輯本，陳尚君師據唐宋文獻考得《類選》所收三十四人，分別爲：陳子昂、沈佺期、宋之問、張循之、張説、張九齡、張潮、孟浩然、王昌齡、李白、杜甫、金昌緒、儲光羲、高適、嚴維、劉長卿、韋應物、李益、暢當、顧況、於鵠、錢起、司空曙、李端、皇甫冉、皇甫曾、王建、孟郊、韓愈、張籍、姚合、楊郇伯、朱絳、李敬方。[⑥] 另可據《類要》補得楊衡、郎士元、鮑溶三人。

《類要》引詩七首，全篇皆見傳世文獻，《全唐詩》收入，分別爲：1. 司空曙《元日早朝詩》(卷一三《古今宫殿名》引《類選》二)，見《文苑英華》卷一九〇；2. 朱放《答陸澧》(卷二八《酒》引《唐詩類選》十二)，[⑦]見《文苑英華》卷二四四；3. 郎士元《送楊中丞和蕃詩》(卷一八《出使》)，見《文苑英華》卷二九七；4. 李益《早發》(卷三六《邊塞風景》)，見《文苑英華》卷二九九；5. 于鵠《送人

---

① 《文苑英華》卷七一四，第3686頁。
② 《郡齋讀書志》卷二〇，第1054頁。
③ 見《新唐書》卷六〇《藝文志》注，第1623頁。
④ 《全唐詩》卷五九四載儲嗣宗《送顧陶校書歸錢塘》一首。
⑤ 同注①。
⑥ 陳尚君：《唐人編選總集叙録》，收入《唐代文學叢考》，第193—194頁。
⑦ 原題“張九齡”，《全唐詩》卷四九張九齡卷與卷三一五朱放卷兩存之。陸澧，中唐時人，劉長卿、皎然、皇甫冉皆與之有交往。朱放，貞元中召爲左拾遺不就，是與陸澧同時人，故詩爲朱放所作，《英華》與《紀事》是，然《類選》即以此詩爲張九齡所作，則早在唐時詩即已傳誤。

歸薊中》，見《文苑英華》卷二七四，題“送韋判官歸薊門”；6. 楊衡《送孔周南之南海》(卷三《東極》)，見《文苑英華》卷二七六；7. 鮑溶《留別杜員外》(卷一三《古今宫殿名》)，見《文苑英華》卷二八七，題“留別杜員外式方”。

《搜玉小集》一卷，撰人不詳，《直齋》總集類著録，《宋志》總集類作“搜玉集”。《直齋書録解題》卷一五稱書録“自崔湜至崔融三十七人詩六十一首”。[①]《新志》、《崇文目》有《搜玉集》十卷。《搜玉集》今存，余嘉錫認爲即是唐時舊貌，並認爲《小集》係自《搜玉集》中摘出。[②]

《類要》引張謂《三日岐王宅詩》詩一首(卷二二《總叙初生》)，見《搜玉集》中，《全唐詩》收入。

《擬玄小集》，《崇文目》、《宋志》總集類載梁陳匡圖《擬玄類集》十卷，《通志略》八作“擬玄集”，未知是否爲一書。陳匡圖，事迹不詳。佚，未見輯本。《記纂淵海》卷七九引此書姚合《莊恪太子挽詞二首》中一句。

《類要》引杜頠《從軍行》(卷二四《羈旅》)一首，見《文苑英華》卷一九九、《樂府詩集》卷三三，《全唐詩》收入。

《類表》，又名《表啓集》，[③]五十卷，撰人不詳，《新志》、《崇文目》總集類著録，《中興書目》、《宋志》總集類題“李吉甫集”，《直齋》總集類載二十卷，不題撰人，亦見《遂初目》，不著撰人、卷數。按《文苑英華》卷五八四令狐楚《河陽節度使謝上表》、《謝徐宣歙觀察使表》，卷五六〇劉禹錫《連州賀赦表》，原注有“《類表》作某”，知《類表》收入上述篇章。三表所撰時間分别爲元和十三年(818)、元和十五年(820)及元和十年(815)，[④]李吉甫卒於

---

① 《直齋書録解題》卷一五，第440頁。
② 見《四庫提要辯證》下册，第1324頁。
③ 見《新唐書》卷六〇《藝文志》注，第1623頁。
④ 令狐二《表》時間見《文苑英華》卷五八四原注，第3024、3025頁。劉《表》時間參瞿蜕園：《劉禹錫集箋證》卷一四《〈賀赦表〉箋證》，上海古籍出版社，1989年，上册，第353頁。

元和九年（814），[1]故《類表》非李吉甫所編。書以“唐世章奏，分爲門類”，[2]内容包括唐人表章箋啓露布等。[3]《文苑英華》一類之中往往數篇注出《類表》，則其門類大抵可據《英華》考之一二。又據《類要》所標明卷數，可知書第七至九卷爲讓官表，第二十八卷爲狀，第三十一卷爲請事表，第三十六至三十九卷爲雜謝表。佚，未見輯本，《文苑英華》中保存近一百五十篇。

《類要》引九篇，其中三篇全文見傳世文獻，《全唐文》收入，分别爲：1. 李嶠《爲武重規讓司禮卿表》（卷一九《太常卿》），見《文苑英華》卷五七七；2. 李嶠《爲王相請改六書表》（卷二三《總叙書》引《類表》三十一），見《文苑英華》卷六〇八；3. 陳子昂《爲武奉御謝官表》（卷一九《尚食局》），見《文苑英華》卷五八八。另六篇未見全文，《全唐文》未收：

《爲太平公主[男讓]（讓男）官表》云：男崇胤行尚食奉御、崇簡行司禮寺丞。陪尚省之衣冠，厠容臺之禮樂。（卷一九《太常寺》引《類表》七）

【考釋】光宅元年（684）改太常寺爲司禮寺，神龍元年（705）復舊，[4]表當作於此段時間内。

韓相《爲令狐建讓中丞表》云：臣力惟不足，才又至微，薦賈之年，於焉尚幼；易何之學，今也無聞。（卷二二《總叙幼年》引《類表》九）

【考釋】唐代韓氏爲相者四人，韓瑗相高宗，韓休相玄宗，韓滉相德宗，韓弘相憲宗。[5] 令狐建，代、德間人，此條“韓相”當指韓滉。據《舊唐書》卷一二四《令狐彰傳》，大曆四年（769）十二月，令狐彰遣子建入朝，代宗“特加兼御史中丞”。

轂署。（卷一九《太僕寺》引《類表》）

① 《舊唐書》卷一五《憲宗紀》，第 450 頁。
② 《通志・藝文略》八，第 1790 頁。
③ 見《玉海》卷五四，第 1070 頁。
④ 見《唐會要》卷六五，第 1340 頁。
⑤ 《新唐書》卷七三上《宰相世系表》三上，第 2873 頁。

《奏官吏狀》云：諸州佐官或從武職，或是行綱，在於吏途，少有詳練。（卷三三《外任下》引《類表》二十八）

張文成《謝流表》云：特蒙免死，配流嶺南。秦諜再蘇，陳焦重活。往前之命，父母所生；此後之年，天恩所賜。（卷二五《宥罪》引《類表》三十六）

【考釋】《舊唐書》卷一四九《張薦傳》附《張鷟傳》曰："開元初，澄正風俗，鷟爲御史李全交所糾，言鷟語多譏刺時，坐貶嶺南。"①

常袞《謝賜食表》云：晝日三接，徒增厚顔；每食四饋，慚於滿腹。（卷二八《總叙食》引《類表》三十九）

《遺風碑集》二十一卷，宋劉從義撰，《宋志》總集類著録作《遺風集》。劉從義，宋初人，事迹附見《宋史》卷四三九《鄭起傳》，僅稱其"多藏書，嘗纘長安碑文爲《遺風集》二十卷"，②《宋志》著録蓋多一卷序目。佚，未見輯本。

《類要》引二篇，未見引録，《全唐文》及其續補諸書未收：

蘇許公《造阿彌陀佛石像碑》云：金水清明以降靈，嵩華磊落而生氣，間於兩社，作禎王國。（卷二二《秉靈上》引《遺風集》十四）

元子能官，季男善賦。（卷三三《能政下》引《遺風碑集》）

《貽則集》，撰人不詳，史志不著録。《類要》所引爲柳公權文，知書出於晚唐後。貽則，作法則之意，書或收名家碑帖。佚，未見輯本。

《類要》引一條，未見引録，《全唐文》未收：

柳公權《内侍劉景度碑》云：大和中加内僕局丞，至會昌初授閤門

① 《舊唐書》卷一四九《張鷟傳》，第 4023 頁。
② 《宋史》卷四三九《鄭起傳》，第 13012 頁。

使，遷掖庭之職，爲局丞也，後又爲尚食使，轉弓箭庫使。（卷一九《總叙［宦］（官）者下》引《貽則集》）

遂命爲尚食使。閱神農之本草熟也。（卷二八《總叙食》引《貽則集》引柳公權《劉景［度］（庭）碑》）

《劉白唱和集》三卷，《新志》、《崇文目》、《宋志》總集類著録，《見在書目》載二卷。白居易《白氏文集自記》載《劉白唱和集》五卷。白居易《劉白唱和集解》曰："彭城劉夢得，詩豪者也……一二年來，日尋筆硯，同和贈答，不覺滋多，至大和三年（829）春以前，紙墨所存者凡一百三十八首，其餘乘興扶醉，率然口號者不在此數。因命小侄龜兒編録，勒成兩卷，仍寫二本，一付龜兒，一授夢得小兒崙郎，各令收藏，附兩家集。"①又《與劉蘇州書》曰："與閣下在長安時，合所著詩數百首，題爲《劉白唱和集》卷上下。去年冬，夢得由禮部郎中、集賢學士遷蘇州刺史，冰雪塞路，自秦徂吴，僕方守三川，得爲東道主。閣下爲僕税駕十五日，朝觴夕咏，頗極平生之歡，各賦數篇，視草而别。歲月易邁，行復周星，一往一來，忽又盈篋。……今復編而次焉，以附前集，合前三卷，題此卷爲'下'，遷前'下'爲'中'，命曰《劉白吴洛寄和卷》，自大和六年（832）冬送夢得之任之作始。"②則三卷本《劉白唱和集》前二卷爲大和三年以前劉、白在長安時往來酬唱之作，共一百三十八首，第三卷爲《劉白吴汝寄和卷》，收大和六年冬至大和七年（833）二人蘇州與洛陽之間寄和之詩。而白居易《自記》所載五卷本，學界認爲其第四、第五卷即《汝洛集》與《洛中集》，以二書與《劉白唱和集》時間相接續故。③ 岳娟娟博士認爲，歷代著録《劉白唱和集》皆三卷，而《汝洛集》與《洛中集》單行，故白氏所記五卷僅編於其文集中，而非通行之本。④三卷本《劉白唱和集》花房英樹有輯本，未見。

---

① 《白居易集》卷六九，中華書局，1979 年，第 1452 頁。

② 《白居易集》卷六八，第 1445 頁。

③ 《汝洛集》收詩始於大和八年（見《劉賓客外集》卷九《汝洛集引》）；《洛中集》收詩始於開成二年，與《汝洛集》相接。（參陳尚君師：《唐人編選詩歌總集叙録》，收入《唐代文學叢考》，第 212 頁）

④ 見岳娟娟：《唐代唱和詩研究》，復旦大學 2004 年博士論文，第 183 頁。

《類要》引二篇,分别爲:1. 白居易《憶夢得》(卷二八《酒》),見《白居易集》卷二六;2. 劉禹錫《答樂天見憶》(卷二九《歌》),見《劉夢得文集·外集》卷二。

第二節　樂府資料

《古今樂録》十二卷,陳沙門智匠撰,《隋志》樂類著録,兩《唐志》、《宋志》、《秘書省闕書目》、《中興書目》樂類載十三卷,蓋多目録一卷,又見《御覽經史綱目》、《遂初目》,不著撰人卷數。智匠,事迹不詳。書撰於陳光大二年(568),“起漢迄陳”,[①]涉及郊廟、燕射、凱樂、相和、清商、舞曲、琴曲等曲辭及樂律、樂器等方面,於相和歌,多徵引晉荀勗《荀氏録》、宋張永《元嘉正聲伎録》、齊王僧虔《大明三年宴樂伎録》等已佚之材料;於清商之記述又詳於《宋書·樂志》,爲唐以前叙録樂章最完備之著述。[②] 今可見之《古今樂録》佚文絶大多數爲解題文字,但據《類要》所引,可知其原書亦録樂府古辭。所引多標卷數,集中於第七至第十一卷,所録歌辭,除《隴頭流水》、《黄淡思》三首外,皆吴聲西曲,卷七爲清商正聲,卷九與卷一〇大體當於《樂府詩集》所收吴聲歌辭與西曲歌辭,疑其第七卷至第十卷收清商曲辭,而卷一一爲横吹曲辭。今所傳吴聲西曲往往初見於《樂府詩集》,疑郭茂倩據《古今樂録》收録吴聲西曲之歌辭。佚,有王謨《遺書鈔》輯本、馬國翰輯本,王謨輯本較完備,馬國翰輯本未採《樂府詩集》,但亦有溢出王輯之外者。

《類要》引十六條,其中詩十一首,皆見《樂府詩集》,分别爲:1.《讀曲歌》三首:“思難忍”(卷二八《酒》引《古今樂録》九)、“折楊柳”(卷二九《雜曲名》引《古今樂録》子)、“黄絲咡素琴”(卷二九《雜曲名》引《古今樂録》九),2.《懊儂歌》(“江陵去揚州”)(卷二四《行旅下》引《古今樂録》十),3.《華山畿》(相送勞勞渚)(卷二四《餞送》引《古今樂録》十),皆見卷四六《清商曲

① 《玉海》卷一〇五引《中興書目》,第1989頁。
② 參王運熙:《漢魏六朝樂府詩研究書目提要》,收入王運熙《樂府詩論叢》,古典文學出版社,1958年。

辭・吴聲歌曲》;4.《楊叛兒》(“聞歡遠行去”)(卷二四《水行》引《古今樂録》十),5.《白附鳩》(“石頭龍尾灣”)(卷二四《餞送》引《古今樂録》十),①6.《那呵》(“江陵三千里”)(卷二四《川途》引《古今樂録》),皆見卷四九《清商曲辭・西曲歌下》;7. 梁武帝《襄陽蹋銅蹄》(“陌頭征人去”)(卷二四《川途》引《古今樂録》),見《樂府詩集》卷四八《清商曲辭・西曲歌中》;8.《黄淡思》(“江外何鬱拂”)、9.《隴頭歌辭》(卷二四《行旅下》引《古今樂録》),皆見卷二五《横吹曲辭・梁鼓角横吹曲》。其餘解題文字,未見引録。二輯本僅收入梁武制《上雲》條部分文字。

清商正聲技曲中有《蜀道難行》,不傳其辭也。(卷二九《雜曲名》引《古今樂録》七)

【考釋】《樂府詩集》卷四〇《相和歌辭・瑟調曲》有《蜀道難》,其解題引《古今樂録》曰:“王僧虔《技録》有《蜀道難行》,今不歌。”當即此條。然此以《蜀道難》爲清商正聲,與《樂府詩集》分類不同。

《鳳將雛》者,應璩《百一詩》云:“爲奏《陌上桑》,反言《鳳將雛》。”其來久矣。(卷二九《雜曲名》引《古今樂録》九)

【考釋】文又見《宋書》卷一九《樂志》。《樂府詩集》無《鳳將雛》,《舊唐書》卷二九《樂志》將《鳳將雛》與吴聲西曲同歸於清商。

《石城樂》,云臧質所作也。質嘗爲竟陵郡,石城在竟陵,於上眺矚,見有諸群少歌謡通暢,因作曲文曰《莫愁樂》者,亦因《石城樂》而有此詞。石城西有女子名莫愁,善歌謡,此詞云:“莫愁在何處? 莫愁石城西。艇子操[兩](三)槳,吹送莫愁來。”(卷三《古今地名》引《古今樂録》十)

【考釋】此條文字又見《舊唐書》卷二九《音樂志》,未標出處,訛字據之改。《樂府詩集》卷四七《清商曲辭・西曲歌上・石城樂》及卷四八《清商曲辭・西曲歌中・

---

① 辭又見《樂府詩集》卷四九《清商曲辭・西曲歌下》,宋本未題作者,中華書局點校本據汲古閣本補題作者吴均,第718頁。《古今樂録》所載未見文人擬作,《類要》引《玉臺後集》亦僅題“白符鳩”,未標作者,《古樂府》、《古詩紀》、《古樂苑》皆以爲古辭,詩當係《白符鳩》原辭,點校本《樂府詩集》誤。

莫愁樂》解題僅引《唐志》。

《上雲》，梁武制以[代](伐)西諸曲，玄題云《鳳臺曲》、《桐柏曲》、《方丈曲》、《玉龜[曲](晶)》、《金丹曲》、《金陵曲》，凡七曲，皆述神仙之事。(卷二九《雜曲名》引《古今樂録》十)

【考釋】此條又見《樂府詩集》卷五一《清商曲辭》引録，無加點字，訛字據之改。

横吹，胡樂也。張騫入西域，傳其法於長安，惟得《摩訶兜勒》一曲，李延年因之更造新聲二十八解，乘輿以爲武樂。後漢以給邊將，萬人將軍得之。左俗用者有《黄鵠》、《隴頭》、《出關》、《入關》、《出塞》、《入塞》、《折楊柳》、《黄譚子》、《赤之楊》、《望行人》十曲。(卷二九《雜曲名》引《古今樂府録》)

【考釋】此條又見《晉書》卷二三《樂志》下、《通典》卷一四一、《樂府詩集》卷二一《横吹曲辭》解題。

《樂府廣題》二卷，宋沈建撰，《中興書目》、《宋志》樂類著録。《秘書省闕書目》樂類載一卷，不著撰人；又見《遂初目》、《文淵閣書目》，不著撰人、卷數。沈建，事迹不詳，《宋志》又載其《樂府詩目録》一卷。《玉海》卷一〇六引《中興書目》曰："沈建《樂府廣題》二卷，上卷述二言至十一言詩句，下卷釋樂章命題之意。"①佚，未見輯本，《樂府詩集》及宋人筆記中尚有數條。

《類要》引詩二首，其中寧戚《飯牛歌》(卷三四《士未遇》)，見《類聚》卷四三及《樂府詩集》卷八三，收入逯欽立《先秦漢魏晉南北朝詩》；另温子昇《樂府》一首，逯書未收：

温子昇《樂府》十七首中有二首云：横使躑躅人，礙此滂沱雨。(卷二九《雜曲名》引《廣題》)

---

① 《玉海》卷一〇六，第2016頁。

《樂苑》五卷，撰人不詳，《崇文目》、《宋志》樂類著録。又見《御覽經史綱目》、《遂初目》，不著撰人、卷數。書《御覽》已有引録，其蓋成於五代宋初。書凡二十篇，"叙樂律聲器"，[1]據《類要》及《樂府詩集》等引録，此書既有解題，亦録歌辭，乃《樂府詩集》之前古樂府之總匯。佚，未見輯本，《御覽》、《樂府詩集》、《樂書》及宋人筆記中引録多條。

《類要》引四條，其中兩條爲歌辭，皆見《樂府詩集》卷二七《相和歌辭·相和曲中》，逯欽立《先秦漢魏晉南北朝詩》收入，分别爲：1.《蒿裏》古辭(卷三〇《咎徵》)；2.《折楊柳》(卷三〇《咎徵》)。另二條爲解題，未見引録：

> 《思悲翁》，漢鼓吹曲十八篇中之名。(卷二九《雜曲名》引《樂苑》)
>
> 《艾如張》。《上之回》。《有所思》。(卷二九《雜曲名》引《樂苑》)

> 《樂府曲調名》曰：《霓裳羽衣》，開元中西[凉](京)府節度楊敬述進。《傾杯樂》，貞觀中内宴，長孫無忌進。《英雄樂》，虞世南作。《春鶯囀》，虞世南及蔡[亮](符)作。《大酺樂》，張文成造，兼獻賦。《打毬樂》，貞觀初魏徵奉詔造。《如意娘》，[則](明)天皇后作。《君臣相遇樂》，天寶中玄宗命譚净眼等[造]。《北庭》、《伊州》、《樗蒲樂》，已上三曲並西京節度蓋嘉運進。《紅娘子》，開元中楊府長史李知柔進。《堂堂》、《十二時》，高宗朝曲，《天寶録》載其事。《[百](日)濟》，英公將薛仁貴破百濟進此曲。《無愁》，改爲《長歡》、《百媚娘》。已上樂府詩曲多自西國傳之，故其名尚在，陳希烈奉詔改之。《凉州》，開元中西[凉府](京有)都督郭知運進。(卷二九《雜曲名》引《樂苑》)
>
> **【考釋】**《樂府曲調名》當爲《樂苑》之一部分，此條部分曲調見《樂府詩集》卷八〇引《樂苑》，散於各樂府之下，《類要》所引較完整。

《廣樂記》，《直齋》音樂類，《宋志》樂類著録。宋祁、馮元等撰《景祐廣樂記》八十一卷，《直齋書録解題》卷一四、《玉海》卷一〇五及《宋史》卷一二七

---

[1] 《崇文總目》卷一。

《樂志》皆有詳細記載：此書景祐三年（1036）七月修成奏上，[①]以太常言"鐘律不調，欲以王樸律準，更加考詳"，[②]内容包括"御制樂章、樂曲六十八，及七均十二律曲八十四"。[③] 故此書所録應係樂律及郊廟雅樂，似不應包括漢魏以來樂府古辭，然諸家目録皆未見其他名爲"廣樂記"之書，姑録之以備考。

《類要》引此書漢至南朝樂府十首，涉及相和歌、吴聲西曲及文人擬作，皆見《樂府詩集》，分别爲：1. 魏武帝《度關山》（卷九《帝儉》），2. 魏武帝《蒿里》（卷三七《喪亂》），皆見卷二七《相和歌辭·相和曲中》；3.《孟珠》（"可憐景陽山"）（卷一三《諸殿》），見卷四九《清商曲辭·西曲歌下》；4.《鷄鳴》古辭（卷一三《諸殿》），見卷二八《相和歌辭·相和曲下》；5.《石城樂》（"布帆百餘幅"）（卷二四《水行》），見卷四七《清商曲辭·西曲歌上》；6.《烏夜啼曲》（"長檣鐵鹿子"）（卷二四《水行》引《廣樂記》），見卷四六《清商曲辭·吴聲歌曲》；7.《莫愁樂》（"莫愁在何處"）（卷二四《水行》），8. 齊武帝《估客樂》（卷二四《水行》），9. 釋寶月《估客樂》（"大艑珂峩頭"）（卷二四《水行》），10.《三洲歌》（"湘東酃醁酒"），見卷四八《清商曲辭·西曲歌中》，逯欽立《先秦漢魏晉南北朝詩》皆收入。另解題二條，未見引録：

《[估]（佐）客樂》，昔齊武帝所制，詞云："昔經樊、鄧役，阻潮梅根渚。感憶追往事，意滿辭不叙。"布衣時常游吴郡，登祚後追憶往事而作此歌也。被之管弦，敕歌者常重爲感憶之聲。（卷二四《水行》引《廣樂記》）

帝數乘龍舟游五城江中放觀，以緑絲爲帆，紅越布爲帆，鍮石爲篙，[榜]（傍）者悉著鬱林布，作漢魚袴。（卷二四《水行》引《廣樂記》）

【考釋】此條《樂府詩集》卷四八《清商曲辭·西曲歌中》引作"古今樂録"，"漢魚袴"作"淡黄袴"。

龍笛曲，古江南音，一[倡]（值）直千金。（卷二九《歌》引《廣樂記》）

【考釋】此條《樂府詩集》卷五〇《清商曲辭》引作"古今樂録"。

---

① 見《宋史》卷一二七《樂志》，第2959頁。
② 《直齋書録解題》卷一四，第403頁。
③ 《玉海》卷一〇五，第1994頁。

第八章　《類要》中的别集與單篇詩文

第一節　别　　集

《蕭子顯集》，梁蕭子顯撰，史志不著録。蕭子顯，事迹見《梁書》卷三五、《南史》卷四二本傳。佚，無傳本。

《類要》引一篇，即《燕歌行》(卷一三《總叙禁中景物》)，全詩見《樂府詩集》卷三二。

《庾信集》二十卷，北周庾信撰，《隋志》、兩《唐志》、《郡齋》、《直齋》、《宋志》别集類著録。又見《遂初目》，不著卷數。庾信，事迹具《周書》卷四一、《北史》卷八三本傳。《直齋書録解題》卷一六曰："其在揚都，有集四十卷，及江陵又有三卷，皆兵火不存，今集止自入魏以來所作。"①《類要》引庾《集》二種，一有注，一白文，白文者蓋即宋流傳之二十卷本。庾信文集南宋以後散逸，惟詩作有抄、刻本流傳，今所傳諸本皆明人在詩集基礎上抄撮類書、文集編纂而成，計有屠隆評點《徐庾本》、張燮輯《七十二家集本》及汪士賢《漢魏六朝名家集》本。② 今流傳較廣者爲清人的兩種注本，分别爲吴兆宜《庾開府集箋注》及倪璠《庾子山集》。

① 《直齋書録解題》卷一六，第465頁。
② 參許逸民：《庾子山集》校點説明，中華書局，1979年，第5頁。

《類要》引三篇，其中二篇見吴、倪輯本，分别爲：1.《周柱國楚國公岐州刺史慕容寧神道碑》(卷二二《幼德》)、(卷三一《碑》)，見吴本卷九、倪本卷一三；2.《别周尚書弘正》(卷二四《川途》)，見吴本卷五、倪本卷四。

《庾信集注》，隋魏澹注。《隋書》卷五八《魏澹傳》曰："太子勇……令注《庾信集》。"[1]《通志略》八載魏彦淵《哀江南賦》注一卷，余嘉錫以爲即魏澹所注，偶存於秘閣之中，鄭樵入秘閣翻閲書籍，故得著録。[2] 則魏澹注宋時尚有傳本，晏殊之時當可見，《類要》所引當即此書。

《新志》總集類另載有張庭芳與崔令欽《哀江南賦》注各一卷，《崇文目》、《宋志》别集類又載王道珪注與張廷秀《哀江南賦》注各一卷。《類要》所引庾信詩文，《哀江南賦》與《馬射賦》皆有注，當非諸家僅注《哀江南賦》者。

《類要》引二篇，注十一條，吴兆宜《庾開府集箋注》僅據《類要》節引三條，其餘未見引録：

哀江南賦

日暮途遠，人間何世！注云：人間何世者，人在世間何能久也。《莊子》有《人間世》篇。(卷二六《老耄》引序)

東門則鞭石成橋，南極則鑄銅爲柱。《史記》曰：秦始皇立石東海上以爲秦東門。《三齊略記》云：始皇作石橋欲過海看日出處，時有神驅石下海，石去不遠，神輒鞭之，皆流血，至今石猶赤在耳。(卷三七《雜事》)

輕九鼎而欲問，聞三川而遂窺。秦武謂甘茂云："寡人欲容車通三川，以窺周室，死不朽矣。"(卷三七《奸雄》)

余乃假符節於關塞，稱使者之[詶](訓)對。注：《漢書》曰：[寧](昔)成，武帝時爲内史，外戚讒之，成抵罪，既乃詐刻蠟印爲出關之傳，出奔江南，冒越關津。(卷二五《被罪》)

奔魑走魅。注：魑，山神□形；魅，怪物也。《雲夢紀》曰：楚子獵於雲夢。(卷一二《畋獵》)

---

① 《隋書》卷五八，第1416頁。
② 見《四庫提要辨證》，第1057頁。

西瞻博望,北臨玄圃,月榭風雨,曲池平樹。倚弓於玉女窗扉;繫馬於鳳皇樓柱。注:《三京記》曰:王莽之誅,軍人或倚弓於玉女窗,或繫馬於鳳皇樓下,或刻柱取銀,或焚殿略庫,向經一月日。(卷三七《喪亂》)

登陽城而避險,卧砥柱而求安。注:《尸子》云:比干諫曰:"今日之危,無異登陽城而避險,卧砥柱而求安。"(卷三二《譬喻語》)

(雷無驚於九虎)注:《校獵記》云:楚王獵於雲夢,鼓聲如雷,弓聲如霹靂,圍内九虎皆伏死。(卷一二《畋獵》)

忠臣解骨。注:越王曰:"吴王忘百姓之勞,聖人不出,忠臣解骨,上下相偷,其可伐。"言骨體解倦也。君子吞聲。《尸子》云:小人在上則忠詐不分,君子吞聲矣。(卷九《非德》、卷三七《喪亂》)

向關山而長嘆。注云:樂府横笛曲有《關山月》。(卷二九《雜曲名》)

馬 射 賦

翊四[校](郊)於天圜。注云:獵馬車校之四而然通用。(卷一二《雜儀仗》)

【考釋】賦文同《庾子山集》卷一《三月三日華林園馬射賦》,《庾開府集箋注》卷一作"翊四圉於帝閑"。

《虞世南集》三十卷,兩《唐志》著録。虞世南,事迹見《舊唐書》卷七二、《新唐書》卷一〇二本傳。《舊唐書》本傳云:"有集三十卷,令褚亮爲之序。"①

《類要》引《孔子廟堂碑》一句,爲今本所無:

孔子廟堂碑

虞立北大本、社科院本作"置"上庠,夏爲西序,殷開右學,周設東膠。(卷一九《國子監》引《庾集》)

《盈川集》三十卷,唐楊炯撰,兩《唐志》别集類、《見在書目》别集家著

① 《舊唐書》卷七二,第2571頁。

録,《崇文目》、《郡齋》、《宋志》别集類載二十卷,《宋志》又有《拾遺》四卷。楊炯,事迹具《舊唐書》卷一九〇上、《新唐書》卷二〇一本傳。《郡齋讀書志》卷一七解題曰:"集本三十卷,今多亡逸。"①則其集入宋後已非全本。明萬曆中書賈童佩重編爲十卷,又載《舊唐書》本傳等爲《附録》一卷。崇禎間張燮重輯爲十三卷,瞿鏞《鐵琴銅劍樓藏書目録》卷一九以舊鈔本著録。②《四部叢刊》據童本影印,《四庫全書》亦收入童本,又有中華書局排印本(與《盧照鄰集》合刻,中華書局1980年)。

《類要》引三篇,其中二篇見《文苑英華》:一篇即《四庫提要》所言爲明人誤收入庾信集中之《彭城公夫人爾朱氏墓誌銘》(卷二二《秉靈上》),③見卷九六四,童本未收,中華書局本收入《補遺》中;另一篇爲《李懷州墓誌銘》,見卷九五〇,《四部叢刊》影童本、中華書局本卷九收入。另一篇不見於今本:

闕　題

將軍以星奇誓衆,時聽鼓鼙;太守以月建臨人,坐分銅竹。(卷二〇《方鎮總事》引《盈川集》)

《蘇許公集》三十卷,唐蘇頲撰,《新志》、《宋志》别集類著録。韓休所序《蘇頲文集》爲四十卷,④《郡齋》别集類載二十卷,稱"亡其半"。蘇頲,事迹具《舊唐書》卷八八、《新唐書》卷一二五本傳。《類要》所引《幸新豐及同州敕》在《集》卷一一。今僅傳蘇頲《詩集》,一本三卷,爲明翻宋本;⑤另一本二卷,明銅活字本。⑥

《類要》引十九篇,其中九篇《文苑英華》中有全文,分别爲:1. 幸新豐及同州敕(卷三《作京》引《蘇許公集》一一),見卷四六二;2.《封皇第二女常芬

① 《郡齋讀書志校證》卷一七,第829頁。
② 參萬曼:《唐集叙録·盈川集》,中華書局,1982年,第21頁。
③ 《四庫總目提要·盈川集》曰:"《文苑英華》載其《彭城公夫人尒朱氏墓銘志銘》一首、《伯母東平郡夫人李氏墓誌銘》一首,列庾信文後,明人因誤編入信集中,此本收《尒朱氏志》一篇,而《李氏志》仍不傳,則搜羅尚有所遺也。"第1278頁。按《提要》誤,童本二篇皆未收。
④ 見《唐文粹》卷九一韓休《蘇頲文集序》。
⑤ 見丁丙:《善本書室藏書志》卷二四。
⑥ 收入《唐五十家詩集》。

公主等制》(卷一〇《公主》引《蘇頲集》),見卷四四六;3.《命吕休璟等北伐制》(卷三六《北狄》),見卷四五九;4.《授柳涣左司員外郎制》(卷一五《總叙郎官郎中》),見卷三九一;5.《授彭景直禮部郎中制》(卷一五《禮部》),見卷三八九;6.《授裴淮兵部侍郎制》(卷一五《兵部》),7.《授乾源曜户部侍郎制》(卷一九《司天監》),見卷三八八;8.《授李懷讓兵部郎中制》(卷一九《大理寺》),見卷三九〇;9.《授張仁愿兵部尚書制》(卷二五《致仕上》),見卷三八六。《全唐文》、《全唐詩》等斷代總集收入。另十篇,相關斷代總集未收:

奉敕撰題[御書盧懷慎碑]表

仙毫天札。(卷九《賜御札》)

御流北灑豐碑。(卷九《賜御札》)

爛若錦綉,動成鋒鍔。(之)波激泉涌,風馳電掣,宛轉四靈之態,貞明兩曜之華。(卷九《神翰》引《許公集》)

不足髣髴仙毫,擬議天札。(卷九《神翰》引《許公集》)

【考釋】《賜御札》門所引二條,原文大字雋語作"明皇御書盧懷慎碑",小字注文作:"蘇頲奉敕撰題表云云。"疑原題當作"奉敕撰題御書盧懷慎碑表"。《神翰》門所引二條未標明題目,但觀其内容亦當出此篇,故列於此。

送中山公巡邊序

除以家又御札,將以錦瑞瓊華。君臣之分莫京,天地之心是答。(卷一八《出使》引《蘇許公集》)

【考釋】中山公指王晙,開元十年(722)封中山郡公,十一年(723)充朔方軍節度大使,其年玄宗詔入朝不赴,玄宗有"手敕慰勉",隨即爲人告發,左遷蘄州刺史,十四年(726)復爲朔方軍節度使。① 此篇提及"御札",或作於開元十四年王晙再次出任朔方軍節度使之時。

序

雕俎式厭,清壺幾酢。(卷二八《飲酒宴》引《許公集》)

---

① 見《舊唐書》卷九三《王晙傳》,第2989頁。

章懷太子碑

寧止决冤獄之訟，窮墾田之寔。（卷一一《儲德美》引《蘇許公集》）

採荒龜之頌，征刊馬之書。（卷一一《諸王總叙》引《許集》）

【考釋】據《唐會要》卷四，唐隆元年(710)七月七日追贈李賢爲太子，謚曰"章懷"，碑作於此後。

［左司員］外［郎授］(受)司［門］(周)制

宜［罷］臺轄，［更司］門［户］。（卷一四《左右司郎中員外》引《許公集》）

【考釋】此條《翰苑新書》前集卷六引録，訛奪字據之改補。

闕　題

綬章錫韓，繁弱分魯。（卷一一《諸王總叙》引《許集》）

闕　題

建兹騑服御，但嘆星霜易。（卷二四《陸行》引《許公集》）

闕　題

文尚清典。（卷二一《佳麗》引《許公集》）

闕　題

長發降祉，覃訏載聲。（卷二二《幼德》引《許集》）

闕　題

驕子天士，匈奴運盡。（卷三六《北狄》引《蘇公［集］(計)》）

《李翰林集》二十卷，《别集》十卷，唐李白撰，宋樂史編，《崇文目》别集類著録。李白，事迹具《舊唐書》卷一九〇下、《新唐書》卷二〇二本傳。

李白文集在唐代有過兩次結集，第一次是上元末(761)魏顥所編的兩卷本文集，魏顥《序》曰："顥平生自負，人或爲狂，白相見泯合，有贈之作……因盡出其文,命顥爲集。……經亂離,白章句蕩盡。上元末,顥於絳偶然得之,沉吟累年,一字不下,今日懷舊,援筆成序。首以《贈顥作》、《顥酬白詩》,不忘故人也;次以《大鵬賦》、《古樂府》諸篇,積薪而録,文有差互者,兩舉之。白未絶筆,吾其再刊。"①則此本編於李白生前,以李白與魏顥贈答詩居首,其餘文字按時間先後編排。此集流傳不廣,宋敏求重編李白文集時吸收其内容,後遂亡佚。第二次是寶應元年(762),當涂縣令李陽冰所編草堂集,其序曰:"公又疾亟,草稿萬卷,手集未修,枕上授簡,俾余爲序……自中原有事,公避地八年,當時著述,十喪其九,今所存者,皆得之他人焉。"②《新志》載李白《草堂集》二十卷(實爲十卷之誤,詳下引樂史、宋敏求二序),即李陽冰所編,宋人所編李白文集皆以此爲基礎。

入宋以後,李白文集又經過了兩次增訂,第一次是咸平元年(998)年樂史進行的增訂,其序曰:"李翰林歌詩,李陽冰纂爲《草堂集》十卷,史又别收歌詩十卷,與《草堂集》互有得失,因校勘排爲二十卷,號曰《李翰林集》。今於三館中得李白賦、序、表、贊、書、頌等,亦排爲十卷,號曰《李翰林别集》。"③第二次增訂是熙寧元年(1068)宋敏求進行的增訂,這次增訂所取範圍更廣,其序曰:"唐李陽冰序李白《草堂集》十卷,云當時著述十喪其九。咸平中,樂史别得白歌詩十卷,合爲《李翰林集》二十卷,凡七百七十六篇。史又纂雜著爲《别集》十卷。治平元年(1064),得王文獻公溥家藏白詩集上中二帙,凡廣二百四篇,惜遺其下帙。熙寧元年,得唐魏萬所纂詩集二卷,凡廣四十四篇,因裒《唐類詩》諸編,洎刻石所傳,《别集》所載者,又得七十七篇,無慮千篇,沿舊目而厘正其彙次,使各相從,以《别集》附於後,凡賦、表、書、序、碑、頌、記、銘、贊、文六十五篇,合爲三十卷。同舍吕縉叔出《漢東紫陽先生碑》,而殘缺間莫能辨,不復收云。"④宋敏求本於新定三年(1080)由臨川晏知止於蘇州鏤版刊刻,康熙五十二年(1773)繆曰芑得宋晏知止本校正刊行,《四庫》所收《李太白文集》即此本,宋敏求

① 魏顥《序》刊影北宋本《李太白文集》卷首。
② 李陽冰序刊光緒影咸淳本卷首。
③ 樂史序刊光緒影咸淳本卷首。
④ 宋敏求序收入影北宋本《李太白文集》卷末。

本尚有北宋蜀刊本，巴蜀書社有影印本(1986 年)。自宋敏求本出，樂史所編本遂湮，但其並非全無可考，《直齋書録解題》卷一六曰："家所藏本，不知何處本，前二十卷爲詩，後十卷爲雜著，首載陽冰、史及魏顥、曾鞏四序，李華、劉全白、范傳正、裴敬碑誌，卷末又載《新史》本傳，而《姑孰十咏》、《笑矣》、《悲來》、《草書》三歌行亦附焉，復著東坡辨證之語，其本最爲完善。"①萬曼認爲這是淵源於樂史本的一個版本，而丁丙《善本書室藏書志》卷二四所載南宋咸淳己巳(1269)天台戴覺民重刻本即屬此系統，②此本有光緒三十四(1908)年貴池劉世衍玉海堂影刻本，與陳振孫家藏本基本一致。③

《類要》引詩十一篇，晏殊卒於至和二年(1055)，故不可見宋敏求重編本，而《類要》所引其中一條標爲"李白翰林集"，一條標爲"李白别集"，且引文所標卷數自第二至第二十，顯非魏顥所編兩卷本及李陽冰所編十卷本，可知《類要》所録爲樂史所編二十卷本《李翰林集》。十一篇詩皆見於光緒影刻咸淳本與北宋本所收繆曰芑翻刻晏刻宋敏求本(下簡稱"影咸淳本"與"北宋本")，以下筆者即著録標明卷數的九篇詩歌，並指出其在二本中卷次：1.《荆州歌》(卷二四《水行》引李白《翰林集》第二)，見影咸淳本卷四、北宋本卷四；2.《贈宣城宇文太守兼呈崔侍御》(卷二八《酒》引李白《集》六)，見影咸淳本卷六、北宋本卷一一；3.《草創大還贈柳官迪》(卷五《道門度脱》引李白《集》七)，見影咸淳本卷七、北宋本卷九；4.《游溧陽北湖亭懷古》(卷三四《士未遇》引李白第十四)，見影咸淳本卷一五、北宋本卷九；5.《同友人舟行游臺越作》(卷二四《水行》引李白《集》十八)，見影咸淳本卷一八、北宋本卷一八；6.《對酒醉題屈突明府廳》(卷三四《辭官》引李白《集》十八)；7.《對酒》(卷三七《喪亂》引李白《集》十八)，皆見咸淳本卷一八、北宋本卷二一；8.《自溧水道哭王炎三首》(卷三〇《咎徵》引李白《集》十九)，見影咸淳本卷一九、北宋本卷二四；9.《秋浦寄内》(卷二四《水行》引李白《集》第二十)，見影咸淳本卷二〇、北宋本卷二四。

① 《直齋書録解題》卷一六，第 469 頁。
② 見《唐集叙録・李翰林集》，中華書局，1982 年，第 81 頁。
③ 郁賢浩《影印當涂本〈李翰林集〉(即光緒劉氏玉海堂影咸淳本)序》認爲陳振孫家藏本及咸淳本皆出於唐范傳正所編，無確證(《當塗本〈李翰林集〉》，黄山書社，2004 年，第 1—4 頁)，今仍從萬曼説。

上列諸篇，除《荆州歌》及《游溧陽北湖亭懷古》外，卷次皆與影咸淳本合。影咸淳本各篇所在卷次與《類要》所引基本一致。另外《草書歌行》（卷二三《草書》）、《類要》作"懷素草書歌"，注出《李白别集》，未標卷數。由上引樂史《序》可知，《李白别集》係附見於詩集二十卷之後的賦、表、書、序等文章之匯集，詩不當入《别集》中。而影咸淳本此詩與《悲歌行》、《笑歌行》、《姑孰十咏》同在詩之末卷二〇《閨情》之中，與類目不協。四詩自宋以來即疑其非李白所作，疑樂史編集之時即已有疑，故置之《别集》之末，故《類要》引爲"别集"，而咸淳本移四篇於詩末之《閨情》一類中，而未審其非類。則此四篇自樂史編集當日已志其疑，非待蘇軾而有此説，然其詩附集甚早，蓋自唐時已傳爲白所作。而由上可知，樂史本雖不傳，然咸淳本大致存其舊貌，其篇次或經更動，然非如劉世衍以爲分類篇次"漫以意定"。①

《元結文編》十卷，唐元結撰。《新志》、《崇文目》、《郡齋》、《直齋》别集類著録。元結，事迹具《新唐書》卷一四三本傳。《文編》原爲天寶十二載元結"薦名禮部"之時所納之文。大曆初，元結爲道州刺史，②"以文史自娱，乃次第近作，合於舊編，凡二百三首，分爲十卷，復命曰《文編》"，③並作有自序。《容齋隨筆》卷一四云："元次山有《文編》十卷，李商隱作序，今九江所刻是也。又有《元子》十卷，李紓作序，予家有之，凡一百五篇，其十四篇已見於《文編》，餘者大抵澶漫矯亢。"④書宋有蜀與江州二本，《直齋書録解題》卷一六曰："蜀本但載《自序》，江州本以李商隱所作《序》冠其首。蜀本《拾遺》一卷，《中興頌》、《五規》、《二惡》之屬皆在焉；江本分置十卷。"⑤原本佚，明初有《漫叟文集》十卷、《拾遺》一卷、《續拾遺》一卷，删去《浪翁

---

① 劉世衍影咸淳本第八册附《李集札記》曰："此本分類與兩本稍有不同，編目次第自八卷下摻厠出入，漫以意定，遂與兩本（蕭士贇《分類補注》本、繆翻宋臨川晏氏本）迥異，宋人結習如是，不足怪也。"

② 參《唐刺史考全編》，第 2468 頁。

③ 《文苑英華》卷七〇一元結《文編序》，第 3616 頁。

④ 《容齋隨筆》卷一四，第 186 頁。

⑤ 《直齋書録解題》卷一六，第 471 頁。

觀化》等十四篇,《中興頌》亦不列《拾遺》。① 萬曼認爲係明人重編之本。②另有明正德十二年(1517)湛若水校本《元次山集》十卷、《拾遺》一卷。瞿鏞所見,卷首有鮮知道人題記,稱依宋版讎勘,另有《自序》、《自釋》二篇。《四部叢刊》影印湛本,無鮮知道人題記,亦無《自序》、《自釋》二篇,有"太保武定郭勛編"一行。另外《四庫》收《元次山文集》十二卷,與上二種皆不同。

《類要》引一篇,即《將船何處去》二首之一(卷二八《酒》引《元結文編》六),見《四部叢刊》、《四庫》本卷三,則宋初《文編》卷次與今本不同。

《毗陵集》二十卷,唐獨孤及撰,《新志》、《崇文目》、《郡齋》、《直齋》、《宋志》别集類著録。獨孤及,事迹具《舊唐書》卷一六八、《新唐書》卷一六二本傳。獨孤及去世後,梁肅"綴其遺草三百篇,爲二十卷"。③《郡齋讀書志》卷一七稱"《集》有李丹、梁肅前後序,末載崔祐甫《碑誌》"。④ 宋本久佚,明代有鈔本自内府傳出。王士禎曰:"唐獨孤及《毗陵集》二十卷,有朝議大夫、前守虔州刺史隴西李舟《序》,補闕安定梁肅《後序》,末有祝允明《跋》云:'《毗陵集》二十卷,秘藏天府,世罕其傳。吴文定公在東閣,抄藏於家,其孫經府君與貞山給事爲内兄弟,給事因得假歸,録之云。'詩三卷,通八十二篇,與今《詩紀》所載無異,餘賦一,表二十七,書二,議九,銘三,頌一,論一,議二,碑五,序五十一,集序三,贊六,記述十二,策書四,文十二,行狀二,碑銘五,靈表一,墓誌二十七,祭文九,康熙癸亥(1683)閏六月借抄於晉江黄氏。"⑤後各本皆淵源於此,《四庫》據此收入。乾隆五十六年(1791),趙懷玉校刊《毗陵集》,除正集二十卷外增《附録》一卷,又據《文苑英華》等增《補遺》一卷。《四部叢刊》據之影印。

《類要》引一篇,爲《獨孤嶼墓誌銘》(卷三〇《咎徵》引《獨孤及集》十),見

---

① 見《鐵琴銅劍樓藏書目録》,上海古籍出版社,2000 年,第 499 頁。
② 見《唐集叙録·元子文編》,第 141 頁。
③ 《唐文粹》卷九三梁肅《毗陵集後序》。
④ 《郡齋讀書志校證》卷一七,第 859 頁。
⑤ 《池北偶談》卷一六,中華書局,1982 年,第 389—390 頁。

《四部叢刊》及《四庫》本卷一〇，知今傳本不失宋本面目。

《權文公集》五十卷，唐權德輿撰，《新志》、《崇文目》、《郡齋》、《直齋》、《宋志》别集類著録。權德輿，事迹具《舊唐書》卷一四八、《新唐書》卷一六五本傳。權德輿另有《制集》五十卷，見《新志》。楊嗣復《權公集序》曰："公昔自纂録爲《制集》五十卷，托於友人湖南觀察使楊公憑爲之序，故今不在編次之内。"①而宋代所傳僅《文集》五十卷，《制集》當時已不傳。清乾隆間，朱珪得五十卷本文集於其侄朱錫庚處，並於嘉慶十一年(1806)付梓。② 另有宋刻數種，皆殘本，不如朱刻完備。③《四部叢刊》據朱珪刻本影印，並據長沙葉氏藏嘉慶輯刻本補刻佚文十篇。

《類要》引五十五篇，引文頗注卷數，自卷二二至四二，皆見於《叢刊》本，分别爲：1.《奉和張僕射朝天行》(卷二〇《方鎮總事》④)，見卷八；2.《雜興五首》(卷二九《雜曲名》)，見卷九；3.《杜佑淮南遺愛碑銘》(卷九《誕節》、卷二〇《方鎮政績》、卷三三《能政上》2條、卷三三《能政下》)，見卷一一；4.《李巽遺愛碑》(卷三一《碑》)，見卷一二；5.《渾瑊神道碑銘》、6.《杜亞神道碑銘》、7.《盧坦神道碑銘》(卷三一《碑》)，見卷一三；8.《姚南仲神道碑銘》(卷一四《左右僕射》)9.《王定神道碑銘》(卷三一《碑》、卷三三《能政下》)，見卷一四；10.《董晉神道碑銘》(卷二〇《留守》)11.《嚴礪神道碑銘》(卷三一《碑》)，見卷一五；12.《李國貞神道碑銘》(卷二〇《方鎮總事》2條)，見卷一六；13.《武就神道碑銘》(卷一一《總叙外戚》、卷三四《士未遇》)14.《伊慎神道碑銘》(卷一九《金吾將軍》)15.《崔公神道碑銘》(卷三一《碑》、卷三〇《咎徵》)，見卷一七；16.《内侍省少監孫榮義碑》(卷一九《總叙[宦](官)者下》)17.《裴倩神道碑銘》(卷三一《碑》)，見卷一八；18.《馬燧行狀》(卷九《賜御制》、卷三五《名醫》)，見卷一九；19.《嚴震墓誌銘》(卷三二《雜句》)，見卷二一；20.《張薦墓誌銘》(卷一七《修史》、卷三〇《咎徵》引《權集》[廿](汁)二)21.《李巽墓誌銘》(卷一五《吏部尚書》)，見卷二二；

---

① 楊嗣復《權公集序》收入《四部叢刊》本《權文公集》卷首。
② 萬曼：《唐集叙録》，第163—164頁。
③ 同上書，第165頁。
④ 原書皆標出"權集"，下僅標出原書注明卷次者。

22.《韋渠牟墓誌銘》(卷一五《刑部尚書》)23.《周渭墓誌銘》(卷三四《官未達》、卷一五《總叙郎官郎中》),見卷二三;24.《徐申墓誌銘》25.《仲子陵墓誌銘》(卷三〇《咎徵》),見卷二四;26.《獨孤氏亡女墓誌銘》(卷三〇《咎徵》引《權集》二十六)27.《權隼墓誌銘》(卷三三《初仕》引《權集》卷二六、卷三一《碑》、卷三〇《咎徵》)28.《權有方墓誌銘》(卷一九《總叙率府》引《權集》二□)29.《權達墓誌銘》(卷一九《家令》引《權集》二十六)30.《李伯康墓誌銘》(卷一九《宗正寺》引《權集》二十六、卷三〇《咎徵》、卷三一《碑》),見卷二六;31.《太宗飛白書記》(卷二三《飛白》引《權集》二十一),見卷三一;32.《許氏吴興溪亭記》(卷三三《能政下》),見卷三二;33.《崔祐甫集序》(卷二一《佳麗》引《權集》十三)34.《崔元翰集序》(卷二一《總叙文》引《權集》廿三)35.《故漳州刺史張君集序》(卷二一《佳麗》)36.《吴筠集序》(卷二一《佳麗》引十四),見卷三三;37.《張建封集序》(卷二一《佳麗》、卷二一《大臣之文》引《權集》廿四、卷三一《詩》引《權集》三十四),見卷三四;38.《諫議大夫韋公集序》(卷三一《詩》),見卷三五;39.《送殷員外出守均州序》(卷二〇《郡守總事》引《權集》卷三四)40.《送袁尚書赴襄州序》(卷二〇《方鎮總事》引《權集》卷三六),見卷三六;41.《送韋起居假滿歸嵩陽序》(卷二六《鄉閭高士》2 條)42.《送崔録事序》(卷二六《鄉閭高士》),見卷三七;43.《答左司崔員外書》(卷二四《獨深》引《權集》卷四二)44.《答楊湖南書》(卷二一《自叙文》),見卷四二;45.《奉和御制九月十八日賜百官追賞因示所懷詩狀》(卷二一《自叙文》2 條)46.《奉和聖制重陽日即事六韵詩狀》(卷二一《自叙文》),見卷四五;47.《張秘監答權德輿書》(卷二四《書題上》引《權集》卷四一),見卷四一;48.《祭李祭酒文》(卷二五《致仕上》、卷三四《恬於名位》)49.《祭李少府文》,見卷四八;50.《祭賈魏公》(卷三〇《壽數》)51.《祭張工部文》(卷三四《恬於名位》)52.《祭杜岐公文》(卷三〇《壽數》),見卷四九;53.《祭崔丞文》(卷三四《恬於名位》),見卷五〇。另外《韋賓客宴集詩序》(卷二四《相逢聚會》引《權集》卷三五)、《唐使君唱和詩集序》(卷三一《詩》)二篇見《叢刊》補刻十篇中。另"噢咻憯怛,布施優裕"(卷三三《能政上》)、"導以善氣,灑其他腸"(卷三三《能政下》)二句,不可考其所出,當亦在五十卷文集中。比對《類要》所引權集與《叢刊》本可知,二者卷次大致相同,文字亦無大出入,可見《叢刊》本極好地保存了宋初權集之面貌。而《文集》中相當一部分文章不見於《文苑英華》，可知周必大所謂權德輿文集“全卷收入”之語不確。①

《制集》十卷，唐楊炎撰，蘇弁編，《新志》别集類著録。楊炎，事迹具《舊唐書》卷一一八、《新唐書》卷一四三本傳。《新志》另載其《集》十卷，《崇文總目》載《楊炎文集》一卷，《宋志》有《楊炎集》十卷，後即未見於著録，蓋宋世已佚。佚，無傳本。

《類要》引一篇，未收入《全唐文》：

闕　　題

列憲臣之柱後，位戎軒於見北。（卷一六《總載御史》引楊炎《制集》）

《詔集》六十卷，唐常衮撰，《新志》别集類著録。《新志》另載其《集》十卷，《崇文目》載《常相文集》三十卷，當包括《詔集》，《宋志》載《文集》三十三卷、《集》十卷、《詔集》二十卷。常衮，事迹具《舊唐書》卷一一九、《新唐書》卷一五〇本傳。據《類要》所引，《集》中有“制”一門，另外《春明退朝録》卷下載《集》中有“赦令”一門。② 宋以後常衮集即未見傳本，《記纂淵海》、《古今事文類聚》、《古今合璧事類備要》中所引“常集”、“常相制”等皆與《類要》所引同，疑即自《類要》轉引。佚。

《類要》引四十五篇，皆爲詔制，部分注有卷數，自卷一三至六十，所用即六十卷本《詔集》。四十五篇中十四篇見於《文苑英華》，分别爲：1.《授裴遵慶吏部尚書制》（卷一五《吏部尚書》），見卷三八六；2.《授鄭叔則吏部員外郎制》（卷一五《吏部員外郎》引《常集》卷一三），見卷三九一；3.《大曆七年大赦天下制》（卷一八《法書》）4.《大曆五年大赦天下制》（卷二一《諷喻》），見卷四三三；5.《授李瀚宗正少卿制》（卷一九《宗正卿》），見卷三九八；6.《授吴承倩内侍省常侍制》（卷一九《内常侍》3條）7.《授魚朝恩國子監製》（卷一九《國子監》2條），見卷三九九；8.《加韋之晉御史大夫制》（卷二〇《方鎮總事》），見卷

① 周必大：《上〈文苑英華〉表》，載《文苑英華》事始。

② 《春明退朝録》卷下曰：“唐《常衮集》‘赦令’一門，總謂之‘德音’。”中華書局，1980年，第49頁。

四〇九；9.《授李栖筠浙西觀察使制》(卷二〇《方鎮總事》)，見卷四〇八；10.《授令狐彰右僕射制》(卷二〇《方鎮恩寵》2條)，見卷三八五；11.《授閻伯璵刑部侍郎等制》(卷二〇《郡守總事》)，見卷三八八；12.《授張獻恭御史中丞制》(卷二〇《方鎮政績》)，見卷三九三；13.《授陳少遊浙江東道團練使制》(卷二〇《守政績》引《常集》卷一九)，見卷四〇九；14.《加江西魏少遊刑部尚書制》(卷二〇《守政績》)，見卷四〇八，《全唐文》收入。另十九篇，《全唐文》未收：

授户部侍郎專判度支制

翼翼版圖，以辨九州之地；英英會府，寔總萬事之機。周有地官小司徒，佐敷五教，魏置度支尚書，以濟軍國之用，政有餘地，然可兼之。(卷一五《户部》引《常衮集》)

今户版不實，地征未均，每歲經費竭。乃者命使以總領，且非典故；擇郎以專掌，又慮權輕，歸於有司，期在折衷。昔元凱之處斯職，内以利人，外以救邊，法可施行者五十餘條，以資當時之急，委汝煩重，宜熟計之。(卷一五《户部》引《常衮集》)

制

掌司徒之邦教，制司徒之地征，綜事師屬，居其要會，干時通才，然可典領。(卷一五《户部尚書》引《常衮集》)

【考釋】疑其題當作《授某某户部尚書制》。

闕　題

平百官之上書，飭五材以辨器，非國之髦碩，詳於典制，則不可以綜事訓工，建明理本也。(卷一五《工部尚書》引《常衮集》)

【考釋】疑其題當作《授某某工部尚書制》。

除節度制

[撫](無)其四封，率彼五長。(卷二〇《方鎮總事》)

【考釋】題原闕，《古今事文類聚外集》卷五引作《常集・除節度制》，前有“統節制之師，貞否臧之律”二句。

節度使制

其勛伐之高，課第之最，亦南仲、方叔、賈琮、信臣之比也。（卷二〇《方鎮德美》引《常袞集》）

使持節都督潭州諸軍事兼潭州刺史制

湘南之郡，潭實大焉，國家所以署府而督之，亦連帥之比。（卷二〇《方鎮總事》引《常集》）

【考釋】此疑是除韋晉之潭州刺史制，據《舊唐書》卷一一《代宗紀》，大曆四年(769)，以湖南都團練觀察使、衡州刺史韋晉之爲潭州刺史，徙湖南軍於潭州，或因此而有“國家所以署府而督之”之語。

敬括同州刺史制

黄霸以二千石之良，就加侯；賈琮以十三州之最，特降璽書。（卷二〇《方鎮恩寵》引《常集》二十四）

【考釋】據《舊唐書》卷一一《代宗紀》，敬括爲同州刺史在大曆二年正月甲子(13日)，制當作於此時。

李構泉州刺史制

授之節符，復領閩候，可泉州刺史。（卷二《總叙福建路》引常袞《詔集》二十五）

濮州刺史[制]

雷夏之澤，昆吾之墟，夾河雄鎮，宜得良守。（卷四《京東路・濮》引《常集》）

刺史制

爰委節符，伫問北大本、社科院本作“聞”政北大本、社科院本作“聲”績。（卷二〇《郡守總事》引《常袞集》）

闕　　題

導之以德訓，先之以農穡，敬事而信，老安少懷。（卷二〇《守政績》引《常集》）

除縣令制

晉太康中，以臺郎、御史，萬邦之俊茂，俾其出宰，頌聲興矣。（卷一五《總叙郎官郎中》引《常衮集》）

劉元禎贈官制

五涼極塞，百戰孤城。（卷三六《總叙邊情》引常衮《詔集》三十二）

郭子華贈官制

五涼空二庭，連歲備寇。（卷三六《總叙邊情》引常衮《詔集》三十二）

加李懷仙押奚、契丹兩蕃使制

碣石窮邊，横制萬里，樓煩雜種，舊號兩蕃。（卷三六《北狄》引常相《制集》三十四）

【考釋】據《舊唐書》卷一一《代宗紀》，李懷仙本史朝義麾下，寶應元年(762)斬史朝義來降，二年(763)閏正月授檢校兵部尚書兼侍中、武威郡王、幽州節度使，大曆三年(768)六月爲麾下兵馬使朱希彩所殺。《舊唐書》卷一九九下《北狄傳》："故事，常以范陽節度使爲押奚、契丹兩蕃使。"①范陽節度使即幽州節度使。可知李懷仙授幽州節度使之時即加李懷仙押奚、契丹兩蕃使，則此制當作於寶應二年(763)閏正月。

兼御史中丞制

參榮右室。（卷一六《御史中丞》引《常衮集》）

千好試知制誥制

漢廷制誥，以文章侍從之臣潤色焉。（卷一六《制誥》引《常衮集》）

① 《舊唐書》卷一九九下《北狄傳》，第 5356 頁。

宣示令狐彰遺表制

生不交利，死不屬請。（卷三〇《遺德》引《常衮集》）

【考釋】此詔又見《舊唐書》卷一二四《令狐彰傳》，《全唐文》卷四八歸於代宗名下，題作《褒令狐彰詔》。據此可知詔係常衮所作，題亦當如所《類要》所録。

闕　題

亞列少卿。（卷一九《總叙九卿》引《常衮集》）

與吐蕃盟誓文

爾先君贊普，遂長諸戎。太宗時，吐蕃贊普使東鹿贊來朝，結親鄰之約，我太宗許之以結婚姻，乃命上卿送愛女於蕃國，故贊普有駙馬之拜、西海之封，因遣子弟業於太學，數十年内遂無邊境之虞。中宗之朝，先贊普願繼舊姻，故金城公主割愛寧邊。後大曆元年遣宰相論起藏求成於我，乃命二相同盟於魏闕之下。（卷三六《禮待夷王》）引《常衮集》六十）

【考釋】此次會盟即《册府元龜》卷九八一所載大曆二年（767）四月興唐寺之盟。①

《吕温集》十卷，《新志》、《崇文目》、《郡齋》、《直齋》、《宋志》别集類著録。吕温，事迹具《舊唐書》卷一三七、《新唐書》卷一六〇本傳。《郡齋讀書志》卷一七解題曰："劉禹錫爲編次其文，序之云：'古之爲書，先立言而後體物，賈生之書首《過秦》，而荀卿亦後其賦，故斷自《人文化成論》至《諸葛武侯廟記》爲上篇。'今集先賦、詩後雜文，非禹錫本也。"②則南宋時已不見原本。吕集宋本久佚，清以前皆以鈔本流傳，《鐵琴銅劍樓藏書目録》卷一九著録舊抄十卷，傳據絳雲樓所藏宋本抄出，前有劉禹錫《序》，後有柳宗元《誄》，前賦、詩，後雜文，與晁氏所見同，《四部叢刊》據此影印。③ 另有

① 參陳尚君師：《晏殊〈類要〉研究》，收入《陳尚君自選集》，第315頁。
② 《郡齋讀書志校證》卷一七，第885頁。
③ 參萬曼：《唐集叙録》，第213—214頁。

清馮舒校訂本,《四庫全書》收入,先賦、詩,後雜文,有《序》無《誄》。第六、第七卷碑誌中有六篇二本皆有目無文。

《類要》收三篇:一篇爲《代齊常侍祭樊襄陽文》(卷三三《能政中》),見二本卷八;另一篇爲《故紀國大長公主墓誌銘》(卷二四《祝延》),原在二本第七卷中,闕,見《全唐文》卷六三二;一篇不見於今本及《全唐文》:

碑

問民疾苦而不問過失,憂民賦輸而不憂盜賊,惠字誠達,其令自行。(卷三三《能政中》引《吕温集·碑》)

【**考釋**】此條下有"言萬年令"四字按語。

《穆員集》十卷,《新志》别集類著録。《崇文目》、《宋志》别集類載九卷;又見《遂初目》,不載卷數。穆員,穆寧子,事迹具《舊唐書》卷一五五、《新唐書》卷一六三本傳。佚,無傳本。

《類要》引四篇,一篇注出"穆員集注",未知是集當日果有注否。所引中三篇見《文苑英華》,分别爲:1.《陝虢觀察使盧岳墓誌銘》(卷三〇《咎徵》),見卷九三九;2.《舒州刺史鄭甫墓誌銘》(卷三〇《咎徵》),3.《汝州刺史陳利貞墓誌銘》(卷三二《雜句》),見卷九五三。三篇皆收入《全唐文》。另一篇《全唐文》未收:

闕　題

盧公壽九十,疾終,可謂喬松之壽,朝廷優榮。省子住東都履信里。(卷二五《致仕下》引《穆員集注》)

《元氏長慶集》一百卷,**《長慶小集》十卷**,《新志》别集類著録。《崇文目》别集類載《長慶集》十卷、《小集》十卷,《中興書目》載《長慶集》四十八卷、另逸詩二卷。《郡齋》、《直齋》别集類載《長慶集》四十卷,《遂初目》載《長慶集》,不著卷數。元稹,事迹具《舊唐書》卷一六六、《新唐書》卷一七四本傳。《舊唐書》本傳曰:"所著詩賦詔册銘誄論議等雜文一百卷,號曰

《元氏長慶集》。”[1]《長慶小集》,《崇文目》與元稹《制集》、陸贄《制集》、李紳《批答》等編於一處。《類要》引《小集》二條,其中《授裴向左散騎常侍制》一篇出《小集》卷二,疑《小集》爲元稹所撰制誥集。洪適《元氏長慶集》跋曰:“《唐志》著録有《長慶集》一百卷、《小集》十卷,傳於今者惟閩局刻本,爲六十卷。三館所藏,獨有《小集》,其文蓋已雜之六十卷中矣。”[2]今本《元稹集》制誥爲第四十至五十卷,恰十卷,且列於狀與序之間,頗爲不倫,疑此十卷正爲《長慶小集》之内容,而洪適所見六十卷本,或爲百卷本《長慶集》佚存之五十卷,與《小集》十卷之合刻。1982 年中華書局點校本《元稹集》以明弘治元年(1488)楊循吉影宋鈔本爲底本,校以日本所藏殘南宋浙刻本、北圖所藏殘南宋蜀刻本、明蘭雪堂活字本、馬調元刻本、董氏刊本,較完備。

《類要》引元集五條,皆見中華書局本《元稹集》。其中二條標爲“長慶小集”,且標卷數,分别爲:1.《授裴向左散騎常侍制》(卷一六《散騎常侍》引《長慶小集》第二);2.《東臺去》注(卷二六《退士》引《元氏長慶小集》十七),《小集》僅十卷,後一條當爲《長慶集》之誤。二篇分别見《元稹集》卷四五、卷一四。

《類要》引《長慶集》三篇,分别爲:1.《歸田》(卷二六《退士》),見《元稹集》卷一四;2.《天壇上境詩》(卷五《歷代宫觀》),見卷一六;3.《酬樂天百韵》(卷一六《秘書省》引《元集》百),見卷一〇。

《平泉山居草木記》一卷,唐李德裕撰,《崇文目》、《宋志》别集類著録。李德裕,事迹具《舊唐書》卷一七四、《新唐書》卷一八〇本傳。平泉即李德裕别墅地名,書“記其别墅奇花異草樹石名品,仍以嘆咏其美者,詩二十餘篇附於後”。[3]《類要》所引包括《草木記》及與平泉山莊有關之詩賦。書至兩宋之間已收入《李文饒文集》之《别集》中。[4] 今《李文饒文集》存多種傳

① 《舊唐書》卷一六六,第 4336 頁。
② 見《元稹集》附録二《序跋》,中華書局,1982 年,第 734 頁。
③ 《郡齋讀書志校證》卷一二,第 539 頁。
④ 《郡齋讀書志校證》卷一八解題曰:“《别集》乃哀合古賦、平泉詩、集外雜著。”第 912 頁。

本，傅璇琮、周建國先生《李德裕文集校箋》以日本所藏皕宋樓殘宋本爲底本，校以傳世諸本，較完備。

《類要》引二篇，皆見《校箋》本《别集》卷九，分别爲：1.《贈沈吏部》(卷二五《致仕上》)，2.《平泉山居誡子孫記》(卷三四《恬於名位》)。

《樊南四六甲集》二十卷，**《乙集》**二十卷，唐李商隱撰，《新志》、《崇文目》、《郡齋》、《直齋》、《宋志》别集類著録。李商隱，事迹具《舊唐書》卷一九〇下、《新唐書》卷二〇三本傳。《新志》、《崇文目》另載李商隱《詩》三卷、《賦》一卷、《文》一卷，至《郡齋》、《直齋》、《宋志》則載其《文集》八卷。李商隱有《樊南甲集序》與《乙集序》二文，《甲集序》作於大中元年(847)十月十二日，其敘此編所收範圍及命名之由曰："大中元年，被奏入嶺當表記，所爲亦多。冬如南郡，舟中忽復括其所藏，火燹墨污，半有墜落，因……以類相等色，得四百三十三件，作二十卷，唤曰《樊南四六》。'四六'之名，六博、格五、四數、六甲之取也。"[①]則甲集所收爲大中元年十月以前所作駢文四百三十三篇。《乙集序》作於大中七年(853)十一月十日，因"如京師，復攝其事，自桂林至是所爲已五六百篇，其間可取者四百而已。……乃强聯桂林至是所可取者，以時以類，亦爲二十編。名之曰《四六乙》"。[②] 則其所收爲大中元年十月以後至大中七年之文章，按類與時編排，收文四百篇。《類要》所引可考知篇名之文字皆作於大中元年以前，當出於《甲集》，出處多標文體，知《甲集》亦按類編排。佚，清初朱鶴齡從《文苑英華》、《唐文粹》諸書匯輯爲文集五卷，漏却"狀"一體，徐炯加以輯補，馮浩又補入銘及書各一篇，共得一百五十篇，題爲《樊南文集》。後錢振倫又從《全唐文》中抄出二百〇三首，成《樊南文集補編》，這些文章來源於阮元自《永樂大典》所輯出的二百多篇，故今可見李商隱文章共三百五十三篇，包括其所撰所有文體，與李商隱文集原貌相差甚遠。[③] 清代徐炯、馮浩、錢振倫皆有箋注本，近人張採田《玉溪生年譜會箋》、岑仲勉《玉溪生年

① 《文苑英華》卷七〇七李商隱《樊南甲集序》，第 3645 頁。
② 《文苑英華》卷七〇七李商隱《樊南乙集序》，第 3645 頁。
③ 參萬曼：《唐集叙録》，第 285 頁。

譜會箋平質》續有考訂補箋，今人劉學鍇、余恕誠在三注本及張、岑考訂基礎上編成《李商隱文編年校注》(中華書局，2002 年)，並對佚文加以續輯，較詳備。

《類要》標明出於《樊南集》者七篇，其中四篇分别見《校注》第二册、第三册和第四册，其中《會昌一品集序》(卷三一《碑》)、《爲馬懿公郡夫人王氏黄籙齋文》、《爲馬懿公郡夫人王氏黄籙齋第二文》(卷五《總叙道教》)之文字與今本略同，另一篇文字有溢出今本者，以上《全唐文》皆收入。餘三篇，或《校注》及《全唐文》未收，或收而未全。

爲滎陽公黄籙齋文

三天教主，貴法斯行，七千神虎，窮蹈籍之姿，九百毒龍，恣貪殘之患。及至神漸化離，真元稍散，乃復吴宫合石，王屋流珠。方班萬國之朝，始定百靈之位，大之則籠羅八極，居蒂芥之微；小之則陶冶一身，後天地而老。莫不受練朱陵，施功酆部，左簡青宫，善功難著；北都黑簿，罪目易盈。(卷五《總叙道教》引李商隱《齋文》)

修建黄籙，妙齋二日三夜，魚鑰開黄，鱗厨備味，列炬而房名流電，燎爐而館號明霞，[敢](散)薦真師，式陳妙會。九外八遐，静無[氛](氣)翳，三玄三景，藹有輝光。今則雲篆象章，珠巾琳幾，略皆備物，粲有[加](郊)儀。(卷五《齋醮》引《樊南集·齋文》)

【考釋】《全唐文》卷七八〇無加點字，"及至漸化離，真元稍散"在"七千虎神"前，訛字據之改。

齋　文

閬苑融臺，例遘鬱[攸](收)之毒；霓旌絳節，[咸](成)罹竊發之災。(卷五《歷代宫觀》引《樊南集·齋文》)

【考釋】此條又見《海録碎事》卷三下引録，訛字據之改。

闕　題

何武以揚州入輔，黄霸自潁川登庸。(卷二〇《方鎮恩寵》引《樊南四

六集》卷一六）

闕　　題

清衆。（卷五《總叙道士》引《樊南集》）

《玉堂集》五卷，唐鄭畋撰，《新志》、《崇文目》别集類著録，《宋志》别集類載《鄭畋集》五卷，疑即此。鄭畋，鄭亞子，事迹具《舊唐書》卷一七八、《新唐書》卷一八五本傳。此集《通志略》八歸於制誥類。無傳本。

《類要》引一篇，《全唐文》未收：

闕　　題

清明後進湖州所出佳紫笋茶。（卷二八《茶》引鄭畋《玉堂集》）

《徐鉉集》三十卷，宋徐鉉撰，《郡齋》、《直齋》别集類著録。徐鉉，事迹具《宋史》卷四四一本傳。陳彭年《序》曰："公江南文稿，撰集未終，一經亂離，所存無幾，公自勒成二十卷。及歸中國，入直禁林，制誥表章，多不留草。其餘存者，子婿尚書水部員外郎吴君淑編爲十卷，通成三十卷。"①大中祥符九年（1016），胡克順於陳彭年處得全稿而刊刻之，晏殊爲後序，次年，即天禧元年刻印成，是爲天禧胡氏刊本，爲後世各本之祖本。南宋紹興十九年（1149），徐琛重刻是集，其跋曰："《騎省徐公文集》三十卷，天禧間尚書都官員外郎胡君克順編録刊行，且奉表上進。……年世寖遠，兵火中厄，鮮有存者，偶得善本，使公庫鏤版以傳。"②是爲明州本，其第一、第十卷有缺葉。除今静嘉堂文庫所藏影宋鈔本可能出自天禧本外，③後所有各本皆自明州本出，《四部叢刊》即影印黄丕烈之校宋明州本。1919 年，徐乃昌以影宋明州寫本付梓，並從《宋文鑒》等書中輯得佚文六篇。

晏殊既爲此集撰《後序》，則其所見徐集應爲胡克順取以付梓之手稿，

① 見《四部叢刊》本《徐公文集》卷首。
② 《四部叢刊》本《徐公文集》卷末。
③ 參祝尚書：《宋人别集叙録》，中華書局，1999 年，第 6 頁。

故《類要》所引徐集即是之天禧刻本之原貌，所引共十一篇，其中十篇見《四部叢刊》本，分别爲：1.《追封安王册》（卷一一《王右》），見卷九；2.《蔣莊武帝新廟碑銘》（卷二一《賞諭人文》、卷二一《自叙文》、卷三七《喪亂》）3.《武成王廟碑》（卷二四《祝延》）4.《武烈帝廟碑銘》（卷三六《總叙邊情》），見卷一〇；5.《岐王墓誌銘》（卷二二《幼德》），見卷一七；6.《馬仁裕神道碑》（卷一九《金吾將軍》），見卷一九；7.《大宋重修峨嵋山普賢寺碑銘》（卷八《益州路》）8.《李公德政碑銘》（卷三一《碑》）9.《新建上清太平宫碑銘》（卷五《歷代宫觀》2條），見卷二五；10.《樊潛神道碑》（卷二〇《邊郡之守》），見卷二七。另《武烈帝廟碑銘》一篇（卷三六《邊寇》引《徐集》），《叢刊》本有闕葉，《四庫》本存全篇。另一篇闕題，不知出於何篇：

闕　　題

師屯細柳，火照甘泉。（卷三六《邊寇》引《徐集》）

《王祐集》，《隋志》别集類載一卷，《新志》别集類載三卷，《宋志》載二十卷，似非一人。《類要》引一條。

闕　　題

白馬寺在風林關社科院本作“鳳林關”外。（卷四《京西路・襄・襄陽縣》）

辛處信注《文心雕龍》十卷，唐宋間辛處信注，見《通志略》八，《宋志》集部文史類著録。辛處信，事迹不詳。佚，未見輯本。

《類要》引一條，爲辛注《文心雕龍》之序文，未見引録：

昔倉頡造書，[形]（刑）立謂之文，聲具謂之字，寫於竹帛謂之書。（卷二三《總叙字學》引辛處信注《文心雕龍》序）

【考釋】此條文字蓋本於《意林》卷五引王嬰《古今通論》，訛字據之改。

第二節　未收入各斷代總集及其續補諸書的單篇詩文[*]

漢王褒佚文一篇

雲 陽 宮 記

東北有石門山。(卷六《陝西路・邠》)

【考釋】嚴可均《全漢文》不載此篇,《三輔黃圖》、《寰宇記》中引近十條,此條又見《寰宇記》卷三四,全句曰:“東北有石門山,岡巒糾紛,干霄秀出,有石岩容數百人。”

東漢蔡邕佚文一篇

耒 陽 碑

邈矣高綜,孰能冠兹。(卷三一《碑》)

東漢[崔](任)琰《述初賦》序佚句一

琰聞北海鄭徵君名儒善訓,遂往造焉,涉淄水,歷杞焉,過杞都之津,登鐵山以望高密。(卷四《京東路・密・安丘縣》)

【考釋】此條又見《寰宇記》卷二四。《全漢文》據《類聚》卷二七輯入,無加點字。

東漢劉楨《黎[陽]山賦》注一條

“南[蔭](陰)黃河,[左](占)覆金城;清壇致祠,高碑頌靈”。注:黎山上有祠,或遇水旱,公私祈禱有應。清壇祈祭之處,晉永康初信都太守魏杰立石碑以頌山之神靈北大本作“山神之靈”,以山爲名。其碑後

* 本節所涉唐代部分,文章已見諸《晏殊〈類要〉所見未收入〈全唐文〉及其續補諸書之唐人篇章考》,收入拙著《金匱探賾:唐宋文獻叢考》,本節僅收詩歌。

爲尉遲迥所毁。(卷七《黎陽縣·黎陽縣》)

【考釋】劉楨《黎陽山賦》又見《類聚》卷七,無注。尉遲迥,北周將,隋周迭代之際舉兵反,敗死,注文當作於此後。

三國魏盧毓《冀州論》佚句一條

淇陽磬石,冶鑄利器。(卷七《龍岡縣·沙河縣》)

【考釋】此條又見《寰宇記》卷五九。

三國吴陸績佚文一篇

進太玄注解書

包羲草易冠八帝,周公、仲尼斟酌其事。(卷九《總叙帝文》)

三國吴虞翻《與弟書》佚句一

年餘幾何,老更衣布,爲蚤虱所咋,故一二相告,省書一過,悉以付火。(卷二五《被罪》)

晉司馬炎(武帝)佚文一篇

制

荀歆道行清純,敷揚五教,宜登上司,以光治典。(卷一四《太尉》)

【考釋】此制又見《翰苑新書》前集卷三六、《古今合璧事類備要》後集卷六〇。

晉夏静佚文一篇①

洛下與人[書](詩)

安邑涂山氏臺,俗謂之青臺,而其上乃有大禹之祠焉。(卷六《陝西

① 《册府元龜》卷七二七曰:"熊遠字孝文,豫章人,太守會稽夏静辟爲功曹。"第 8647 頁;《太平御覽》卷二二六引《晉書》曰:"熊遠字孝文,遷御史中丞,中宗每嘆其公忠。"中華書局,1966 年,第 1071 頁。則夏静爲西晉時人。

路・陝・夏縣》)

【考釋】此條又見《寰宇記》卷六,訛字據之改。《寰宇記》同卷前文"夏宫"條又有"安邑,禹舊宫,有石殿、金户、丹庭、紫宫,俗人名爲驪姬故房,今無基址"一句。嚴可均《全晉文》未收夏静文。

晉孫楚《八賢・季子贊》佚句一

延陵首冠於八賢。(卷二六《鄉間高士》)

【考釋】原題"孫子荆八賢季子贊",子荆,孫楚字,此條疑爲《八賢贊》之序。

晉嵇含《臺中宴會詩》佚句二韵,佚文二篇

臺中宴會詩

左主客曰:四門穆穆今桓桓。南主客曰:綱紀四方齊百蠻。(卷一五《主客》)

【考釋】詩逯欽立《晉詩》卷七僅據《書鈔》卷六〇引"殿中"一韵,"左主客"當作"北主客",東漢以來分客曹爲南主客曹、北主客曹,晉因之。①

箋

今都官中兵三曹郎,晝督征戰,夜還治事,一郎兩役,不宜復使如此。(卷一五《都官》)

【考釋】此條又見《記纂淵海》卷二八。

筆　銘

龍鍾之管。注:竹名也。(卷二三《筆》)

【考釋】此條下有按語曰:"疑是鐘龍,當考。"《事類賦》卷一五引作:"採管龍鐘,拔毫和兔。"

① 見《宋書》卷三九《百官志》,第1234頁。

晉顧愷之佚文一篇

畫觀音菩薩記

志身志病,竭眼竭心。(卷二三《圖畫》)

【考釋】此條全文曰:"顧愷之字長康,小字虎頭,有《畫觀音菩薩記》云云。又著《魏晉名畫贊》,評品甚多。"

宋劉彧(明帝)佚文一篇

太始七年制

綜詳朝政,參貳紀綱。(卷一四《左右僕射》)

【考釋】此條又見《書鈔》卷五九。

宋何承天佚詩一首

[釋](繹)奠詩

顒言西雍,延想沂洙。(卷一一《儲才藝》)

【考釋】此條《玉海》卷一一三引何承天《頌》曰:"經修講洽,研幾識理。貴道崇業,降尊尚齒。顒言西雍,延想沂洙。"即此詩。

宋謝瞻佚文一篇

書

持節而往,專城以居,郡務繆領,出據憑熊,聲流十部,符守江南。(卷二〇《郡守總事》)

【考釋】原題"謝宣遠書"。宣遠,謝瞻字。

南齊孔稚佚詩一首

詩

采菱渡極浦,回舲繞明沙。(卷一三《舟舡》)

南齊孔稚圭佚文一篇

陸修静傳論

誠以淳風久歇，澆路方昏，動足蹈非，摇首入禍。(卷二五《被罪》)

梁庾肩吾佚詩一首

闕　題

飛沙暗六漢，引陣限三川。(卷三六《邊塞風景》)

陳後主詩一首

闕　題

北斗斟爲壽，南山獻並年。(卷九《祝壽》)

陳江總佚詩一首

闕　題

片雲愁迥戍，半月思孤城。(卷三六《邊塞風景》)

唐盧照鄰佚詩一首

營新龕窟室戲學王梵志

試宿泉臺里，佯學死人[眠](服)。鬼火寒無焰，泥人唤不前。浪取蒲爲馬，徒勞紙作錢。(卷三〇《咎徵》)

唐胡元範詩一首

闕　題

聖文飛炳若丹青。(卷九《總叙帝文》)

【考釋】此條或爲《初學記》卷一〇胡元範《奉和太子納妃詩》中“聖文飛聖筆，天樂奏鈞天”一句，與此不同。

唐楊炯佚詩一首

薛洗馬宅宴田逸人詩

田第賞年和，朝衣狎女羅。斜光不可見，高興待星河。（卷二四《相逢聚會》）

唐蘇頲佚詩一首

刑部尚書李公挽歌

日巡陪翠輦，時邁逐紅旗。夢鷗含章出，游鸞接碩飛。（卷二一《名士之文》）

紫綬膺三命，黄縑掌四年。讜詞廊廟擇，能賦國都傳。（卷三二《闕疑之事》）

【考釋】據《舊唐書》卷八《玄宗紀》上，刑部尚書李公即李乂，乂卒於開元四年（716）。

唐顧況佚詩一首

忽雷兒歌

忽雷垂手驚流眄，孔雀羅衫眼花旋。玉女仙人宛轉時，七盤九折須[臾]（史）□。更彈碎乘《蒲桃曲》，想見胡兒眼睛緑。注云：忽雷兒，韋給事之妓，又善舞琵琶。（卷二九《舞》）

【考釋】《文獻通考》卷一三七“大忽雷琵琶小忽雷琵琶”條曰：“唐文宗朝，内庫有琵琶二，號大忽雷、小忽雷，時有内弟子鄭中丞常彈小忽雷，偶匙頭脱，送崇仁坊趙家修治，適遭訓、注之亂，人莫知者。已而中丞身殁，權相舊吏梁厚本賂樂匠得趙家所修治器，每至夜分輕彈。後遇良辰飲於花下，酒酣彈數曲，有黄門過而聽之曰：‘此鄭中丞琵琶聲也。’翌日達上聽，文帝驚喜，遣中使召之，赦厚本罪，别加錫賚。咸通中，有米和郎、田從道尤善此藝。顧况有《忽雷兒》之歌蓋生於此。”馬端臨當未見顧詩原注。

唐王建佚詩三首

送入道□女

賜晉和□王合修，天下(瀍)乳泉出金錢。童女知鑾□□□，母去新授《穎陽篇》。(卷五《女道士》)

《席箕簾詞》寄振武胡大夫

席箕遍滿天山下，單于不向南牧馬。(卷三六《邊塞風景》)

紅旗當磧飛鳥斷，二年不掛黄金鉤。(卷三六《邊塞風景》)

【考釋】《全唐詩》卷三〇二據《韵府群玉》收入第一句，僅題"句"，《韵府群玉》卷二題作《席其簾》，其完整詩題見此。

唐趙[嘏](蝦)佚詩一首

邊城秋望

秋上孤城迷客路，秋風吹起席箕花。(卷三六《邊塞風景》)

唐唐彦謙佚詩一首

對　花

更能休夜雨，無事要邊鸞。(卷二三《圖畫》)

唐公乘億佚詩一首

明　妃　詩

傷心楊柳月，滿目席箕風。(卷三六《邊塞風景》)

唐蕭[遘](溝)佚詩一首

成都寓題詩・桑落酒

一丈郫筒數節香，何勞瓮底卧殘陽。青樓更道燒春美，賈傅松醪

是柏漿。(卷二八《酒》)

【**考釋**】據《舊唐書》卷一七九《蕭遘傳》,中和元年,僖宗幸蜀,遘隨赴行在,同平章事,詩蓋此時所作,《全唐詩》卷六〇〇有《成都》詩一首,或與此爲同一組。

南唐李建勛佚詩一首

紫極宫齋修北大本、社科院本作"修齋"詩

數級仙壇珮玉鳴,羽人深夜步虚行。嗔他老鶴松頭疾,厄是崆峒泛水聲。(卷五《法事科儀》)

南唐徐[鍇](楷)佚文一篇

登仙觀碑

唐大[中時](財)主有未歸者,棄官服道,結廬山側,茹芝絶粒三十餘年,晨昏諷誦,輒有白蛇、白[兔](勉)馴伏如聽,州里捕獵則逸,犴猛[噬](筮)投避焉。道有越趙太守需者,題其廬曰廣寒室。(卷一《兩浙路·常·晉陵縣》)

【**考釋**】此條訛字據《輿地紀勝》卷六《常州》"仙釋"門引《類要》改。《新定九域志》卷五常州《古迹門》曰:"中虚觀本登仙觀,徐鍇《碑》云:'梁有王八百於此山修道。'"即此文。

宋張洎佚文二篇

謝男授左千牛備身表

今歲次男復得策名於親衛。(卷一九《諸衛將軍》)

謝賜八分表

真隸行草,各臻其極,尚猶念次仲之遺範,採元常之名家,廣其波瀾,望古遥集,斯吾后所以留神於八分也。且古文變體之後,唯此書並大、小篆與時偕行。況仙毫揮[灑],體備剛柔,其犀利也,譬長劍之倚天;其壯觀也,類洪河之繞地;其潤澤也,如春雲之出岫;其明媚也,

若曉漢之横空。(卷二三《八分》)

【考釋】此條又見《玉海》卷三三引張洎《謝賜八分表》，置於"宋太宗"條後，無加點字。

闕名詩

送人入蕃

張旃首路。(卷二四《行旅上》)

第九章　《類要》中的其他文獻

《唐登科記》，宋初可見名“登科記”之書計有崔氏《顯慶登科記》五卷、李奕《唐登科記》二卷（《新志》、《崇文目》）、趙璘《登科記》十三卷（《廣川書跋》卷八）、樂史《登科記》三十卷（《郡齋》、《秘書省闕書目》）。據《文苑英華》卷七三七趙修《李奕〈登科記〉序》，李奕書所録“自武德至乎貞元”。《類要》所引最晚及於貞元，或載與科舉有關之詔敕、表疏，或録某年科舉中第之人物，似以李奕書近之。

《類要》引七條，另録省試詩題二，或亦出《登科記》，皆未見文獻引録：

唐高宗調露元年詔曰：或深明曆數，妙同京、管者咸令爲學。（卷三五《甲子之學》引《登科記》）

【考釋】詔又見《册府元龜》卷六五、六四五。

則天如意元年，右補闕薛謙光疏曰：“隋開皇中，李諤論之於文帝云：‘魏之三祖，更好文辭，忽人君之大道，好雕蟲之小藝，連篇累牘，不出月露之形；積案盈箱，唯是風雲之狀，世俗以此相高，朝廷以兹耀士，故文筆日煩，其政日亂。’隋文帝納李諤之策，由是下制禁斷文筆浮辭。其年泗州刺史司馬幼之以表不典實得罪，於是風俗改[勵]，政化大行。煬帝嗣興，又變前法。”（卷九《總叙帝文》引《登科記》）

【考釋】疏又見《舊唐書》卷一〇一《薛登傳》。

開元四年，京兆府童子員俶進《太玄幽贊》十卷，紫微省召試賦、頌及第。（卷二二《幼文》引《登科記》）

【考釋】此條文字又見《玉海》卷三六注，未標出處。

開元八年考[功](邛)試《景移林改色》[詩](時)。(卷三二《古今佳句》引《登科記》)

【考釋】此條下有按語"當考所出"四字。

開元十年十月，上親召拜官二人，翰林院供奉吕向、麗正殿校理東方顥拜左拾遺。(卷一七《校理》引《登科記》)

唐肅宗上元元年，劉峣上疏曰："昔者采詩以觀風俗，咏《卷耳》則忠臣喜，誦《蓼莪》則孝子悲。温柔敦厚，詩教也，豈主於[淫](屈)文哉！"(卷三一《詩》引《登科記》)

【考釋】疏又見《通典》卷一七、《唐會要》卷七六、《太平御覽》卷六二九引《唐書》，訛字據諸書改。

麴信陵，貞元元年進士擢第。(卷六《淮南路·舒·望江縣》引《唐登科記》)

【考釋】徐松《登科記考》卷一二據《唐才子傳》、《容齋五筆》記麴信陵登第於貞元元年(785)，孟二冬《補正》補入《郡齋》、《直齋》、《唐詩紀事》之記載，①諸文獻記載之源頭當爲《唐登科記》。

附唐省試詩題：

主上元日夢[王](生)母獻玉環。(卷三五《夢》引《唐試詩題》)

【考釋】《文苑英華》卷一八〇《省試》一有丁澤此題詩一首，訛字據之改。徐松《登科記考》考丁澤爲大曆十年(775)登第，②故此爲當年省試詩題。

① 見孟二冬：《登科記考補正》，北京燕山出版社，2003年，第495頁。
② 同上書，第451頁。

南至日隔霜仗望含元殿[爐](鏤)煙。(卷一三《總叙禁中景物》引《唐省賦詩題》)

【考釋】《文苑英華》卷一八〇《省試》一有此題詩三首,分别爲崔立之、裴次元、王良士所作,陳尚君師考爲貞元四年(788)省試詩題。①

《古今姓氏雜録》,又名《姓氏古今雜録》一卷,唐孔至撰,《新志》傳記類、《崇文目》氏族類、《中興書目》目録類、《宋志》譜牒類著録。又見《遂初目》,不著卷數。孔至,字惟微,會稽人,②與蕭穎士、李華等游,③爲著作郎,精譜學,撰《百家略例》十卷,④書"載氏族冠冕昏姻之盛,又以方數甲乙紀之"。⑤ 據《類要》所引,書多載一門之中貴盛事。佚,未見輯本,《古今姓氏書辨證》引録甚多。

《類要》引六條,其中四條宋代類書引録:1. 後魏盧氏一門三尚主;2. 唐薛氏一門四尚主(卷一一《駙馬》),見《翰苑新書》前集卷三四;3. 穆氏四世尚主;4. 穆氏十二人尚主(卷一一《駙馬》),見《古今合璧事類備要》前集卷二三。另二條,未見引録:

後周獨孤信,長[女](安)明帝后,第三女皇朝元貞[后](君),第七女隋文帝[后],三朝后爵。(卷一一《總叙外戚》引《古今姓氏雜録》)

【考釋】事又見《周書》卷一六《獨孤信傳》、《册府元龜》卷八六六,訛字據二書補。"第三女"作《周書》及《册府元龜》作"第四女"。

北齊文宣帝崩時,文士各作挽歌十首,擇其善者而用。魏收、楊休之、祖孝徵等各不過一二首,惟盧思道得八首,故時號"八采盧郎"。(卷二一《名臣之文》引《古今姓氏雜録》)

【考釋】事又見《隋書》卷五七《盧思道傳》。

---

① 陳尚君:《登科記考正補》,收入《陳尚君自選集》,第237頁。
② 見李華:《李遐叔文集》卷二《三賢論》。
③ 見《新唐書》卷二〇二《蕭穎士傳》,第5770頁。
④ 趙貞信:《封氏聞見記校注》卷一〇,中華書局,2005年,第94頁。
⑤ 《玉海》卷五〇引《中興書目》,第1000頁。

《武陵廖氏譜》，撰人不詳，史志不著録。佚，未見輯本。

《類要》引一條，有溢出傳世文獻之文字：

廖平字祚之，資産巨萬，隱而不仕，乃好修煉靈藥，以丹砂三十斛放於所居之東南井中，飲其水以祈延年而不死也。（卷二《荆湖北路・鼎・武陵縣》引《武陵廖氏譜》）

【**考釋**】此條又見《明一統志》卷六四引録，無加點字。

《古今書録》四十卷，唐毋煚撰，《新志》、《中興書目》、《秘書省闕書目》、《宋志》目録類著録，又見《遂初目》。毋煚，洛陽人，①開元年間爲麗正殿學士，與修《群書四部録》，删此書爲《古今書録》，又撰《開元内外經録》。②《唐會要》卷三六："（開元）九年（721）十一月十三日，左散騎常侍元行冲上《群書四部録》二百卷，藏之内府，凡二千六百五十五部，四萬八千一百六十九卷，分爲經、史、子、集四部，經庫是殷踐猷、王恢編，史庫韋述、余欽，子庫毋煚、劉彦直，集庫王灣、劉仲，其序例韋述撰。其後毋煚又略爲四十卷，爲《古今書録》。"③《舊唐書・經籍志》取之而略其小序及注文。

《類要》引三條，分别爲"地理類"：《漢宫閣簿》、《洛陽宫殿簿》（卷一三《古今宫殿名》）；"總集類"《古今帝王正位文章》（卷九《總叙帝文》）；"集類"王筠《洗馬集》至《尚書集》（卷二一《名士之文》），次序卷數全同《舊唐書・經籍志》，唯"尚書集十卷"下有"所謂一官集也"六字，未知爲《古今書録》原注抑晏殊自注。

《經史目録》，《通志・藝文略》四載三卷與七卷二種：七卷者楊九齡撰，見《秘書省闕書目》、《宋志》目録類；三卷者撰人不詳。楊九齡，後蜀人，《十國春秋》卷五六有傳。又《南部新書》卷三載李肇爲澧州刺史時著

---

① 見《元和姓纂》卷二"毋"姓，中華書局，1994年，第247頁。
② 見《舊唐書》卷四六《經籍志》序，第1962頁。
③ 《唐會要》卷三六，第767頁。

《經史目録》。① 《類要》所引此書未知何人所撰。

《類要》引一條，未見引録：

劉子玄曰："長壽中，春官侍郎牛鳳及，斷自武[德]，終於弘道，撰爲《唐書》百有十卷。鳳及以(及)唷聾不才，輒議一代之大典，發言則嗤鄙怪誕，叙事則參差錯倒，閲其篇第，如謂可觀；披其章句，不識所以。既而意焚姚思廉、許敬宗諸本，欲使其書獨行，由是皇家舊事，殘缺盡矣。"(卷一七《修史》引《經史目録》)

【考釋】此條又見《史通·古今正史》，訛闕字據之補改。

《十三代史目》十卷，唐宗諫注，《新志》、《崇文目》、《宋志》目録類著録。宗諫，事迹不詳。《秘書省闕書目》目録類、《郡齋》書目類載唐殷仲茂撰同名書三卷，"輯《史記》、兩漢、三國、晉、宋、齊、梁、陳、後魏、北齊、周、隋史籍篇次名氏"。② 疑宗諫所注即此書。《類要》所引非史書目録，當爲宗諫注文。佚，未見輯本。

《類要》引一條，未見引録：

《通曆》曰：魏文華富贍，博通經史，所著述皆有可觀，然無宏規遠略，務在守全而已。頃復親臨江浦，罕尺寸之功，或憚疑城而回師，或睹波濤而咏嘆，智之與勇，曾無一焉，雖有文藝，非雄才也。魏明驕奢，廩費資其雕飾，以區區數州之地，當三國戰争之間，土木錦綈，一至於此。又驅役公卿，負籠荷鍤，其□□辜也。(卷九《非德》引《十三代史目》)

【考釋】此條今本《通曆》闕。

---

① 《南部新書》卷三："李肇自尚書郎守澧陽，人有藏書者，卒歲玩焉，因著《經史目録》。"中華書局，2002年，第36頁。據《舊唐書》卷一六《穆宗紀》，李肇長慶元年自司勛員外郎出爲澧州刺史，其著《經史目録》當在此後數年中。

② 《郡齋讀書志校證》卷九，第402頁。

《唐□□□録目》，疑爲唐孫玉汝所撰《唐列聖實録目》，書二十五卷，《新志》、《宋志》目録類著録。《崇文目》目録類載五十卷，疑誤。孫玉汝，《唐登科記》載其會昌四年(844)進士及第，後任侍御史，爲御史大夫李景讓所劾罷，咸通十一年爲衢州刺史，另著《南北史選練》十八卷。[①]《通志·校讎略》一“書有名亡實不亡論”條曰：“孫玉汝《唐列聖實録》雖亡，可取諸《唐實録》。”[②]則取材於《唐實録》。此書南宋時已佚。未見輯本。

《類要》引一條，未見引録：

肅宗乾元元年九月三日降誕日爲[天平地成](天成地平)節。(卷九《誕節》引《唐□□□録目》)

【考釋】事又見《唐會要》卷二九。

《太清宫道藏目》，撰人不詳，史志不著録。唐有長安與亳州兩處太清宫，長安太清宫原爲開元二十九年(741)所立玄元皇帝廟，天寶元年(742)三月改此名。[③]《寶刻叢編》卷八、《寶刻類編》卷五載京兆《唐太清宫道藏經目録碑》，大和二年(828)所立，趙盈篆額，秦守正書，所録應是長安太清宫所藏道藏，《類要》所引或即是此目。佚，未見輯本。

《類要》引六條，未見引録：

《洞玄都經》。有《洞玄靈寶》二卷，有符篆，有《洞玄靈寶傳八景儀經》一卷，《傳度八景儀經》一卷。《攝召北酆洞玄靈寶元始五老亦書立訣》一卷。《北帝伏魔酆戮鬼咒經》一卷。《靈飛六甲玉女洞玄靈寶□諱左右上符》一卷，又有《六甲玉女佩章》一卷。《授三洞法籙童表集》，又有《度人》五十文也。《金鈕戒文》一卷，《傳度》一卷，《北帝録儀》一卷，《紫廷秘訣》一卷，《禁山制虎符》一卷，有朱符篆。(卷五《訣籙》引《太清宫道藏》)

---

① 見《容齋續筆》卷一一，第344—345頁。
② 《通志·校讎略》，第1807頁。
③ 見《舊唐書》卷九《玄宗紀》下，第216頁。

有《洞玄靈寶九玉匱明真科》一卷,又有《洞玄靈寶九玄地獄經》一卷,《洞科九真妙戒九幽拔罪經》一卷,《起屍洞玄靈寶□度□經》一卷。《南斗延壽度人妙經》一卷,《北斗延生經》一卷。(卷五《道門度脱》引《太清宫道藏目》)

《洞玄靈寶千貞科》一卷,《洞玄靈寶太上高王上太真科令》三卷,又有《三洞戒文》二十二卷社科院本作“三十二卷”,《上百八十戒制度儀》二卷社科院本作“一卷”,又《老子百八十戒經》一卷,《女青鬼律》,律部有十卷,十卷在諸戒律科令之内,有符篆並畫。(卷五《道門雜名件》引《道藏》)

有《御制步虚白鶴太清樂詞》一卷,《九層壇上行道儀》一卷,《靈寶病咎靖□儀》一卷,《河圖虚□衆醮儀》一卷,《隱朝密請儀》一卷,《行道六時唱文儀》一卷,《九龍祈雨太上洞玄醮儀》一卷,《靈寶醮天地五帝萬靈儀》一卷,《太乙九宫元辰大解厄口啓□□靈寶解六害醮儀》一卷,《庚申謝過》一卷。又有《正一官號》四卷,《治病消災》一千二百卷,《盟威濟衆經》一卷,《正一□□傳度衆籙儀》三卷。(卷五《法事科儀》引《道藏》)

有《上清七曜啓齋後言功散席儀》一卷。又有《上清七曜齋祝文》□□、《靈文步虚詞》□卷,《三啓等儀》一卷,有《金籙齋三時行道儀》一卷,《金籙齋儀十□儀十二》三卷□卷,《黄[籙](録)齋儀》八卷。(卷五《齋醮》引《太清宫道藏[目](日)》)

《洞玄靈寶詣華陽洞門及靈岳謁刺儀》一卷。《華陽洞天正爲一國醮儀》一卷。(卷五《齋醮》引《藏道目》)

《太清訣部》中有一卷《太清煉花露仙醽訣》。(卷二八《酒》引《亳州太清宫道經》)

《新論》十七卷，東漢桓譚撰，《隋志》、兩《唐志》儒家類著録。桓譚，事迹具《後漢書》卷二八上本傳。《後漢書》本傳注載《新論》二十九篇，"一曰《本造》，二《王霸》，三《求輔》，四《言體》，五《見徵》，六《譴非》，七《啓寤》，八《祛蔽》，九《正經》，十《識通》，十一《離事》，十二《道賦》，十三《辨惑》，十四《述策》，十五《閔友》，十六《琴道》。《本造》、《述策》、《閔友》、《琴道》各一篇，餘並有上下"，[①]上下篇者，因光武帝言其卷大而别之，其中《琴道》一篇桓譚僅撰發首一章，章帝令班固續成。[②] 佚，有孫馮翼輯本（收入《叢書集成新編》第21册）、嚴可均輯本。

《類要》引六條，其中五見引於《類要》以前文獻，分别爲：1. 董賢女弟爲昭儀（卷一〇《妃》），見《御覽》卷一八一；2. 車三蓋（卷一二《蓋》），見《後漢書》卷四〇上《班固傳》注；3. 桓譚與劉伯師言壽（卷二六《老耄》），見《御覽》卷八七〇；4. 圍棋（卷二九《棋》），見《文選》卷五二韋弘嗣《博奕論》李善注。二輯本皆失收第2條。另二條，未見引録，二輯本未收：

> 觀平水之冰，知天下之寒，用百聞不如一見。（卷三二《雜句》引桓譚《新論》）

> 哀帝時待詔任客北大本、社科院本作"容"以知星好方道，數召見，後坐章事下獄，窮許，得其宿與人言云："漢朝當生有勇[庶]（怒）子如武。"言者劾奏，以爲謂先帝爲庶子，非所宜言，大不敬。（卷三七《雜事》引[桓]（祖）譚《新論》）

《傅子》一百二十卷，晉傅玄撰，《隋志》、兩《唐志》儒家類著録，《意林》目録所載同。《崇文目》、《中興書目》、《宋志》雜家類載五卷，又見《遂初目》、《文淵閣書目》，不著撰人、卷數。傅玄，事迹具《晉書》卷四七本傳。書"撰論經國九流及三史故事，評斷得失，各爲區例，……爲内、外、中篇，

① 《後漢書》卷二八上《桓譚傳》注，第961頁。
② 《後漢書》卷二八上《桓潭傳》及注引《東觀記》，第961頁。

凡有四部、六録，合百四十首，數十萬言”，[1]爲王沈所稱。《崇文目》及《中興書目》皆僅存二十三篇。[2] 佚，四庫館臣自《永樂大典》中輯得二十四篇，又補以傳世文獻，收入《四庫全書》，嚴可均、傅以禮、葉德輝等續有輯本。[3]

《類要》引四條，兩條見引於《類要》以前文獻，分别爲：1. 劉表無容直之度（卷三二《自戒》），見《三國志》卷二一《劉廙傳》注；2. 王黎爲黄門郎（卷三三《得志》），見《御覽》卷二二一，四輯本皆收入。另一條：阿膠不止黄河之濁（卷三二《譬喻語》），見《記纂淵海》卷六一，四輯本失收。一條未見引録，輯本皆未收：

有七尺之軀，欲與天地比壽，亦猶墉上之莠與扶桑比茂，一杓之水與江海争流。（卷二一《叙文相勝》、卷三二《優劣語》引《傅子》）

《志林新書》三十卷，晉虞喜撰，《隋志》儒家類著録，兩《唐志》儒家類載二十卷。虞喜，事迹具《晉書》卷九一本傳。佚，有馬國翰輯本。

《類要》引二條：聖人知萬物（卷九《帝靈異》），見《御覽》卷九五三，馬輯本收入；另一條，未見引録，輯本未收：

劉洪於靈帝末上《乾象歷》，最爲精巧，竟不施用。（卷三五《甲子之學》引虞喜《志林》）

《戒子拾遺》四卷，唐李恕撰，《新志》、《崇文目》小説類、《宋志》儒家類著録。李恕，唐中宗時縣令，[4]宋劉清之《戒子通録》卷三“李恕”條注曰：“（恕）唐中宗時縣令，以崔氏《女儀》戒不及男，《顔氏家訓》訓遺於女，遂著《戒子拾遺》十八篇，兼教男女，令新婦子孫人寫一通，用爲鑑戒。”《通録》

---

① 《晉書》卷四七《傅玄傳》，第 1323 頁。

② 《文獻通考》卷二一四引《崇文總目》曰：“本傳載内外中篇，凡四篇亡録，合一百四十篇，今亡一百一十七。”第 1749 頁。《玉海》卷五三曰：“《書目》今存二十三篇，餘皆缺。”第 1060 頁。

③ 傅以禮輯本依嚴本編次重輯，擴爲五卷，後經孫星華校訂，收入《叢書集成初編》第 534 册，葉輯收入《叢書集成新編》第 19 册。

④ 見宋劉清之：《戒子通録》卷三“李恕”條注。

引十八條，蓋皆原書十八篇之大旨。據《類要》所引知有"書題篇"之名。佚，有陳尚君師輯本。① 除《通録》外，《古今事文類聚》尚引一條。

《類要》引二條，其中譙周言聖人學之於天(卷九《總叙帝文》)，見《戒子通録》卷三；另一條，《通録》僅存大旨：

曾子曰："書功不過百[日](官)。"諺云："千里面目，方知練帛之勤，始念臨池之好。"諸葛丞相《誡子書》云："每得來疏尚粗拙。豈修之不勤而量之有限?"先達名賢尚有斯誡，而况今人乎?(卷二三《工書人》《誡子拾遺・書題篇》)

【考釋】本條訛字據《戒子通録》卷三改。

《制旨兵法》十卷，宋張昭撰，《宋志》兵書類著録。張昭，事迹具《宋史》卷二六三本傳。《册府元龜》卷六〇七曰："張昭爲兵部尚書，世宗親征淮南，表進所撰《兵法》，其略曰：'……今只據臣家所有之書，摭其兵要，自軍旅制置、選練、教習、安營、結陣、命將、出師、詭譎、機權、形勢、利害、賞罰、告誓、攻守、巧拙、星氣、風角、陰陽、課式等，都四十二門，離爲十卷。……既成卷部，須有籤題，臣伏見前代奉詔撰論，皆目爲'制旨'，今輒準故事，題爲《制旨兵法》。"②佚，未見輯本。

《類要》引三條：其中唐於四邊立都護府(卷三六《總叙邊情》)，見《玉海》卷一八；另二條，未見引録：

夷狄自楚漢之際，烽燧不施，造陽壞累石之城，湟水失樹榆之塞，所以冒[頓](煩)獢倨，虎視中區。(卷三六《總叙邊情》引《制旨兵法》)

乘秋候月，獐突鴟張。(卷三六《邊寇》引《制旨兵法》)

---

① 收入《中華野史・唐朝卷》，泰山出版社，2000年。本書陳尚君師輯本，如無特殊説明，皆收入此書。

② 《册府元龜》卷六〇七，第7289頁。

《慎子》四十二篇，戰國慎到撰，《漢志》法家著録。《隋志》、兩《唐志》法家類載十卷，兩《唐志》皆有滕輔注；《崇文目》法家類、《中興書目》、《郡齋》附志諸子類、《直齋》法家類載一卷；又見《遂初目》，不著撰人、卷數。慎到，趙人，先於申韓，①學黄老道德之術，與田駢等爲齊稷下先生。②《崇文總目》所載三十七篇，而陳振孫所見麻沙刻本僅五篇。③ 佚，今傳本爲後人重輯，收入《四部叢刊》中。

《類要》引一條，《四部叢刊》本無。

跬步不休，跛鱉千里；累土不輟，丘山可成。（卷三二《譬喻語》引《慎子》）

《歲時廣記》一百二十卷，南唐徐鍇撰，《崇文目》類書類、《中興書目》時令類、《宋志》農家類著録。又見《遂初目》，不著撰人、卷數。徐鍇，事迹附見《宋史》卷四四一《徐鉉傳》。書"綴古今傳記、前賢詩文"，依時令記"時政風俗，耕農養生之事"，④並有徐鍇按語，⑤故《崇文目》歸之於類書類。⑥ 據《類要》所引，原書卷一八記寒食，卷二五記陽春，卷六八記七夕。佚，未見輯本。

《類要》引六條，未見引録：

曲江池，本秦世隑州，開元中疏鑿，遂爲勝境，其南則紫雲樓、芙蓉苑，其西即杏園、慈恩寺，蒼卉環周，煙水[明]媚，都人遊玩，盛於中和、上巳之節。採[幄](掘)翠幬，[匝於](西干)堤岸。上巳節錫宴臣寮，京兆府大陳筵席，長安、萬年兩縣，諸雄盛相[較](輕)。百辟會於

① 《直齋書録解題》卷一〇，第292頁。
② 見《史記》卷七四《孟荀列傳》，中華書局，1959年，第2346頁。
③ 同注①。
④ 《玉海》卷一二引《中興書目》，第256頁。
⑤ 見《詩話總龜》後集卷五〇引《藝苑雌黄》，人民出版社，1987年，第315頁。
⑥ 《通志·校讎略》一曰："歲時自一家書，如《歲時廣記》百十二卷，《崇文目》不列於歲時而列於類書。"第1816頁。

山亭,恩賜太常及教坊聲樂。池中備彩舟數只,惟宰相、三使、北省官與翰林學士登焉。(卷一三《外苑囿》引《歲時廣記》、《劇談録》)

【考釋】此條文字又見《劇談録》卷下,訛奪文字據之改補。

《輦下歲時記》曰:寒食内[宴],賜宰相已下酴醾酒。翰林學士、駙馬至,只候宰相假日出城行脚。(卷二八《酒》引《歲時廣記》十八)

李白《陽春曲》曰:飛燕皇[后](若)輕身舞,紫宫夫[人]絶世歌。(卷二九《歌》引《歲時廣記》廿五)

【考釋】詩又見《唐文粹》卷一三。

七月七日。《荆楚歲時記》:脯膳有鷄,其氣之所生也。《周禮·庖人》:夏腒鱐。鄭司農云:腒,乾鷄;鱐,乾魚。(卷二八《肉膳》引《歲時廣記》六十八)

晉蘇彦《七月七日詩》云:釋轡紫微庭,解衿琳碧堂。(卷五《天真宫館》引《歲時廣記》)

【考釋】此詩又題《七夕咏織女》,見宋蒲積中編《歲時雜咏》。

杜審言《(皆)守歲侍宴應制》云:宫闇星河低拂樹,殿庭燈燭上熏天。(卷一三《總叙禁中景物》引《歲時廣記》)

【考釋】詩又見《文苑英華》卷一九六。

《幽求新書》二十卷,晉杜夷撰,《隋志》道家類著録。兩《唐志》五行類題爲"幽求子",載三十卷;又見《御覽經史綱目》。杜夷,事迹具《晉書》卷九一本傳。佚,未見輯本,《御覽》及宋筆記中有引録。

《類要》引一條,未見引録:

夢之歌哭[反](及),又有凶事。(卷三五《夢》引杜夷《幽求新書》)

【考釋】《困學紀聞》卷一〇:"《幽求子》曰:'當其夢時睹山念木,或志在舟楫,因舟念水,因水念魚。'"蓋同出一節。

《蔣子萬機論》八卷,魏蔣濟撰,《隋志》儒家類、《舊志》雜家類著録。《新志》、《中興書目》、《宋志》雜家類載十卷,五十五篇;①《直齋》雜家類載二卷,僅十五篇;②又見《遂初目》,不著撰人、卷數。蔣濟,事迹見《三國志》卷一四本傳。"雜論立政用人兵家之説及考論前賢故事雜問"。③ 據《類要》所引,有《應間》一篇。佚,有嚴可均輯本,唐宋類書、宋人筆記多有引録。

《類要》引一條,未見引録,輯本未收:

> 尚書令陳侯雖曰:"季朱陵夷,棄心從耳,德不韶武,而淫龜新聲,流鄭激楚。飛金沉羽,賤朱貴紫。"(卷二九《私樂》引《蔣子萬機論·應間》)

《金樓子》十卷,梁蕭繹(元帝)撰,《隋志》、兩《唐志》、《見在書目》、《崇文目》、《郡齋》、《直齋》、《宋志》雜家類著録。又見《遂初目》,不載撰人、卷數。蕭繹,事迹具《梁書》卷五本紀。"書十五篇,論歷古興亡之迹,《箴戒》、《立言》、《志怪》、《雜説》、《自叙》、《著書》、《聚書》"。④ 書約始作於中大通二年(530),完成於承聖三年(554)。⑤ 南宋内庫有以薛濤紙抄成之本,有李後主題詩,後流入金。⑥ 佚,今本係周永年、邵晉涵自《永樂大典》中輯出,一收入《四庫全書》,另一爲鮑廷博受周永年所托刻入《知不足齋叢書》中,二本同出一源而稍有異同。⑦ 許逸民先生有《金樓子校箋》一書,⑧以《知不足齋叢書》爲底本,校以諸本,甚完備。

---

① 《玉海》卷六二引《中興書目》曰:"《蔣子萬機論》十卷,凡五十五篇。"第1230頁。
② 見《直齋書録解題》卷一〇,第303頁。
③ 同注②。
④ 《郡齋讀書志校證》卷一二,第516頁。
⑤ 參鍾仕倫:《〈金樓子〉研究》,中華書局,2004年,第4—12頁。
⑥ 見《楓窗小牘》卷上。
⑦ 參鍾仕倫:《〈金樓子〉研究》,第39—42頁。
⑧ 許逸民:《金樓子校箋》,中華書局,2011年。

《類要》引四條，其中一條記阮瑀馬上成與劉備書(卷二一《佳麗》)，見《御覽》卷六〇〇，清輯本失收，許逸民《校箋》已補輯；另三條未見引録，輯本及《校箋》未收：

潘勖爲《九錫文》，一時之絶筆也，鑿空爲之，爲可貴也。(卷二一《總叙文》引《金樓子》)

始習方名亦無誑。(卷二二《總叙幼年》引《金樓子》)

【**考釋**】此條下有注曰"言其[名](母)曰繹"。

蟲蒼成字，鵠口晝書。(卷二三《雜書體》引《金樓子》七)

《帝王略論》五卷，唐虞世南撰，《舊志》雜史類，《新志》雜家類，《秘書省闕書目》雜史類，《中興書目》、《宋志》雜家類著録。《崇文目》雜家類載三卷，《中興目》不載卷數。虞世南，事迹具兩《唐書》本傳。《玉海》卷六二引《中興書目》曰："貞觀間，太子中舍人世南承詔撰。起太昊訖於隋，凡帝王事迹皆略紀載，假公子答問以考訂。"①其書日本東洋文庫藏古寫本三卷，卷首有虞世南《進〈帝王略論〉表》及《序》各一篇，叙書之主旨及體例，收入陳尚君師《全唐文又再補》。② 殘，傳世文獻引用甚少，僅《史通・雜説》原注引有一條，又馬總《通曆》所載諸帝事迹末所載"公子曰"、"先生曰"，皆取《帝王略論》以爲論贊。③《通曆》今存第四至第十卷(收入《宛委别藏》，題《通紀》)，起晉宣帝，迄隋恭帝，存《略論》佚文甚多。

《類要》引十七條，其中一節即虞世南《表》中"當代所修"至"沈約仇於宋后"文字(卷一七《修史》)。餘十六條，或未見引録，或有溢出傳世文獻文字，未知是否在殘本中：

---

① 《玉海》卷六二，第1232頁。
② 陳尚君：《全唐文補編》，第2225頁。
③ 見《郡齋讀書志校證》卷五，第202頁。

湯葬在濟陰，曹州也，又云西亳，今偃師東。（卷三《西京》引《略論》、卷四《京東路·曹》引《略論》）

昆陽縣在唐州，昔光武戰處。（卷四《京西路·唐》引《略論》）

新野，即鄧州地。（卷四《京西路·鄧》引《略論》）

濟陽、淄川。（卷四《京東路·淄》引《略論》）

岐州、扶風、茂陵，皆鳳翔也。（卷六《陝西路·鳳翔》引《略論》）

軒轅龍顏允頤。（卷九《天表》引《帝王略論》）

堯在孕十四月，生於丹陵，廷荷勝，眉八彩。（卷九《誕生神異》引《略論》）

【考釋】此條《古今事文類聚》前集卷一九引，無加點字。

堯飲千鐘，杜康造酒。即少康也，酉日死，故不飲酒會客也。（卷二八《酒》引《略論》）

周昭王伐楚至九江，黿爲梁，君子爲猨，小人爲蝻渠六切。一師遂不濟。（卷三七《雜事》引《略論》、卷三二《雜事》）

綏州，秦皇使扶蘇監蒙恬築長城於上郡，[即]綏州。（卷六《陝西路》引《略論》）

【考釋】事見《史記》卷六《秦始皇本紀》。

漢武之罷黜百家，興建庠序，進用賢良。（卷九《總叙崇儒》引《略論》）

【考釋】漢武罷黜百家事見《漢書》卷六《武帝紀》。

漢武時,西國使使進獻麟角鳳喙膠四兩,名曰白蓮金泥,色如碧玉。帝不知妙,以付外庫。帝幸華林園射虎,而弩弦斷,使者從駕,因取一分膠,口濡以集弦。帝使武士射,終不脱,力勝未斷時。劍折亦用,更妙也。(卷一二《帝射》引《[略論](論略)》)

【考釋】《御覽》卷七六六引《中洲記》載此事,稍略。

漢元初元中,罷黄門乘輿狗馬,泉衡禁苑假與貧民。(卷九《帝省費》引《略論》)

【考釋】事又見《漢書》卷九《元帝紀》。

《十代興亡論》十卷,唐朱敬則撰,《新志》、《崇文目》、《宋志》雜家類著録。朱敬則,事迹具《舊唐書》卷九〇、《新唐書》卷一一五本傳。書記"魏晉以來君臣成敗之事",①五代有張昭注本,②淳化二年(991),秘書監李至等獻《新補注十代興亡論》十卷,藏之秘閣,③仁宗天聖年間曾加校勘。④《類要》所引是書多有注文,張昭注入宋後未見記載,晏殊所見當即淳化二年(991)所進補注本。今全書可據《文苑英華》及《類要》考得十四篇,其篇目爲:《魏武帝論》、《晉高祖論》、《晉惠帝論》、《宋武帝論》、《梁武帝論》、《陳武帝論》、《陳後主論》、《北齊高祖論》、《北齊文襄論》、《北齊文宣論》、《北齊後主論》、《隋高祖論》、《隋煬帝論》、《北齊李昭論》。佚,《文苑英華》所收皆收入《全唐文》中,無注,未見輯本。

《類要》所涉十一篇,其注文當出《新補注十代興亡論》,傳世文獻皆未見引録。其正文,五條見諸《文苑英華》卷七五二、卷七五三: 1.《魏武帝論》(卷二〇《風采上》)、2.《宋武帝論》(卷三二《聖賢理論》2條)、3.《北齊高祖論》(卷三七《奸雄》)、4.《北齊文宣論》(卷二七《小隱》)、5.《陳後主論》(卷三七《歷代雜録》),並爲《全唐文》收入。另十條,或爲佚篇,或爲佚文,或爲李至

① 見《舊唐書》卷九〇《朱敬則傳》,第2915頁。
② 見《宋史》卷二六三《張昭傳》,第9086頁。
③ 見《玉海》卷六二注,第1232頁。
④ 《楓窗小牘》卷下曰:"余從祖姑婿陳從易得與太清樓校勘,天聖三年六月,陳以《十代興亡論》妄加涂竄,同官皆降一職。"

注文,《全唐文》未收:

南車任轉,木偶無言。(卷九《非德》引朱敬則《晉惠帝論》)

鞭長不及馬腹,風末不舉鴻毛。(卷三二《雜句》引朱敬則《宋武論》)

【**考釋**】《宋武帝論》見《文苑英華》卷七五二,闕"鞭長不及馬腹,風末不"以下二十六字,可據此補"舉鴻毛"三字。

光宅寺新成,高祖夜作佛事,劉思效諫曰:"願陛下詰朝清明,乘兩龍,張三蓋,福履無疆,兆庶咸願。"(卷一二《車駕》引《十代興亡·梁武論》注)

【**考釋**】《梁武帝論》見《文苑英華》卷七五三,疑此係"梁主不以黄屋爲尊,紫宸爲貴,離欲絶愛,遣色歸空"之注。

古人云:躡屩而之燕楚,安往失吾貧賤哉!(卷三四《士未遇》引《十代興亡論·梁武論》)

【**考釋**】此條不見《梁武論》本文,當爲注。

楚之王孫嘆布衣之未返。注:《怨録》云:楚王子留秦不歸,[泫](法)然流涕,爲歌曰:洞庭兮未秋,涔陽兮草衰。去千乘之家國,作咸陽之布衣。燕之太子踐機橋而不歸。注云:《燕丹子》曰:燕太子丹質於秦,秦王遇之無禮,欲歸燕社科院本作"東歸"。秦王曰:"烏頭白,馬生角,乃可歸。"丹仰天嘆息,即如言。秦不得已遣之,爲機發之橋,欲陷丹。丹過之,橋爲之不發。夜到關,門未開,丹爲鷄鳴,遂逃而歸。(卷二四《羈旅》引《十代興亡論》)

【**考釋**】此條正文爲《陳武帝論》文字,見《文苑英華》卷七五三。

吐渾萬户,吟嘯成群;犬羊四合,嘴踞千群。(卷三六《邊寇》引朱敬則《齊高祖之論》)

【**考釋**】《北齊高祖論》全篇見《文苑英華》卷七五二,無加點字。

北齊神武謂[文]襄云:"侯景常有飛揚跋扈志,顧我能養,豈爲[汝](法)駕御也。少堪敵景者唯有慕容紹宗,故不貴之,留以與汝。宜深加殊禮,委以經略之任。"(卷三七《奸雄》引朱敬則《十代興亡[論](亂)》)

【考釋】此條當爲《北齊文襄論》"文襄……能委任紹宗,外平侯景"注,《文襄論》見《文苑英華》卷七五二,注出《北齊書》卷二《神武紀》下,訛奪字據之改補。

《吕氏春秋》曰:公輸爲雲梯欲攻,墨子自魯而往,日夜不休,十日夜而至於郢,見荆王,裂裳裹足。(卷二四《行旅下》引朱敬則《北齊文宣論》注)

【考釋】《北齊文宣論》本文見《文苑英華》卷七五二。

宋文帝時,彭城王義康矯詔誅司空檀道濟。初見收,目光如炬,飲滿一[觴](航),脱巾幘於地曰:"乃壞汝萬里長城。"魏人聞之,皆曰:"道濟死,吴子輩不足憚。"自是頻年南伐,有飲馬長江之志。(卷二五《非罪》引朱敬則《十代興亡論・北齊後主論》)

【考釋】《北齊後主論》今佚,此條當爲注文,出《南史》卷一五《檀道濟傳》。

後漢徐穉嘗爲太尉黄瓊所辟,及瓊葬,徒步赴之,設鷄酒祭之,哭畢而去。郭林宗等數千人疑其穉也,選能言生茅容輕騎追之。容爲設飲,臨去謂容曰:"爲我謝郭太林宗,何栖栖不遑寧處?大樹欲顛,非一繩所維。"(卷三七《喪亂》引朱敬則《十代興亡・北齊李昭論》注)

【考釋】《李昭論》未見,注出《後漢書》卷五三《徐穉傳》。

《諸子談論》三卷,撰人不詳,《崇文目》類書類、《秘書省闕書目》子書類著録,又見《遂初目》,不著卷數。據《類要》所引可知,書分上中下三篇,皆雜抄前代子書,頗類《意林》,其中《文子》、《周生烈子》、《夏侯新論》在書之中篇,又引有《劉子》。佚,未見輯本。

《類要》引六條,未見文獻引録:

讓一得百，争十失九。（卷三二《譬喻語》引《子談論》中《列子》）

【考釋】此條係《周生烈子》中文字，見《意林》卷五。

《文子·返逝》曰：百星之明不如一月之耀，十牖之開，不如一户之明。（卷二一《叙文相勝》《子談論》中、卷三二《優劣語》）

【考釋】《文子》卷上及《意林》卷二亦載類似之語，此條文字略近《意林》。

夏侯《新論》曰：蜀地之於九州，猶面之有黑子，功業比於武皇，奥兒之與孟賁。（卷三七《戰國》引《子談論》中）

溺井而尤伯益；火焚而怒燧人。（卷三二《譬喻語》引《子[談](説)論》）

【考釋】此條文字又見《劉子》卷一〇《言苑》。

楚有鬻矛盾者兩皆譽。買者曰："以子之矛，擊子之盾，如何？"鬻者不答。（卷三二《譬喻語》引《子談論》）

洗垢求痕，吹毛覓瑕。（卷二五《被罪》引《子談論》）

【考釋】此條下有按語云"言酷吏也"，文字又見《劉子》卷六《傷讒》。

《語林》十卷，晉裴啓撰，見《隋志》小説類注。裴啓，河東人，父穉，豐城令。[①]《世説新語·輕詆》注引《續晉陽秋》曰："晉隆和中，河東裴啓撰漢魏以來迄於今時，言語應對之可稱者，謂之《語林》，時人多好其事，文遂流行。"[②]後因謝安指其不實而廢。佚，舊有馬國翰輯本，魯迅有重輯本。[③]

《類要》引三條，其中五侯鯖（卷二八《水珍》），見《太平廣記》卷二三四，魯迅輯本收入；另二條，或未見引録，或引而不全，輯本皆未收：

① 見《世説新語箋疏·文學》注引《裴氏家傳》，第269頁。
② 《世説新語箋疏·輕詆》，第844頁。
③ 收入《古小説鈎沉》，見《魯迅輯佚古籍叢編》，人民文學出版社，1999年。

賈誼爲文章精麗妙絶，世號雕龍。（卷二一《名臣之文》引《語林》）

朱勃字叔陽，誦書説詩，年十二，號曰才童，與馬援同年友善，而立名在於馬援之前。（卷二二《幼德》引《語林》）

【考釋】此條又見《實賓録》卷六引《語林·高僧傳》，無加點字。

《八代談藪》八卷，隋陽松玠撰，《崇文目》、《秘書省闕書目》小説類著録。《直齋》、《宋志》小説類載二卷；《遂初目》誤作"顔之推"，不著卷數。陽鬆玠北平人，隋秘書省正字。[①] 書"事綜南北，時更八代，隋開皇中所述也"，[②]劉知幾謂之"瑣言"。[③] 佚，輯本有黄大宏《八代談藪校箋》。

《類要》引一條，未見引録，輯本未收：

齊武帝與弟豫章王嶷友愛特深，及薨，使王融爲銘，曰："半岳摧峰，中河墜月。"帝泣曰："此正是吾所欲言也。"（卷一一《王右》引《談藪》）

【考釋】事又見《册府元龜》卷八三八。

《譚賓録》十卷，唐胡璩撰，《新志》、《宋志》小説類，《崇文目》傳記類著録。又見《遂初目》，不著撰人、卷數。胡璩，字子温，文宗、武宗間人，[④]會昌間居成都，曾清理修復精舍薛稷畫壁。[⑤] 書多記唐代帝王將相軼事，詳於玄、肅、代、德四朝，"皆唐朝史之所遺"，[⑥]内容多來源於唐代國史。[⑦] 有陳尚君師輯本。

《類要》引一條，未見引録，輯本無此節：

貞觀十年十月始蔴紙寫敕。（卷三二《雜記沿革》引《譚賓録》）

---

① 見《直齋書録解題》卷七，第196頁。
② 同注①。
③ 《史通通釋·雜述》，第274頁。
④ 見《郡齋讀書志校證》卷一三，第566頁。
⑤ 事見陳尚君師輯本《叙録》引郭圓《胡氏亭畫記》。
⑥ 見《郡齋讀書志校證》卷一三，第566頁。
⑦ 見周勛初：《唐代筆記小説叙録》，收入《周勛初文集》第五册，第381頁。

《柳氏家學要録》二卷，唐柳玭撰，《新志》、《崇文目》小説類著録。《中興目》傳記類、《郡齋》、《宋志》小説類載一卷；又見《遂初目》，不載撰人、卷數。柳玭，柳冕子，又撰《常侍言旨》一卷。[①]《中興書目》所載一卷本三十四章，係柳玭"採其曾祖彦昭、祖芳、父冕家集所記累朝典章因革，時政得失"而著。[②] 據諸文獻所存佚文，書涉及唐宗廟、兵制、官制及名臣評價，故余嘉錫給予極高之評價。[③] 佚，未見輯本，《玉海》、《困學紀聞》、《記纂淵海》、《古今合璧事類備要》各引一條。

《類要》引三條，未見引録，其中舍人給事、尚書僕射二條已經余嘉錫抉出：

故事，中書軍國政事，則中書舍人六員，各執所見，雜署其名，謂之五花判事。給事侍從殿中，以平奏議，詔書未當，實得封還，駁正制敕，定其非是。開元中，李義爲黄門侍郎，多所駁正，姚崇惡其異己，加爲紫微侍郎，實去其權矣。自後舍人但司綸言而已，給事唯署案牘而已。（卷一六《給事中》引《柳氏家學録》）

【考釋】事又見《舊唐書》卷一〇一《李乂傳》。

左右僕射總領百官，儀刑端揆，故自江左及魏、北齊迄於貞觀爲正[宰]（帝）相。午前居政事堂，午後居尚書省决事，親理辭訟。貞觀三年，太宗謂房、杜曰："公爲僕射，廣開耳目，求訪賢哲，此乃宰相之弘益也。比聞聽受辭訟，日不暇給，安能助朕求賢哉？"因敕尚書省："細務屬於左右丞，唯冤屈大事合聞奏者關於僕射。僕射出總省事，入參大政，與尚書、侍郎禮絶久矣。尚書、侍郎有失職者，僕射得以出入之。"自是朝綱大舉，百司奉職，政歸尚書省，則僕射之與尚書令、侍中皆爲正宰相官，此乃貞觀之故事也。永徽元年，李勣拜左僕射，以南省地疏於北省，初加同中書門下三品，意者與侍中、中書令同公事，

---

① 《郡齋讀書志校證》卷一三，第 571 頁。
② 同上書，第 570 頁。
③ 見《余嘉錫論學雜著·讀已見書齋隨筆·柳氏家學録》，第 656—657 頁。

此後六十年，拜僕射、中書兼同三品。神龍中，豆盧欽望單授左僕射而遲回無所適，數日，因加平章軍國重事。景龍初，韋安石自左僕射停兼中書令，又無同中書門下三品，單任僕射而已，從此與相位殊耳。自後僕射多以故相而授南省，失職歸中書，如宋璟、張説、張九齡等，元老舊德，擢居端揆，罷職之後，爲時宰所忌，備員於冗散，不得復握舉紀綱。國家故事，命南宫爲治本，所以總統百司也；命僕射爲師長，所以端肅百官也，令所以授成事也。近者僕射漸輕，而列曹尤重，雖位居其下，而權出其右，則僕射姑息之不暇，又安能出入哉！（卷一四《左右僕射》引《柳氏家學録》）

後周蘇綽始以政術理天下，令文案章程之法，三官聯判之制，百司檢勘之式，至高潁廣之，房、杜修之。教化之事，房、杜亦未暇也。（卷三三《能政中》引《柳氏家學録》）

《醉鄉日月》三卷，唐皇甫松撰，《唐志》、《崇文目》、《直齋》、《宋志》小説類著録。又見《遂初目》小説類，不著撰人、卷數。皇甫松，字子奇，號檀欒子，睦州新安人，皇甫湜子，開成、會昌間累試進士不第，終身未仕宦。① 書分上、中、下三卷，有會昌五年（845）序，自稱爲酒後戲作，② 詳載唐人飲酒之格、酒令及酒事風俗，③《永樂大典》卷一二〇四四存《使酒》一章。《宋朝事實類苑》卷六一《風俗雜誌》引《贊寧要言》言書得名之由曰："言醉樂如入壺中天也。"④ 則宋初書又有一卷本。另外據景德三年（1006）日僧所述，其書當時已傳入日本。⑤ 佚，《類説》中輯録數條，宋人筆記小説中亦多有引録。有陳尚君師輯本。

《類要》引一條，題作"酒書"，未見引録，輯本無此節：

---

① 參陳師輯本叙録，《中華野史·唐朝卷》，第763頁。
② 《序》見《全唐文記事》卷三三，收入陳尚君《全唐文補編》，中華書局，2005年，第923頁。
③ 《直齋書録解題》卷一一，第322頁。
④ 《宋朝事實類苑》卷六一，上海古籍出版社，1981年，第804頁。
⑤ 見《宋朝事實類苑》卷四三《仙釋僧道》引《楊文公談苑》，上海古籍出版社，1981年，第569頁。

釀秋酎法：九月九日鋪地，至十月一日、二、三日，如法酘之，冬至日開。（卷二八《酒》引皇甫松《酒書》）

《東觀墨客》，撰人不詳，史志不著録。佚，未見輯本。

《類要》引一條，未見引録：

南宫舍郎。（卷一五《總叙郎官郎中》引《東觀墨客》）

《洽聞記》一卷，唐鄭常（一作"遂"，今從李劍國説[①]）撰，《新志》、《崇文目》小説類著録。《中興目》、《宋志》小説類載二卷；《郡齋》小説類、地理類互見，載三卷。鄭常，大曆中詩人，官吴少誠判官，殿中侍御史，貞元三年（787）遇害。[②] 書"記古今神異詭譎事，凡百五十六條"，[③]又"雜記郡國舊事，故附之地里類"。[④] 佚，有重編《説郛》本，僅四條，李劍國輯得佚文四十一條。[⑤]

《類要》引五條：其中射的山一條（卷二九《善射》），見《太平廣記》卷三九七，李劍國輯入。另四條，未見引録，李輯未收：

石季龍自襄國王鄴，二百里中，四十里輒立一宫。金華殿，殿有季龍皇后浴堂，又種雙長生樹，冬月不凋，葉大，常八月生花，花白赤，子大如橡子。時人謂之西王母長生樹。（卷一三《總叙宫掖》引《洽聞記》）

【考釋】《類聚》卷八九引作"鄴中記"，又見《寰宇記》卷五五，未標出處。

漢末有張公居，養犬不吠，孫堅微時經此過，犬乃吠之焉。桑公謁堅云："君其有異相乎？"及堅貴，欲報之。榮位金玉，非公所好，

---

① 李劍國以爲鄭遂會昌六年官太學博士，而《洽聞記》佚文最晚記大曆七年事，故以鄭常爲是，見《唐五代志怪傳奇叙録》，第252頁。

② 參《唐五代志怪傳奇叙録》，第252頁。

③ 《郡齋讀書志校證》卷一三，第552頁。

④ 《郡齋讀書志校證》卷八，第346頁。

⑤ 見《唐五代志怪傳奇叙録》，第253—257頁。

［唯］(佳)張箄捕魚爲樂，竪爲作九里箄。及死，立廟、亭，在鹽官北三十里。貞觀年間改義亭。(卷二七《小隱》引《洽聞記》)

【考釋】《寰宇記》卷九三引此條作"郡國志"。

漢陽縣有除無山，有不灰木。(卷三五《方外奇物》引《洽聞記》)

安州城□門石龕，神堯皇帝讀書，以枝插石上，槐樹生焉。(卷九《帝靈異》引《［洽聞］(合間)記》)

《紀聞》十卷，唐牛肅撰，唐崔造注，《新志》、《崇文目》、《宋志》小説類著録。牛肅，涇陽人，官岳州刺史，其事迹具《紀聞》。[①] 書所記多爲玄宗時事，最晚記載及於肅宗乾元元年(758)，[②]多載神怪，亦及四方異物。佚，丁丙《善本書室藏書志》卷二一著録舊鈔本十卷，未見。另臺灣圖書館藏朱校鈔本十卷，皆自《廣記》輯出，李劍國又另輯章目，共一二三條。

《類要》引三條：其中雜羅令孫奉先條(卷二《福建路・汀・長汀縣》引《記聞》)，見《寰宇記》卷一〇二；另二條未見引録。三條臺灣藏十卷舊鈔本及李劍國所輯皆未收：

江東採訪使奏於處州南山洞中置汀州，州境五百餘里。山中林木秀茂，領長汀、黄連、雜羅等縣，地多瘴癘，山多木客哀聚其中。(卷二《福建路・汀》引牛肅《記聞》)

州初移長汀，而長汀迫隘，以新造州府，故斬伐林木。凡殺大樹千餘根，皆豫章楓松也，大者二三丈，高者三百尺。斬伐諸樹，其樹皆山都所居，有三種，處其下者曰猪都，居其中者曰人都，在其高者曰鳥都。人都初如人形而□小，男子、婦人自爲配偶。猪都皆身如猪，鳥都皆人首，盡能人言，聞其聲而不見其形，亦鬼之流也。三都皆在樹

① 參《唐五代志怪傳奇叙録》，第238頁。
② 見《太平廣記》卷一五〇《張去逸》引《紀聞》，第1078頁。

爲宅，人都所居最華，或時見形。當伐木之時，術者顧元大社科院本作“周元大”能伏諸都，禹步以厲術，則以左右赤索圍而伐之。樹皆卧僕，剖其中，三都皆不能化，則執而煮之，盡滅焉。（卷二《福建路·汀》引牛肅《記聞》）

《甘澤謡》一卷，唐袁郊撰，《新志》小説類、《崇文目》傳記類、《郡齋》、《直齋》、《宋志》小説類著録。袁郊子之儀，宰相袁滋子。① 書“所記凡九條，咸通戊子（868）自序，以其春雨澤應，故有甘澤成謡之語，遂以名其書”。② 書“載譎異事九章”。③ 佚，《太平廣記》收其八篇，另有重編《説郛》本。今本爲輯本，有《津逮秘書》本，《四庫》據之收入；另有《學津討源》本，收入《叢書集成初編》。

《類要》引一條，記焦遂事，引有完整之《飲中八仙歌》，爲現存最早全録此詩之文獻，並有溢出二輯本之文字：

焦遂，天寶中長安酒徒。時好事者爲《飲中八仙歌》曰：知章騎馬似乘舡，眼花落井水底眠。汝陽三斗始朝天，道逢麴車口流涎，恨不移封向酒泉。左相日興費萬錢，飲如長鯨吸百川，啣杯樂聖稱世賢。宗之瀟灑美少年，舉觴白眼望青天，皎如玉樹臨風前。蘇晉長齋綉佛前，醉中往往愛逃禪。李白一斗詩百篇，長安市上酒家眠，天子呼來不上船，自稱臣是酒中仙。張旭三杯草聖傳，脱巾露頂王公前，揮毫落紙如雲烟。焦遂五鬥始卓然，高談雄辯驚四筵。（卷二八《能醉酣飲》引《甘澤謡》）

【考釋】今本《甘澤謡·陶峴》條載焦遂事，無加點字。

《野人閒話》五卷，後蜀景焕撰，《崇文目》、《直齋》小説類著録，又見《遂初目》。景焕，事迹見《十國春秋》卷五六本傳。書有乾德三年（965）

---

① 見《唐五代志怪傳奇叙録》，第 798 頁。
② 見《直齋書録解題》卷一一，第 320 頁。
③ 見《郡齋讀書志校證》卷一三，第 553 頁。

序，[1]首篇爲"頒令箴"，載蜀王孟昶頒諸邑文。[2] 佚，未見輯本。

《類要》引一條，題"野人閑語"，未見引録：

有人以名香書告南辰北極，得免太山之獄。(卷五《法事科儀》引《野人閑語》)

《溟洪録》一卷，撰人不詳，《崇文目》小説類著録，《宋志》小説類載二卷。南宋張世南《遊宦紀聞》卷六引《江陵圖經》有《溟洪録》一條，記元和中裴宙爲刺史事及後唐高從誨爲荆南節度事，孫光憲已見其書，[3]故當作於五代宋初。佚，未見輯本。

《類要》引一條，有溢出傳世文獻之文字：

江陵府南門有息壤焉，隆起如伏牛馬形，移之不動，輒如故。故《淮南子》云：禹封泉眼，息壤生土者。(卷二《荆湖北路·江陵府》引《溟洪録》)

【考釋】此條又見宋張世南《遊宦紀聞》卷六引《江陵圖經》引《溟洪記》，較此條多元和裴宙爲刺史掘息壤事，無加點字。

《至道總仙記》一百三十七卷，《目録》四卷，宋樂史撰，見《玉海》卷五七。《宋史》卷三〇六本傳載一百四十一卷，蓋合《目録》記之；《崇文目》道家類載一百三十卷；《中興書目》、《四庫闕書目》、《宋志》道家類題"總仙秘録"，卷數同《崇文目》。樂史，事迹具《宋史》卷三〇六本傳。書載歷代神仙事，至道二年(996)四月奏上，[4]"詔秘閣寫本進内"。[5] 佚，未見輯本，樂史《廣卓異記》引九條，《錢通》引一條。

---

① 見《直齋書録解題》卷一一，第 324 頁。

② 見《容齋續筆》卷一，第 216 頁。

③ 《路史》卷四七曰："昔高從誨鎮渚宫，出經其處(指息壤)，問書記孫光憲，對以伯禹治水……以石屋鎮之。蓋本之《冥洪録》裴相歐獻之事也。"

④ 見《玉海》卷五七，第 1148 頁。

⑤ 《宋史》卷三〇六《樂史傳》，第 10112 頁。

《類要》引一條,未見引録。

周[群](郡)妙閑讖説,嘗於岷山采石,見白猿從絶峰下,對[群](郡)□□□佩刀[投](授)之,化爲一老翁,握中有玉板,長八寸,以授[群](郡)。[群](郡)曰:"翁是何年生?"答曰:"已衰邁,[忘](志)其生之年月。猶憶軒轅之始學曆數,風后、容成皆黄帝之史,就[余](於)學術,顓[頊更](史)考定日月星辰。"[群](郡)因此更精曆術也。(卷三五《星緯天文之學》引《總仙記》)

【考釋】此條《太平廣記》卷四四四引作"拾遺記",略有異同,"對□□□□佩刀授之"作"對群而立群抽所佩之刀以投白猿","學術"作"授術",訛字據之改。

結　語

通過以上各章對《類要》各方面的考察與分析可以看到,《類要》最初編撰的時間可以追溯到晏殊青年時代,而晏殊一生漫長而特殊的仕宦經歷使其有機會接觸到館閣及當時著名學者文人所藏的大量珍密文獻。因此《類要》作爲晏殊平日讀書的摘鈔,保存了數量驚人的珍貴文獻,并且由於其所據版本精善,使其在校勘上也有着相當的價值。

但是由於《類要》最終未曾定稿,加之歷代未經刊刻,故而傳本甚稀。今存的三十七卷本系統很可能出於後人的重編,自南宋以來又屢經傳鈔,因此導致了今本門類佚失過半,體例也極爲蕪雜,這些都爲理解與利用《類要》帶來了很大障礙。本文通過對文獻中所存《類要》佚文的爬梳,考得 71 個已佚門類,由此可以看到晏殊在此書中所構建的遍及天、地、人、事、物各部的知識體系。同時本文對於《類要》體例的全面梳理,也使其得到面貌進一步廓清。

晏殊去世以後,其子晏知止曾請曾鞏爲《類要》作序,由此開始了其書的流傳歷程。晏殊的原本在南宋初年逐漸流布,書目及私家著作中已見著録與徵引。至開禧二年,晏殊四世孫晏袤百卷增補本問世以後,其書遂廣爲流傳,《古今事文類聚》、《輿地紀勝》等一系列類書與地理書都引用了其大量相關内容,其對於這些書的影響甚至超過了前代更爲著名的類書與地理書。而元代直到明代初期,《類要》尚屢見於記載,並入藏南京文淵閣,《永樂大典》中亦有所引録。其書北上,入藏明秘閣,但在明成化以後即已散失,民間藏書諸家亦未見著録,其流傳之迹漸稀。今所知三個傳本皆爲三十七卷,屬晏袤增補的百卷本系統,其中《四庫從目》影印的西安文管會所藏本大部分爲清順康之間鈔本,而其中四卷抄於雍正年間。而北大所藏本原爲《四庫》底本。三本錯訛都比較嚴重，社科院本錯簡嚴重，而北大本一般性錯訛較少，但經過鈔寫者的校改，頗失原貌。

《類要》所引録的文獻遍及四部，其中 80％以上皆已散佚。而這些珍貴文獻中相當部分都自原書引出，有的還標明卷數，爲了解其原貌提供了重要的綫索。而所保存的佚文中多未見於傳世文獻引録，現有的輯本基本未曾收入，因此有着相當高的文獻價值。從本文的下編所叙録的二百餘種文獻來看，它們多爲唐代文獻，以史部文獻最多，包括了唐高祖至文宗的歷代實録等重要史料。所引實録以玄、代、德、憲、敬五朝爲多，每種所引都在千字以上，三分之一以上的條目都標有卷數，據此大致可以排出某年在實録中的卷數。同時這些實録文字的存在也爲《册府元龜》中相關部分的出處提供了最有力的證據，由此可以恢復唐實録更多的内容。另外《類要》還保存了大量唐代總集與别集及單篇的詩文，爲了解唐代總集與别集的原貌提供了重要的綫索，同時單篇文章中包括了大量未收入相關斷代總集的篇章，爲斷代總集的增補提供了新的材料。

《類要》是一座尚未充分開掘的文獻寶庫，尤其爲唐代歷史、文學的研究提供了大量重要的原始材料，值得進一步的研究與利用。

附録　《類要》引書目録

凡　例

- 本目所録僅限於成卷之書籍，單篇文章一概不録。
- 所録文獻以直接稱引書名者爲準，標明轉引自其他文獻者一概不録。
- 所録文獻現存者以今名著録，已佚者據各史志目録及《類要》所引著録書名，同書異名以《類要》所題爲準，《類要》兩見則以括號加注。
- 所録文獻以《四庫全書總目》，參合《新唐書・藝文志》分類。現存文獻歸類以《四庫全書總目》爲準，已佚文獻綜合前代史志目録進行歸類。
- 别集以外，今有傳本之文獻用宋體著録，已佚文獻且至少有一條不見於其他文獻引録者用**粗楷體**著録，已佚文獻且全部見於《類要》以前文獻引録者用*斜宋體*著録。
- 所涉别集，《類要》所引篇目無出今本之外者用宋體著録，有不見於今本之篇目者用**粗楷體**著録。

經　部

［易類］

周易正義　周易略例

［書類］

尚書正義　*尚書大傳*

［詩類］

毛詩正義　*韓詩*　*韓詩外傳*

［禮類］

周禮注疏　儀禮注疏　禮記正義　大戴禮記　**月令章句**　**開寶通禮義纂**　三禮圖

［樂類］

琴操　*樂府雜録*　**古今樂録**　**樂苑**　**廣樂記**　**樂府廣題**

［春秋類］

春秋左傳正義　春秋公羊傳注疏　春秋穀梁傳注疏　*潁容釋例*　春秋繁露

［孝經類］

孝經注疏

［五經總義類］

白虎通義　經典釋文

［四書類］

論語注疏　*鄭玄注論語*　孟子注疏

［讖緯類］

易稽覽圖　*尚書帝命驗*　*詩含神霧*　*禮緯*　*春秋元命苞*　*春秋合誠圖*　*春秋演孔圖*　*春秋漢合孳*　*論語摘輔象*　*孝經援神契*　*孝經右契*　**河圖洛書**　**河圖玉版**　*河圖括地象*　*河圖著命*　*河圖録運法*

［小學類］

爾雅注　方言　急就章　説文解字　釋名　*辨釋名*　廣雅　玉篇　五經文字　集韵

史　部

[正史類]

史記　史記索隱　漢書　*漢書音義*　*崔浩漢記音義*　**東觀漢記**　**司馬彪續漢書**　**謝承後漢書**　**華嶠後漢書**　後漢書　三國志　**晉中興書**　**王隱晉書**　**臧榮緒晉書**　晉書　宋書　南齊書　梁書　陳書　魏書　*魏澹後魏書*　北齊書　南史　北史　*五代史志*　隋書　*唐書*　舊唐書　**舊五代史**

[編年類]

汲冢記　*竹書紀年*　*歷代帝紀*　前漢紀　後漢紀　*張璠漢記*　*魏氏春秋*　*干寶晉紀*　*鄧粲晉紀*　**晉陽秋**　*續晉陽秋*　*三國典略*　**河洛行年紀**　**唐録政要**　**唐年補録**　**唐紀**

[起居注類]

晉起居注　*晉惠帝起居注*　*宋元嘉起居注*　*宋泰始起居注*　*梁天監起居注*　*梁大同九年起居注*

[實録類]

唐高祖實録　**唐太宗實録**　**唐高宗實録**　**唐中宗實録**　**唐玄宗實録**　**唐肅宗實録**　**唐代宗實録**　**唐德宗實録**　順宗實録　**唐憲宗實録**　**唐穆宗實録**　**唐敬宗實録**　**唐文宗實録**

[雜史類]

帝王世紀　**帝王要略**　**高氏小史**　國語　戰國策　**春秋後國語**　*後漢雜事*　*漢末英雄記*　*韋昭吳録*　**吳録**　*吳記*　**魏略**　*江表傳*　*梁史*　建康實録　*南北史雋*　**大業略紀**　**壺關録**　*唐史*　**唐小史**　**大和野史**

[詔令奏議類]

魏名臣表　**晉令**　**王言會最**　**元和制誥**　**玉堂遺範**　**類表**

［傳記類］

唐登科記 列女傳 列士傳 高士傳 聖賢高士傳 孝子傳 文士傳 摯虞注三輔決録 會稽典録 楚國先賢傳 汝南先賢傳 益部耆舊傳 沈氏家傳 荀氏家傳 狄梁公家傳 鄴侯家傳 郭子儀家傳 漢武内傳 鄭玄别傳 羅含别傳 高力士外傳

［載記類］

吴越春秋 越絶書 華陽國志 十六國春秋 三十國志 三十國春秋 鄴都記 鄴中記

［地理類］

古嶽瀆經 古今地理書 括地圖（誤作"括地志"） 張氏土地記 夏侯曾先會稽地志 晉地道記 晉太康地志 晉元康地志 周處風土記 宋永初山川記 九州要記 輿地志 後魏地形志 十三州記 周地圖記 隋諸州圖經集記 州郡志 括地志（又引作"括地圖"、"貞觀地志"、"坤元録"） 唐國要圖 十道圖 十道志 唐開元十道要略 郡國志 古今郡國縣道四夷述 元和郡縣圖志 方輿記 太平寰宇記 輿地廣記 地名記 地理志 應天府圖經 潁陽縣圖經 三齊略記 三齊記 伏琛齊地記 杜臺卿齊記 齊記 齊道里記 曹州記 徐州人地録 彭城記 洛陽記 宜陽記 濟源縣舊圖經 洛陽圖經 鄢城縣舊圖經 河北記 冀州圖經 衛州圖經 頓丘縣舊圖經 濮陽縣圖經 臨漳縣舊圖經 任縣舊圖經 清池縣圖經 南皮縣舊圖經 獲嘉縣舊圖經 堂邑縣舊圖經 滏陽縣舊圖經 邯鄲縣舊圖經 昭德縣舊圖經 鷄澤縣舊圖經 深澤縣圖經 隆平縣舊圖經 莫縣圖經 黎陽縣舊圖經 東光縣舊圖經 遂城縣舊圖經 隴右記 甘州記 三郡記 趙記 上黨記 西河舊事 河東圖經 遼州圖經 三秦記 關中記 三輔黄圖 三輔記 宜州圖經 同州白水縣圖經 鄭縣舊圖經 淮南記 南兖州記 廬江記 蕲春記 海州舊記 和州圖經 通州圖經 望江縣圖經 朐山縣舊圖經 高郵縣圖經 合肥縣圖經 江陽縣圖經 含山縣舊圖經 王烈之安城記 王篤新安記 丹陽記 姑熟記 紀義宣城記 雷次宗豫章記 張僧監尋陽記

尋陽記　徐諶鄱陽記　鄱陽記　荀伯子臨川記　鄧德明南康記　南康記　上饒記　虔州圖經　吉州圖經　南康舊圖經　玉山縣圖經　德化縣記　池州圖經　新安圖經　分寧縣圖經　永興縣圖經　當涂縣圖經　湘中山水記　甄烈湘州記　庾仲雍湘州記　郭仲産湘州記　湘州記　湖南風土記　道州記　道州圖經　茶陵縣圖經　南雍州記　盛弘之荆州記　荆州記　江夏記　伍安貧武陵記　黄閔武陵記　武陵記　荆楚歲時記　渚宫故事　武昌記　武昌縣記　歸州舊圖經　辰州圖經　江夏縣圖經　荆州圖副　南徐州記　吴地記　吴興記　吴興雜録　京口記　吴縣舊圖經　丹徒縣舊圖經　武進縣舊圖經　孔靈符會稽記　東陽記　臨海記　天台記　永嘉記　餘杭縣舊圖經　會稽縣舊圖經　上虞縣舊圖經　桐廬縣舊圖經　瑞安縣舊圖經　永嘉縣舊圖經　臨海縣舊圖經　龍泉縣舊圖經　縉雲縣舊圖經　臨海異物志　廬陵異物志　陶夔閩中記　林諝閩中記　晉安記　蕭子開建安記　建安記　福州圖經　永泰縣圖經　兀溪縣圖經　蜀王本紀(引作"揚雄蜀記")　益州記(又引作"蜀記")　游蜀記　黎州圖經　新津縣圖經　夾江縣圖經　仁壽縣圖經　百丈縣圖經　三巴記　巴漢志　黔中記　漢州圖經　賓化縣圖經　梁州記　漢中記　劍州圖經　梓潼縣圖經　普城縣舊圖經　南越志　地志(兩種)　記(四種)　郭璞注山海經　酈道元注水經　謝靈運名山記　名山記　吴興山墟名　頤山録　陶弘景山圖　泰山記　華山記　周景式廬山記　陶弘景茅山記　茅山新記　武夷山記　洞庭記　漢水記　廣宗記　國都記　都城記　城冢記　兩京新記　漢宫閣疏　雲陽宫記　洛陽宫殿名　洛陽伽藍記　戴延之西征記　述征記　序行記　北征道里記　尋江源記　風俗記

[職官類]

漢官儀　漢官典職　漢官解詁　晉官品令　齊職品令　齊職儀　後齊職員令　百官春秋　職員令　唐六典　王百官唐紀　具員故事　集賢注記　翰林盛事　職林

[儀注類]

漢舊儀　　漢儀注　漢制度　車服儀制　魏晉儀注　決疑要注

[故事類]

三輔舊事　漢武故事　東宫舊事　鄴都故事　景龍文館記　大唐故事稽疑

[政書類]

通典　唐會要　會要　續會要

[目録類]

別録　七略　群書四部録　古今書録　經史目録　十三代史目　唐□□□録目(疑爲"唐列聖實録目")太清宫道藏目　淳化閣法帖　遺風碑集

[譜牒類]

古今姓氏雜録　武陵廖氏譜

[史評類]

史通

子　部

[儒家類]

晏子春秋　楊倞注荀子　新書　鹽鐵論　説苑　李軌注法言　潛夫論　申鑒　魏子　袁子政書　新論　獨斷　孔子家語　孔叢子　物理論　中論　志林新書　傅子　顧子　古今通論　文中子　誡子拾遺

[墨家類]

墨子　隋巢子

[兵家類]

六韜　太公金匱　太公陰謀　制旨兵法

［法家類］

管子　慎子　韓子

［農家類］

四民月令　齊民要術　四時纂要　歲時廣記

［醫家類］

本草　外臺秘要方　太平聖惠方

［術數類］

汲冢瑣語　太玄經注　説玄　焦氏易林　黄帝録　黄帝太一密推　黄帝六符經　赤伏符　黄石公陰謀秘法　地形志　遁甲開山圖　遁甲經　幽求新書

［藝術類］

四體書勢　筆經　書斷　法書要録　歷代名畫記　文房四譜

［譜録類］

茶經　茶譜　酒經

［雜家類］

吕氏春秋　淮南子　尸子　論衡　風俗通　蔣子萬機論　崔豹古今注　闞子　金樓子　劉子　帝範　群書治要　帝王略論　十代興亡論　意林　長短經　尚書故實　資暇集　諸子談論

［類書類］

皇覽　北堂書鈔　藝文類聚　初學記　百葉書抄　六帖　集類　古今精義　文房百衲　麟角　會粹　群書麗藻　太平御覽　事類賦　册府元龜

［小説類］

穆天子傳　西京雜記　博物志　拾遺記　搜神記　神境記　幽明録　録異傳　神異傳　異苑　任昉述異記　窮怪録　語林　魏晉世語　世説新語　八代談藪　異物志　紀聞　大業拾遺録(又引作"南部烟花録")　洽聞記　前定録　卓異記　博異志　逸史　酉陽雜俎　甘澤謡　異聞集　溟洪録　柳氏家學録　唐國史補　明皇雜録　醉鄉日月　東觀奏客　野人閒話　太平廣記　王昭君舊史　趙飛燕外傳

［釋家類］

弘明集　廣弘明集　法苑珠林

［道家類］

老子　郭象注莊子　*莊子略要*　文子　抱樸子内外篇　列子　*苻子*　*任子道論*　真誥　*神仙傳*　*列仙傳*　**神仙内傳**　**道學傳**　**較學道簿録**　墉城集仙録　**至道總仙記**　**茅三君内傳**　*王君内傳*　*南岳魏夫人内傳*　**劉玄静傳**　周氏冥通記　*列國洞冥記*　**黄帝内傳**　**道經**　**道書**　**道書福地記**　**二十四生圖**　**上清七十四變化經**　**上清太宵隱書瓊文帝章經**　**化清經**　**上帝寶經**　大洞玉經　大洞真經　太上决疑經　**太上洞真玄經**　**太上洞玄步虚經**　太清經　**洞真程玄經**　**洞真回元九道經**　**空洞靈章經**　本行經　飛行羽經　内音玉字經　定志經　導引三光經　**天開披神洞觀經**　**天關搜人周觀經**　**丹真經**　**金玄羽經**　**金簡玉字經**　**玉京經**　**玉清秘録**　**五帝七聖玄記**　**玄母八門經**　**外國啓品經**　**度人經**　**度士人經**　**仙録**　**仙書**　**老子記**　**老君聖迹經**　道德真經廣聖誼　**道經義疏**　陰符經　登真隱訣　**五嶽朝儀經**　南岳小録　**太上洞玄靈寶黄籙簡文靈仙威儀**　**樓觀本紀**　**姓氏仙方記**　三洞珠囊　**三洞瓊綱**　*道家開生經*

集　部

［楚辭類］

楚辭章句

［別集］

枚乘集　董仲舒集　漢武帝集　揚雄集　班固集　馬融集　魏武帝集　華嶠集　啓事　李重集　束晳集　陶潛集　簡文帝集　江淹集　庾信集　**庾信集注**　房玄齡集　**盈川集**　**蘇許公集**　張燕公集　張曲江集　高適集　李翰林集　李白別集　杜甫集　元結文編　**常衮詔集**　皎然集　權德輿集　**穆員集**　吕公集　柳宗元集　韓愈集

元稹集　長慶小集　劉夢得集　白居易集　王建集　平泉草木記　**樊南文集**　樊川集　**玉堂集**　皮子文藪　**徐鉉集**　**王祐集**

[總集]

李善注文選　五臣注文選　玉臺新咏　**歌錄**　**類文**　**古今詩苑英華**　**續文選**　河嶽英靈集　**玉臺後集**　**麗則集**　**南薰集**　**唐詩類選**　**劉白唱和集**　松陵集　才調集　**搜玉小集**　**擬玄小集**　**貽則集**　文苑英華

[詩文評]

文心雕龍　**辛處信注文心雕龍**　詩品　詩式

參考文獻

古籍及史料

［清］阮元：《十三經注疏》，北京：中華書局，1980 年。

［宋］羅願：《爾雅翼》，文淵閣《四庫全書》本。

［漢］司馬遷：《史記》，北京：中華書局，1959 年。

［漢］班固：《漢書》，北京：中華書局，1962 年。

［晉］陳壽：《三國志》，北京：中華書局，1960 年。

［劉宋］范曄：《後漢書》，北京：中華書局，1965 年。

［梁］沈約：《宋書》，北京：中華書局，1974 年。

［唐］房玄齡：《晉書》，北京：中華書局，1974 年。

［梁］蕭子顯：《南齊書》，北京：中華書局，1972 年。

［唐］李百藥：《北齊書》，北京：中華書局，1972 年。

［唐］李百藥：《周書》，北京：中華書局，1971 年。

［唐］李延壽：《北史》，北京：中華書局，1974 年。

［唐］李延壽：《南史》，北京：中華書局，1975 年。

［唐］魏徵：《隋書》，北京：中華書局，1973 年。

［後晉］劉昫：《舊唐書》，北京：中華書局，1975 年。

［宋］歐陽修：《新唐書》，北京：中華書局，1975 年。

［宋］薛居正：《舊五代史》，北京：中華書局，1976 年。

［宋］歐陽修：《新五代史》，北京：中華書局，1974 年。

［元］脱脱：《宋史》，北京：中華書局，1977 年。

［清］張廷玉：《明史》，北京：中華書局，1974 年。

王國維：《古本竹書紀年輯校》，《王國維遺書》本，第12册，上海古籍書店，1983年。
[漢] 荀悦、[晉] 袁宏：《兩漢紀》，北京：中華書局，2002年。
喬治忠：《衆家編年體晉史》，天津：天津古籍出版社，1989年。
[晉] 孫盛撰，[清] 湯球輯：《晉陽秋》，《叢書集成新編》第113册。
[劉宋] 檀道鸞撰，[清] 湯球輯：《續晉陽秋》，《叢書集成新編》本，第113册。
[唐] 許嵩：《建康實録》，上海：上海古籍出版社，1987年。
[宋] 司馬光：《資治通鑑》，上海：上海古籍出版社，1987年。
[宋] 李燾：《續資治通鑑長編》，北京：中華書局，1979年。
[漢] 劉向：《戰國策》，上海：上海古籍出版社，1978年。
徐宗元：《帝王世紀輯存》，北京：中華書局，1964年。
周天游：《八家後漢書輯注》，上海：上海古籍出版社，1986年。
張鵬一：《魏略輯本》，民國十三年陝西文獻徵輯處刊本。
[清] 湯球：《九家舊晉書》，收入《二十五别史》，濟南：齊魯書社，2000年。
[清] 湯球：《三十國春秋》輯本，《叢書集成初編》第114册。
王恒杰：《春秋後語輯考》，濟南：齊魯書社，1993年。
[唐] 吴兢：《貞觀政要》，上海：上海古籍出版社，1978年。
[唐] 馬總：《通曆》，《宛委别藏》本，第40册。
[宋] 曾鞏：《隆平集》，文淵閣《四庫全書》本。
[宋] 羅泌：《路史》，文淵閣《四庫全書》本。
[宋] 鄭樵：《通志二十略》，北京：中華書局，1995年。
[漢] 劉向、[晉] 皇甫謐：《列女傳、高士傳》，瀋陽：遼寧教育出版社，1998年。
胡安瀾輯：《益部耆舊傳》，民國四年四川成都存古書局刻本。
傅璇琮：《唐才子傳校箋》，北京：中華書局，1987年。
張鵬一：《晉令輯存》，西安：三秦出版社，1989年。
〔日〕池田温：《唐代詔敕目録》，西安：三秦出版社，1991年。
[宋] 宋敏求：《唐大詔令集》，北京：商務印書館，1959年。
[清] 弘歷：《世宗憲皇帝聖訓》，文淵閣《四庫全書》本。
[唐] 李林甫：《唐六典》，北京：中華書局，1992年。
[唐] 杜佑：《通典》，北京：中華書局，1988年。
[宋] 王溥：《唐會要》，北京：中華書局，1955年。
[宋] 王溥：《五代會要》，北京：中華書局，1998年。

苗書梅:《宋會要輯稿·崇儒》,開封:河南大學出版社,2001年。
[元]馬端臨:《文獻通考》,北京:中華書局,1986年。
[宋]孫逢吉:《職官分紀》,北京:中華書局,1988年。
[宋]程俱撰,張富祥校證:《麟臺故事校證》,北京:中華書局,2000年。
[明]黄佐:《翰林記》,文淵閣《四庫全書》本。
[明]林堯俞:《禮部志稿》,文淵閣《四庫全書》本。
賀次君:《括地志輯校》,北京:中華書局,1980年。
王恢:《括地志新輯》,臺北:世界書局,1974年。
[宋]樂史:《太平寰宇記》,北京:中華書局,2007年。
[宋]祝穆:《方輿勝覽》,北京:中華書局,2003年。
[宋]王象之:《輿地紀勝》,《續修四庫全書》影鈔本。
[明]李賢:《明一統志》,文淵閣《四庫全書》本。
[宋]王應麟撰,張保見校注:《通鑑地理通釋校注》,成都:四川大學出版社,2009年。
[清]王謨、[清]陳運溶:《漢唐地理書鈔附麓山精舍輯本六十六種》,北京:中華書局,1961年。
劉緯毅:《漢唐方志輯佚》,北京:北京圖書館出版社,1997年。
〔日〕守屋美都雄:《周處風土記輯本》,刊《東洋學報》第44卷。
[宋]宋敏求:《長安志》,文淵閣《四庫全書》本。
[宋]程大昌:《雍録》,北京:中華書局,2002年。
[宋]潜説友:《咸淳臨安志》,文淵閣《四庫全書》本。
[宋]周淙:《乾道臨安志》,文淵閣《四庫全書》本。
[宋]施宿:《會稽志》,文淵閣《四庫全書》本。
[晉]張玄之撰,繆荃孫輯:《吴興山墟名》,《叢書集成續編》本,第53册。
[劉宋]山謙之:《吴興記》,《叢書集成續編》本,第53册。
[宋]鄭文寶:《江表志》,文淵閣《四庫全書》本。
[明]董斯張:《吴興備志》,文淵閣《四庫全書》本。
[清]趙弘恩:《江南通志》,文淵閣《四庫全書》本。
[清]謝旻:《江西通志》,文淵閣《四庫全書》本。
[北魏]酈道元:《水經注》,上海:上海古籍出版社,1990年。
〔日〕藤原佐世:《日本國見在書目録》,《漢籍善本書志書目集成》本,第10册,北京:北京圖書館出版社,2003年。

［宋］王堯臣等：《崇文總目》，《中國歷代書目叢刊》本，上册，北京：現代出版社，1987 年。
［宋］陳騤、［清］趙士煒：《中興館閣書目輯考》，《中國歷代書目叢刊》本，上册。
［宋］佚名：《秘書省續編到四庫闕書目》，《中國歷代書目叢刊》本，上册。
［宋］尤袤：《遂初堂書目》，《中國歷代書目叢刊》本，下册。
［宋］晁公武撰，孫猛校證：《郡齋讀書志校證》，上海：上海古籍出版社，1990 年。
［宋］陳振孫：《直齋書録解題》，上海：上海古籍出版社，1987 年。
馮惠民、李萬健：《明代書目題跋叢刊》，北京：書目文獻出版社，1994 年。
［宋］董逌：《廣川書跋》，文淵閣《四庫全書》本。
［清］永瑢等：《四庫全書總目》，北京：中華書局，1965 年。
［清］瞿鏞：《鐵琴銅劍樓藏書目録》，上海：上海古籍出版社，2000 年。
傅增湘：《藏園群書經眼録》，北京：中華書局，1983 年。
李盛鐸：《木樨軒藏書題記及書録》，北京：北京大學出版社，1985 年。
〔日〕河田羆：《静嘉堂秘籍志》，《漢籍善本書志書目集成》本，第 4—8 册。
〔日〕森立之：《經籍訪古志》，《漢籍善本書志書目集成》本，第 1 册。
［清］楊守敬：《日本訪書志》，《漢籍善本書志書目集成》本，第 9—10 册。
［宋］趙明誠撰，金文明校證：《金石録校證》，上海：上海書畫出版社，1985 年。
［宋］陳思：《寶刻叢編》，《歷代碑志叢書》本，第 1 册，南京：江蘇古籍出版社，1988 年。
［宋］佚名：《寶刻類編》，《歷代碑志叢書》本，第 1 册。
［清］鄭元慶：《石柱記箋釋》，文淵閣《四庫全書》本。
［清］倪濤：《六藝之一録》，文淵閣《四庫全書》本。
周紹良：《唐代墓誌彙編》，上海：上海古籍出版社，1992 年。
周紹良：《唐代墓誌彙編續集》，上海：上海古籍出版社，2001 年。
郭榮章：《石門石刻大全》，西安：三秦出版社，2001 年。
［宋］鄧名世：《古今姓氏書辯證》，文淵閣《四庫全書》本。
［唐］劉知幾撰，［清］浦起龍釋：《史通通釋》，上海：上海古籍出版社，1978 年。
［戰國］慎到：《慎子》，《四部叢刊》本。
［漢］揚雄：《法言》，文淵閣《四庫全書》本。
［漢］揚雄：《法言》，《四部叢刊》本。
［漢］王充撰，黄暉校釋：《論衡校釋》，北京：中華書局，1990 年。
［漢］桓譚撰，［清］孫逢翼輯：《新論》，《叢書集成新編》本，第 21 册。

[漢] 王符:《潛夫論》,上海: 上海古籍出版社,1978 年。

[晉] 傅玄撰:《傅子》,《武英殿聚珍版書》,乾隆三十六年刻本。

[晉] 傅玄撰,葉德輝輯:《傅子》,《叢書集成新編》本,第 19 册。

[梁] 蕭繹撰,許逸民校箋:《金樓子校箋》,北京: 中華書局,2011 年。

[梁] 蕭繹:《金樓子》,《叢書集成新編》本,第 21 册。

余嘉錫:《世説新語箋疏》,上海: 上海古籍出版社,1993 年。

[唐] 劉肅:《大唐新語》,北京: 中華書局,1984 年。

[唐] 趙璘:《因話録》,上海: 上海古籍出版社,1979 年。

[唐] 鄭處誨、[唐] 裴廷裕:《明皇雜録、東觀奏記》,中華書局,1994 年。

[唐] 封演撰、趙貞信校注:《封氏聞見記校注》,北京: 中華書局,2005 年。

[唐] 錢易:《南部新書》,北京: 中華書局,2002 年。

[宋] 范鎮、[宋] 宋敏求:《東齋紀事、春明退朝録》,北京: 中華書局,1980 年。

[宋] 程大昌:《演繁録》,《叢書集成新編》本,第 11 册。

[宋] 江少虞:《宋朝事實類苑》,上海: 上海古籍出版社,1981 年。

[宋] 陸游:《老學庵筆記》,北京: 中華書局,1979 年。

[宋] 吴曾:《能改齋漫録》,上海: 上海古籍出版社,1979 年。

[宋] 洪邁:《容齋隨筆》,上海: 上海古籍出版社,1978 年。

[宋] 王應麟:《困學紀聞》,北京: 商務印書館,1959 年。

[宋] 張邦基:《墨莊漫録》,北京: 中華書局,2002 年。

[宋] 葉夢得:《石林避暑録話》,上海: 上海書店,1990 年。

[宋] 張世南、[宋] 李心傳:《遊宦紀聞、紀聞證誤》,北京: 中華書局,1981 年。

[宋] 王楙:《野客叢書》,北京: 中華書局,1987 年。

[宋] 佚名:《楓窗小牘》,文淵閣《四庫全書》本。

丁傳靖:《宋人軼事彙編》,北京: 中華書局,1981 年。

[明] 危素:《説學齋稿》,文淵閣《四庫全書》本。

[明] 王世貞:《讀書後》,文淵閣《四庫全書》本。

[清] 王士禎:《池北偶談》,北京: 中華書局,1982 年。

[清] 錢大昕:《二十二史考異》,《叢書集成初編》本。

[清] 勞格:《讀書雜志》,清嘉慶四年刻本。

方健:《茶譜輯佚》,刊《農業考古》2004 年第 4 期。

[唐] 張彥遠:《法書要録》,上海: 上海書畫出版社,1986 年。

題[唐] 韋續:《墨藪》,文淵閣《四庫全書》本。
[宋] 朱長文:《墨池編》,文淵閣《四庫全書》本。
[唐] 牛肅:《紀聞》,臺灣圖書館藏朱校十卷舊鈔本。
[唐] 袁郊:《甘澤謡》,文淵閣《四庫全書》本。
[唐] 袁郊:《甘澤謡》,《叢書集成新編》本,第 82 册。
[宋] 李昉:《太平廣記》,北京: 中華書局,1961 年。
[宋] 樂史:《廣卓異記》,《四庫全書存目叢書》影印北京大學藏清康熙刻本。
[唐] 馬總:《意林》,《四部叢刊》本。
[宋] 劉清之:《戒子通録》,文淵閣《四庫全書》本。
[宋] 曾慥:《類説》,文淵閣《四庫全書》本。
[宋] 朱勝非:《紺珠集》,文淵閣《四庫全書》本。
[元] 陶宗儀等:《説郛三種》,上海: 上海古籍出版社,1988 年。
[唐] 虞世南:《北堂書鈔》,《唐代四大類書》影印孔廣陶校本。
[唐] 歐陽詢:《藝文類聚》,上海: 上海古籍出版社,1999 年。
[唐] 徐堅:《初學記》,北京: 中華書局,1962 年。
[唐] 張楚金:《翰苑》,《遼海叢書》本,第 4 册,瀋陽: 遼瀋書社,1985 年。
[唐] 李翰:《蒙求》,《古籍佚書拾存》本,第 5 册,北京: 北京圖書館,2003 年。
[唐] 白居易:《白氏六帖》,《唐代四大類書》影印日藏北宋本,北京: 清華大學出版社,2003 年。
[宋] 李昉:《太平御覽》,北京: 中華書局,1960 年。
[宋] 王欽若:《册府元龜》,北京: 中華書局,1960 年。
[宋] 吴淑:《事類賦注》,北京: 中華書局,1989 年。
[宋] 晏殊:《類要》,《四庫全書存目叢書》影印陝西文管會藏舊鈔本。
[宋] 晏殊:《類要》,北京大學圖書館藏舊鈔本。
[宋] 晏殊:《類要》,中國社會科學院文學研究所圖書館藏舊鈔本。
[宋] 葉廷珪:《海録碎事》,北京: 中華書局,2002 年。
[宋] 高承:《事物紀原》,北京: 中華書局,1989 年。
[宋] 陳景沂:《全芳備祖》,北京: 農業出版社,1982 年。
[宋] 陳元靚:《歲時廣記》,上海: 上海古籍出版社,1993 年。
[宋] 俞仕禮:《六帖補》,文淵閣《四庫全書》本。
[宋] 王應麟:《合璧本玉海》,東京: 中文出版社,1977 年。

[宋] 潘自牧:《記纂淵海》,北京:中華書局,1988 年。
[宋] 謝維新:《古今合璧事類備要》,文淵閣《四庫全書》本。
[宋] 佚名:《新編翰苑新書》,《北京圖書館古籍珍本叢刊》影明鈔本。
[宋] 祝穆、[元] 富大用:《新編古今事文類聚》,北京:書目文獻出版社,1991 年。
[明] 解縉:《永樂大典》,北京:中華書局,1986 年。
[梁] 釋慧皎等:《高僧傳合集》,上海:上海古籍出版社,1991 年。
[梁] 陶弘景撰,〔日〕吉川忠夫校注:《真誥校注》,北京:中國社會科學出版社,2007 年。
[唐] 王玄河:《上清道類事相》,《道藏》本,第 24 册。
[宋] 張君房:《雲笈七籤》,北京:中華書局,2003 年。
[梁] 蕭統編,[唐] 李善注:《文選》,北京:中華書局,1977 年。
[梁] 蕭統編:《六臣注文選》,北京:中華書局,1987 年。
[梁] 徐陵撰,[清] 吴兆宜箋注:《玉臺新咏箋注》,北京:中華書局,1985 年。
[宋] 郭茂倩:《樂府詩集》,北京:中華書局,1979 年。
[宋] 佚名:《古文苑》,《四部叢刊》本。
[元] 左克明:《古樂府》,文淵閣《四庫全書》本。
[明] 馮惟訥:《古詩紀》,文淵閣《四庫全書》本。
逯欽立:《先秦漢魏晉南北朝詩》,北京:中華書局,1983 年。
駱玉明、陳尚君:《先秦魏晉南北朝詩補遺》,刊《文學遺產》1987 年第 1 期。
[清] 嚴可均:《全上古三代秦漢三國六朝文》,北京:中華書局,1958 年。
[宋] 李昉:《文苑英華》,北京:中華書局,1966 年。
[宋] 姚鉉:《唐文粹》,文淵閣《四庫全書》本。
[清] 董誥:《全唐文》,上海:上海古籍出版社,1990 年。
傅璇琮編:《唐人選唐詩新編》,西安:陝西人民教育出版社,1996 年。
[清] 玄曄:《全唐詩》,北京:中華書局,1960 年。
陳尚君:《全唐詩補編》,北京:中華書局,1992 年。
[宋] 方回:《瀛奎律髓》,文淵閣《四庫全書》本。
[明] 茅坤:《唐宋八大家文鈔》,文淵閣《四庫全書》本。
[清] 黄宗羲:《明文海》,北京:中華書局,1987 年。
[劉宋] 陶潛撰,龔斌校箋:《陶淵明集校箋》,上海:上海古籍出版社,1996 年。
[劉宋] 陶潛撰,逯欽立校注:《陶淵明集》,北京:中華書局,1979 年。

［劉宋］陶潛，［宋］李公煥箋：《箋注陶淵明集》，《四部叢刊》本。
［劉宋］鮑照：《鮑氏集》，《四部叢刊》本。
［北周］庾信撰，［清］倪璠注：《庾子山集》，北京：中華書局，1980 年。
［北周］庾信撰，［清］吴兆宜箋注：《庾開府集箋注》，文淵閣《四庫全書》本。
［唐］李白：《當涂本李翰林集》，合肥：黄山書社，2004 年。
［唐］李白：《李翰林集》，光緒三十四年貴池劉世衍玉海堂景刻咸淳本。
［唐］李白：《李太白文集》，成都：巴蜀書社，1985 年。
［唐］李白：《李太白文集》，文淵閣《四庫全書》本。
［唐］杜甫撰，［宋］郭知達集：《九家集注杜詩》，文淵閣《四庫全書》本。
［唐］杜甫撰，［清］仇兆鰲注：《杜詩詳注》，北京：中華書局，1999 年。
［唐］顏真卿：《顏魯公文集》，《四部叢刊》本。
［唐］獨孤及：《毗陵集》，《四部叢刊》本。
［唐］獨孤及：《毗陵集》，文淵閣《四庫全書》本。
［唐］陸贄：《陸宣公文集》，《四部叢刊》本。
［唐］權德輿：《權載之文集》，《四部叢刊》本。
［唐］權德輿：《權德輿詩文集》，北京：中華書局，2008 年。
［唐］元結：《元次山文集》，《四部叢刊》本。
［唐］元結：《元次山文集》，文淵閣《四庫全書》本。
錢仲聯：《韓昌黎詩繫年集釋》，上海：上海古籍出版社，1984 年。
馬其昶：《韓昌黎文集校注》，上海：上海古籍出版社，1987 年。
傅璇琮、周建國：《李德裕文集校箋》，石家莊：河北教育出版社，2000 年。
［唐］吕温：《吕和叔文集》，《四部叢刊》本。
［唐］吕温：《吕衡州集》，文淵閣《四庫全書》本。
［唐］白居易：《白居易集》，北京：中華書局，1979 年。
［唐］元稹：《元稹集》，北京：中華書局，1982 年。
［唐］劉禹錫：《劉夢得文集》，《四部叢刊》本。
瞿蜕園：《劉禹錫集箋證》，上海：上海古籍出版社，1989 年。
劉學鍇、余恕誠：《李商隱文編年校注》，北京：中華書局，2002 年。
［唐］杜牧：《樊川文集》，上海：上海古籍出版社，1978 年。
［唐］杜牧：《朝鮮刻本樊川文集夾注》，北京：中華全國圖書館文獻縮微複製中心，1997 年。

［唐］陸龜蒙:《甫裏先生文集》,《四部叢刊》本。
［唐］陸龜蒙:《甫裏集》,文淵閣《四庫全書》本。
［宋］徐鉉:《徐公文集》,《四部叢刊》本。
［宋］宋庠:《元憲集》,文淵閣《四庫全書》本。
［宋］歐陽修:《歐陽修全集》,北京:中華書局,2001年。
［宋］范仲淹:《范仲淹全集》,成都:四川大學出版社,2002年。
［宋］蘇頌:《蘇魏公文集》,北京:中華書局,1988年。
［宋］曾鞏:《曾鞏集》,北京:中華書局,1984年。
［宋］司馬光:《傳家集》,文淵閣《四庫全書》本。
［清］查慎行:《蘇詩補注》,文淵閣《四庫全書》本。
［宋］蘇軾:《蘇軾文集》,北京:中華書局,1986年。
［宋］葉適:《水心先生文集》,《四部叢刊》本。
［宋］周必大:《文忠集》,文淵閣《四庫全書》本。
［宋］周南:《山房集》,文淵閣《四庫全書》本。
［宋］周紫芝:《太倉稊米集》,文淵閣《四庫全書》本。
［明］宋濂:《宋濂全集》,杭州:浙江古籍出版社,1999年。
［明］楊慎:《升庵集》,文淵閣《四庫全書》本。
王仲鏞:《唐詩紀事校箋》,成都:巴蜀書社,1989年。
［宋］葛立方:《韵語陽秋》,上海:上海古籍出版社,1984年。
［宋］劉克莊:《後村詩話》,北京:中華書局,1983年。
［清］黄奭:《黄氏逸書考》,《續修四庫全書》本。
［清］馬國翰:《玉函山房輯佚書》,上海:上海古籍出版社,1990年。
［清］王仁俊:《玉函山房輯佚書續編三種》,上海:上海古籍出版社,1989年。
［清］陳運溶:《麓山精舍叢書》,光緒二十六年刻本。
［清］范鎧:《范聲山雜著》,清刻本。
［清］茆泮林:《十種古佚書》,《古籍叢殘彙編》本,第7册,北京:北京圖書館出版社,2001年。
［清］陶棟:《輯佚叢刊》,《古籍佚書拾存》本,第八册。
［清］張澍:《二酉堂叢書》,《續修四庫全書》本。
［清］錢保堂:《清風室叢刊》,光緒二十一年刻本。
魯迅:《魯迅輯佚古籍叢編》,北京:人民文學出版社,1999年。

研究論著

岑仲勉：《岑仲勉史學論文集》，北京：中華書局，2004年。
昌彼得：《説郛考》，臺北：文史哲出版社，1979年。
車吉心：《中華野史》，濟南：泰山出版社，2000年。
陳峰：《從"文不换武"現象看北宋社會的崇文抑武風氣》，刊《中國史研究》2001年第2期。
陳光崇：《中國史學史論叢》，瀋陽：遼寧人民出版社，1984年。
陳國符：《道藏源流考》，北京：中華書局，1963年。
陳樂素：《宋史藝文志考證》，廣州：廣東人民出版社，2002年。
陳楠：《藏史叢考》，北京：民族出版社，1998年。
陳尚君：《陳尚君自選集》，桂林：廣西師範大學出版社，2000年。
陳尚君：《唐代文學叢考》，北京：中國社會科學出版社，1997年。
陳垣：《二十史朔閏表》，北京：中華書局，1962年。
陳垣：《史諱舉例》，上海：上海書店，1997年。
程千帆、徐有富：《校讎廣義》，濟南：齊魯書社，1988—1998年。
〔日〕池田温：《唐令拾遺補》，東京：東京大學出版會，1997年。
傅剛：《論玉臺新咏的編輯體例》，收入《中國古代文學研究高層論壇論文集》，北京：中華書局，2004年。
傅剛：《玉臺新咏編纂時間再討論》，刊《北京大學學報》2002年第3期。
傅剛：《昭明文選研究》，北京：中國社會科學出版社，2000年。
〔日〕岡田千惠：《〈十抄詩〉及其注本的文獻價值》，刊《域外漢籍研究輯刊》第一輯，北京：中華書局，2005年。
郝艷華：《朝鮮刻本樊川文集夾注中所輯十道志佚文》，刊《文獻》2004年第1期。
胡道静：《中國古代的類書》，北京：中華書局，1982年。
賈晉華：《唐代集會總集與詩人群研究》，北京：北京大學出版社，2001年。
李劍國：《唐五代志怪傳奇叙録》，天津：南開大學出版社，1993年。
林平、張紀亮：《宋代官修史學文獻概述》，刊《四川圖書館學報》1999年第5期。
凌朝棟：《文苑英華研究》，上海：上海古籍出版社，2005年。
劉兆佑：《宋史史部佚籍考》，臺北：國立編譯館，1984年。

劉真倫：《韓愈集宋元傳本研究》，北京：中國社會科學出版社，2004 年。

劉子瑜：《敦煌變文和王梵志詩》，鄭州：大象出版社，1997 年。

羅振玉：《羅振玉校刊群書叙録》，揚州：江蘇廣陵古籍刻印社，1998 年。

〔日〕妹尾達彦：《韋述的〈兩京新記〉與八世紀前葉的長安》，刊《唐研究》第九卷，北京：北京大學出版社，2003 年。

〔日〕平岡武夫：《唐代的長安與洛陽・資料篇》，上海：上海古籍出版社，1989 年。

屈直敏：《敦煌本兔園策府考辨》，刊《敦煌研究》2001 年第 3 期。

〔日〕仁井田陞：《唐令拾遺》，長春：長春出版社，1989 年。

榮新江：《關於隋唐長安研究的幾點思考》，刊《唐研究》第九卷，北京：北京大學出版社，2003 年。

孫啓治、陳建華編：《古佚書輯本目録》，北京：中華書局，1997 年。

談蓓芳：《玉臺新咏版本考》，刊《復旦學報》2004 年第 4 期。

陶敏：《景龍文館記考》，刊《文史》第 48 期。

萬曼：《唐集叙録》，北京：中華書局，1982 年。

王德保：《陳彭年年譜》，刊《宋代文化研究》第 11 輯，北京：綫裝書局，2002 年。

王國維：《觀堂集林》，北京：中華書局，1959 年。

王力波：《闞駰及其著作研究》，刊《古籍整理研究學刊》2004 年第 5 期。

王三慶：《敦煌類書》，高雄：麗文文化事業股份有限公司，1993 年。

王素：《新發現麴伯雅佚詩的撰寫時地及其意義》，刊《西域研究》2003 年第 2 期。

王運熙：《樂府詩論叢》，上海：上海古籍出版社，1996 年。

王仲犖：《敦煌石室地志殘卷考釋》，上海：上海古籍出版社，1993 年。

夏承燾：《唐宋詞人年譜》，上海：上海古典文學出版社，1955 年。

項楚：《王梵志詩論》，刊《文史》第 31 輯。

謝保成：《舊唐書史料來源》，刊《唐研究》第 1 卷，北京大學出版社，1995 年。

〔日〕興膳宏、川合康三：《隋書經籍志詳考》，東京：汲古書院，1995 年。

熊明：《劉向〈列士傳〉佚文輯校》，刊《文獻》2003 年第 2 期。

熊明：《唐代雜傳研究》，成都：四川大學，2004 年。

[清] 徐松撰，孟二冬補正：《登科記考補正》，北京：燕山出版社，2003 年。

[清] 姚振宗：《隋書經籍志考證》，《二十五史補編》本，第 4 册，北京：中華書局，1955 年。

葉德輝：《書林清話》，長沙：嶽麓書社，1999 年。

余嘉錫:《四庫提要辯證》,昆明: 雲南人民出版社,2004 年。
余嘉錫:《余嘉錫論學雜著》,北京: 中華書局,1977 年。
俞紹初、許逸民編:《中外學者〈文選〉學論集》,北京: 中華書局,1998 年。
郁賢皓:《唐刺史考全編》,合肥: 安徽大學出版社,2000 年。
岳娟娟:《唐代唱和詩研究》,上海: 復旦大學博士論文,2004 年。
查屏球:《李商隱〈金鑰〉考述》,刊《安徽師範大學學報(社科版)》,2002 年第 4 期。
查屏球:《新見最早梁山伯與祝英臺傳》,收入《中國古代文學研究高層論壇論文集》,北京: 中華書局,2004 年。
章培恒:《〈玉臺新咏〉爲張麗華所撰録考》,刊《文學評論》2004 年第 2 期。
[清] 章宗源:《〈隋書經籍志〉考證》,《二十五史補編》本,第 4 册。
趙含坤:《中國類書》,石家莊: 河北人民出版社,2005 年。
張保見:《樂史撰著考》,刊《宋代文化研究》第 11 輯,北京: 綫裝書局,2002 年。
張滌華:《類書流别》,北京: 商務印書館,1985 年。
張固也:《新唐書藝文志補》,長春: 吉林大學出版社,1996 年。
張國風:《〈太平廣記〉版本考述》,北京: 中華書局,2004 年。
張國淦:《中國古方志考》,北京: 中華書局,1962 年。
張少康、汪春泓:《文心雕龍研究史》,北京: 北京大學出版社,2001 年。
鄭偉章:《文獻家通考》,北京: 中華書局,1999 年。
〔日〕中村裕一:《〈記纂淵海〉所引の唐職員令逸文》,收入《小田義久博士還曆記念東洋史論集》,京都: 龍谷大學東洋史學研究會,1995 年。
鍾仕倫:《金樓子研究》,北京: 中華書局,2004 年。
周叔迦:《周叔迦佛學論著集》,北京: 中華書局,1991 年。
周勛初:《魏晉南北朝文學論叢》,南京: 江蘇古籍出版社,1999 年。
周勛初:《周勛初文集》,南京: 江蘇古籍出版社,2000 年。
[清] 朱彝尊:《經義考》,北京: 中華書局,1998 年。
朱迎平:《古典文學與文獻學論集》,上海: 上海財經大學出版社,1998 年。
朱祖延:《北魏佚書考》,鄭州: 中州古籍出版社,1985 年。
祝尚書:《宋人别集叙録》,北京: 中華書局,1999 年。

本書下編所叙録佚書索引

後　　記

六年前，終於有幸投身陳尚君教授門下，跟隨陳師研習古代文學。這一直是我大學以來的夢想，一旦實現，幸何如之。六年的學習生活中，陳師無時不以其嚴謹踏實的學風、誠懇真率的品格感染着我。陳師以寬闊的學術視野引導我們，爲我們指示治學的門徑，使我感受到學問之博大精深。本論文從選題到文本搜集，從内容的選擇到架構的確立，直到最後的定稿，每一步都得到了陳師悉心的指導。他不僅無私地提供了珍貴的文獻資料，甚至還爲我校改了初稿的部分文字，這一切都令我深深感激。

感謝復旦大學王水照教授、駱玉明教授、陳引馳教授、傅杰教授，華東師範大學劉永翔教授，上海古籍出版社趙昌平社長以及兩位匿名審稿人在論文答辯和評審中提出的寶貴意見與建議。感謝山東大學杜澤遜教授爲研究提供了重要的文本資料。

感謝我的父母，是他們給予了最大的鼓勵與支持，是他們的寬容使我得以無所牽絆地去追尋自己的夢想，是他們默默的付出使我得以心無旁騖地投入其中。在我遇到困難的時候，他們總是在我身邊，給我安慰和鼓勵，讓我一次又一次地戰勝困難，戰勝自己。

求學三年中，得到陳門弟子的多方幫助，感謝金程宇、姚大勇、羅争鳴、汪習波諸位師兄以及党芳莉、岳娟娟、李春桃師姐給我的各種建議與真誠的鼓勵，感謝同門賀忠、史廣超、江南長久以來的支持與幫助。

博士論文的寫作，是我人生的重要體驗，我會永遠珍惜這一難得經歷。將來的路更長，我會繼續努力。

2006 年 7 月於滬上寓所

書稿改定，即將付梓，回首與《類要》最初的結緣，不禁思緒萬千。那是十一年前一個秋日的下午，和往常一樣，剛剛碩士二年級的我照例去當時還在文科樓的中文系會議室上陳尚君師給研究生開的小課。課後，陳師與大家閒聊，問起我的興趣所在。那時候初窺學術門徑的我正詫異並着迷於文獻中保存的如許衆多的古佚書，陳師問起，我便如實作答。陳師道："那你可以看看《類要》，那裏保存了很多古佚書呢，如果有興趣，不妨可以考慮做論文題目。"我知道《類要》，陳師之前有過研究文章，我讀過，知道那裏的寶貝不少，老師既然發話，年少懵懂的我立刻一口答應。便是這不假思索的答應，開始了我與《類要》的緣分。從那時起，我開始梳理《類要》中所保存的大量古佚書，兩年之中，每日的功課便是從數萬條錯訛百出、難以識讀的手抄條目中籤出佚書、佚文，在辨識校正之後，逐一輸入電腦。期間因爲獲得直博機會，《類要》研究便很自然地成爲了我的博士課題。雖然我很快便發現這項研究遠遠超過了自己的學力，然而《類要》中珍貴的佚籍佚文和陳師的悉心指導最終激勵着我完成了博士論文。本書便是在我博士論文的基礎上修改而成，回頭審視當年的後記，雖然青澀而稚嫩，却是真實的心境寫照，所以我仍願意將它迻録於此，以此紀念曾經的努力。

在此我仍舊要將最誠摯的謝意獻給陳尚君師。承蒙恩師不棄，讓我留校成爲他的助手，我並未能對陳師有所襄助，而陳師在之後的數年中却一如既往地給予我教導與幫助，如果這些年我尚有些許進步與成績，應當歸功於陳師這十餘年來的悉心培養。

感謝中國社科院文學研究所劉躍進所長慨允我以訪問學者的身份進入文研所圖書館校讀極其珍貴的《類要》的第三個鈔本。事實證明，這一版本糾正了《類要》另兩個文本中的大量錯誤，若没有利用過這一版本，毫無疑問，《類要》的研究將是不完整的。

感謝復旦大學歷史學系章清主任和余欣教授，承蒙二位好意，邀我將博士論文列入本叢書。若非二位盛情，我的論文恐怕還將長久地擱置篋中。

最後我要再次感謝我的父母家人，是他們的理解與支持使我這些年可以心無旁騖地讀書問學。本書定稿期間，小兒清揚誕生，小時候連洋娃娃都没怎麽玩過的我頓時手足無措，是外子與母親全力幫助我度過最初的混亂顛倒。現在父母又承擔起照顧外孫的責任，使我可以無後顧之憂地繼續工作。謹以此書獻給他們。

2012年3月於滬上新居